समाजशास्त्र के सिद्धांत

समाजशास्त्र के सिद्धांत

प्रो. पी. के. चौधरी

KALPAZ

समाजशास्त्र के सिद्धांत

ISBN: 978-93-5324-007-3

भारत में सन् 2018 में प्रकाशित

कल्पाज पब्लिकेशन

सी-30, सत्यवती नगर,

दिल्ली-110052

Phone : 9212142040

ई-मेल: kalpaz@hotmail.com

मुद्रित: जी. प्रिंट प्रोसेस, दिल्ली

समर्पित

पूज्य स्वर्गीय पिताश्री भागवत चन्द्र चौधरी एवं माता श्री स्वर्गीय आशा देवी जिनके अदृश्य वरद हस्त की अनुभूति आज भी हमारे लिये प्रेरणा का स्रोत है, उनकी स्मृति में यह लेखन–पुष्प सादर समर्पित

विषय–सूची

भूमिका

वर्तमान समय में सभी वैज्ञानिक अध्ययन का मूल केन्द्र समाज है–सभी सामाजिक विज्ञान समाज के ही विभिन्न पक्षों का अध्ययन करते हैं, प्राकृतिक विज्ञान भी उन्हीं अन्वेषणों एवं अध्ययन से जुड़े रहते हैं। जिनसे समाज में रहने वालों की जैविक, भौतिक, पर्यावरणीय एवं सभी महत्त्वपूर्ण आवश्यकताओं की पूर्ति हो सके यहाँ तक कि दर्शन एवं साहित्य भी प्रत्यक्ष रूप से समाज का ही दर्पण होते हैं एवं मानव समाज की बौद्धिक एवं प्रतीकात्मक आवश्यकताओं को संपुष्ट करते हैं। इन सभी विषयों में आज विश्व भर में समाजशास्त्र ही एक ऐसा विषय है जो समाज के सभी पक्षों का विस्तृत वैज्ञानिक अध्ययन करता है। 1838 ई. में इसके जनक महान फ्रांसिसी विचारक अगस्त कॉम्ट ने इसकी आधारशिला रखी उसके पश्चात् यह विषय उत्तरोत्तर विकसित एवं स्थापित होने लगा, विषय की अवध ारणात्मक एवं सैद्धान्तिक संवर्स्वन को अन्तर्राष्ट्रीय स्तर पर स्वीकार किया गया, यही कारण है कि दुनिया के लगभग सभी विश्वविद्यालयों में यह एक महत्वपूर्ण विषय के रूप में अध्ययन एवं अनुसंधान के लिए बहुत लोकप्रिय है।

डॉ. पी. के. चौधरी के द्वारा सरल एवं प्रामाणिक भाषा में लिखी गई प्रस्तुत पुस्तक ''समाजशास्त्र के सिद्धांत'' समाजशास्त्र के छात्र, शिक्षक, सभी बुद्धिजीवियों एवं विचारकों के लिए एक बहुत ही महत्वपूर्ण देन है। लेखक ने काफी परिश्रम से अपने गहन अध्ययन के द्वारा इस पुस्तक को बहुत ही उपयोगी एवं ग्राह्य बनाया है।

इस पुस्तक में समाजशास्त्र की महत्वपूर्ण अवधारणाओं, सामाजिक संगठनों एवं संस्थाओं, सामाजिक विभेदीकरण एवं सामाजिक प्रक्रियाओं को

अत्यन्त ही स्पष्टता एवं समुचित दृष्टान्त के साथ लेखनी बद्ध किया है जो कि इस पुस्तक की प्रामणिकता को सिद्ध करता है।

समाजशास्त्र विषय पर कई पुस्तकें उपलब्ध हैं लेकिन इस पुस्तक के लेखक ने विशिष्ट रूप से जिस मौलिकता के साथ समाजशास्त्र जैसे महत्वपूर्ण विषय से जुड़े सभी आधारभूत अवधारणाओं एवं सिद्धांतों का उल्लेख किया है यह काफी रोचक एवं विषय के ज्ञान के संबर्द्धन में बहुत ही सहायक है।

प्रस्तुत पुस्तक इक्कीस अध्यायों में विभक्त है एवं ये सभी समाजशास्त्र के विभिन्न पक्षों जो कि समाजशास्त्रीय अवधारणाओं, सिद्धांतों, सामाजिक प्रक्रियाओं एवं संस्थाओं से जुड़े हैं उनका सटीक विश्लेषण प्रस्तुत करते हैं। लेखक ने समाजशास्त्र के अर्थ, विषय क्षेत्र, प्रकृति, विभिन्न परिपेक्ष्यों का सारगर्भित विवरण प्रस्तुत करने के साथ–साथ सभी अवधारणाओं का सरल विश्लेषण एवं विस्तृत वर्गीकरण प्रस्तुत किया है। सामाजिक परिवर्तन की प्रक्रिया, कारकों एवं सिद्धांतों को रुचिकर तरीके से उल्लेखित किया गया है।

सारांशतः 'समाजशास्त्र के सिद्धान्त' छात्रों, शिक्षकों, बुद्धिजीवियों, इस विषय में रुचि रखने वाले लोगों एवं विभिन्न राष्ट्रीय और राज्य स्तर की प्रतियोगिता परीक्षाओं के परीक्षार्थियों को ध्यान में रखकर सृजन किया गया है।

लेखक का प्रयास अत्यन्त सराहसीय है एवं समाशास्त्रीय जगत में स्वागत योग्य है।

डॉ. प्रमोद कुमार सिन्हा
प्रोफेसर एवं पूर्व विभागाध्यक्ष
समाजशास्त्र विभाग, ति. मों. भागलपुर
विश्वविद्यालय, भागलपुर

आभार

परमपिता परमेश्वर की असीम अनुकम्पा से मैं इस पुस्तक के लेखन कार्य को पूर्ण कर सका। समाजशास्त्र के सिद्धांत का यह द्वितीय संस्करण पाठकों के सम्मुख प्रस्तुत है। इस पुस्तक को मानक स्तर का बनाने तथा पाठकों को ज्यादा से ज्यादा लाभांवित करने के लिए सरल एवं सहज भाषा का प्रयोग किया गया है।

इस कार्य को सम्पन्न करने में प्रो. रमेश कुमार पाण्डेय, कुलपति एवं प्रो. कामिनी कुमार प्रतिकुलपति, राँची विश्वविद्यालय राँची, ने मेरे मनोबल को बढ़ाया है; उन्हें आभार प्रकट करता हूँ।

यह पुस्तक विभिन्न विद्वानों एवं समाजशास्त्रियों, प्रो. के. एल. शर्मा, कुलपति, जयपुर विश्वविद्यालय, प्रो. आनन्द कुमार, जे. एन. यू., नई दिल्ली प्रो. नूर मोहम्मद, अलीगढ़, प्रो भूपेन्द्र नागला, रोहतक, प्रो. रविन्द्र सिन्धू, अमृतसर, प्रो. सीताराम अकिंचन, राँची, प्रो. प्रमोद कुमार सिन्हा, प्रो. रविशंकर झा, प्रो. आई. के. सिंह, तिलकामांझी विश्व विद्यालय, भागलपुर, प्रो. सरफराज अहमद, पटना के बौद्धिक प्रभाव की उपज है।

प्रो. विजय कुमार लाल, विभागाध्यक्ष, पटना, प्रो. आशीषदास गुप्ता, पटना, प्रो. सुबोध ठाकुर, विभागाध्यक्ष, प्रो. दरभंगा, डॉ. वीरेन्द्र कुमार सिंह मुजफ्फरपुर, प्रो. अरविन्द जोशी, विभागाध्यक्ष, प्रो. डी. के. सिंह, प्रो. बिलम कुमार लाहरी, बी. एम. यू., प्रो. रवी प्रकाश पाण्डेय, प्रो. ब्रजेश कुमार, प्रो. रेखा गौतम, म. ग. काशी विश्वविद्यालय, प्रो. दिलिप चौधरी विभागाध्यक्ष आरा, प्रो. प्रमोद कुमार चौधरी, विभागाध्यक्ष मगध विश्वविद्यालय का आभार प्रकट करता हूँ जिन्होंने मेरा हमेशा मार्ग दर्शन किया है।

मैं प्रो. डी. आर. साहू, विभागाध्यक्ष, डॉ. शरद कुमार लखनऊ विश्वविद्यालय, प्रो. प्रभात कुमार सिंह, विभागाध्यक्ष, प्रो. सुरेन्द्र पाण्डेय, प्रो. मिथिलेश कुमार, प्रो. विनोद नारायण, राँची विश्वविद्यालय, राँची तथा विभाग के समस्त कर्मचारियों तथा शोध छात्र एवं छात्राओं का आभारी हूँ, जिन्होंने मुझे बौद्धिक, भावनात्मक तथा नैतिक बल प्रदान किया है।

मैं श्री. बी. पाठक, डॉ. अरूण शंकर प्रसाद, मण्डर कॉलेज, राँची, प्रो. विनिता सिंह, प्रो. रीता सिन्हा राँची महिला महाविद्यालय, राँची, डॉ. ए. के. सिंह, कालेहान विश्वविद्यालय, याईबासा, डॉ. विरेन्द्र यादव, डॉ. कामेश्वर सिंह नीलम्बर पिताम्बर विश्वविद्यालय, के प्रति भी आभारी हूँ, जिन्होंने मुझे इस पुस्तक की रचना के लिए प्रेरित किया है।

इस पुस्तक को प्रारम्भ से लेकर अन्तिम पड़ाव तक पहुँचाने में पत्नी श्रीमती कान्ता चौधरी, पुत्र राज चौधरी, पुत्री प्राची चौधरी का भावनात्मक सहयोग मिला, जिसके बिना यह कार्य असंभव था।

अन्त में ज्ञान प्रकाशन नई दिल्ली के प्रति अपनी हार्दिक कृतज्ञता प्रकट करता हूँ जिन्होंने इस पुस्तक के द्वितीय संस्करण को प्रकाशित करने की जिम्मेदारी ली और विद्यार्थियों तक पहुँचाने का कार्य किया।

पी. के. चौधरी

1

समाजशास्त्र का सिद्धांत

The Meaning of Sociology

मनुष्य एक सामाजिक प्राणी है। यह कथन महान दार्शनिक अरस्तु का है। मनुष्य का स्वभाव और आवश्यकताएँ दोनों ही उसे समाज में रहने के लिये प्रेरित करता है। आदि काल से ही मनुष्य समाज में रहता आया है। परन्तु उसने समाज और अपने स्वयं के अध्ययन में काफी देर से रूचि लेना प्रारंभ किया। शायद इसका यह कारण रहा होगा कि जिसमें व्यक्ति स्वयं रहता है, जिसे देख रहा है उसका अध्ययन करना उसे आवश्यक न लगा बल्कि जो उससे परे था उसने उसके अध्ययन में रूचि लिया। इसलिए मनुष्य ने सामाजिक घटनाओं की अपेक्षा प्राकृतिक घटनाओं को समझने तथा उस पर नियंत्रण पाने की कोशिश की, जिसमें उसे सफलता भी मिली। यही कारण है कि पहले प्राकृतिक विज्ञानों का विकास हुआ और उसके पश्चात सामाजिक विज्ञानों का। सामाजिक विज्ञानों के विकास क्रम में समाजशास्त्र का विकास काफी बाद में हुआ क्योंकि मनुष्यों ने प्रारम्भिक चरणों में मानव समाज का अध्ययन नहीं बल्कि समाज के विभिन्न पक्षों का अध्ययन किया जिससे विभिन्न सामाजिक विज्ञानों जैसे इतिहास, अर्थशास्त्र, राजनीति विज्ञान, मानवविज्ञान इत्यादि का जन्म हुआ और अन्ततः एक ऐसे समाज विज्ञान की आवश्यकता महसुस की गई जो समाज का समग्र रूप से अध्ययन करे। इस प्रकार समाजशास्त्र का जन्म हुआ। इसलिए अन्य सामाजिक विज्ञानों की तुलना में समाजशास्त्र एक नवीन विज्ञान है।

समाजशास्त्र या सोशियोलॉजी (Sociology) शब्द के रूप में 1839 में फ्रांसीसी विद्वान आगस्त कॉम्ट (Auguste Comte) ने नवीन विज्ञान को एक नाम दिया। समाजशास्त्र के प्रारम्भिक लेखकों में दुर्खीम, स्पेंन्सर तथा मैक्स वेबर के नाम विशेष रूप से उल्लेखनीय है। समाजशास्त्र एक पृथक विषय के रूप में 1876 में अमेरिका में, 1889 में फ्रांस में, 1907 में ग्रेट ब्रिटेन में, जबकि पोलैंण्ड एवं भारत में प्रथम महायुद्ध के बाद तथा मिश्र एवं मैक्सिकों में 1925 में एवं स्वीडेन में 1947 में आरम्भ किया गया।

समाजशास्त्र का अर्थ एवं परिभाषा (Meaning and Definition of Sociology)

समाजशास्त्र (Sociology) दो शब्दों से मिल कर बना है। जिसमें पहला शब्द सोशियस (Socious) लैटिन भाषा से और दुसरा शब्द लोगस (Logas) ग्रीक भाषा से लिया गया है। सोशियस का अर्थ समाज और लोगस का अर्थ शास्त्र या विज्ञान होता है। इस प्रकार समाजशास्त्र (Sociology) का शाब्दिक अर्थ समाज का शास्त्र या समाज का विज्ञान है।

अधिकांश समाजशास्त्री समाजशास्त्र को समाज का विज्ञान (Science) मानते हैं और इसे सिद्ध करने में उनके द्वारा काफी समय व्यतीत किया गया है। समाजशास्त्र का अर्थ स्पष्ट करने के लिए विभिन्न विद्वानों ने अपने–अपने ढंग से विचार प्रस्तुत किये हैं। समाजशास्त्र के विभिन्न परिभाषाओं को मुख्य रूप से निम्न चार भागों में बाँट कर विश्लेषित किया जा सकता हैः–

1. समाजशास्त्र समाज के अध्ययन के रूप में
2. समाजशास्त्र सामाजिक संबंधों के अध्ययन के रूप में
3. समाजशास्त्र समूहों के अध्ययन के रूप में
4. समाजशास्त्र सामाजिक अन्तःक्रियाओं के रूप में

1. समाजशास्त्र समाज के अध्ययन के रूप मेंः– कुछ समाजशास्त्री जैसे– गिडिंग्स, समनर, वार्ड आदि समाजशास्त्र को एक ऐसे विज्ञान के रूप में परिभाषित करते हैं जिसमें सम्पूर्ण समाज एक समग्र इकाई है।

लेस्टर एफ. वार्ड (L. F. Ward) के अनुसार ''यह समाज का अथवा सामाजिक घटनाओं का विज्ञान है।'' (Sociology is the science of society or of social phenomena). गिडिंग्स (F. H. Giddings) के अनुसार ''समाजशास्त्र समाज का वैज्ञानिक अध्ययन है।''

ओडम (Odum) के अनुसार ''समाजशास्त्र वह विज्ञान है जो समाज का अध्ययन करता है।'' (Sociology then is the science which studies society) अर्थात समाजशास्त्र समाज का वैज्ञानिक अध्ययन करता है, परन्तु आलोचकों का कहना है कि समाजशास्त्र किस समाज का अध्ययन करता है मानव समाज अथवा पशु समाज या दोनों समाजों का। यहाँ हमें स्पष्ट रूप से समझ लेना चाहिए कि समाजशास्त्र केवल मानव समाज का अध्ययन करता है।

जी. डंकन मिचेल (G. Duncan Michell) के अनुसार ''समाजशास्त्र मानव समाज के संरचनात्मक पक्षों का विवरणात्मक एवं विश्लेषणात्मक शास्त्र है।'' आर्थर फेयर बैक्स के अनुसार ''समाजशास्त्र उस सामग्री के अपरिपक्व पुंज का जो हमें समाज का ज्ञान कराता है, नाम है।''

2. समाजशास्त्र सामाजिक संबंधों के अध्ययन के रूप में:– कुछ समाजशास्त्रियों ने समाजशास्त्र के अध्ययन में सामाजिक संबंधों पर अधिक बल दिया है। परन्तु समाज के विज्ञान और सामाजिक संबंधों के अध्ययन में कोई विशिष्ट अन्तर नहीं है। सामाजिक संबंधों के विज्ञान के रूप में मानने वाले निम्न विद्वान हैं:– मैकाइवर एवं पेज (MacIver and Page) के विचार के अनुसार ''समाजशास्त्र सामाजिक संबंधों के विषय में है, संबंधों के इसी जाल को हम समाज कहते हैं।'' (Sociology is about social relationship, the network of relationship, we call society).

मैक्स वेबर के अनुसार ''समाजशास्त्र वह विज्ञान है जो सामाजिक क्रिया का अर्थपूर्ण बोध कराने का प्रयत्न करता है।''

क्यूबर (J. F. Cuber) के विचार के अनुसार ''समाजशास्त्र को मानव संबंधों के वैज्ञानिक ज्ञान की शाखा के रूप में परिभाषित किया जा सकता है।''

आरनोल्ड एम. रोज (Arnold M. Rose) के अनुसार ''समाजशास्त्र मानव संबंधों का विज्ञान है। (Sociology is the science of human relationship).

उपरोक्त परिभाषाओं के आधार पर यह कहा जा सकता है कि समाजशास्त्र एक ऐसा विज्ञान है जो सामाजिक संबंधों का व्यवस्थित अध्ययन करता है। वास्तव में मनुष्य पारस्परिक जागरूकता तथा अपनी आवश्यकता की पूर्ति के लिए विभिन्न व्यक्तियों एवं समूहों के साथ सामाजिक संबंध स्थापित करता है। इन संबंध के आधार पर जो कुछ बनता है उसे समाज (Society) कहते हैं।

3. समाजशास्त्र समूहों के अध्ययन के रूप में:– कुछ विद्वानों का यह विचार है कि संबंधों के अध्ययन से समाज के हर पहलुओं की जानकारी नहीं हो पाती है, इसलिए समाजशास्त्र को सामाजिक समूहों में लोगों का वैज्ञानिक और व्यवस्थित अध्ययन करना चाहिए। इस विचार से निम्नलिखित विद्वान प्रभावित हैं। नोब्स, हाइन तथा फ्लेमिंग (Nobbs, Hine and Flemining) के अनुसार ''समाजशास्त्र समूहों में लोगों का वैज्ञानिक और व्यवस्थित अध्ययन है।''

यंग के अनुसार समाजशास्त्र समूहों में मनुष्यों के व्यवहार का वर्णन करता है।''

जॉन्सन (Johnson) ने संक्षेप में कहा कि समाजशास्त्र समूहों में लोगों का वैज्ञानिक और व्यवस्थित अध्ययन है। (Sociology is the science that deals with social groups, their internal forms or modes of organisation the process that tends to maintain or changes the forms of organisation and the relations between group)

सामाजिक समूह का अर्थ जॉन्सन के अनुसार केवल व्यक्तियों के समूह से नहीं है बल्कि व्यक्तियों के बीच होने वाली अन्तः क्रियाओं की व्यवस्था से है। जब व्यक्ति एक–दूसरे के सम्पर्क में आते हैं तो उनमें सामाजिक अन्तः क्रिया उत्पन्न होती है। इन्हीं अन्तः क्रियाओं के आधार पर समूह बनते हैं।

समाजशास्त्र में समूह के अध्ययन पर विशेष बल दिया गया है। शायद यही कारण है कि अनेक समाजशास्त्रियों ने समूह के वर्गीकरण तथा परिभाषा देने में अपनी रूचि भी दिखायी है। वास्तव में परिवार समूह, नातेदारी, जाति–समूह, साथियों के समूह, व्यावसायिक समूह, धार्मिक समूह एवं राजनीतिक समूह का अध्ययन समाजशास्त्र में महत्वपूर्ण है और, एक ही साथ समूह की संस्कृति, समाजीकरण, सामाजिक नियंत्रण, परम्परा, आर्थिक तथा राजनीतिक गतिविधियों की जानकारी हो जाती है।

4. समाजशास्त्र सामाजिक अन्तःक्रियाओं के अध्ययन के रूप में:– समाजशास्त्र में कुछ समाजशास्त्री का यह मानना है कि सामाजिक संबंध और सामाजिक समूह की तुलना में सामाजिक अन्तःक्रिया समाज का वास्तविक अध्ययन है। अन्तःक्रिया का सामान्य अर्थ यह है कि जब दो या दो से अधिक व्यक्तियों या समूह चेतन अवस्था में एक दूसरे के सम्पर्क में आते हैं और एक–दूसरे के व्यवहारों को प्रभावित करते हैं तो इस अवस्था को सामाजिक अन्तःक्रिया कहते हैं। अनेकानेक समाजशास्त्रीयों ने समाजशास्त्र को सामाजिक अन्तःक्रियाओं का विज्ञान कहा है।

गिलीन और गिलीन (Gillin and Gillin) के अनुसार ''व्यापक अर्थ में समाजशास्त्र व्यक्तियों के एक दूसरे के सम्पर्क में आने के फलस्वरूप उत्पन्न होने वाली अन्तः क्रियाओं का अध्ययन कहा जा सकता है।'' (Sociology in its broadest sense may be said to be the study of interactions arising from the association of living beings).

जार्ज सिमेल (George Simmel) के विचार के अनुसार ''समाजशास्त्र मानवीय अन्तःसंबंधों के स्वरूपों का विज्ञान है। (Sociology is the science of the forms of human interrelations).

गिन्सवर्ग (Ginsberg) के विचार के अनुसार ''समाजशास्त्र मानवीय अन्तः क्रियाओं और अन्तःसंबंधों के स्वरूपों का विज्ञान है।''(Sociology is the study of human interactions, and interrelations their conditions and consequences")

मैक्स बेबर के अनुसार ''समाजशास्त्र वह विज्ञान है जो सामाजिक क्रिया का अर्थपूर्ण बोध कराने का प्रयत्न करता है।'' इन्होंने सामाजिक

क्रिया को विशेष रूप से समझाने का प्रयत्न किया है। मैक्स बेबर के अनुसार जब व्यक्ति कोई उद्देश्यपूर्ण क्रिया करता है जिससे वह प्रभावित है उसे ही सामाजिक क्रिया कहते हैं।

सोरोकिन (P. Sorokin) के मत के अनुसार समाजशास्त्र समाज व्यवस्था (Social System) का अध्ययन करने वाला विज्ञान है। समाज व्यवस्था के अन्तर्गत सामाजिक प्रक्रिया, सामाजिक संबंध, सामाजिक नियंत्रण, सामाजिक परिवर्तन, सामाजिक संस्थाएं तथा इनसे सम्बन्धित प्रभाव एवं परिस्थितियाँ आती हैं।

इस प्रकार उपरोक्त सभी परिभाषाओं के विश्लेषण के आधार पर यह कहा जा सकता है कि समाजशास्त्र सम्पूर्ण समाज का एक समग्र इकाई के रूप में अध्ययन करने वाला विज्ञान है। इसमें सामाजिक संबंधों, सामाजिक क्रिया, सामाजिक अन्तः क्रिया एवं सामाजिक मूल्यों के अध्ययन पर विशेष बल दिया जाता है।

2

समाजशास्त्र की प्रकृति

Nature of Sociology

समाजशास्त्रियों के बीच यह एक मतभेदपूर्ण प्रश्न रहा है कि क्या समाजशास्त्र विज्ञान है या नहीं? कुछ समाजशास्त्री इसे विज्ञान नहीं मानते हैं। वास्तव में विज्ञान मानना एक प्रतिष्ठा का सूचक है। आगस्त कॉम्ट, दुर्खीम, मैक्स वेबर तथा परेटो आदि विद्वानों ने प्रारम्भ से ही समाजशास्त्र को विज्ञान के रूप में प्रतिष्ठित करने का प्रयास किया। इस प्रकार समाजशास्त्र की प्रकृति के संबंध में विवाद पाया जाता है। इसे स्पष्ट करने के लिए यह आवश्यक है कि विज्ञान शब्द के अर्थ को पहले भली–भांति समझ लिया जाय।

विज्ञान का अर्थ (Meaning of Science)

साधारण लोग विज्ञान का अर्थ विषय सामग्री से लगाते हैं। उनके दृष्टि में रसायनशास्त्र, भौतिकशास्त्र, जीव विज्ञान, वनस्पतिशास्त्र इत्यादि विषय ही विज्ञान है और सामाजिक समूहों, संस्थाओं, सामाजिक संबंधों के अध्ययन करने वाले विषय विज्ञान नहीं है। परन्तु यह कहना गलत होगा क्योंकि विज्ञान अपने आप में कोई विषय सामग्री नहीं है बल्कि वैज्ञानिक पद्धति से प्राप्त किया गया व्यवस्थित ज्ञान ही विज्ञान है। यदि किसी भी विषय का वैज्ञानिक पद्धति के द्वारा तथ्यों का संकलन किया जाता है तथा

तथ्यों के आधार पर सिद्धांत बनाये जाते हों तो उस विषय को विज्ञान कहा जायेगा।

कुछ विद्वानों ने इसे निम्न रूप से परिभाषित करने का कोशिश किया है–

स्टूअर्ट चेज (Stuart Chase) के अनुसार "विज्ञान का संबंध पद्धति से है न कि विषय सामग्री से।" (Science goes with the method and not with the subject matter)

कार्ल पियर्सन (Karl Pearson) के अनुसार "सभी विज्ञानों की एकता उसकी पद्धति में है न कि केवल उनकी विषय वस्तु में" (The Unity of all Sciences consists alone in its method, not in its material)

बर्नार्ड (Bernard) ने कहा कि विज्ञान में प्रमुख रूप से छः प्रक्रिया होती है–

1. परीक्षा (Testing)
2. सत्यापन (Verification)
3. परिभाषा (Definition)
4. वर्गीकरण (Classiffication)
5. संगठन (Organisation)
6. अभिविन्यास (Orientation)।

इसमें भविष्यवाणी करना या व्यवहार में लाना भी सम्मिलित है।

इस प्रकार स्पष्ट होता है कि विज्ञान का संबंध केवल किसी विशिष्ट प्रकार की विषय सामग्री से नहीं है बल्कि वैज्ञानिक पद्धति से किया गया अध्ययन विज्ञान है।

वैज्ञानिक पद्धति (Scientific Method)

साधारणतः जिस पद्धति से विज्ञान के विषयों का अध्ययन किया जाता है उसी पद्धति से अगर दूसरे विषयों का अध्ययन किया जाये तो वह विषय भी विज्ञान हो जाता है। वैज्ञानिक पद्धति वह पद्धति है

जिसमें अनुसंधानकर्ता तटस्थ या निष्पक्ष होकर किसी विषय वस्तु समस्या या घटना का अध्ययन करता हो। इसके लिए वह अवलोकन, प्रश्नावली, अनुसूची या किसी अन्य प्रविधि की सहायता से तथ्यों का संकलन करता हो, उसका वर्गीकरण करता हो, कार्य–कारण संबंधों का पता लगाता हो, सामान्यीकरण करता हो और नियमों या सिद्धांतों का प्रतिपादन करता हो तो इसे वैज्ञानिक पद्धति कहेंगे।

लुण्डवर्ग के अनुसार "व्यापक अर्थ में वैज्ञानिक पद्धति तथ्यों में व्यवस्थित अवलोकन, वर्गीकरण तथा व्याख्या (निर्वचन) से निर्मित है।"

वूल्फ (Wolf) ने कहा कि "व्यापक अर्थो में कोई भी अनुसन्धान विधि जिसके द्वारा विज्ञान की रचना और विस्तार होता है, वैज्ञानिक पद्धति कहलाती है।"

वैज्ञानिक पद्धति के चरणः– वैज्ञानिक पद्धति से अध्ययन करने के लिए अनुसंधानकर्त्ता को निम्नलिखित चरणों से गुजरना पड़ता है।

1. समस्या का चुनाव (Selection of the Problem)
2. अध्ययन के उद्देश्यों का निर्धारण (Determination of objects of study)
3. प्राक्कल्पना का निर्माण (Formulation of Hypothesis)
4. क्षेत्र या इकाइयों का निर्धारण (Determination of Universe)
5. तकनिकों का चुनाव (Selection of Methods or Tools)
6. तथ्यों का संकलन (Data Collection)
7 तथ्यों का वर्गीकरण एवं विश्लेषण (Classification and Analysis)
8. सामान्यीकरण (Generalization)
9. जांच या पुनः परीक्षण (Verification)
10. भविष्यवाणी (Prediction)

इन उपरोक्त चरणों से कोई भी अनुसंधान कर्त्ता किसी भी विषय वस्तु का अध्ययन करता है तो वह विषय वस्तु विज्ञान कहलाने का अधिकारी हो जाता है। अर्थात सही ज्ञान प्राप्त करने का आधार वैज्ञानिक पद्धति है।

विज्ञान के तत्व (विशेषताएँ) (Elements of Science)

1. अवलोकन (Observation):– विज्ञान में अवलोकन का विशेष महत्व है इसलिए गुडे एवं हाट ने लिखा है कि विज्ञान अवलोकन से आरम्भ होता है और उसकी पुष्टि (Validation) के लिए अन्ततः अवलोकन पर ही लौट जाना पड़ता है। इसलिए अनुसंधानकर्ता को स्वयं घटना स्थल पर पहुँचना पड़ता है और घटनाओं या विषयों को सूक्ष्म निरीक्षण करना पड़ता है। इसके अभाव में अध्ययन वैज्ञानिक नहीं कहा जा सकता।

2. सत्यापन तथा वर्गीकरण (Verification and Classification):– अवलोकन विधि के द्वारा प्राप्त तथ्यों की सत्यता की परीक्षा की जाती है। अगर तथ्यों का सत्यापन नहीं किया जाये तो निष्कर्ष प्रामाणिक नहीं हो सकेंगे। इसलिए सत्यापन के लिए पहली स्थिति से मिलती–जुलती किसी अन्य स्थिति को लिया जाता है और यदि दोनों स्थितियों में समानता पायी जाती है तो यह कहा जा सकता है कि प्राप्त तथ्यों में सत्यापन है, वे प्रामाणिक है।

उन प्राप्त तथ्यों को समान विशेषताओं के आधार पर विभिन्न वर्गो में विभक्त करते है। उसे वर्गीकरण कहा जाता है। तथ्यों के विभिन्न वर्गो के बीच एक पारस्परिक संबंध बन जाता है। वर्गीकरण करने का मुख्य उद्देश्य यह है कि वैज्ञानिक निष्कर्ष निकाला जा सके।

3. सामान्यीकरण (Generalization):– सामान्यीकरण का अर्थ यह है कि प्राप्त तथ्यों के आधार पर किसी सामान्य नियम को प्रतिपादित किया जा सके। अध्ययन से प्राप्त निष्कर्षो को सम्पूर्ण वर्ग या पूरे समग्र में लागू किया जा सकता है। उदाहरण के लिए बाल अपराध से सम्बन्धित प्रतिनिधित्वपूर्ण इकाइयों से किया गया अध्ययन का निष्कर्ष केवल उन्हीं बाल अपराधी बच्चों पर नहीं लागू हो गया बल्कि सभी बाल अपराधी बच्चे पर लागू होगा।

4. भविष्यवाणी (Prediction):– विज्ञान की एक प्रमुख विशेषता है कि इसमें भविष्यवाणी करने की क्षमता होती है। यदि किसी भी विषय में प्राप्त निष्कर्षो के आधार पर भविष्य की घटनाओं के संबंध में पहले से अनुमान लगा लिया जाय तो वह विषय वस्तु विज्ञान कहा जायेगा।

उदाहरण के लिए जनसंख्या के कारण आने वाले दिनों में अनेक समस्याओं का जन्म होगा। यदि यह प्रामाणिक है अर्थात सत्य है तो भविष्य में भी परिस्थितियों के समान रहने पर वे सत्य (प्रामाणिक) ही रहेंगे।

5. वैज्ञानिक प्रवृत्ति (Scientific Attitude):– वैज्ञानिक प्रवृति का अर्थ अनुसंधान कर्ता के पवृति से लगाया जाता है। अर्थात अनुसंधान कर्ता को तटस्थता (Objectivity) का पालन करना होता है। जिस प्रकार घटना घट रही है उन घटनाओं को ठीक उसी रूप में चित्रित करता हो, अपनी वैयक्तिक इच्छा, रूचि, रूझान, पूर्वाग्रह आदि से प्रभावित नहीं होता हो तो उसके अनुसंधान के निष्कर्ष को वैज्ञानिक कहा जा सकता है।

समाजशास्त्र विज्ञान है (Sociology is a science)

समाजशास्त्र भी ऐसा विषय है जिसमें वैज्ञानिक पद्धति का प्रयोग किया जाता है। इसलिए इसे एक विज्ञान कहा जाता है। इसमें तथ्यों का संकलन अवलोकन के द्वारा तथा पक्षपात रहित होकर निष्कर्ष निकाले जाते है और सिद्धांतों का निर्माण किया जाता है। समाजशास्त्र को विज्ञान मानने के लिए निम्नलिखित आधार हैः–

1. समाजशास्त्रीय ज्ञान का आधार वैज्ञानिक पद्धति हैः– समाजशास्त्र में अध्ययन के लिए वैज्ञानिक पद्धति का प्रयोग किया जाता है। इसमें तथ्यों के संकलन के लिए अवलोकन, अनुसूची, प्रश्नावली, सर्वेक्षण, वैयक्तिक जीवन पद्धति, सांख्यिकी, साक्षात्कार, ऐतिहासिक पद्धति, इत्यादि का प्रयोग करते हैं। इन पद्धतियों के प्रयोग करते हुए विभिन्न चरणों से गुजरकर समाजशास्त्रीय ज्ञान प्राप्त किये जाते हैं।

2. वास्तविक घटनाओं की विवेचनाः– समाजशास्त्र में वास्तविक घटनाओं की विवेचना की जाती है। यह शास्त्र इस बात पर विचार नहीं करता है कि क्या अच्छा है या बुरा है अथवा क्या होना, चाहिए। अर्थात घटनाओं या तथ्यों का यथार्थ चित्रण करता है। वह जिस रूप में घटित हो रहा है उसी रूप में चित्रण करता है। उदाहरण के लिए परिवार के अध्ययन में यह नहीं कहा जाता है कि कौन–सा परिवार अच्छा है या बुरा है बल्कि तथ्य के आधार पर ठीक उसी रूप में बतलाया जाता है जिस रूप में वे हैं।

3. कार्य–कारण संबंधों की विवेचनाः– इस शास्त्र में घटनाओं, तथ्यों और विभिन्न समस्याओं के कार्य कारण संबंधों को जानने का प्रयत्न किया जाता है। उदाहरण के लिए अगर आसमान में बादल हैं तो वर्षा होगी। ठीक उसी प्रकार समाजशास्त्र में किसी घटनाओं या समस्या के पीछे छिपे कारणों की खोज करते हैं। दुर्खीम का आत्महत्या का सिद्धांत कार्य–कारण के सह–संबंध को स्पष्ट करता है।

4. सिद्धांतों की स्थापनाः– समाजशास्त्र में तथ्यों के वर्गीकरण तथा विश्लेषण के बाद सामान्य निष्कर्ष निकाले जाते हैं। इन निष्कर्षों के आधार पर ही समाजशास्त्रीय सिद्धांत या वैज्ञानिक नियम बनाये जाते हैं। उदाहरण के लिए दुर्खीम ने आत्महत्या का सिद्धांत प्रतिपादित किया। इस सिद्धांत में इस बात की चर्चा है कि किस मौसम में आत्महत्या की दर ज्यादा होती है और महिलाओं तथा पुरूषों की तुलना में किसमें आत्महत्या की दर ज्यादा है। अर्थात् तथ्यों या घटनाओं के पारस्परिक संबंध ज्ञात किये जाते हैं और सिद्धांत प्रतिपादित किया जाता है।

5. सिद्धांतों की पुनर्परीक्षणः– समाजशास्त्र भी भौतिकशास्त्र या रसायनशास्त्र की तरह सिद्धांतों की पुनर्परीक्षण करने में सक्षम है। जिस प्रकार हाइड्रोजन एवं ऑक्सीजन के संयोग के द्वारा जल बनाने के सिद्धांत को पुनर्परीक्षण कर सकते हैं ठीक उसी प्रकार समाजशास्त्र में किये गये अध्ययन के सिद्धांतों को पुनर्परीक्षण किया जा सकता है। उदाहरण के लिए टूटे परिवार, तथा गलत संगति बाल अपराध के लिए उत्तरदायी है। इस सिद्धांत को अलग–अलग स्थानों पर पुनर्परीक्षण किया जा सकता है।

6. सिद्धांतों की सार्वभौमिकताः– समाजशास्त्र में भी जो सिद्धांत प्रतिपादित किया जाता है, वे सार्वभौमिक प्रकृति के होते हैं। सार्वभौमिकता का मतलब यह है कि वह सिद्धांत हर स्थान पर एक जैसा लागू होता हो। वास्तव में यदि परिस्थितियाँ समान हो और समाज तथा व्यक्ति में परिवर्तन न हुआ हो तो समाजशास्त्रीय सिद्धांतों में सार्वभौमिकता पाया जा सकता है। उदाहरण के लिए पारिवारिक विघटन सामाजिक विघटन पर आधारित है इसकी सत्यता का पता लगाया जा सकता है।

7. भविष्यवाणी करने की क्षमता :– अन्य विज्ञानों में भविष्यवाणी करने की क्षमता होती है। समाजशास्त्र में भी परिस्थिति क्या है और क्या के आधार पर होने वाली घटना को बताने की क्षमता है। आज के वर्तमान समय में समाज में बहुत तेजी से परिवर्तन हो रहा है। परिवर्तन के उस गति से समाजशास्त्र बता सकता है कि आने वाले दिनों में सामाजिक व्यवस्था, जाति व्यवस्था तथा परिवार में किस प्रकार का परिवर्तन होगा। अर्थात कुछ सीमा तक भविष्यवाणी करने में समाजशास्त्र सक्षम है।

उपरोक्त विश्लेषण के आधार पर यह कहा जा सकता है कि समाजशास्त्र एक विज्ञान है।

समाजशास्त्र की प्रकृति को वैज्ञानिक नहीं माना जा सकता (Sociology cannot be regarded as a Scientific Nature)

समाजशास्त्र के कुछ विद्वान यह मानते हैं कि समाजशास्त्र एक विज्ञान नहीं है। उनलोगों ने इसके वैज्ञानिक प्रकृति पर आपत्ति उठाते हुए निम्नलिखित तर्क प्रस्तुत किये हैं–

1. वस्तुनिष्ठता का अभाव (Lack of Objectivity):– वैज्ञानिक पद्धति अपनाने में समाजशास्त्री के सामने यह कठिनाई है कि वह अपने आप को पूर्णतः निरपेक्ष नहीं रख सकता है। व्यक्ति की अपनी रूचियाँ तथा पूर्वाग्रह होती है जिससे उसके लिए यह संभव नहीं है कि अध्ययन बिल्कुल निर्लिप्त भाव से करे। समाजशास्त्र में जिस विषय वस्तु का अध्ययन करना होता है जैसे समाज, परिवार, जाति, धर्म, संस्थायें, मूल्यों, इत्यादि में अध्ययनकर्ता स्वयं भागीदार होता है इसलिए वस्तुनिष्ठता कायम नहीं रह पाता है और वह समाप्त हो जाती है तो इस अभाव में कोई भी शास्त्र विज्ञान कहलाने का हकदार नहीं रहता है।

वास्तव में समाजशास्त्र में वस्तुनिष्ठता का अभाव है। परन्तु आज समाजशास्त्र में कई ऐसे पद्धतियों का विकास हो चुका है जिससे वस्तुनिष्ठता को बनाये रखने में मदद मिलती है।

2. सामाजिक घटनाओं की जटिलता (Complexity of Social Phenomena):– समाज में जो घटनायें घटित होती हैं उनके अनेक

कारण होते हैं। प्रत्येक समाज की एक प्रकार की घटना के अलग–अलग कारण हो सकते हैं। कभी–कभी समय और स्थान परिवर्तन होने के कारण घटनाओं में परिवर्तन हो जाता है। सभी का एक ढंग से वैज्ञानिक अध्ययन करना एक कठिन काम है। लुण्डबर्ग ने कहा है कि ''मानव समूह व्यवहार से सम्बन्धित एक वास्तविक विज्ञान होने के लिए सम्भवतः एक सबसे बड़ी बाधा इसकी अध्ययन वस्तु की जटिलता है।'' सामाजिक घटनाओं की जटिलता और परिवर्तनशीलता के कारण ही कई विद्वान इसे विज्ञान कहने से इन्कार करतें हैं।

3. सार्वभौमिकता का अभाव (Lack of Universality):– समाजशास्त्र में कुछ विद्वान यह मानते हैं कि समाजशास्त्र में सिद्धांत प्रतिपादित किया जाता है वह सभी स्थानों पर एक जैसा लागू नहीं होता है। उदाहरण के लिए भारत में बाल अपराध के पारिवारिक विघटन के कारण से सम्बन्धित अगर कोई सिद्धांत दिया गया है तो वह सिद्धांत अमेरिका में लागू नहीं हो सकता है। क्योंकि प्रत्येक स्थान पर सामाजिक परिस्थितियां एक–दूसरे से भिन्न होती है।

4. घटनाओं की माप में कठिनाई (Difficulty in Measurement):– प्राकृतिक विज्ञानों में नाप–तौल सम्भव होते हैं उसमें नाप तौल करने के लिए कई साधन (Instrument) विकसित होते हैं, परन्तु समाजशास्त्र में सामाजिक घटनाओं की प्रकृति अमूर्त तथा गुणात्मक (Qualitative) है। इस कारण इसका नाप–तौल करना बड़ा कठिन काम है। उदाहरण के लिए पति–पत्नी के संबंधों में दरार है तो इसका मूल्यांकन करना एक कठिन काम होगा। जिसके कारण इस विषय में वैज्ञानिकता का अभाव कहा जाता है।

5. प्रयोगशाला का अभाव (Lack of Laboratory):– स्प्रोट (Sprott) ने कहा कि ''यदि आप प्रयोग नहीं कर सकते, यदि आप नाप–तौल नहीं कर सकते, यदि आप मोटे तौर पर एकत्वबोधक धारणा स्थापित नहीं कर सकते, यदि आप अपनी सामाजिक इंजीनियरिंग के विषय में आश्वस्त नहीं हो सकते तो आपके द्वारा किए गए अध्ययन को किसी भी तरह वैज्ञानिक अध्ययन नहीं कहा जा सकता।'' जिस प्रकार दो भाग हाइड्रोजन और एक

भाग ऑक्सीजन के मिलने से पानी बनता है जिसे प्रयोगशाला में प्रयोग किया जा सकता है ठीक उसी प्रकार प्रयोग समाजशास्त्र में नहीं कर सकते हैं। गार्नर के अनुसार सामाजिक समस्याओं का हल करने तथा अपनी जिज्ञासा को सन्तुष्ट करने के लिए हम समुदाय के किसी एक भाग को हाथ में नहीं ले सकते। उदाहरण के लिए सास–बहु के बीच मन–मुटाव को प्रयोगशाला में नियंत्रित कर के अध्ययन नहीं किया जा सकता है।

6. भविष्यवाणी करने में असमर्थ (Incapable to Prediction):– कुछ विद्वानों ने कहा कि समाजशास्त्र में भविष्यवाणी नहीं किया जा सकता है। उदाहरण के लिए एक व्यक्ति किसी दूसरे व्यक्ति को गाली देता है या थप्पड़ मारता है तो उसकी प्रतिक्रिया क्या होगी इस संबंध में निश्चयपूर्वक कुछ कहना कठिन है। कभी कोई व्यक्ति गाली का जबाब गाली से, थप्पड़ का जवाब थप्पड़ से दे सकता है और कभी यह भी सम्भव है कि वह शान्त रहे। यह निर्भर करता है कि उसका समाजीकरण किस संस्कृति में हुआ है। समाजशास्त्र में यह भी कहा जाता है कि सामाजिक घटनाओं में हमेशा परिवर्तन होते रहते हैं और उस परिवर्तनीय घटनाओं के आधार पर भविष्यवाणी करना सम्भव नहीं है।

7. अस्पष्ट शब्दावली:– कुछ विद्वान यह मानते हैं कि समाजशास्त्र में अस्पष्ट एवं सुनिश्चित शब्दावली का अभाव है। मर्टन ने कहा कि प्रकार्य शब्द का अनेक अर्थ होता है। कुछ व्यक्ति कुछ शब्दों को अलग–अलग अर्थ लगाते हैं। उदाहरण के लिए जाति एवं शब्दों का अभी तक सुस्पष्ट अर्थ उपलब्ध नहीं हुआ है। मंडल विवाद में सर्वोच्च न्यायालय ने अपने निर्णय में कहा है कि वर्ग की अवधारणा को जाति से पृथक नहीं किया जा सकता। क्या जाति में वर्ग निहित है? यह भ्रांति अभी तक दूर नहीं हो पाया है।

इस प्रकार उपरोक्त तर्क के आधार पर यह कहा गया कि समाजशास्त्र विज्ञान नहीं है। परन्तु ये सभी तर्क निराधार और ऊपरी है। आज समाजशास्त्र में वैज्ञानिकता लाने के लिए अनेक प्रकार की पद्धति का विकास हो चुका है। समाजशास्त्र एक विज्ञान है और इसकी प्रकृति

वैज्ञानिक है। यह बात भी सही है कि समाजशास्त्र उतना निश्चित विज्ञान नहीं है जितना की प्राकृतिक या भौतिक विज्ञान है। इसलिए समाजशास्त्र को एक विशुद्ध या सैद्धान्तिक विज्ञान माना जाता है।

समाजशास्त्र की वास्तविक प्रकृति

समाजशास्त्र की वास्तविक प्रकृति के संबंध में राबर्ट बीरस्टीट ने निम्नलिखित ढंग से कहाः–

1. समाजशास्त्र एक सामाजिक विज्ञान है न कि प्राकृतिक विज्ञान
2. समाजशास्त्र एक निरपेक्ष या वास्तविक विज्ञान है, न कि आदर्शात्मक विज्ञान
3. समाजशास्त्र एक विशुद्ध विज्ञान है न कि व्यावहारिक विज्ञान
4. समाजशास्त्र एक अमूर्त विज्ञान है न कि मूर्त विज्ञान
5. समाजशास्त्र एक सामान्यीकरण विज्ञान है न कि विशेषीकरण विज्ञान
6. समाजशास्त्र एक तार्किक और साथ ही अनुभवात्मक विज्ञान है।

इस प्रकार बीरस्टीड के विचार में समाजशास्त्र की प्रकृति वैज्ञानिक है, समाजशास्त्र एक विज्ञान है। आज अधिकांश समाजशास्त्री समाजशास्त्र को एक सामान्य विज्ञान मानते हैं। वास्तव में आज उन घटनाओं के अध्ययन पर विशेष जोर दिया जा रहा है जो सभी मानवीय अन्तः क्रियाओं में सामान्य है। ऐसी सभी सामान्य घटनाओं का अध्ययन करने के कारण ही समाजशास्त्र को एक सामान्य विज्ञान के रूप में सार्वभौमिक स्वीकृति मिली है।

3

समाजशास्त्रीय परिप्रेक्ष्य

Sociological Perspective

समाजशास्त्र के विषय क्षेत्र के संबंध में विद्वानों का मतभेद रहा है। वी. एफ. काल्बर्टन (V. F. Calberton) का मत है "क्योंकि समाजशास्त्र एक ऐसा लचीला विज्ञान है कि यह निर्णय करना कठिन है कि इसकी सीमा कहाँ आरम्भ होती है और कहाँ समाप्त, समाजशास्त्र कहाँ सामाजिक मनोविज्ञान बन जाता है और सामाजिक मनोविज्ञान कहाँ समाजशास्त्र या कहाँ अर्थशास्त्र का सिद्धांत या जीवशास्त्रीय सिद्धांत समाजशास्त्रीय सिद्धांत बन जाता है। यह एक जटिल समस्या है जिसका निर्णय करना असंभव है। अलेक्स इंकल्स (Alex Inkeles) ने अपनी पुस्तक What is Sociology में विस्तृत रूप से समाजशास्त्र के क्षेत्र और विषय वस्तु पर चर्चा की है। कुछ लोगों का मानना है कि समाजशास्त्र संसार की सभी वस्तुओं का अध्ययन करता है, परन्तु यह विचार समाजशास्त्र के विषय क्षेत्र में संकीर्ण है। वास्तव में, समाजशास्त्र का अध्ययन क्षेत्र अत्यन्त सीमित है और यह केवल उन्हीं समस्याओं से सम्बन्धित है जिनका अध्ययन अन्य सामाजिक शास्त्रों में नहीं किया जाता है। प्रत्येक विज्ञान के घटनाओं एवं तथ्यों को देखने समझने का एक अपना नजरिया या दृष्टिकोण होता है उसे ही उस विज्ञान का परिप्रेक्ष्य (Perspective) कहा जाता है। उदाहरण के लिए मजदूरी की समस्या का विश्लेषण करना हो तो मजदूरों का तथा मालिकों का दृष्टिकोण अलग–अलग हो जाता है। ठीक उसी प्रकार

अपराधी व्यवहार का अध्ययन समाजशास्त्री सामाजिक दृष्टिकोण से, अर्थशास्त्री आर्थिक दृष्टिकोण से, राजनीतिशास्त्री राजनीतिक दृष्टिकोण से करता है। अर्थात एक ही घटना या तथ्य को विभिन्न विज्ञान अलग–अलग दृष्टिकोण, नजरिये या परिप्रेक्ष्य से अध्ययन करता है। इसलिए इन विज्ञानों की परिप्रेक्ष्य एवं संदर्भ परिधि (Frame of Reference) अलग–अलग होता है। समाजशास्त्र में भी एक विशिष्ट परिप्रेक्ष्य द्वारा अध्ययन किया जाता है।

परिप्रेक्ष्य का अर्थ (Meaning of Perspective)

प्रारम्भ में विद्वानों ने समाजशास्त्र के क्षेत्र (Scope) या विषय वस्तु (Subject Matter) पर ही विस्तष्त चर्चा की। परन्तु आज इनके स्थान पर समाजशास्त्रीय परिप्रेक्ष्य पर विशेष रूप से चर्चा की जा रही है।

पर्सपेक्टिव (Perspective) जो अंग्रेजी भाषा का शब्द है, का अर्थ 'परिप्रेक्ष्य' है, पर्सपेक्टिव लैटिन भाषा के 'पर्सपैक्ट' (Perspect) से बना है जिसका अर्थ 'सीन थ्रू' (Seen Through) यानि ऊपर से नीचे तक देखना है। समाजशास्त्र में इसका अर्थ प्रारम्भ से अन्त तक परीक्षण या अन्वेषण करना है। जब कोई वैज्ञानिक अपने विषय के विशिष्ट उद्देश्य को ध्यान में रखते हुए किसी तथ्य, घटना या सामाजिक वास्तविकता का अध्ययन विशेष नजरिये या दृष्टिकोण से करता है तो वह उस विषय का परिप्रेक्ष्य कहलाता है। विभिन्न विषयों का घटना के अध्ययन का अपना विशेष ढंग तरीका या दृष्टिकोण होता है। इस ढंग या दृष्टिकोण को परिप्रेक्ष्य कहा जाता है। परिप्रेक्ष्य का तात्पर्य अध्ययन के क्रमबद्ध, व्यवस्थित एवं विशिष्ट दृष्टिकोण से है जो एक विषय को अन्य विषयों से अलग करता है। किसी भी घटना या तथ्यों के अध्ययन के लिए अनेक आयाम या पहलू होते हैं। इसलिए उसके व्यवस्थित विश्लेषण के लिए उसे निश्चित सीमा या परिधि में बाँधना आवश्यक है। एक ही घटना के भिन्न–भिन्न सन्दर्भों को अलग–अलग किया जाता है एवं एक सन्दर्भ को एक विज्ञान या विषय के अन्तर्गत रखा जाता है। इससे उसके अध्ययन की सीमा निर्धारित हो जाती है। इसे ही परिप्रेक्ष्य (Perspective) या सन्दर्भ परिधि (Frame of Reference) कहा जाता है। किसी भी विषय वस्तु को समझने के लिए यह आवश्यक है कि उसका परिप्रेक्ष्य जान लें।

समाजशास्त्रीय परिप्रेक्ष्य की परिभाषा (Definition of Sociological Perspective)

समाजशास्त्र में कुछ विद्वानों ने समाजशास्त्रीय परिप्रेक्ष्य या दृष्टिकोण को परिभाषित करने का प्रयास किया है जो इस प्रकार हैः– थियोडोरसन एवं थियोडोरसन के अनुसार "मूल्य विश्वास, अभिवषत्ति एवं अर्थ व्यक्ति को सन्दर्भ एवं दृष्टिकोण उपलब्ध कराते हैं जिनके अनुसार वह परिस्थिति का निरीक्षण या अवलोकन करता है, परिप्रेक्ष्य कहलाता है।"

जी. ए. लुण्डवर्ग के अनुसार, "हमारी स्थापित आदतों की व्यवस्था ही सन्दर्भ परिधि के निर्माण में योग देती है। आदतों की व्यवस्थाओं को स्पष्ट करते हुए इन्होंने बताया कि ये लोक भाषा में होती है तथा इन्हें विश्वास सिद्धांत या जीवन दर्शन के नाम से पुकारा जाता है। इससे स्पष्ट होता है कि परिप्रेक्ष्य या सन्दर्भ परिधि मानव द्वारा अपने अध्ययन के उद्देश्यों, सीमाओं एवं सुविधाओं को ध्यान में रखते हुए निर्मित किया गया दृष्टिकोण है।

इलोच चिनोय ने बताया कि किसी भी विषय का परिप्रेक्ष्य उसमें प्रयुक्त होने वाली अवधारणाओं से ज्ञात किया जा सकता है अर्थात विषय या विज्ञान को समझने के लिए यह आवश्यक है कि उसमें किन–किन मौलिक अवधारणाओं का प्रयोग किया जाता है।

गुडे एवं हॉट का कहना है कि किसी भी घटना, स्थिति या वस्तु का अलग–अलग प्रकार से अध्ययन किया जा सकता है तथा इन्होंने बताया कि किसी भी विषय या विज्ञान की परिभाषा, अध्ययन का क्षेत्र इसकी प्रकृति, सिद्धांत, अवधारणाएं आदि उसके परिप्रेक्ष्य को तय करती है। सभी वैज्ञानिक अपने–अपने विषय के विशिष्ट परिप्रेक्ष्य को ध्यान में रखते हुए किसी एक ही घटना या तथ्य का अध्ययन करते हैं।

जार्ज सिमेल के अनुसार समाजशास्त्र तथा अन्य सामाजिक शास्त्रों के बीच अन्तर यह है कि यद्यपि यह अन्य सामाजिक शास्त्रों की ही भाँति समान विषयों का अध्ययन करता है, परन्तु एक भिन्न दृष्टिकोण से यह सामाजिक संबंधों का अध्ययन उनके स्वरूपों को सामने रखकर करता है।

वीर कांत के अनुसार समाजशास्त्र ज्ञान की एक विशिष्ट शाखा है जो मनुष्यों को समाज में एक–दूसरे से बाँधने वाले मानसिक अथवा मन–संबंधी संबंधों के विशिष्ट स्वरूपों का अध्ययन करता है।

टॉनीज के अनुसार समाजशास्त्र का परिप्रेक्ष्य स्वरूपात्मक विचारधारा है। उन्होंने संबंधों के स्वरूपों के आधार पर समाज और समुदाय में अन्तर स्थापित किया है।

इस प्रकार कहा जा सकता है कि समाजशास्त्रीय परिप्रेक्ष्य के अन्तर्गत समाजशास्त्रीय समाज, समूह, सामाजिक अन्तःक्रिया, सामाजिक संबंधों, सामाजिक व्यवहार, सामाजिक संरचना, सामाजिक व्यवस्था और इनमें होने वाले परिवर्तनों का अध्ययन करते हैं। इसके अलावा उन घटनाओं तथा तथ्यों का क्रमबद्ध तथा व्यवस्थित अध्ययन करते हैं जिससे व्यक्ति या समाज प्रभावित होता है।

समाजशास्त्रीय परिप्रेक्ष्य (Sociological Perspective)

समाजशास्त्रीय परिप्रेक्ष्य के अन्तर्गत समाजशास्त्रीय विद्वान सामाजिक क्रियाओं, सामाजिक समूहों, सामाजिक संबंधों, समूहों, संस्थाओं, व्यवहारों, सामाजिक व्यवस्था, अव्यवस्था, परिवर्तन, इत्यादि के अध्ययन को सम्मिलित करते हैं। समाजशास्त्रीय परिप्रेक्ष्य में सामाजिक घटनाओं का घटित होना कार्य कारण संबंध के सन्दर्भ में देखा जाता है। इसलिए समाजशास्त्रीय परिप्रेक्ष्य की प्रकृति वैज्ञानिक है। विभिन्न समाजशास्त्रियों ने इस संदर्भ में अपने–अपने ढंग से निम्नलिखित विचार प्रस्तुत किये हैं।

दुर्खीम के मत अनुसारः–

1. सामाजिक आकारिकी (Social Morphology):– दुर्खीम यह मानते थे कि प्रत्येक समाज पर भौगोलिक पर्यावरण का प्रभाव पड़ता है। अतः भौगोलिक पर्यावरण का समाज पर प्रभाव का अध्ययन समाजशास्त्र में किया जाना चाहिए। इसके अलावा जनसंख्या और उसका आकार एवं घनत्व का भी अध्ययन किया जाना चाहिए।

2. सामाजिक रचना (Social Physiology):– परिवार, नैतिकता, धर्म आदि ऐसे तत्व है जिससे न केवल समाज का निर्माण होता है बल्कि इनसे व्यवस्था और एकता भी बना रहता है। इसलिए इन तत्वों का भी अध्ययन किया जाना चाहिए।
3. सामान्य समाजशास्त्र (General Sociology):– दुर्खीम के अनुसार लगभग सभी सामाजिक प्रक्रियाएं समूह और संस्थाएं जो व्यक्ति के जीवन को प्रभावित करती हैं उसे समाजशास्त्र के अन्तर्गत अध्ययन किया जाना चाहिए।

मैक्स वेबर ने समाजशास्त्रीय परिप्रेक्ष्य के सन्दर्भ में सामाजिक क्रिया का वैज्ञानिक अध्ययन ही माना है।

सोरोकीन ने अपना विचार देते हुए कहा कि निम्नलिखित सामाजिक तथ्य समाजशास्त्रीय परिप्रेक्ष्य के अन्तर्गत आते हैं–

1. धार्मिक, राजनीतिक, सामाजिक, आर्थिक, आदि
2. भौगोलिक घटनाओं और सामाजिक जीवन पर उसका प्रभाव।
3. समाज में घटनेवाली प्रत्येक घटनाओं की आम विशेषताएं।

जिन्सबर्ग ने समाजशास्त्रीय परिप्रेक्ष्य के अन्तर्गत किये जाने वाले अध्ययनों को चार भागों में बाँटा है:–

1. सामाजिक आकारिकी (Social Morphology) :– इसमें समाज के आकार तथा स्वरूप को निर्धारण करने वाली विशेषताओं जैसे जनसंख्या का घनत्व एवं आकार को रखा है।
2. सामाजिक नियंत्रण (Social Control) :– इसके अन्तर्गत लोकरीति, प्रथा, परम्परा, रूढ़ि, कानून, धर्म, नैतिकता, फैशन इत्यादि को रखा है जिससे सामाजिक जीवन नियंत्रित होता है एवं व्यक्ति का व्यवहार भी नियंत्रित होता है।
3. सामाजिक प्रक्रियाएं (Social Processes) :– इसमें अन्तःक्रियाओं का अध्ययन किया जाता है। ये अन्तःक्रियाएं सामाजिक संबंधों का आधार है जो सामाजिक प्रक्रिया के रूप में हमेशा मौजूद रहती है।

इसके अन्तर्गत सहयोग, प्रतिस्पर्द्धा, संघर्ष, समायोजन, आदि का अध्ययन किया जाता है।

4. सामाजिक व्याधिकी (Social Pathology) :– इसके अन्तर्गत समाज में विघटित करने वाले कारकों, परिस्थितियों जैसे– अपराध, निर्धनता, बेरोजगारी, सामूहिक विघटन इत्यादि का अध्ययन किया जाता है।

समाजशास्त्र के परिप्रेक्ष्य के संबंध में विद्वानों के मतों को मुख्यतः दो भागों में बाँट सकते हैं:–

1. वैज्ञानिक परिप्रेक्ष्य (Scientific Perspective)
2. मानवतावादी परिप्रेक्ष्य (Humanistic Perspective)

प्रथम परिप्रेक्ष्य को वैज्ञानिक परिप्रेक्ष्य कहा जाता है और द्वितीय परिप्रेक्ष्य को मानवतावादी परिप्रेक्ष्य।

1. वैज्ञानिक परिप्रेक्ष्य (Scientific Perspective) :– इस मत के प्रमुख प्रवर्तक स्पेंसर, दुर्खीम, मैक्स वेबर, परेटो, मर्टन एवं पारसन्स आदि हैं। इस विचारधारा से सम्बन्धित समाजशास्त्रियों की मान्यता है कि प्रत्येक विज्ञान की अपनी कुछ विशिष्ट समस्याएँ होती है जिसका अध्ययन उस शास्त्र के अन्तर्गत किया जाता है, उसी प्रकार समाजशास्त्र के अन्तर्गत भी उसकी अपनी कई समस्याएँ होती है। उन समस्याओं को अध्ययनकर्ता किसी विशेष परिप्रेक्ष्य को अपनाते हुए तथा वैज्ञानिक पद्धतियों का सावधानीपूर्वक प्रयोग करके अध्ययन करता है। तथ्यों को ठीक उसी रूप में चित्रित किया जाता है, जिस रूप में वे है। उनका ठीक से वर्गीकरण किया जाता है तथा निष्कर्ष प्रस्तुत किये जाते है। उस निष्कर्ष के आधार पर सामान्यीकरण किये जाते है। जिसके कारण कहा जाता है कि समाजशास्त्र एक विज्ञान है। दुर्खीम द्वारा अपनाया गया अध्ययन का तरीका वैज्ञानिक था जिसके प्रमुख कारण थे– समस्या को परिभाषित करना, एक परिकल्पना करना, उस उपकल्पना की जाँच करना तथा परिणामों तथा निकाले गये निष्कर्षों का विश्लेषण करना। दुर्खीम ने अपने अध्ययन में कारण तथा कार्य पर विशेष जोर दिया जो उसके द्वारा अपनाये गये वैज्ञानिक दृष्टिकोण को स्पष्ट करता है। मैक्स वेबर के अनुसार सामाजिक विज्ञान मानव के

ऐच्छिक तथा अनैच्छिक कार्यों का अध्ययन करने के लिए वैज्ञानिक विधि का सहारा लेते हैं।

आधुनिक समय में कुछ समाजशास्त्री जैसे जैटरवर्ग ने भी कहा कि समाजशास्त्रीय सिद्धांतों के प्रतिपादन में नियमों को उसी प्रकार कठोरता से लागू किया जाना चाहिए जिस प्रकार गणितज्ञ अपने गणना संबंधी सिद्धांतों की खोज करने में करते हैं।

समाजशास्त्र में अनेक ऐसे अध्ययन हुए हैं जिसमें वैज्ञानिक परिप्रेक्ष्य को अपनाया गया है और सिद्धांत प्रतिपादन किया गया है। सोरोकिन ने कहा कि 1952 से 1965 तक के बीच में समाजशास्त्र के क्षेत्र में असंख्य अनुसंधान कार्य हुए तथा विश्लेषण व आनुभविक अनुसन्धान हेतु नवीन पद्धतियों का विकास हुआ। इस प्रकार समाजशास्त्र में वैज्ञानिक परिप्रेक्ष्य के द्वारा अध्ययन होता रहा। परन्तु कुछ समय के बाद बर्जर ने आलोचना की और बताया कि समाजशास्त्री अपने विषय से दूर चले गये और पद्धतिशास्त्र की बारीकियों से उलझ गये हैं। कुछ विद्वान विचार करने लगे कि समाजशास्त्र के अध्ययन के लिए वैज्ञानिक पद्धति का प्रयोग होना या सहानुभूति तथा वर्सटेहन (Verstehen) नामक नई व्यक्तिपरक पद्धतियों का प्रयोग किया जाना चाहिए। इस प्रकार समाजशास्त्र में एक नवीन परिप्रेक्ष्य का विकास हुआ जिसे मानवतावादी या मानवीय परिप्रेक्ष्य कहते हैं।

2. मानवतावादी परिप्रेक्ष्य (Humanistic Perspective) :– उन्नीसवीं सदी के अन्त में समाज में नवीन परिस्थितियों एवं समस्याओं के फलस्वरूप समाजशास्त्र का रूप परिवर्तित हुआ। अमेरिकी समाजशास्त्र में मनोवैज्ञानिक तत्व को प्रधानता देते हुए मनुष्य को इच्छा, भावना, उद्देश्य एवं बुद्धि के रूप में परिभाषित किया गया। इस बदलते हुए सामाजिक परिवेश ने समाजशास्त्र में मानवीय परिप्रेक्ष्य परिवेश के विकास में योग दिया। यह मानवीय परिप्रेक्ष्य समाजशास्त्र में उन उपागमों की ओर संकेत करता है जो समाज को इसमें रहने वाले लोगों के दृष्टिकोण में समझना चाहते हैं। यह परिप्रेक्ष्य समाजशास्त्र के परम्परागत प्रत्यक्षवादी या वैज्ञानिक परिप्रेक्ष्य के विपरीत है। समाजशास्त्र में वैज्ञानिक परिप्रेक्ष्य को सर्वप्रथम चुनौती यूरोप में पिछली शताब्दी के अन्त में डिल्थे (Dilthey) के द्वारा आनुभाविक परम्परा के विरोध

में दी गई यह चुनौती सामाजिक विज्ञानों में आनुभविक तथा प्रत्यक्षवादी परम्पराओं को दी गयी जिसमें समाजशास्त्र में अगस्त कॉम्ट तथा ईमाइल दुर्खीम भी शामिल है।

1920 से 1940 के बीच आनुभविक समाजशास्त्रीय गतिविधि काफी तेज थी। इस समय वैज्ञानिक परिप्रेक्ष्य के अनुरूप ऑगबर्न, चैपिन, बर्नार्ड तथा राइस ने प्रयोगों, नियन्त्रित क्षेत्रीय अध्ययनों तथ्यों की सांख्यिकीय समीक्षा, आदि पर जोर दिया। इसके विपरीत थामस, पार्क, लिन्डस आदि विद्वानों ने मानववादी वैयक्तिक अध्ययन तथा सहभागिक अवलोकन उपागमों पर विशेष ध्यान दिया। लेकिन फिर भी इनके अध्ययन प्रमुखतः तथ्यों पर ही आधारित थे। इसी समय नव प्रत्यक्षवाद (Neo-Positivism) का बेन, लुण्डबर्ग तथा हार्ट आदि ने समर्थन किया। इस नव प्रत्यक्षवाद का विरोध यूरोप के मानववादियों जैसे मैनहीम तथा गुरविच आदि ने किया।

पिछले कुछ दशकों में विज्ञानवादिता पर अत्यधिक जोर दिये जाने के कारण ही या उसकी प्रतिक्रिया के रूप में मानवीय परिप्रेक्ष्य का उदय हुआ। मानवीय परिप्रेक्ष्य को लेकर चलने वाले समाजशास्त्रियों ने उन वर्गो, व्यक्तियों एवं समूहों के अध्ययन पर जोर दिया जो काफी समय से उपेक्षित रहे हैं तथा जिन्हें व्यवस्था द्वारा कोई संरक्षण नहीं मिल पाया है। ऐसे उपेक्षित लोगों के अध्ययन के बिना समाजशास्त्रीय ज्ञान अधूरा ही रहेगा। इस प्रकार लोगों का ध्यान इस ओर आकर्षित किया गया है कि जहाँ समाजशास्त्र में अधिकांश लोगों का अध्ययन महत्वपूर्ण है, वहीं उपेक्षित लोगों, वर्गो एवं समूहों आदि का अध्ययन भी कम महत्वपूर्ण नहीं है। अतः इस परिप्रेक्ष्य को ध्यान में रखते हुए आगे बढ़ने वाले समाजशास्त्रियों का कहना है कि वैयक्तिक पक्षों का अध्ययन किया जाना चाहिए।

मानविकी परिप्रेक्ष्य में वस्तुपरक (Objective) के बजाय विषयपरक (Subjective) अध्ययन पर जोर दिया गया। समाज के बजाय वैयक्तिक अध्ययन को अधिक महत्वपूर्ण माना गया। मानविकी परिप्रेक्ष्य विज्ञानों में प्रयुक्त पद्धतियों, आंकड़ों के गुणात्मक पक्ष तथा वस्तुपरकता को सामाजिक यथार्थ को ठीक से समझने में बाधक मानता है। कभी ऐसा देखा जाता है कि सामाजिक यथार्थ वस्तुपरक (Objective) नहीं होकर विषयपरक

(Subjective) होता है जिसे वैज्ञानिक परिप्रेक्ष्य को अपनाकर समझना सम्भव नहीं है। उसे तो मानविकी परिप्रेक्ष्य में ही सही रूप से समझा जा सकता है। निर्जीव पदार्थो का अध्ययन तो वस्तुपरकता के साथ किया जा सकता है। किन्तु सामाजिक प्रघटनाओं का अध्ययन पूर्ण वस्तुपरकता के साथ करना सम्भव नहीं है क्योंकि मनुष्य एक संवेदनशील प्राणी है, उसकी भावनाओं, विचारों आदि का प्रभाव तो सामाजिक घटनाओं पर किसी न किसी रूप से पड़ता ही है। वह किसी तथ्य या घटना को क्या अर्थ देता है उसे किस रूप में समझता है, इसका अध्ययन में बहुत महत्व है। अर्थात् यहाँ सामाजिक यथार्थ को समझने हेतु बोध या समझ पर विशेष जोर दिया जाता है।

समाजशास्त्र में मानविकी परिप्रेक्ष्य के अन्तर्गत व्यवस्था का विरोध किया जाता है इसका लक्ष्य समाज में उन मिथ्याओं को सामने लाना या उजागर करना है जिनको लेकर व्यवस्था, मूल्य, संस्था आदि अपना अस्तित्व बनाये हुए है। इस परिप्रेक्ष्य के अन्तर्गत विशेष समाज, विशेष समूह, विशेष वर्ग अथवा विशेष व्यक्ति के अध्ययन को महत्वपूर्ण माना जाता है। मैक्स वेबर की वर्सटेहेन (Verstehen) पद्धति मानविकी समाजशास्त्र की ही एक पद्धति है जिसमें बोध या समझ पर विशेष जोर दिया जाता है।

मानववाद समाजशास्त्र की मानववादी विषय वस्तु से सम्बन्धित है जिसमें जटिल तथा परिवर्तनशील राजनीतिक, आर्थिक एवं सांस्कृतिक पष्ठभूमियों के अर्थो एवं मूल्यों पर ध्यान दिया जाता है। इसमें अधिक ढीले रूप से संयुक्त पद्धतियों जैसे सहभागिक अवलोकन तथा प्रघटनाशास्त्रीय उपागमों का समर्थन करते है जो सामाजिक जीवन तथा अन्य प्रघटनाओं में गुणात्मक अन्तर को मान्यता देते हैं। ऐसा मानने वालों में गारफिंकल, लेसर तथा स्ट्रास, जोहान्सबर्ग तथा नेट आदि के नाम प्रमुख है। इस नवीन परिप्रेक्ष्य के अन्तर्गत यह भी माना जाने लगा कि समाजशास्त्र मानव दशा के अनुरूप प्रासंगिक होना चाहिए। इस दृष्टिकोण में विश्वास करने वालों का कहना है कि मनुष्य समाज के लिए सामाजिक प्राणी नहीं है बल्कि प्राणी के लिए है।

उपरोक्त विवेचन से यह स्पष्ट होता है कि मानवीय परिप्रेक्ष्य वैज्ञानिक परिप्रेक्ष्य के विपरीत खड़ा है। इसमें वैज्ञानिक पद्धति के अति संयम और नैतिक निष्पक्षता को मान्यता नहीं दी गई है। इसमें दिन–प्रतिदिन की छोटी–छोटी घटनाओं पर ध्यान दिया जाता है तथा उपेक्षित एवं षोषित लोगों तथा कमजोर वर्गों के अध्ययन पर बल दिया जाता है। वास्तव में इन लोगों के अध्ययन के बिना समाजशास्त्रीय ज्ञान अधूरा ही रहेगा। इस परिप्रेक्ष्य के सहायता से ही सामाजिक यथार्थ को सही रूप में समझा जा सकता है।

4

समाजशास्त्र का अन्य सामाजिक विज्ञानों के साथ संबंध

Relationship of Sociology with other Social Sciences

सामाजिक जीवन इतना जटिल है कि सामाजिक समस्याओं को सम्पूर्ण मानव अनुभूतियों से पृथक कर पाना कठिन है। मनुष्य का जीवन बहुमुखी है। उसके जीवन के अनेक पक्ष हैं, जैसे– आर्थिक पक्ष, विधि पक्ष, सौन्दर्य पक्ष, धार्मिक पक्ष, राजनीतिक पक्ष, आदि। इसलिए मानव गतिविधियों के अलग–अलग पक्षों का पृथक–पृथक अध्ययन करने वाले अन्य सामाजिक शास्त्रों की सहायता से समाजशास्त्र सम्पूर्ण सामाजिक जीवन को समझ सकता है। अर्थात समाजशास्त्र का अन्य शास्त्रों के साथ गहरा संबंध होता है।

परन्तु प्रत्येक समाज विज्ञान में अध्ययन के परिप्रेक्ष्य (Perspective) अलग–अलग होते हैं। उनकी एक निश्चित विषय वस्तु होती है। उदाहरण के लिए अर्थशास्त्र आर्थिक पक्ष पर बल देता है, राजनीतिक शास्त्र राजनीतिक पक्ष पर। समाजशास्त्र सामाजिक कारकों पर अपना ध्यान केन्द्रित करता है। इस प्रकार कहा जा सकता है कि विभिन्न समाज विज्ञान में अंतर होते हुए भी ये आपस में संबंधित हैं।

समाजशास्त्र के अन्य सामाजिक विज्ञानों के साथ संबंधों को लेकर विद्वानों में निम्नलिखित मतभेद है–

1. अगस्ट कॉम्ट(August Comte) के विचारः– कॉम्ट के अनुसार समाजशास्त्र के अन्य सामाजिक विज्ञानों के साथ किसी भी प्रकार के संबंध नहीं है और कहा कि समाज एक समग्रता या सम्पूर्णता (Totality) है और इस कारण सामाजिक प्रघटनाओं को अलग–अलग भागों में विभाजित नहीं किया जा सकता। अतः केवल समाजशास्त्र के द्वारा ही उस पूर्णता का अध्ययन सम्भव है। परन्तु कॉम्ट के इस विचार की आलोचना हुई। आज विशेषीकरण के इस युग में जीवन के विभिन्न पक्षों का अध्ययन करने के लिए अन्य सामाजिक विज्ञानों के महत्व और सभी के बीच संबंधों को स्वीकार करना ही पड़ेगा।
2. स्पेन्सर के विचारः– स्पेन्सर ने सावयवी सिद्धांत (Organic Theory) के आधार पर कहा कि जिस प्रकार विभिन्न अंगों या इकाइयों के द्वारा शरीर का निर्माण होता है और जिस प्रकार ये अंग एक दूसरे से घनिष्ठ रूप से संबंधित होते हैं, उसी प्रकार समाजशास्त्र का अन्य सामाजिक विज्ञानों से घनिष्ठ रूप से संबंधित होना स्वाभाविक ही है।
3. वार्ड (Lester Ward) के विचारः– वार्ड यह मानते हैं कि विभिन्न सामाजिक विज्ञान समाजशास्त्र नामक नवीन विज्ञान के निर्माण में सहयोगी है परन्तु प्रत्येक विज्ञान से यह भिन्न और साथ ही उच्च स्तर की है।
4. गिडिंग्स के विचारः– गिडिंग्स के मत के अनुसार समाजशास्त्र न तो अन्य सामाजिक विज्ञानों का योग है और न ही समन्वय है। समाजशास्त्र का अध्ययन क्षेत्र काफी विशाल एवं विस्तष्त है। समाजशास्त्र अन्य सामाजिक विज्ञानों का आधार है।
5. सोरोकिन के विचारः– इनके मत के अनुसार समाजशास्त्र सामाजिक जीवन की सामान्य घटनाओं का अध्ययन करने वाला विज्ञान है। अध्ययन सामग्री की दृष्टि से समाजशास्त्र अन्य विज्ञानों से

सहायता प्राप्त करता है। साथ ही साथ यह शास्त्र विभिन्न सामाजिक विज्ञानों के बीच संबंध स्थापित करने और उन्हें पूर्णता प्रदान करने में मदद करती है।

बार्न्स एवं बेकर के अनुसार ''समाजशास्त्र अन्य सामाजिक विज्ञानों की न तो गृहस्वामिनी है और न ही दासी, बल्कि यह तो अन्य विज्ञानों की बहन है।''

समाजशास्त्र और अन्य सामाजिक विज्ञानों के बीच पाये जाने वाले संबंधों की विवेचना निम्नलिखित रूप से किया जा सकता है।

समाजशास्त्र एवं मानवशास्त्र (Sociology and Anthropology)

सामाजिक मानवशास्त्र और समाजशास्त्र के बीच गहरा संबंध है। संबंधों की इसी घनिष्ठता के कारण इनमें कोई स्पष्ट विभाजन सम्भव नहीं है। इवान्स प्रिचार्ड का कहना है कि सामाजिक मानवशास्त्र को समाजशास्त्रीय अध्ययनों की एक शाखा माना जा सकता है। क्रोबर ने समाजशास्त्र और मानवशास्त्र के बीच पाये जाने वाले घनिष्ठ संबंधों के आधार पर ही इन्हें जुड़वा बहनें माना है। हॉबल के अनुसार विस्तृत अर्थों में समाजशास्त्र और सामाजिक मानवशास्त्र एक ही है, अर्थात समान है।

इन दोनों विज्ञानों के द्वारा समाजों का अध्ययन किया जाता है। मानवशास्त्र के द्वारा विशेषतः आदिम समाजों (Primitive Societies) का अध्ययन किया जाता है और समाजशास्त्र के द्वारा आधुनिक जटिल सभ्य समाजों का। मानवशास्त्र में आदिवासी समुदाय में पाई जानेवाली सामाजिक, आर्थिक, राजनीतिक संस्थाओं का अध्ययन किया जाता है। इन अध्ययनों से जिन अवधारणाओं का विकास होता है उनका उपयोग समाजशास्त्रियों ने भी आधुनिक और जटिल समाजों के अध्ययन में किया है। अध्ययन पद्धति के आधार पर दोनों में कुछ हद तक समानता है। अनेक अंग्रेज मानवशास्त्रियों ने दुर्खीम की समाजशास्त्रीय उपकल्पनाओं का प्रयोग मानवशास्त्रीय अध्ययनों में किया है।

किसी भी समाज के संबंध में यथार्थ जानकारी प्राप्त करने के लिए उस समाज की संस्कृति को समझना आवश्यक है और इसके लिए समाजशास्त्र

को मानवशास्त्र से सहायता लेनी पड़ती है। दूसरी ओर मानवशास्त्र को संस्कृति की उत्पत्ति और विकास को जानने के लिए समाजशास्त्र द्वारा अध्ययन की जाने वाली सामाजिक अन्तःक्रियाओं एवं सामाजिक संबंधों की व्यवस्था से परिचित होना पड़ेगा। संस्कृति के विकास में योग देने वाले कारकों की जानकारी समाजशास्त्र ही करता है। बाटोमोर (Bottomore) ने कहा कि भारतीय समाज न तो आदिम समाजों के समान पूरी तरह से पिछड़ा हुआ है और न ही औद्योगिक समाजों के समान पूर्णतः विकसित। समाजशास्त्र व मानवशास्त्र के बीच अधिक अन्तर कोई अर्थ नहीं रखता है।

इन दोनों विज्ञानों में घनिष्ठ संबंध अवश्य पाये जाते हैं, परन्तु दोनों के बीच अन्तर भी है।

(क) मानवशास्त्र में धर्म, जादू, कला, विवाह, परिवार, नातेदारी व्यवस्था इत्यादि अध्ययन का केन्द्र बिन्दु रहा है। जबकि समाजशास्त्र में सामाजिक अन्तःक्रिया, सामाजिक संबंधों, समूहों, संस्थाओं पर विशेष अध्ययन हुये हैं।

(ख) मानवशास्त्र में सहभागी अवलोकन का उपयोग अधिक हुआ है। जबकि समाजशास्त्र में अनुसूची एवं प्रश्नावली का अधिक उपयोग हुआ है।

(ग) इवान्स प्रिचार्ड के अनुसार समाजशास्त्र केवल इस बात का पता लगाने की कोशिश नहीं करता है कि संस्थाएं कैसे कार्य करती है बल्कि यह भी बतलाता है कि उन्हें कैसे कार्य करना चाहिए, कैसे परिवर्तित होना चाहिए। जबकि मानवशास्त्र अपने को इस प्रकार के विचारों से दूर रखता है।

(घ) मानवशास्त्र समाजों का उनके सम्पूर्ण रूप में या समग्रता में अध्ययन करता है। जबकि समाजशास्त्र अक्सर किसी समाज के भागों का अध्ययन करता है।

(ङ) मानवशास्त्री अधिकतर छोटे आत्मनिर्भर समूह या समुदाय का जबकि समाजशास्त्री बड़े या व्यापक और अवैयक्तिक संगठनों तथा सामाजिक प्रक्रियाओं का अध्ययन करता है।

समाजशास्त्र तथा मनोविज्ञान (Sociology and Psychology)

सामाजिक मनोविज्ञान मनुष्य को सामाजिक प्राणी मानकर उसकी मानसिक प्रक्रियाओं का अध्ययन करता है। साथ ही साथ व्यक्ति के मानसिक विकास पर समूह जीवन के प्रभाव, समूह पर मानव मन के प्रभाव का अध्ययन करता है। समाजशास्त्र में उन विभिन्न प्रकार के समूहों का अध्ययन किया जाता है जिनसे समाज बनता है। इस प्रकार दोनों एक दूसरे से घनिष्ठ रूप से सम्बन्धित है।

मानव स्वभाव एवं व्यवहार को भली प्रकार समझने के लिए सामाजिक मनोविज्ञान को समाजशास्त्र पर निर्भर रहना पड़ता है, क्योंकि मनुष्य जिस समाज में रहते हैं उसकी संरचना एवं संस्कृति के बारे में आवश्यक जानकारी समाजशास्त्र ही देता है। समाजशास्त्री यह स्वीकार करते हैं कि सामाजिक संरचना में होने वाले परिवर्तनों को समझने के लिए मनोवैज्ञानिक आधार बड़े महत्वपूर्ण हैं। लापियर एवं फ्रांसवर्थ (Lapiere and Fransworth) के अनुसार "सामाजिक मनोविज्ञान का समाजशास्त्र एवं मनोविज्ञान से वही संबंध है जो जीव–रसायनशास्त्र क जीवशास्त्र और रसायनशास्त्र से है।" मोटवानी (Motwani) लिखते हैं "सामाजिक मनोविज्ञान समाजशास्त्र एवं मनोविज्ञान के बीच की कड़ी है।" कार्ल पियर्सन (Karl Pearson) इसको पृथक–पृथक विज्ञान स्वीकार नहीं करते हैं। मैकाइवर (MacIver) के शब्दों में "समाजशास्त्र विशिष्ट अवस्थाओं में मनोविज्ञान की उसी प्रकार सहायता करता है जिस प्रकार मनोविज्ञान समाजशास्त्र की विशिष्ट सहायता करता है।"

मनोविज्ञान में व्यक्ति के मानसिक विचार एवं अनुभव का अध्ययन किया जाता है और यह इस दृष्टि से सामाजिक है कि इन पर सामाजिक पर्यावरण एवं व्यक्तियों की अन्तःक्रियाओं का प्रभाव पड़ता है। साथ ही विभिन्न व्यक्तियों की अन्तःक्रियाओं और सामाजिक पर्यावरण जिनका समाजशास्त्र में अध्ययन किया जाता है, मानसिक प्रक्रियाओं का परिणाम या फल है। मनोविज्ञान और समाजशास्त्र का संबंध व्यक्ति और समाज के संबंध से साथ जुड़ा हुआ है। कुछ विद्वान जैसे फ्रायड तथा जे. एस. मिल समाज के बजाय व्यक्ति को ज्यादा महत्व एवं प्राथमिकता देते हैं दूसरी

ओर आगस्त कॉम्ट और दुर्खीम समाज का आधार व्यक्ति को न मानकर उनके बीच होने वाली अन्तःर्क्रियाओं को मानते हैं। मैक्स वेबर, गिन्सवर्ग, मैकाईवर आदि व्यक्ति और समाज को एक दूसरे का पुरक मानते हैं। व्यक्ति के मानसिक तत्वों या लक्षणों की अवहेलना करके सामाजिक संबंधों एवं सामाजिक परिस्थितियों को ठीक से नहीं समझा जा सकता। साथ ही सामाजिक संबंधों और सामाजिक परिस्थितियों की अवहेलना करके वैयक्तिक लक्षणों एवं व्यक्तित्व के विकास को ठीक से नहीं जाना जा सकता। व्यक्ति के व्यक्तित्व के निर्माण तथा उसके अनुभव एवं व्यवहार के प्रतिमान का आधार केवल उसकी शारीरिक एवं मानसिक क्षमताएं तथा आवश्यकताएं ही नहीं होकर सामाजिक परिस्थितियां भी हैं। इस प्रकार यह दोनों परस्पर अन्योन्याश्रित हैं।

ये दोनों विज्ञान एक–दूसरे से सम्बन्धित होते हुए भी इनके बीच अन्तर है।

(क) मनोविज्ञान ध्यान, कल्पना, बुद्धि, भावना, स्मृति, प्रेरक, मनोवृति चालक सीखना आदि का अध्ययन करता है। जबकि समाजशास्त्र सामाजिक संबंधों, सामाजिक प्रक्रियाओं, समूहों, संस्थाओं, प्रथाओं, परम्पराओं, आदि का अध्ययन करता है।

(ख) व्यक्ति के मानसिक प्रक्रियाओं का अध्ययन करने के कारण मनोविज्ञान का दृष्टिकोण वैयक्तिक है। जबकि सम्पूर्ण समाज का अध्ययन करने के कारण समाजशास्त्र का दृष्टिकोण सामाजिक है।

(ग) मनोविज्ञान मनोवैज्ञानिक परीक्षण एवं निरीक्षण तथा प्रयोगात्मक पद्धति का प्रयोग विशेषतः करता है। समाजशास्त्र वैयक्तिक जीवन, अध्ययन पद्धति, ऐतिहासिक पद्धति, संरचनात्मक प्रकार्यात्मक पद्धति आदि का प्रयोग करता है।

(घ) क्लाइनवर्ग (Klineberg) के अनुसार "समाजशास्त्री का मुख्य संबंध समूह व्यवहार से है जबकि सामाजिक मनोविज्ञान का संबंध समूह स्थिति में व्यक्ति के आचरण से है।" बोगार्डस (Bogardus) का कथन है "जिस प्रकार मनोविज्ञान मानसिक प्रक्रियाओं का

अध्ययन करता है उसी प्रकार समाजशास्त्र सामाजिक प्रक्रियाओं का विश्लेषण करता है।''

समाजशास्त्र एवं अर्थशास्त्र (Sociology and Economics)

समाज पर आर्थिक तत्वों का प्रभाव पड़ता है और आर्थिक प्रक्रियाओं का निर्धारण सामाजिक वातावरण से होता है। अतः स्पष्ट है कि समाजशास्त्र तथा अर्थशास्त्र के बीच गहरा संबंध है। अर्थशास्त्र व्यक्ति के आर्थिक क्रियाकलापों का अध्ययन करता है। मुख्य रूप से उत्पादन, वितरण, उपयोग का अध्ययन करता है। दूसरे शब्दों में भौतिक कल्याण मानव कल्याण का एक भाग है। समाजशास्त्र के सहायता के बिना अर्थशास्त्र आगे बढ़ नहीं सकता है क्योंकि बेरोजगारी, व्यापार चक्र अथवा मुद्रा–स्फीति जैसी आर्थिक समस्याओं का हल करने के लिए अर्थशास्त्री को तत्कालीन सामाजिक घटनाओं को भी ध्यान में रखना पड़ता है जिनका ज्ञान उसे समाजशास्त्र से प्राप्त होता है। इस प्रकार समाजशास्त्र उन विशिष्ट तथ्यों की जानकारी देता है जिनके आधार पर अर्थशास्त्र के सामान्य नियमों की खोज की जा सकती है। समाजशास्त्र और अर्थशास्त्र की अनेक समस्याएं एक–दूसरे से मिलती–जुलती है जैसे बेकारी, निर्धनता, जनसंख्या वृद्धि, पर्यावरण प्रदूषण, बाल एवं परिवार कल्याण, नगरीकरण की समस्या, श्रमिकों की समस्या इत्यादि।

थॉमस के अनुसार, ''अर्थशास्त्र वास्तव में समाजशास्त्र के व्यापक विज्ञान की केवल एक शाखा है।''. सिल्वरमैन के शब्दों में ''अर्थशास्त्र को सामान्य शब्दों में समाजशास्त्र के पैतृक विज्ञान जो सभी सामाजिक संबंधों के सामान्य नियमों का अध्ययन करता है की एक शाखा समझा जा सकता है।'' समनर, दुर्खीम एवं वेबर ने भी समाज का अध्ययन इसकी आर्थिक संस्थाओं के माध्यम से किया है। कार्ल मार्क्स ने तो यहाँ तक कहा है कि आर्थिक तत्व ही समाज की पूरी संरचना को निर्धारित करती है। मैकाइवर ने लिखा है कि आर्थिक घटनाएं सदैव सभी प्रकार की सामाजिक आवश्यकताओं एवं क्रियाओं के द्वारा निर्धारित होती है। वास्तव में समाज विशेष की परम्पराएं, प्रथाएं, संस्थाएं तथा लोक विश्वास आर्थिक क्रियाओं को काफी प्रभावित करते हैं और स्वयं आर्थिक क्रियाएं सामाजिक संरचना

को बहुत हद तक प्रभावित करती है। अक्सर देखा गया है कि अच्छी से अच्छी योजनाएं इसलिए असफल रही हैं कि मानवीय और सामाजिक कारकों को समझने का प्रयत्न नहीं किया गया है इस प्रकार स्पष्ट होता है कि आर्थिक और सामाजिक कारकों में घनिष्ठ संबंध पाया जाता है। आज अर्थशास्त्र समाजशास्त्र के अनेक सिद्धांतों का प्रयोग करने लगा है और समाजशास्त्र भी आर्थिक सिद्धांतों को समाजशास्त्र में विश्लेषण करने लगा है।

परन्तु उपर्युक्त विवरण से हमें यह नहीं समझना चाहिए कि दोनों में भेद या अन्तर नहीं है।

(क) समाजशास्त्र में प्रमुखतः सामाजिक संबंधों का जबकि अर्थशास्त्र में आर्थिक संबंधों का अध्ययन किया जाता है।

(ख) समाजशास्त्र का दृष्टिकोण अधिक व्यापक है अर्थात यह सामाजिक जीवन के सभी पक्षों का अध्ययन करता है जबकि अर्थशास्त्र मानव जीवन के केवल आर्थिक पक्षों का अध्ययन करता है।

(ग) अर्थशास्त्र समाजशास्त्र की अपेक्षा अधिक पुराना विज्ञान है। समाजशास्त्र एक नवीन विज्ञान है जबकि अर्थशास्त्र परिपक्वता प्राप्त कर चुका है।

(घ) समाजशास्त्र की प्रकृति समूहवादी और अर्थशास्त्री की व्यक्तिवादी है।

(ड़) समाजशास्त्र में सामाजिक सर्वेक्षण पद्धति वैयक्तिक जीवन अध्ययन पद्धति, अवलोकन पद्धति इत्यादि का प्रयोग किया जाता है जबकि अर्थशास्त्र में आगमन (Inductive) और निगमन (Deductive) पद्धतियों का।

समाजशास्त्र एवं राजनीतिशास्त्र (Sociology and Political Science)

समाजशास्त्र और राजनीतिशास्त्र के मध्य घनिष्ठ संबंध पाये जाते हैं। अभी हाल तक राज्य और समाज में कोई भेद नहीं किया जाता था। 19वीं शताब्दी में राज्य और समाज में अन्तर किया जाने लगा। राज्य का

अध्ययन राजनीतिशास्त्र के द्वारा और समाज, परिवार, धर्म, इत्यादि का समाजशास्त्र के द्वारा किया जाने लगा।

मोरिस गिन्सबर्ग (Morris Ginsberg) के मत के अनुसार "ऐतिहासिक दृष्टि से समाजशास्त्र की मुख्य जड़े राजनीति एवं इतिहास दर्शन में है।" प्लेटो की प्रसिद्ध पुस्तक रिपब्लिक (Republic) अरस्तु की पुस्तक पॉलिटिक्स (Politics) एवं अन्य शास्त्रीय पुस्तकें जो सामाजिक विषयों पर आधारित है, राजनीतिशास्त्र की सर्वागींण पुस्तकें मानी जाती है। राजनीतिशास्त्र समाजशास्त्र का एक भाग है जो मानव समाज के राजनीतिक संगठन एवं शासन के नियमों का अध्ययन करता है। दूसरे शब्दों में, राजनीतिशास्त्र राज्य के संप्रभु के अधीन संगठित सामाजिक समूहों का वर्णन करता है। सरकार के प्रकार, सरकार के अंगों की प्रकृति, राज्य का कार्यक्षेत्र, कानून आदि सामाजिक प्रक्रियाओं द्वारा निर्धारित होते हैं। राजनीतिशास्त्र मनुष्य को एक राजनीतिक प्राणी मानता है, परन्तु वह राजनीतिक प्राणी क्यों और कैसे बना, यह जानकारी समाजशास्त्र ही प्रदान करता है। वास्तव में राजनीतिक व्यवहार को समझने के लिए, जैसे मतदान प्रतिमान या मतदान व्यवहार को जानने के लिए सामाजिक तथ्यों, विभिन्न सामाजिक संस्थाओं जैसे जाति प्रणाली, संयुक्त परिवार प्रणाली, वर्ग–भेद, स्त्रियों की स्थिति आदि के संबंध में जानकारी आवश्यक है। सामाजिक व्यवस्था और संगठन पर राज्य के कार्यों का काफी प्रभाव पड़ता है। राज्य के द्वारा पारित कानून प्रथाओं, रूढ़ियों, संस्थाओं और मूल्यों को काफी प्रभावित करते हैं। समाजशास्त्र व्यक्ति को सामाजिक प्राणी और राजनीतिशास्त्र उसे अच्छा नागरिक बनाने का प्रयत्न करता है। इन दोनों शास्त्रों के बीच इतना संबंध बढ़ गया कि इसके परिणामस्वरूप समाजशास्त्र की एक नवीन शाखा राजनीतिक समाजशास्त्र का विकास हुआ। पिछले करीब पचास वर्षों में समाजशास्त्री राजनीतिक व्यवहार संबंधी अनुसन्धानों में विशेष रूचि लेने लगे हैं।

बार्न्स (Barnes) के अनुसार "समाजशास्त्र और आधुनिक राजनीतिक सिद्धांत के बारे में सबसे महत्वपूर्ण बात यह है कि गत तीस वर्षो में राजनीतिक सिद्धांत में जो परिवर्तन हुए हैं, वे सभी समाजशास्त्र द्वारा

अंकित एवं सुगम्य विकास के अनुसार हुए हैं।" जी. ई. जी. कॉलिन (G. E. G. Colin) ने कहा है कि "राजनीतिशास्त्र एवं समाजशास्त्र एक ही आकृति के दो रूप है।" एफ. जी. विल्सन (F. G. Wilson) के अनुसार "यह अवश्य स्वीकार कर लेना चाहिए कि बहुधा यह निर्णय करना कठिन होता है कि विशिष्ट लेखक को समाजशास्त्री, राजनीतिशास्त्री या दर्शनशास्त्री क्या माना जाय।" गिडिंग्स (Giddings) ने लिखा है कि प्रत्येक राजनीतिशास्त्री समाजशास्त्री और प्रत्येक समाजशास्त्री राजनीतिशास्त्री होता है।

परन्तु ये दोनों शास्त्र अन्योन्याश्रित होते हुए भी एक–दूसरे से पृथक हैं।

(क) समाजशास्त्र मनुष्य का सामाजिक प्राणी के रूप में अध्ययन करता है। राजनीतिशास्त्र औपचारिक संगठनों में व्याप्त सत्ता का अध्ययन करता है।

(ख) समाजशास्त्र सभी प्रकार के सामाजिक संबंधों का अध्ययन करता है जबकि राजनीतिशास्त्र सामाजिक संबंधों के एक भाग राजनीतिक संबंधों का अध्ययन करता है। इसलिए समाजशास्त्र का क्षेत्र राजनीतिशास्त्र से अधिक व्यापक है।

(ग) समाजशास्त्र वर्तमान स्थिति का यथार्थ चित्रण करता है न कि क्या होना चाहिए का। राजनीतिशास्त्र एक आदर्शात्मक विज्ञान के रूप में क्या होना चाहिए, पर जोर देता है। अर्थात भविष्य में राज्य की नीतियां क्या होनी चाहिए, सरकार का रूप कैसा होना चाहिए आदि।

(घ) राजनीतिशास्त्र अपने अध्ययन का प्रारम्भ इस मान्यता से करता है कि मनुष्य एक राजनीतिक प्राणी है, परन्तु समाजशास्त्र इस मान्यता की खोज करता है कि मनुष्य किस प्रकार और क्यों राजनीतिक प्राणी बना।

(ङ) समाजशास्त्र एक सामान्य विज्ञान है जबकि राजनीतिशास्त्र एक विशेष विज्ञान है।

(च) समाज का विकास राज्य के पहले हुआ और इस दृष्टि से समाजशास्त्र राजनीतिशास्त्र की तुलना में अधिक प्राचीन है।

इतना अवश्य है कि समाजशास्त्र का एक विज्ञान के रूप में विधिवत अध्ययन राजनीतिशास्त्र के बाद में शुरू हुआ।

समाजशास्त्र तथा दर्शनशास्त्र (Sociology and Philosophy)

समाजशास्त्र और दर्शनशास्त्र एक–दूसरे से घनिष्ठ रूप से संबंधित है। दर्शन या चिन्तन मनुष्य के द्वारा ही उत्पन्न होता है और इस दर्शन से मनुष्य और समाज प्रभावित होता है। दर्शनशास्त्र संसार और मनुष्य की प्रकृति को समझने का एक प्रयत्न है और इस प्रयत्न में समाजशास्त्र काफी योगदान देता है। दर्शनशास्त्र में तर्क, वितर्क एवं कल्पना का प्रमुख रूप से सहारा लिया जाता है। तर्क एवं कल्पना के आधार पर ही प्रथाओं, रूढ़ियों व परम्पराओं का विकास हुआ है और इन सब का अध्ययन समाजशास्त्र करता है। दर्शनशास्त्र सामाजिक परिस्थितियों की प्रकृति को समझने के लिए समाजशास्त्र से और समाजशास्त्र सामाजिक घटनाओं की प्रकृति को जानने के लिए दर्शनशास्त्र से सहायता प्राप्त करता है।

सामाजिक दर्शनशास्त्र का कार्य सामाजिक जीवन में परम मूल्यों की व्याख्या और उन्हें इस प्रकार प्रस्तुत करना है कि वे विभिन्न व्यक्तियों के व्यवहारों को प्रभावित कर सके। दर्शनशास्त्र का संबंध प्रमुखतः उन सामाजिक आदर्शों एवं मूल्यों से है जिन्हें वह सामाजिक जीवन में उतारना चाहता है। समाजशास्त्र के द्वारा सामाजिक आदर्श और मूल्य सामाजिक जीवन में प्रभावपूर्ण ढ़ग से लागू किये जाने तथा व्यक्तियों के व्यवहार इनके अनुरूप हो, का प्रयास किया जाता है।

आर. डब्लु. सेलर्स (R. W. Sellers) के अनुसार दर्शनशास्त्र एक व्यवस्थित विचार या चिन्तन के माध्यम से संसार और स्वयं (मनुष्य) की प्रकृति के बारे में पूर्ण जानकारी प्राप्त करने का निरन्तर प्रयत्न है। मैकाइवर ने लिखा है कि बिना मूल्यों के समाज को नहीं समझा जा सकता। आगस्त कॉम्ट के विचार के अनुसार समाजशास्त्र का दृष्टिकोण वैज्ञानिक होने के साथ–साथ कल्याणकारी भी होना चाहिए तथा इसके लिए उसे सामाजिक मूल्यों का सहारा लेना पड़ेगा जो कि प्रमुखतः दर्शनशास्त्र का अध्ययन विषय है।

दोनों शास्त्र के बीच घनिष्ठ संबंध होते हुए भी इनमें अन्तर है।

(क) समाजशास्त्र का अध्ययन क्षेत्र अत्यधिक विस्तृत है जबकि दर्शनशास्त्र का सीमित है।

(ख) दर्शनशास्त्र की तुलना में समाजशास्त्र एक नवीन विज्ञान है। दर्शनशास्त्र तुलनात्मक रूप से एक पुराना विज्ञान है।

(ग) दर्शनशास्त्र समाज में एक दृष्टिकोण या दर्शन प्रस्तुत करता है जबकि समाजशास्त्र उन दर्शनों को पालन कराता है।

(घ) समाजशास्त्र एक सामान्य सामाजिक विज्ञान है जबकि दर्शनशास्त्र एक विशिष्ट सामाजिक विज्ञान है।

समाजशास्त्र और इतिहास (Sociology and History)

समाजशास्त्र का इतिहास के साथ निकट का संबंध है। इतिहास केवल विभिन्न साम्राज्यों के उत्थान एवं पतन की कहानी ही नहीं है बल्कि विशिष्ट घटनाओं का वर्णन करता है, उन घटनाओं के कार्य–कारण संबंधों और सामाजिक स्थितियों की विवेचना भी करता है। भूतकाल के संबंध में ज्ञान के अभाव में न तो हम वर्तमान को भली–भांति समझ सकते हैं और न ही भविष्य को। इतिहास के द्वारा प्रारम्भ से लेकर अभी तक के समय के मानव के जीवन की प्रमुख घटनाओं का चित्रण किया जाता है। समाजशास्त्र अतीत की पष्ठभूमि में वर्तमान समाज का अध्ययन है। आधुनिक इतिहासकार अब सामाजिक इतिहास (Social History) की चर्चा अधिक करते हैं। समाजशास्त्र ऐतिहासिक अध्ययनों से प्राप्त सामाग्री के आधार पर वर्तमान युग के सामाजिक जीवन को समझने का प्रयास करता है। इतिहास विभिन्न युगों के सामाजिक, आर्थिक, राजनीतिक एवं सांस्कृतिक जीवन का अध्ययन करता है।

दोनों विषयों में सभ्यता एवं संस्कृति का अध्ययन किया जाता है। अन्तर केवल इतना है कि इतिहासकार इनका अध्ययन समय क्रम के अनुसार करता है जबकि समाजशास्त्र में वर्तमान समय की सभ्यता एवं संस्कृति का अध्ययन किया जाता है।

अगस्त कॉम्ट एवं स्पेंसर आदि समाजशास्त्रियों के अध्ययनों पर इतिहास की स्पष्ट छाप दिखाई पड़ती है। ऑर्नाल्ड टाइनबी (Toynbee) का प्रसिद्ध अध्ययन संस्कृति के संबंध में है जो इतिहास के अध्ययन पर आधारित था। दुर्खीम तथा मैक्स वेबर ने भी अपने अध्ययनों और सिद्धांतों में ऐतिहासिक सामग्री का काफी प्रयोग किया है। जी. जी. कौल्टन, जेकब, बुर्कहार्ट आदि इतिहासकारों ने सामाजिक इतिहास लिखा जो सामाजिक संबंधों, सामाजिक प्रतिमानों, रूढ़ियों तथा महत्वपूर्ण संस्थाओं के क्रमिक विकास से संबंधित है। ठीक उसी प्रकार मैक्स वेबर, गिन्सवर्ग, रेमण्ड एरों, रोबर्ट बेला, आदि समाजशास्त्रियों ने ऐतिहासिक समस्याओं पर समाजशास्त्रीय दृष्टिकोण से विचार कर ऐतिहासिक समाजशास्त्र के विकास में अपूर्व योगदान दिया है।

इन दोनों में समानता होने के साथ ही साथ कुछ अन्तर भी है।

(क) इतिहास का संबंध मुख्यतः भूतकाल से है, जबकि समाजशास्त्र का वर्तमान काल से।

(ख) इतिहास मूलरूप से वर्णनात्मक (Descriptive) है जबकि समाजशास्त्र विश्लेषणात्मक (Analytical)

(ग) इतिहास में वर्णित घटनाओं का पुनः परीक्षण संभव नहीं है क्योंकि घटनायें घट चुकी होती हैं। अतः इसके निष्कर्षों का पुनः परीक्षण करना सम्भव नहीं है। जबकि समाजशास्त्र में निष्कर्षों का परीक्षण एवं पुनः परीक्षण संभव है।

(घ) इतिहास विशिष्ट घटनाओं का अध्ययन में रूचि लेता है जबकि समाजशास्त्र विभिन्न घटनाओं के आधार पर सामान्यीकरण (Generalization) करता है।

इन उपरोक्त विवरण से स्पष्ट होता है कि समाजशास्त्र का कई अन्य सामाजिक विज्ञानों के बीच घनिष्ट संबंध पाया जाता है। कुछ विद्वानों के अनुसार समाजशास्त्र का संबंध अपराधशास्त्र से, भूगोल से, समाज कार्य से, जीव विज्ञान से, विधिशास्त्र इत्यादि से भी है। ये सभी विज्ञान एक–दूसरे के पूरक हैं तथा एक–दूसरे को सहयोग करते हैं। समाज एक

समग्रता है और इसी कारण जीवन के विभिन्न पक्षों को एक–दूसरे से पूर्णतः पृथक नहीं किया जा सकता। इन विभिन्न सामाजिक विज्ञानों में न केवल आदान–प्रदान का संबंध है बल्कि ये एक–दूसरे के पूरक भी हैं।

5

समाजशास्त्रीय अध्ययन के वैज्ञानिक और मानवतावादी या मानविकी अवस्थिति

The Scientific and Humanistic Orientation to Sociological Study

समाजशास्त्र शब्द के विकास से पहले इसे सामाजिक भौतिकी (Social Physics) के नाम से जाना जाता था। वास्तव में यह भौतिक विज्ञान के समान विज्ञान नहीं था क्योंकि इसमें व्यक्तियों, उनके व्यवहारों तथा समाज का अध्ययन किया जाता था। इसलिए सर्वप्रथम अगस्त कॉम्ट (August Comte) ने 1838 में समाजशास्त्र शब्द को जन्म दिया और साथ ही साथ समाजशास्त्र के विषय क्षेत्र और इसके अध्ययन की प्रणाली निर्धारित की। इन्होनें समाजशास्त्र को एक ऐसे विषय के रूप में प्रस्थापित किया जो समाज एवं सामाजिक घटनाओं का व्यवस्थित क्रमबद्ध एवं वस्तुनिष्ठा अध्ययन कर सके। दूसरे शब्दों में कॉम्ट ने समाजशास्त्र को एक विज्ञान के रूप में प्रतिष्ठित किया। समाजशास्त्र एक ऐसा व्यापक विज्ञान है जिसके अन्तर्गत सामाजिक संबन्धों सामाजिक प्रक्रियाओं समूहों, संस्थाओं, प्रथाओं, परम्पराओं, सामाजिक मूल्यों, सामाजिक संरचना, सामाजिक परिवर्तन

सामाजिक अन्तः क्रिया इत्यादि का अध्ययन किया जाता है। इसके विषय क्षेत्र अन्य विज्ञान की तुलना में अति विस्तृत हैं। गिन्सवर्ग (Ginsberg) के अनुसार "समाजशास्त्र सामाजिक जीवन के विभिन्न भागों से सम्बन्धित एक विशिष्ट विज्ञान है और इस रूप में समाजशास्त्र समस्त सामाजिक विज्ञानों के एक समग्र समूह के समान है।

परन्तु इस विज्ञान की अध्ययन पद्धति किस प्रकार का हो? इस प्रश्न पर विद्वानों के विचारों में समानता अभी तक नहीं हो पाई है। प्रारंभ में समाजशास्त्र में कुछ ऐसे अध्ययन हुये जो व्यवस्थित अध्ययन पद्धति पर आधारित नहीं था। कुछ विद्वानों का तो यहाँ तक कहना है कि प्रारंभ में अनुसंधान कर्ता कागज और कलम ले कर अनुसंधान क्षेत्र में निकल जाते थे बिना पूर्वगामी सर्वेक्षण (Pilot Survey) के जिसके कारण ऐसे तथ्यों को भी संकलित कर लिया जाता था जो अनुसंधान से सम्बन्धित नहीं होता था ठीक उसी प्रकार दिल्ली में परिवार से संबन्धित एक अध्ययन किया गया जिसमें केवल दो प्रश्न पूछे गये। क्या आप संयुक्त परिवार में रहना चाहते हैं? या एकाकी परिवार में? इस तरह प्रारंभ में अध्ययन विधि पर विशेष जोर नहीं दिया जाता था।

विज्ञान का दो प्रकार से विश्लेषण किया जा सकता है:–

1. विज्ञान एक पद्धति के रूप में (Science as a Methodology)- विज्ञान का अभिप्राय ज्ञान की उस क्रमबद्ध और व्यवस्थित स्थिति से है जो वैज्ञानिक पद्धति पर आधारित है एवं निश्चित निष्कर्ष देने की क्षमता रखती है। विज्ञान तथ्यों पर आधारित होता है। तथ्यों का संग्रहण होने के साथ ही साथ व्यवस्थित पद्धति के उपयोग द्वारा उनका सामान्यीकरण भी किया जाना जरूरी है। इस पद्धति के निश्चित और व्यवस्थित चरण होते हैं। विभिन्न चरणों का निर्धारित व निश्चित क्रम विज्ञान को एक पद्धति का रूप प्रदान करता है।

2. विज्ञान एक विचारधारा के रूप में (Science as a Ideology)- वैज्ञानिक विचारधारा का मूल तत्व प्रत्यक्षवाद है। प्रत्यक्षवाद का प्रारंभ अगस्त कॉम्ट के लेखों से होता है। वैज्ञानिक या प्रत्यक्ष

अवस्था किसी घटना की व्याख्या वैज्ञानिक परिप्रेक्ष्य में करती है और घटना को कार्य व परिणाम के या कार्य कारण के आधार पर समझने की चेष्टा करती है। प्रत्यक्षवाद में मुख्यतः निम्नलिखित तीन बातों पर बल दिया जाता है।

(क) अध्ययन वस्तु व अध्ययनकर्ता के अन्तर को स्पष्ट करना जरूरी है।

(ख) कार्य और परिणाम की व्याख्या करना।

(ग) मानव की पांच ज्ञानेन्द्रियां द्वारा अनुभव तथा तथ्यों की प्रवृति की व्याख्या प्रत्यक्षवाद की मौलिक विशेषता है।

समाजशास्त्र में अध्ययन के निम्नलिखित दो महत्वपूर्ण अवस्थिति है।

1. वैज्ञानिक(Scientific)
2. मानवतावादी या मानविकी(Humanistic)

1. वैज्ञानिक (Scientific)

समाजशास्त्र में अध्ययन के लिए वैज्ञानिक पद्धति का प्रयोग किया जाता है। जिन पद्धतियों के द्वारा प्रकृति विज्ञान में अध्ययन किया जाता है उन पद्धतियों से अगर दूसरे विषयों में अध्ययन किया जाये तो वह विषय भी विज्ञान हो जाता है। विज्ञान क्या है? इस संदर्भ में कहा जाता है कि किसी वस्तु अथवा स्थिति का वास्तविक ज्ञान ही विज्ञान है। विज्ञान की सार्वभौमिक विशेषताएं जो कुछ विद्वानों ने दी है वे निम्नलिखित हैः–

1. विज्ञान तथ्यों का अध्ययन है।
2. विज्ञान स्थाई होता है।
3. विज्ञान में सर्वभौमिकता होती है।
4. तथ्यों से सिद्धांतों को निर्मित किया जाता है जो सार्वभौमिक होते हैं।
5. विज्ञान कार्य कारण के आधार पर भविष्य की ओर संकेत करता है।
6. विज्ञान के सिद्धांतों का पुनः प्रमाणीकरण एवं परीक्षण सम्भव है।

7. विज्ञान साधन है साध्य नहीं। विज्ञान द्वारा लक्ष्य तक पहुंचा जाता है वह स्वयं में लक्ष्य नहीं है।
8. विज्ञान के चार मुख्य आधार (क) मूल तथ्य (ख) निर्माणक तथ्य (ग) सहायक तथ्य और (घ) परिणाम तथ्य है जिनका विज्ञान द्वारा अध्ययन वर्णन और व्याख्या करके उनके प्रभावों का विश्लेषण किया जाता है।
9. विज्ञान वह पद्धति है जिससे किसी ज्ञान को प्राप्त किया जाता है।

इस प्रकार किसी भी ज्ञान को जिसे उपरोक्त विशेषताओं द्वारा प्राप्त किया गया हो तो उसे वैज्ञानिक ज्ञान कहेंगे। स्टूअर्ट चेस (Stuart Chase) ने स्पष्ट रूप से कहा कि विज्ञान का सम्बन्ध पद्धति से है न कि विषय वस्तु से (Science goes With the Method not With the Subject Matter)

लुण्डवर्ग के अनुसार "व्यापक अर्थ में वैज्ञानिक पद्धति तथ्यों में व्यवस्थित अवलोकन, वर्गीकरण तथा व्याख्या (निर्वाचन) से निर्मित है"

साधारणतः वैज्ञानिक पद्धति वह पद्धति है जिसमें अनुसंधानकर्त्ता तटस्थ या निष्पक्ष होकर किसी विषय वस्तु समस्या या घटना का अध्ययन करता हो। इसके लिए वह अवलोकन प्रश्नावली अनुसूची या किसी अन्य प्रविधि की सहायता से तथ्यों का संकलन करता हो उसका वर्गीकरण करता हो, कार्य कारण सम्बन्धों का पता लगाता हो, सामान्यीकरण करता हो और नियमों या सिद्धांतों का प्रतिपादन करता हो तो इसे वैज्ञानिक पद्धति कहेंगे।

इस पद्धति से अध्ययन करने के लिए अनुसंधान कर्ता को निम्नलिखित चरणों से गुजरना पड़ता है।

1. समस्या का चुनाव (Selection of the Problem)
2. अध्ययन के उद्देश्यों का निर्धारण (Determination of Objects of Study)
3. प्राक्कल्पना का निर्माण (Formulation of Hypothesis)
4. क्षेत्र या इकाइयों का निर्धारण (Determination of Universe)
5. तकनिकों का चुनाव (Selection of Methods or Tools)

6. तथ्यों का संकलन (Data Collection)
7. तथ्यों का वर्गीकरण एवं विश्लेषण (Classification and Analysis)
8. सामान्यीकरण (Generalization)
9. जांच या पुनः परीक्षण (Verification)
10. भविष्यवाणी (Prediction)

इन उपरोक्त चरणों से कोई भी अनुसंधान कर्त्ता समाजशास्त्र के विषय वस्तु का अध्ययन करता हो तो वह विज्ञान कहलाने का अधिकारी हो जाता है।

समाजशास्त्र में प्रारम्भ से ही वैज्ञानिकता पर जोर दिया गया। ऑगस्ट कॉम्ट के सिद्धांत में भी वैज्ञानिक या प्रत्यक्षवाद का उल्लेख देखने को मिलता है। दुर्खीम द्वारा अपनाया गया अध्ययन का तरीका वैज्ञानिक था। जिसमें कारण तथा कार्य पर विशेष जोर दिया गया। मैक्स वेबर ने भी अध्ययन में वैज्ञानिक विधि का प्रयोग किया। आर. के. मर्टन ने कहा कि समाजशास्त्रीय अध्ययन में वैज्ञानिक स्वरूप प्राप्त करने हेतु विज्ञान की प्रमुख विशेषताओं को मान्यता देनी होगी। पारसन्स की मान्यता थी कि अवधारणाओं तथा सैद्धांन्तिक व्यवस्थाओं को आनुभाविक रूप से प्रमाणित किया जाना चाहिए और उनकी इसी मान्यता से उन्हें प्रत्यक्षवादी (Positivist) बना दिया।

2. मानवतावादी या मानविकी (Humanistive)

20वीं शताब्दी के उत्तरार्ध में एक नवीन दृष्टिकोण समाजशास्त्र में प्रस्तुत करने में सफल हुआ। जिसके अन्तर्गत परम्परावादी दृष्टिकोण को चुनौती दी गई और समाज की वास्तविकता को समझने के लिए एक नवीन उपागम प्रस्तुत किया गया। प्रारम्भ में व्यक्ति समाजशास्त्र के अध्ययन की विषय वस्तु नहीं थ। मानविकी परिप्रेक्ष्य में वैयक्तिक अध्ययन पर बल दिया गया। क्योंकि समाज में व्यक्ति का भी उतना ही महत्व है जितना समूह या समाज का। मानव जिस समाज में स्वयं रहता है वह उसी समाज का अध्ययन करता है इसलिए अन्य विज्ञानों की तुलना में समाजशास्त्र समतुल्य नहीं हो सकता है। परन्तु मानवीय भावनाएं किसी घटना को क्या

अर्थ देती है जिसका अध्ययन वस्तुपरकता द्वारा नहीं अपितु बोध के आधार पर किया जाना जरूरी है उदाहरण के लिए मैक्स वेबर (Maxwaber) की वर्सटेहेन (Verstehen) पद्धति मानविकी समाजशास्त्र की पद्धति का एक उदाहरण है जिसमें बोध (Understanding) पर अधिक बल दिया जाता है।

मानविकी पद्धति की प्रमुख प्रकृति (Nature of Humanistic Method)

1. मानविकी उपागम विज्ञान या वैज्ञानिक पद्धति की विरोधी है।
2. विद्वानों की मान्यता है कि प्रत्येक सामाजिक घटना का अध्ययन सभी पहलुओं में वस्तुनिष्ठ रूप से नहीं कर सकते हैं इसलिए विषयनिष्ठता (Subjectity) को प्रोत्साहन दिया जाना आवश्यक है।
3. सामाजिक प्रतिमान साधारणतया अमूर्त्त होते हैं इसलिए सामाजिक प्रतिमानों को प्रतिमानात्मक (Normative) संदर्भ के स्थान पर अर्थ प्रदानता (Interpretive Paradigm Paradigm) के आधार पर समझने पर बल देती है।
4. इस उपागम में अनुसूची प्रश्नावली व संख्यात्मक आंकड़े के संकलन का विरोध किया गया है इसके स्थान पर सहभागी अवलोकन डायरियाँ, पत्र, आत्मकथायें जीवनी इत्यादि के महत्व व प्रयोग पर बल दिया गया है।
5. इसमें समाज के साथ–साथ व्यक्ति के अध्ययन पर बल दिया गया है। क्योंकि व्यक्ति समाज का निर्माता है।
6. इस उपागम में समाज में उपेक्षित तथा षोषित वर्ग उदाहरण के लिए महिलाओं, हिप्पियों आदिम जाति एवं जनजातियों के अध्ययनों पर जोर दिया गया है।
7. मानविकी अध्ययन में पूर्वाग्रहों, पूर्व स्थापित मान्यताओं की आलोचना की गई है। निष्पक्षता (A. Pathy) के आधार पर अध्ययन और परीक्षण भी सम्भव है।

8. सामाजिक वास्तविकता स्थिर नहीं है। उसे पुनः निर्मित किया जा सकता है। यह कार्य मानविकी द्वारा ही सम्भव है न कि वैज्ञानिक पद्धति के द्वारा।

मानविकी पद्धति के प्रमुख उपागम (Main Approach of Humanistic Method)

मानविकी पद्धति के समर्थन में समाजशास्त्र में निम्नलिखित प्रमुख उपागम है:–

1. एथनोमैथोडोलॉजी या नृजातिपद्धतिशास्त्र (Ethnomethodology)
2. फिनोमिनोलॉजी या घटना विज्ञान (Phenomonology)
3. रेडिकल (Radical)
4. प्रतीकात्मक अन्तः क्रिया (Symbolic Interaction)

1. एथनोमैथोडोलॉजी या नृजातिपद्धतिशास्त्र (Ethnomethodology)- इस शब्द का जन्म अमेरिकन समाजशास्त्री प्रो. हैरोल्ड गारफिन्केल (Horold Garfinkel) के द्वारा किया गया। उन्होंने अपनी पुस्तक Studies in Ethnomethodology में की जो 1967 में प्रकाशित हुई। नृजाति (Ethno) का शाब्दिक अर्थ है मनुष्य जाति नृजातीय पद्धतिशास्त्र के अन्तर्गत दिन प्रतिदिन की घटनाओं को अध्ययन के नृजातीय पद्धतिशास्त्र महत्व दिया जाता है। इसमें किसी व्यक्ति की प्रस्थिति की प्रतिमानात्मक भूमिका को महत्वपूर्ण नहीं माना जाता अपितु जो अर्थ वह व्यक्ति अपनी प्रस्थिति को, भूमिका के निर्वहन के माध्यम से देता है उस निर्वहन प्रारूप को इस उपागम में अधिक महत्व दिया जाता है। इस दृष्टिकोण के अन्तर्गत इस मान्यता को एक वास्तविक या वस्तुनिष्ठ सामाजिक संगठन का अस्तित्व है, अस्वीकार करता है। क्योंकि समाज के सदस्यों को यह प्रतीत होता है कि सामाजिक जीवन व्यवस्थित है, उनके दिन–प्रतिदिन के क्रिया कलाप व्यवस्थित व क्रमबद्ध प्रतीत होते हैं अर्थात सामाजिक संगठन या व्यवस्था सदस्यों के दृष्टिकोण में व्यवस्थित है उसका वास्तविक अस्तित्व नहीं होता है। इस दृष्टिकोण की मान्यता यह है कि संगठन (Order) के कारण ही समाज का अस्तित्व सम्भव नहीं है बल्कि यह तो मनुष्य की क्षमता के

कारण सम्भव होता है सक्रिय व निरन्तर रूप में उन नियमों की रचना व उपयोग कर सकते है जिसके आधार पर वे एक–दूसरे को यह समझाने या विश्वास दिलाने में समर्थ होते हैं कि यह वास्तविक दुनिया वास्तव में है। एथनोमैथोलोजी लौज किसी घटना के समझने हेतु पुर्नचिन्तन पर भी बल देता है। यह एक व्यक्ति परक उपागम है। ऐन्थीनी गिडेन्स (A. Giddenes) के अनुसार "Ethnomethodology is Study of the ettinomethods the Folk, or lay Methods-People use to Make Sense of What others do and Perticularly What they Say"

2. फिनोमिनोलॉजी (Phenomenology) - इस उपागम में सामाजिक घटना को समझने के लिए दर्शन का सहारा लिया जाता है। समाजशास्त्र में परम्परागत पद्धतिशास्त्र सामाजिक व्यवहार या क्रिया के ऐतिहासिक तथा प्रकार्यात्मक स्वरूप पर बल देता है, परन्तु इसमें सामाजिक घटनाओं का अध्ययन कर्ता के क्रियाओं व दृष्टिकोण के संदर्भ में करता है। अर्थात फिनोमिनोलॉजी सामाजिक जीवन के अध्ययन के लिए इस बात पर बल देता है कि सामाजिक क्रिया को सामाजिक कर्ता के विचारों या दृष्टिकोण के संदर्भ में ही समझना चाहिए। इसलिए कोई संस्कृति अतिउत्कष्टट या खराब नहीं होता बल्कि उस समाज के संदर्भ में देखा जाना चाहिए। इस उपागम मे तीन बिन्दुओं पर विशेष बल दिया गया है। (1) वे अर्थ जो लोग अपनी दुनिया, वस्तु, व्यक्ति या घटना का लगाते है। (2) वे दृष्टिकोण परिप्रेक्ष्य (Perspective) जिससे लोग अपने को तथा दुसरे को देखते है और (3) वे अभिप्राय (Motives) जो उनके व्यवहार में अन्तर्निहित होते है। वास्तव में ये तीनों बाते किसी सामाजिक व्यवहारात्मक विज्ञान के लिए अति महत्वपूर्ण है।

3. रेडिकल (Radical) - उग्र या अति विचार धारा 1967 में अमेरिकन सोशियोलॉजिकल एसोसियेशन (American Sociological Association) की वार्षिक बैठक में उभर कर सामने आई। यह विचारधारा आमूल–चूल परिवर्तन का पक्षधर तथा वर्तमान व्यवस्था के विरोधी है। इसमें उस वर्ग के अध्ययन पर विशेष बल दिया गया है जो मूलतः शोषित, उपेक्षित तथा दलित वर्ग रहे हैं। जिन पर अभी तक समाजशास्त्रियों का ध्यान नहीं गया है या जितना अध्ययन किया जाना चाहिए या उतना व्यवस्थित अध्ययन

नहीं हो पाया है युद्ध या संघर्ष को उग्र विचारधारा का केंद्रीय आधार माना गया जिसके माध्यम से ही परिवर्तन सम्भव है।

4. प्रतीकात्मक अन्तः क्रिया (Symbolic Interaction)- इस उपागम को अमेरिका के समाजशास्त्र की एक विशिष्ट शाखा है, से संदर्भित किया जाता है। इसका विकास अमेरिकन दार्शनिक समूहों के द्वारा हुआ जिसमें जान डेवी (John Devey) विलियम थॉमस (William Thomes) और मीड (Mead) का नाम प्रमुख है। परन्तु मिड और कुले (C. H. Coley) ने इस उपागम को विकसित करने में मुख्य भूमिका निभाया। इस उपागम में कर्ता के विचार का विशेष ध्यान दिया जाता है और सामाजिक यथार्थ का विश्लेषण किया जाता है। दूसरे शब्दों में यह कहा जा सकता है कि मानव व्यवहार के फिनो मिनोलॉजीकल पक्ष का अध्ययन करता है। व्यक्ति समाज में अन्तःक्रिया संकेतों के माध्यम से करता है और भाषा इसके अन्तर्गत महत्वपूर्ण है बिना संकेत मानव अन्तःक्रिया संभव नहीं है। संकेत के द्वारा व्यक्ति का व्यवहार निर्धारित होता है। इस उपागम में हर्बट ब्लूमर (Herbert Blumer) और इविग गोफमेन (Erving Gofman) का भी योगदान है। प्रतीकात्मक अन्तःक्रियावादी अपने सिद्धांत के प्रतिपादन में एक समान नहीं है। उदाहरण के लिए मीड ने अपने समूह विश्लेषण में व्यक्ति के विकास की प्रक्रिया में स्व (Self) की भूमिका को महत्वपूर्ण माना है हर्बट ब्लूमर के विश्लेषण में प्रतीकात्मक अन्तः क्रिया के अध्ययन में विधि (Methodology) महत्वपूर्ण है। इविग गोफमेन, अन्तःक्रिया व्यवस्था को महत्व देते हैं।

6

मानव समाज के प्रभेदक विशेषताएँ

Distinctive characteristics of Human Society

समाजशास्त्र के अन्तर्गत मानव समाज अध्ययन का केंद्र बिन्दू रहा है, इसलिए समाजशास्त्रियों ने कहा है कि "Sociology is the Science of human Society" परन्तु समाज में मनुष्यों के अतिरिक्त जानवर भी साथ–साथ रहते हैं और ऐसा माना जाता है कि मनुष्य समाज का विकास भी पशु समाज से ही हुआ है। इन दोनों समाजों की बिल्कुल अलग–अलग विशेषता होती है। प्रो. डेविस (Prof Davis) ने पशु समाज को Bio-Social के नाम से सम्बोधित किया है और कहा है कि पशु समाज में शारीरिक व्यवहार हस्तांतरण होती है जब कि मानव समाज में संस्कृति के द्वारा व्यक्तियों के आचरण व्यवहार तथा प्रतिमान हस्तांतरण होता है।

मानव समाज की विशेषताएँ (Characteristics of human Society)

मानव समाज अन्य जीवों के समाजों से अपने आप में विशिष्ट है। मानव समाज की जैविकीय और सामाजिक–सांस्कृतिक विशेषताएँ उसे अन्य जीवों के समाजों से भिन्नता प्रदान करती है। इन विशेषताओं के कारण ही आज मानव इतनी प्रगति कर पाया और सभ्यता व संस्कृति का

विकास कर सका है। मानव समाज कि विशेषताओं को हम प्रमुखतः दो भागों में बांट सकते है।

1. जैविकीय या प्राणीशास्त्रीय विशेषताएँ (Biological Characteristies)

2. सामाजिक सांस्कृतिक विशेषताएँ (Socio- Cultural Characteristies)

1. मानव समाज की जैविकीय विशेषताएँ (Biological charac teristies of human Society)- मानव समाज की अपनी कुछ मौलिक जैविकीय विशेषताए है जिसके कारण ही मानव संस्कृति को निर्मित एवं विकसित कर पाया है जो निम्नलिखत है–

(क) विकसित मस्तिष्क (Developed Mind) मानव मस्तिष्क में करीब दस अरब नाड़िया होती हैं। इसी कारण मानव मस्तिष्क अन्य जीवों की तुलना में अधिक जटिल एवं विशिष्ट है। मानव पुरूष की खोपड़ी का घनत्व करीब 1450 सी. सी. है जो अन्य जीवों से काफी अधिक है। मस्तिष्क की विशिष्ट एवं विकसित रचना के कारण ही मानव सभ्यता एवं संस्कृति का विकास कर पाया है।

(ख) सीधे खड़े होने की क्षमता (Capacity to Stand)- पशु चारों हाथ पांवों पर खड़े होकर चलते हैं, किन्तु मानव अपने दोनों पैरों के सहारे सीधा खड़ा होकर चलता है अतः हाथों की सहायता से अन्य कार्य कर सकता है। चलते–फिरते या खड़े होने में हाथों के सहारे की आवश्यकता नहीं होने के कारण ही मानव अपने हाथों की सहायता से निर्माण संबंधी अनेक कार्य करने में समर्थ हुआ है।

(ग) बोलने की क्षमता (Capacity to Speak)- मानव के जबड़े जीभ तथा दांतों की बनावट कुछ इस प्रकार की है कि वह स्पष्टता से शब्दों का उच्चारण कर सकता है। बोल सकता है। बोलने की इस क्षमता के कारण ही मानव अपने विभिन्न विचारों एवं भावों को सरलता से दूसरों तक पहुँच सकता है।

(घ) हाथों की क्रियाशीलता एवं लचीलापन (Activity and Elasticity of Hand)- मानव के हाथों की रचना कुछ इस प्रकार की है कि उनमें

काफी लचीलापन पाया जाता है। इसी के फलस्वरूप वह अनेक कार्यो को आसानी से कर सकता है। मनुष्य के हाथ में अंगुलियों व अंगूठे की विशिष्ट स्थिति के कारण किसी भी वस्तु को सरलता से पकड़ा और उठाया जा सकता है। मानव हाथ, पैरों से स्वतंत्र रहते हुए मस्तिष्क की आज्ञा के अनुसार किसी भी काम को कर सकते हैं। जबकि अन्य जीवों में यह सम्भव नहीं है।

(ड़) अन्य विशेषताएँ (Other Characteristics) इसके अलावा मनुष्य के पास अन्य विशेषताएँ भी हैं जैसे आसानी से घुमायी जा सकने वाली गरदन, नाक, कान एवं ललाट आदि की विशिष्ट बनावट होती है। ये सभी शारीरिक विशेषताएं मनुष्य को काम करने में सहायता प्रदान करती और उसकी कुशलता एवं कार्यक्षमता को बढ़ाने में योगदान करती हैं।

2. मानव समाज की सामाजिक सांस्कृतिक विशेषताएँ (Socio-cultural characteristics of human Society)- मानव समाज केवल अपनी प्राणीशास्त्रीय विशेषताओं के कारण ही एक विशिष्ट समाज नहीं है, वरन् उसकी सामाजिक सांस्कृतिक विशेषताओं का भी इनमें काफी योगदान है। मानव समाज की प्रमुख सामाजिक सांस्कृतिक विशेषताएँ निम्नलिखित हैः–

(क) जागरूकता (Awareness)- समाज के प्रत्येक सदस्यों में जागरूकता पाया जाना भी एक विशेषता है। मानव में भिन्न–भिन्न प्रकार की परिस्थितियों, कर्तव्यों, अधिकारों, दायित्वों तथा वर्तमान एवं भविष्य की घटनाओं, सामूहिक जीवन, समूह, समाज, जाति संस्कृति तथा विभिन्न प्रकार के संबंधों के प्रति जागरूकता पायी जाती है। परिणामस्वरूप मानव विभिन्न प्रकार के संबंध स्थापित कर पाता है। अन्य जीवों की तुलना में मनुष्यों के समान इस प्रकार की जागरूकता नहीं पायी जाती है।

(ख) स्मरण शक्ति (Memory)- केवल मानव के पास ही स्मरण शक्ति है वह भूतकाल की घटनाओं को याद रख सकता है। वह अपनी इस स्मरण शक्ति के आधार पर अपने अनुभवों को संयोता है तथा ज्ञान में वृद्धि करता है तथा अपनी त्रुटियों को सुधारता है। इसी

शक्ति के कारण मानव अपने अनुभवों को एक पीढ़ी से दूसरी पीढ़ी को हस्तान्तरित करता है।

(ग) यौन व्यवहारों का नियम बनाता (Regulation of sex Behaviour)- काम प्रवृति सभी जीवों में पायी जाती है। परन्तु मानव ने इसे नियंत्रित और नियमित किया है। मानव का यौन–व्यवहार प्रथाओं परम्पराओं तथा नियमों द्वारा नियंत्रित और निर्देशित होता है इस कारण मानव में यौन व्यवहार परिवार, नातेदारी, दायित्वों को जन्म देता है। विवाह के माध्यम से मानव के यौन व्यवहार को सीमित एवं नियंमित किया जाता है।

(घ) सामाजिक सांस्कृतिक विरासत (Socio-Cultural Heritag)- संस्कृति मानव जीवन को अनेक रूपों में नियंत्रित एवं निर्देशित करती है। संस्कृति मौलिक और अभौतिक दो रूपों में देखने को मिलती है। अपनी विभिन्न प्रकार की आवश्यकताओं की पूर्ति करने के लिए जहाँ एक तरफ हथियार, रेडियो, टेलीफोन पंखा, घड़ी आदि भौतिक वस्तुओं का निर्माण किया है वहीं दूसरी ओर उसने कला, संस्कृति, संगीत, मूल्य, आदर्श, धर्म, दर्शन अभौतिक संस्कृति को भी विकसित किया है। संस्कृति के दोनों पक्ष को मानव एक पीढ़ी से दूसरे पीढ़ी हस्तान्तरित करता है।

(ड़) प्रत्येक मानव समाज की अपनी विशिष्ट संस्कृति होती है (Every Human Society has its Own Culture)- सभी समाजों के लिए कोई एक संस्कृति प्रचलित नहीं होती है प्रत्येक मानव समाज की अपनी एक विशिष्ट संस्कृति होती है जो अन्य समाजों की संस्कृतियों से भिन्न होती है। संस्कृति के आधार पर ही एक मानव समाज को दूसरे मानव समाजों से पृथक किया जा सकता है।

(च) सामाजिक संगठन (Social Organisation)- मानव ही ऐसा प्राणी है जो काफी विकसित प्रकार का संगठित सामाजिक जीवन व्यतीत करता है। वह अपनी विभिन्न आवश्यकताओं की पूर्ति के लिए भिन्न–भिन्न प्रकार के संगठनों को जन्म देता है। ये संगठन मानव

जीवन को स्थायित्व प्रदान करते हैं। जबकि पशु समाज में इसका अभाव होता है।

(छ) जटिलता (Complexity)- जैविकीय प्राणी में सरल प्रकार के सम्बंध पाए जाते है जबकि मानव समाज में विभिन्न प्रकार के संबंधों में जटिलता पाया जाता है एक ही व्यक्ति दूसरे व्यक्तियों के साथ विभिन्न प्रकार के संबंधों में बंधकर भिन्न–भिन्न प्रकार की भूमिका निभाता है। समाज में परिवर्तन के साथ–साथ इनके संबंधों में भी जटिलता की वृद्धि होती है।

(ज) मानव समाज परिवर्तनशील है (Human Society is Changeable)- परिवर्तन प्रकृति का शाश्वत नियम है। पशुओं में परिवर्तन की गति बहुत कम है परन्तु मानव समाज में परिवर्तन की गति काफी तीव्र है यदि मानव समाज का अध्ययन करे तो पायेंगे कि मानव पहाड़ों तथा गुफाओं से निकल कर बड़े मकानों तथा षहरों में रहने लगे। इसके अलावा रीति–रिवाजों, प्रथाओं, परम्पराओं, मूल्यों और आदर्श आदि में परिवर्तन हुआ है। परिवर्तन ही मानव के सामाजिक विकास और प्रगति की कुंजी है।

(झ) सामाजिक नियंत्रण (Social Control)- मानव समाज को सुचारू रूप से चलाने के लिए नियंत्रण की व्यवस्था पाई जाती है। प्रथाओं रीति–रिवाजों, परम्पराओं, कानून और राज्यों के द्वारा मानव समाज में नियंत्रण किया जाता है। क्योंकि समाज में कुछ लोग ऐसे भी होते है जो विचलित व्यवहार करते हैं। नियंत्रण के कारण ही मानव, मानव कहलाता है। अन्य प्राणियों के समाजों में अपने सदस्यों के नियंत्रण की कोई व्यवस्था नहीं पायी जाती है।

(ञ) सामाजिक निर्णय (Collective Judgment)- मानव में तर्क शक्ति और बौद्धिक क्षमता पायी जाती है। मानव पशु के समान स्वयं अपने बारे में सभी निर्णय नहीं ले लेते है बल्कि अन्य सदस्यों से मिल कर विचार विमर्श एवं तर्क–वितर्क करने के बाद सामूहिक निर्णय लेता है। मानव सामूहिक निर्णय का सम्मान करता है और इन्हीं के आधार पर कार्य करता है।

(ट) भाषा (Language)- केवल मानव समाज के पास ही भाषा है। भाषा के माध्यम से ही मानव अपने विचार लिखित या मौखिक रूप से प्रकट करता है तथा संस्कृति का ज्ञान एक पीढ़ी से दूसरी पीढ़ी हस्तान्तरित करता है। प्राचीन काल में मानव केवल मौखिक रूप से प्रकट करके संस्कृति को एक पीढ़ी से दूसरे पीढ़ी हस्तांन्तरित करता था परन्तु लिपि के अविष्कार होने से अपने अनुभवों, ज्ञान–विज्ञान धर्म, दर्शन आदि को लेखन कार्य के माध्यम से हस्तांतरित करता है।

(ठ) सामाजिक आदर्श (Social Norms)- प्रत्येक समाज का अपना अपना नियम तथा आदर्श होता है। इन आदर्श तथा नियमों के आधार पर ही व्यक्ति के व्यवहार को उचित एवं अनुचित ठहराया जाता है। परम्परा, प्रथा रीति–रिवाज इत्यादि आदर्श नियम ही है जो व्यक्ति के व्यवहारों को नियंत्रित करता है। इन आदर्श नियम के अभाव में व्यक्ति पशु समाज के बराबर कहलाने लगेगा।

(ड) श्रम विभाजन एवं विशेषीकरण (Division of Lobour and Specilization)- मानव समाज की विभिन्न प्रकार की आवश्यकताओं की पूर्ति अलग–अलग समस्याओं के द्वारा होती है। इसके कारण ही श्रम विभाजन तथा विशेषीकरण का जन्म होता है। श्रम विभाजन के कारण ही प्रत्येक व्यक्ति को अपनी योग्यता, ख्याति, शिक्षा और क्षमता के अनुरूप कार्य करने का अवसर मिलता है।

(च) अन्य विशेषता (Other Characteristics) उपरोक्त विशेषताओं के अलावा मानव समाज में सीखने की क्षमता पायी जाती है तथा आने वाले पीढ़ी को भी सिखाने की योग्यता रखता है। साथ ही साथ मानव में भिन्न–भिन्न परिस्थितियों अथवा पर्यावरणों में अनुकूलन करने की क्षमता भी पायी जाती है। मानव समाज में ही सोचने–विचारने एवं संवेदनशीलता पायी जाती है।

उपर्युक्त सभी शारीरिक एवं सामाजिक सांस्कृतिक विशेषताओं के कारण ही प्राणी जगत में मानव समाज का एक विशिष्ट स्थान है इसी कारण मानव एक अद्भभूत या अनोखे प्राणी के रूप में जाना जाता है। पशु

समाज में जैविकीय विशेषता अलग पाई जाती है जैसे एककोषीय जीवधार (Single Celled Organisms), बहुकोषीय जीवधारी (Multi Celled Organisms) इसके अलावा मधुमक्खियों में सामाजिक व्यवस्था पायी जाती है जैसे उनके समूह में रानी पायी जाती है और सभी लोग उनके नियमों का पालन करते हैं परन्तु पशु समाज, मनुष्य समाज से बिल्कुल अलग है।

7

सामाजिक संबंध

Social Relationship

सामान्य तौर पर समाजशास्त्र समाज का विज्ञान कहा जाता है। परन्तु अभी तक समाजशास्त्र में समाज की कोई सर्वमान्य परिभाषा उपलब्ध नहीं है। किसी ने समाज शब्द का प्रयोग व्यक्तियों के समूह के लिए किया है तो किसी ने समुदाय के लिए, तो किसी ने समस्त राष्ट्र के लिए किया है। इसलिए जी. डी. मिचेल (G. D. Mitchell) ने कहा कि "The term Society is one of the Vaguest and most general in the Sociologist's Vocabulary"

इस विरोधाभास (Contradiction) को दूर करने का प्रयास MacIver and Page ने अपनी पुस्तक Sociology में किया जो 1985 में प्रकाशित हुआ। इनका विचार 20वीं सदी के पच्चास से लेकर सत्तर के दशकों तक समाजशास्त्र में काफी लोकप्रिय रहा है। परन्तु वर्तमान समाजशास्त्री मेकाइवर एवं पेज (MacIver and Page) की तरह समाज को एक अमूर्त व्यवस्था मात्र के रूप में स्वीकार करने को तैयार नहीं हैं।

मेकाइवर एवं पेज (MacIver and Page) के अनुसार "Society is a System of usages and Procedures, of autherity and mutual aid of many grouping and divisions, of Control of human behaviour and of liberties. This everchanging, Complex system we call Socity. It is the network of Social relationships. And it is always changing." अर्थात "समाज रीतियों एवं कार्य प्रणालियों अधिसत्ता एवं पारस्परिक सहयोग अनेक समूहों

एवं विभाजनों, मानव व्यवहार के नियंत्रणों एवं स्वतंत्रताओं की व्यवस्था है। यह सतत् परिवर्तनशील जटिल व्यवस्था है, जिसे हम समाज कहते हैं। यह सामाजिक संबंधों का जाल है और यह निरन्तर परिवर्तनशील है।''

इसका तात्पर्य यह है कि समाज व्यक्तियों का समूह नहीं बल्कि व्यक्तियों के बीच पाये जाने वाला पारस्परिक संबंध होता है। समाज कोई मूर्त संगठन नहीं है, अर्थात इसको देखा या स्पर्श नहीं किया जा सकता है। यह केवल सामाजिक संबंधों का एक जाल है। "Society is the web of Sociel relationships" इस कथन का तात्पर्य यह है कि समाज का निमार्ण व्यक्तियों से नहीं होता, बल्कि व्यक्तियों के बीच पाये जाने वाले संबंधों से होता है।

सामाजिक संबंधों से तात्पर्य व्यक्तियों की उन पारस्परिक क्रियाओं से है, जो अर्थपूर्ण रूप से या किसी विशेष उद्देश्य को पूरा करने के लिए स्थापित की जाती है। जैसे यदि कोई व्यक्ति अपनी जैविक अथवा सामाजिक आवश्यकताओं को पूरा करने के लिए किसी दूसरे व्यक्ति के साथ कोई क्रिया कर रहा है तब ऐसी क्रिया के परिणामस्वरूप स्थापित होने वाले संबंध को ही हम सामाजिक संबंध कहेंगे।

सामाजिक अन्तःक्रिया (Social Interaction) के द्वारा क्रियाओं का आदान प्रदान होता है उनके फलस्वरूप विभिन्न प्रकार के संबंधों का निर्माण होता है, वही समाज कहलाता है।

परन्तु यह अन्तःक्रिया (Interaction) अर्थपूर्ण (Meaningful) हो। तात्पर्य यह होता है कि तमाम व्यक्ति किसी उद्देश्य को सामने रखकर, समझ बुझकर, पूर्णरूप से जागरूक होकर सामाजिक क्रियाओं को सम्पादित करते हैं। अनजाने या संयोगवश दो व्यक्तियों के बीच क्रिया हो जाए, तो उसे सामाजिक क्रिया नहीं कहेंगे।

मेकाइवर एवं पेज (MacIver and Page) ने सामाजिक संबंधों की जटिल व्यवस्था का निम्नलिखित आधार माना है–

1. पारस्परिक जागरूकता (Mutual Awareness)- समाज सामाजिक संबंधों के तानेबाने से बनता है। इन सामाजिक संबंधों का निर्माण

उसी अवस्था में हो सकता है जब लोग एक दूसरे को जानते हों। व्यक्ति एवं प्रकृति के बीच संबंध, पेड़ और जमीन के बीच संबंध भौतिक है इसे सामाजिक नहीं कह सकते क्योंकि इनके बीच पारस्परिक पहचान तथा ज्ञान का अभाव है। परन्तु परस्पर पहचान और ज्ञान के कारण जो संबंध बनते है उसे सामाजिक संबंध कहते हैं। जैसे स्त्री–पुरूष, माता–पुत्र, पिता–पुत्र के बीच का संबंध। इन संबंधों में निकट सम्पर्क के कारण पारस्परिक पहचान होती है।

2. समानता (Likeness)– मेकाइबर एवं पेज (MacIver and page) के अनुसार समाज का आधार समानता है। समानता का अर्थ व्यक्तियों की शारीरिक बनावट, रंग या उम्र से नहीं बल्कि व्यक्ति के विचारों, मूल्यों एवं जीवन के उद्देश्यों से है। संयुक्त परिवार में भी समानता की महत्ता प्रधान होती है। यदि किसी परिवार में सदस्यों के बीच विचारों उद्देश्यों की समानता नहीं हो तो परिवार विघटित हो जाती है। समानता के अभाव में व्यक्ति समाज में कभी एक साथ नहीं रह सकते है।

3. भिन्नताएँ (Differences)- समानता के साथ–साथ समाज में भिन्नता भी अनिवार्य है। भिन्नता का सामाजिक महत्व है। समाज में कई प्रकार की भिन्नताएँ पायी जाती है, जैसे व्यक्ति–व्यक्ति के बीच योग्यता की भिन्नता कार्यक्षमता की भिन्नता, इच्छा–आकांक्षा की भिन्नता इत्यादि। इनके कारण समाज में प्रतिस्पर्द्धा, प्रतियोगिता की भावना पनपती है, जो समाज की प्रगति के लिए आवश्यक है। समाज में पुरूष है, स्त्री है, किसान है तो कोई मजदूर है। ये तमाम भिन्नतायें एक दूसरे का पूरक है तथा व्यक्ति के प्रस्थिति (Status) तथा भूमिका (Role) भी इसी के द्वारा निर्धारित होती है। ये भिन्नता भी सामाजिक संबंधों को निर्धारित करती है।

4. सहयोग एवं संघर्ष (Co-operation and Conflict)- जब तक कुछ व्यक्ति अपने अपने उद्देश्यों या आवश्यकताओं की पूर्ति के लिए एक दूसरे के साथ सहयोग नहीं करते तब तक समाज की कल्पना ही नहीं की जा सकती। समाज के लिए सहयोगी संबंधों का होना अत्यन्त आवश्यक है। सहयोगपूर्ण संबंधों के अभाव में तो एक छोटे

से छोटे समूह परिवार तक भी अपने अस्तित्व को बनाए नहीं रख सकता। जिस समाज में पारस्परिक सहयोग की मात्रा जितनी अधिक होगी, वह उतनी ही अधिक मात्रा में प्रगति की ओर आगे बढ़ेगा।

संघर्ष का समाज में सहयोग से कम महत्व नहीं है। कार्लमार्क्स (Karl Marks) ने कहा है कि वर्ग संघर्ष ही समाज के परिवर्तन का मूल कारण है। संघर्ष के समय संघर्ष से प्रभावित लोगों के बीच संबंध और घनिष्ट हो जाता है।

5. मानव व्यवहार का नियन्त्रण (Control of Human behaviour)- सामाजिक व्यवस्था को ठीक से संचालित करने के लिए आवश्यक है कि मानव व्यवहार पर नियंत्रण रखा जाए। व्यक्ति की आवश्यकताएँ असीमित है जैसे धन, वैभव, सम्मान, इत्यादि से सम्बन्धित आवश्यकताएँ एवं इच्छाएँ। यदि व्यक्ति की इच्छा को नियंत्रित नहीं किया जाय और व्यक्ति को उन्हें मनमाने ढंग से पूरा करने की छूट दे दी जाए तो समाज व्यवस्था का बना रहना सम्भव नहीं होगा। तथा आदर्श शून्यता की स्थिति उत्पन्न हो जायेगी और समाज विघटित होने लगेगा। अतः मानव व्यवहार के नियंत्रण हेतु समाज में सामाजिक नियंत्रण के औपचारिक एवं अनौपचारिक साधनों को अपनाया जाना आवश्यक है। इन सभी साधनों से व्यक्तियों के व्यवहारों को नियंत्रण करने और सामाजिक संबंधों को व्यवस्थित बनाने का प्रयत्न किया जाता है।

6. पारस्परिक निर्भरता (Inter- dependence)- प्रत्येक व्यक्ति दूसरे व्यक्ति तथा सामाजिक समूहों पर निर्भर है। अपनी अवश्यकताओं की पूर्ति स्वयं नहीं कर सकता है। उसे दूसरे व्यक्तियों या समूहों पर निर्भर रहना ही पड़ता है। व्यक्ति किसी भी आर्थिक समूह का हो, किसी भी देश का हो, समाज की आर्थिक एवं राजनीतिक प्रक्रिया व्यक्तियों के पारस्परिक संबंधों द्वारा चलती है। पारस्परिक निर्भरता के कारण ही मानव समाज में भाई–चारे का भाव पैदा होता है। इस पारस्परिक निर्भरता के कारण सामाजिक व्यवस्था भी बना रहता है।

7. समाज निरन्तर परिवर्तनशील (Continuous Social change)- परिवर्तन प्रकृति का शाश्वत नियम है जो निरन्तर चलता रहता है। कभी यह परिवर्तन तेजी से होता है तो कभी क्रमिक गति से। समाज की परिस्थितियाँ भी बदलती रहती है। उसी परिस्थिति के कारण समाज की जरूरतें बढ़ती है। इन बढ़ती जरूरतों की पूर्ति के लिए हम पुराने संबंधों को बदलते है और नए–नए सामाजिक संबंधों का निर्माण करते है। मेकाइबर एवं पेज (MacIver and Page) ने कहा कि जहाँ कभी भी जीवन है वहाँ समाज है। (Wherever there is life, there is Society) आज मनुष्य गुफाओं तथा पहाड़ों से निकल कर ऊँचे–ऊँचे महलों तक पहुँच चुका है। इतना ही नहीं बल्कि विभिन्न संस्थाओं के निर्माण के साथ–साथ अनेक सूक्ष्म एवं जटिल सामाजिक संबंधों का निर्माण किया है।

मैकाइबर एवं पेज (MacIver and Page) ने कहा कि समाज एक सामाजिक संबंधों की जटिल व्यवस्था है और इसके सात आधार हैं, परन्तु साथ ही समाज के लिए निम्नलिखत तीन बातों का होना भी आवश्यक है:–

1. व्यक्तियों की बहुलता (Plurality of Individuals) समाज विभिन्न व्यक्तियों के बीच पाए जाने वाले सामाजिक संबंधों से बनता है। व्यक्तियों के अभाव में सामाजिक संबंधों की कल्पना भी नहीं की जा सकती। अतः समाज के लिए प्रथम आवश्यकता के रूप में काफी मात्रा में व्यक्तियों का होना अनिवार्य है ताकि सामाजिक संबंध निर्मित हो सके।
2. सामाजिक संबंध (Social Relationship)- सामाजिक संबंध ही समाज का प्रमुख आधार है। इन संबंधों के अभाव में व्यक्तियों की किसी भीड़ या झुण्ड मात्र को समाज नहीं कहा जा सकता।
3. अन्तःक्रिया (Social Interaction) केवल व्यक्ति का होना तथा उनमें सामाजिक संबंधों के पनपने मात्र से समाज का निर्माण नहीं हो जाता। यहाँ उन व्यक्तियों में सामाजिक अन्तःक्रिया का होना भी आवश्यक है। अन्तःक्रिया का तात्पर्य यह है कि व्यक्ति एक दूसरे को प्रभावित करें।

आलोचना

आज के समाजशास्त्र में समाज शब्द का प्रयोग इतने संकुचित अर्थ में नहीं किया जाता है। मैकाइबर एवं पेज की तरह वर्तमान समाजशास्त्री यह स्वीकार करने को तैयार नहीं हैं कि समाज सामाजिक सम्बंधों का एक जाल मात्र है और यह एक अमूर्त (Abstract) व्यवस्था है। आज समाजशास्त्री समाज को एक मूर्त व्यवस्था के रूप में देखते हैं। जब कभी भी हम समाज शब्द का प्रयोग करते हैं तब उससे एक संगठित सामाजिक समूह का बोध होता है। एक छोटे से सामाजिक समूह या समिति से लेकर राज्य जैसे वृहत व्यवस्था के लिए भी समाज शब्द का प्रयोग किया जा रहा है। आज मानवशास्त्री और समाजशास्त्री दोनों इन्हीं अवधारणाओं को ध्यान में रख कर समाज को सरल (Simple) एवं जटिल (Complex) समाज के रूप में वर्गीकरण कर रहे हैं इसी को कुछ विद्वानों ने आदिम (Primitive) एवं आधुनिक (Modern) समाज कहा है तो कुछ ने खुला (Open) एवं बंद (Closed) समाज का विचार दिया।

मैकाइवर ने समाज को अमूर्त कहा है जिसका अवलोकन या प्रत्यक्षीकरण संभव नहीं है। यह विचार 30 या 40 साल पुराना हो गया है। अब समाजशास्त्र में मूर्त रूप से समाज को परिभाषित किया जा रहा है। उदाहरण के लिए अमेरिकन समाज, भारतीय समाज, हिन्दू समाज आदि।

जॉनसन (Johnson) ने समाज को मूर्त रूप में परिभाषित किया है। उन्होंने बताया कि समाज एक ऐसा समूह है जिसमें चार तत्व पाये जाते है।

1. निश्चित क्षेत्र– क्षेत्रीय सीमा का बोध कराता है। (Definite Territory)
2. प्रजनन– प्रक्रिया स्वतः चलती रहती है। (Sexual Reproduction)
3. विस्तृत संस्कृति सिर्फ मनुष्यों के बीच पायी जाती है। (Comprehensive Culture)
4. स्वतंत्रता– आत्मनिर्भरता से भी है। (Independece)

8

सामाजिक क्रिया

Social Action

सामाजिक क्रिया का अध्ययन समाजशास्त्रीय साहित्य में महत्वपूर्ण स्थान रखता है। कुछ समाजशास्त्री मानते हैं कि Sociology is the Science of Social Action. सामाजिक क्रियाओं के अध्ययन के आधार पर हम किसी समाज की व्यापक व्याख्या कर सकते हैं। सामाजिक क्रिया के परिभाषा के पहले क्रिया शब्द का अर्थ जानना जरूरी है।

क्रिया का शाब्दिक अर्थ 'कर्म' या कार्य है। भारतीय दर्शन एवं धर्म में भी कर्म शब्द का व्यापक अर्थो में प्रयोग हुआ है। कृष्ण ने गीता में पूर्ण रूप से कर्म पर ही प्रकाश डाला है। परन्तु मनोवैज्ञानिकों के अनुसार उत्तेजना के वशीभूत होकर वातावरण से अनुकूल करने के लिए मानव द्वारा अभिव्यक्त की जाने वाली प्रतिक्रिया ही क्रिया है। परन्तु समाजशास्त्र में क्रिया शब्द की व्याख्या भिन्न दृष्टि से की गयी है। समाजशास्त्र के अनुसार 'Action is a goal directed activity' उदाहरण के लिए एक व्यक्ति बैठा हुआ बिना किसी उद्देश्य के पुस्तक के पन्ने पलट रहा है तो उसे उसका गतिविधि (Activity) कहेगें, किन्तु क्रिया नहीं परन्तु एक छात्र द्वारा परीक्षा में उत्तीर्ण होने के लिए अध्ययन करना है तो उसे क्रिया कहेंगे, क्योंकि उसके पीछे उसका उद्देश्य निहित है।

मैक्सवेबर ने क्रिया को परिभाषित करते हुए लिखा है कि "In action included all human behaviour when and in so for as the acting individual attaches a subjective Meaning to it" अर्थात क्रिया में हम उन सब मानव व्यवहारों को सम्मिलित करते हैं जिसका कर्त्ता के लिए कोई अर्थ होता है या जब वह अपने दृष्टिकोण से उसका कोई अर्थ लगाता है। उदाहरण के लिए– एक व्यक्ति टेपरिकार्डर पर पुराने गाने जोर–जोर बजाता हो, कुछ लोग इस व्यवहार को अनुचित समझते हों, लेकिन यदि कर्ता को इस गाने सुनने से सन्तोष मिलता हो और उसका यह व्यवहार उसके लिए अर्थपूर्ण हो तो वह 'क्रिया' कहलायेगा।

थियोडोरसन एवं थियोडोरसन (Theodorson and theodorson ने A Modern Dictionary of Sociology में परिभाषित किया है कि "Action-behaviour which has Meaning to the individual, that is behaviour which he directs toward a goal" अर्थात कोई भी व्यवहार जो किसी उद्देश्य प्राप्ति के लिए किया जाता हो, क्रिया कहलाता है। बिना कोई उद्देश्य के व्यवहार को क्रिया नहीं कहते हैं।

इसके बाद सामाजिक क्रिया (Social Action) की परिभाषा और अर्थ पर निम्नलिखित रूप से प्रकाश डालेंगे।

सामाजिक क्रिया के अर्थ एवं परिभाषा (Meaning and Definition of Social Action):- मानव एक सामाजिक प्राणी है। वह अपने जीवन की आश्यकताओं की पूर्ति स्वयं नहीं कर सकता है। इसके लिए अन्य व्यक्तियों का भी सहारा लिया जाता है। आवश्यकता पूर्ति के लिए व्यक्ति अन्य व्यक्तियों से सहयोग लेता है और अन्तःक्रिया करता है और उसके बाद से ही सामाजिक क्रिया अस्तित्व में आती है। Maxweber के अनुसार 'सामाजिक क्रियाओं का समावेश हो और उन्हीं के अनुसार उसकी गतिविधि तय हो "अर्थात सामाजिक क्रिया केवल उसी क्रिया को कहते हैं जिसे कर्ता अन्य कर्ताओं के मनोभावों एवं क्रियाओं को ध्यान में रख कर करता है और प्रत्येक क्रिया का कर्ता के लिए कोई न कोई अर्थ होता है।

टालकॉट पारसन्स (Talcatt Parsons) ने The Social system में कहा कि "सामूहिक क्रिया कर्त्ता की परिस्थिति व्यवस्था में वह प्रक्रिया है,

जिसका अकेले कर्त्ता के लिए अथवा सामूहिक रूप से उस समूह के व्यक्तियों के लिए प्रेरणात्मक महत्व होता है। पारसन्स ने अपनी परिभाषा में सामाजिक क्रिया के तीन तत्वों कर्त्ता, परिस्थिति एवं प्रेरणा पर जोर दिया है।

उपरोक्त परिभाषा के आधार पर कह सकते हैं कि किसी भी सामाजिक क्रिया के लिए कर्त्ता या कर्त्ताओं का होना आवश्यक है, ये कर्त्ता किसी न किसी उद्देश्य या प्रेरणा से प्रेरित होकर बल्कि किसी न किसी परिस्थिति में ही क्रिया कहते हैं। वह परिस्थिति उनके अनुकूल या प्रतिकुल हो सकती है। सामाजिक क्रिया को और अधिक स्पष्टतः समझने के लिए हम उसके आवश्यक तत्वों का उल्लेख करना आवश्यक है।

सामाजिक क्रिया के आवश्यक तत्व (Essential element of Social Action):- K. Davis ने सामाजिक क्रिया के निम्नलिखित चार आवश्यक तत्वों की विवेचना की है–

1. कर्त्ता (Actor)- किसी भी सामाजिक क्रिया के लिए कर्त्ता का होना आवश्यक है, उसके अभाव में कोई सामाजिक क्रिया नहीं हो सकती। जब किसी क्रिया के कर्ता की बात करते हैं तो हमारा तात्पर्य कर्ता की शारीरिक रचना से नहीं बल्कि उसके स्वयं (Self) या (Ego) या सामजिकता से सम्बन्धित है। अर्थात कर्त्ता स्वयं निर्णय ले सकता है।
2. लक्ष्य (End)- कर्त्ता किसी न किसी लक्ष्य की प्राप्ति के लिए ही क्रिया करता है। लक्ष्य भविष्य की किसी घटना की ओर संकेत करता है। एक लक्ष्य को प्राप्त कर लेने के बाद उसके स्थान पर दूसरा लक्ष्य तय किया जाता है और नयी क्रिया प्रारम्भ होती है।
3. स्थितियाँ (Conditions)- प्रत्येक क्रिया किसी परिस्थिति या स्थिति में ही की जाती है। स्थितियों में हम उन बाधाओं एवं सुविधाओं दोनों को सम्मिलित गिनते हैं जो क्रिया के समय उपलब्ध होती है। क्रिया की धारणा में यह बात छिपी होती है कि प्रयत्न द्वारा बाधाओं को दूर किया जा सकता है।

4. साधन (Means)- लक्ष्यों को प्राप्त करने के लिए साधनों का होना एवं उनका प्रयोग करना आवश्यक है। साधन सरल या जटिल हो सकता है जैसे एक स्थान से दूसरे स्थान पर जाने के लिए रेल, मोटर, वायुयान आदि का प्रयोग कर सकते हैं। कर्ता के सामने साधनों का चुनाव करने की छूट होती है, किन्तु इसमें त्रुटि की भी सम्भावना रहती है। कम पैसा में, कम समय में कौन सा साधन प्रयोग करेंगे ताकि लक्ष्य की पूर्ति हो, कभी–कभी इसके प्रयोग तथा चयन में त्रुटि होने से कर्ता का लक्ष्य पूर्ति नहीं हो पाता है।

सामाजिक क्रिया के संबंध में विभिन्न विद्वानों के विचारः–

1. Durkheim– दुर्खीम ने सामाजिक क्रिया को स्पष्ट करने के लिए धार्मिक कार्यो का उल्लेख किया है। धार्मिक क्रिया सामाजिक क्रिया है जिसका जन्म समाज के कारण ही हुआ है। धर्म का अनुभव सामूहिक उत्तेजना के कारण होता है। त्यौहारों, उत्सवों आदि के समय जब एक समूह या गोत्र के लोग एकत्रित होते हैं तब प्रत्येक व्यक्ति को यह महसूस होता है कि समूह की शक्ति उसकी शक्ति से श्रेष्ठ और महान है, जिसके कारण व्यक्ति उसे श्रेष्ठ एवं पवित्र मानकर उसकी पूजा व आराधना करने लगता है। इससे धर्म का जन्म होता है। अन्य सामाजिक क्रियाओं जैसे अपराध, आत्महत्या, श्रम विभाजन आदि के लिए भी समाज ही उत्तरदायी है। ये सामाजिक तथ्य हैं और इनके निर्धारण में समाज ही मूल रूप से उत्तरदायी है।
2. पैरेटो (V. Pareto) ने Logical Action तथा Non Logical Action दो प्रकार की क्रियाओं का उल्लेख किया है। उनका मत है कि अतार्किक व्यवहार विशेष रूप से महत्वपूर्ण है। Pareto के अनुसार तार्किक क्रियाओं का आधार वस्तुनिष्ठ (Objective) है और अतार्किक क्रियाओं का वैषयिक (Subjective)। प्रत्येक व्यक्तिगत एवं सामाजिक क्रिया के दो आधार हैं, (क) लक्ष्य (ख) साधन। प्रत्येक लक्ष्य की पूर्ति के लिए कुछ साधन अपनाये जाते हैं। तार्किक क्रिया में लक्ष्य एवं साधन में सामंजस्य पाया जाता है।

इसके विपरीत अतार्किक क्रिया में लक्ष्य और साधन के बीच सामंजस्य नहीं पाया जाता है और न ही उन्हें तर्क के आधार पर प्रमाणित किया जा सकता है। अतार्किक क्रियाओं में भावना का अंश होता है। तार्किक प्रयोग विज्ञान के क्षेत्र में किया जाता है। अतार्किक क्रियाएं कल्पना और अनुमान पर आधारित होती है। उनमें लक्ष्य व साधन में तालमेल नहीं होता। मानव क्रियाएं तार्किक और अतार्किक दोनों ही हो सकती है।

पैरेटो (Pareto) ने कहा कि मानव अतार्किक क्रियाएं क्यों करता है। उनके अनुसार मानव के मूल प्रवृत्तियों (Instincts) चालक (Residues), स्वार्थ (Interest) मनोभाव (Sentiments) और भ्रान्त तर्क (Derivation) आदि कारण अतार्किक क्रिया करता है।

3. मैक्स वेबर (Maxweber)- ये ऐसे विद्वान है जिन्होंने कहा कि Sociology is the Science of Social Action) समाजशास्त्र को सामाजिक क्रियाओं का अध्ययन करने वाला विज्ञान है।

MaxWeber सामाजिक क्रिया को ऐसी मनोवृत्ति या व्यवहार के रूप में देखते हैं जिसका कर्त्ता के लिए कोई अर्थ होता है। अर्थात कोई व्यक्ति जब शारीरिक या मानसिक क्रिया करता है उस समय किसी अन्य व्यक्ति या व्यक्तियों की क्रियाओं को ध्यान में रखते हुए उसी के अनुसार क्रिया करता है तो ऐसी क्रिया को सामाजिक क्रिया कहा जायेगा। इसे और स्पष्ट करने के लिए Weber ने निम्नलिखित चार विशेषताओं का उल्लेख किया है।

(क) सामाजिक क्रिया दूसरों के भूतकालीन वर्तमान या भविष्य के प्रत्याशित व्यवहार से प्रभावित होती है– उदाहरण के लिए भूतकाल में एक व्यक्ति को किसी दूसरे व्यक्ति ने मारा हो तो वर्तमान में वह बदला लेने के लिए हथियार खरीद सकता है या वर्तमान में झगड़ा हुआ हो तब भी वह दुश्मन को खत्म करने के लिए हथियार खरीद सकता है या भविष्य के आक्रमण का खतरा होने पर भी आत्मरक्षा के लिए हथियार खरीदे जा सकते हैं। इस प्रकार सामाजिक क्रिया का संबंध तीनों कालों से हो सकता है।

(ख) प्रत्येक प्रकार की क्रिया नहीं होती– निर्जीव वस्तुओं से प्रभावित क्रिया सामाजिक क्रिया नहीं है, जैसे सूर्य की तेज धूप में आंखों का मिचमिचाना या बिजली कड़कने पर डर जाने पर आवाज निकालना सामाजिक क्रिया नहीं है। इसी प्रकार अकेले बैठ कर मंत्र का उच्चारण करना भी सामाजिक क्रिया नहीं है, परन्तु पुरोहित के साथ साथ मूर्ति पर फूल चढ़ाना सामाजिक क्रिया है क्योंकि व्यक्ति की यह क्रिया पुरोहित के व्यवहार से प्रभावित है।

(ग) मनुष्य का प्रत्येक प्रकार का क्रिया सामाजिक क्रिया नहीं है– केवल वही क्रिया सामाजिक कहलायेगी जो दूसरे व्यक्तियों के व्यवहार से अर्थपूर्ण ढंग से संबंधित और प्रभावित हो। उदाहरण के लिए दो साईकिल सवार आपस में टकरा जायें तो यह एक प्राकृतिक घटना मात्र है, किन्तु टक्कर के बाद आपस में गाली–गलौज या हाथापायी करना सामाजिक क्रिया है क्योंकि इसमें एक का व्यवहार दूसरे से प्रभावित है।

(घ) सामाजिक क्रिया न तो अनेक व्यक्तियों द्वारा एक साथ की जाने वाली एक–सी क्रिया है और न ही केवल दूसरों से प्रभावित क्रिया ही है– वेबर का मानना है कि दूसरों की क्रिया का अनुकरण मात्र ही सामाजिक क्रिया नहीं है जब तक कि वह व्यक्ति की क्रिया से अर्थपूर्ण रूप से संबंधित न हो। उदाहरण के लिए एक व्यक्ति को नहाते देखकर दूसरा भी वैसा ही करने लगता है तो यह अनुकरण सामाजिक क्रिया नहीं है। लेकिन व्यायाम प्रशिक्षक के निर्देशानुसार उसकी क्रिया का अनुसरण सामाजिक क्रिया है क्योंकि दोनों अर्थपूर्ण रूप से सम्बोधित हैं।

Weber ने Social Action के चार Types का उल्लेख किया है–

1. Rational Action (तार्किक क्रिया)– इस प्रकार की क्रिया लक्ष्य और साधन को ध्यान में रखकर नियोजित ढंग से की जाती है। उदाहरणार्थ, यदि नया कारखाना लगाने से पूर्व उद्योगपति कच्चे

माल की व्यवस्था, मुद्रा, बाजार, श्रम, यातायात, संचार के साधन आदि को ध्यान में रखकर कार्य करता है तो इस क्रिया को तार्किक क्रिया कहा जायेगा।

2. Evaluative Action (मूल्यांकनात्मक क्रिया)– धार्मिक एवं नैतिक आधार पर इस प्रकार की क्रिया की जाती है। ऐसी क्रियाएं इसलिए सम्पन्न की जाती है कि लोग हमसे ऐसा करने की अपेक्षा करते हैं। इन क्रियाओं का मूल्यांकन धार्मिक अनुभव, ईश्वर भक्ति, नैतिकता एवं मुक्ति पाने की इच्छा के आधार पर किया जाता है जो भावात्मक पक्ष है।

3. Effective Actions (प्रभावात्मक क्रियाएं)– कुछ क्रियाएं ऐसी भी होती है जिन्हें हम संवेगों या आवेगों के वशीभूत होकर करते हैं। हम कई बार प्रेम, दया, करूणा, ईर्ष्या आदि से प्रेरित होकर भी क्रियाएं करते हैं। इस प्रकार की क्रियाओं में तार्किक व्यवहार का अभाव होता है।

4. Traditional Actions (परम्परात्मक क्रियाएं)– इस प्रकार की क्रियाओं में उन क्रियाओं को सम्मिलित किया जाता है, जिनका पालन व्यक्ति आदिकालीन समय से करता आया है और जिनका नियमन और नियंत्रण प्रथाओं एवं लोकाचारों के कारण होता है। उदाहरण के लिए पर्दा प्रथा, दहेज और बाल विवाह के रूप में ही किया जाता है।

5. पारसन्स (Parsons) ने अपनी पुस्तक The Social System में पहले के विचारों में कुछ परिवर्तन कर के कहा कि समाज सामाजिक संबंधों से निर्मित होता है और सामाजिक संबंध सामाजिक क्रियाओं के कारण पनपते है। Parsons का मानना है कि "क्रिया कर्त्ता परिस्थिति व्यवस्था (Actor situation system) में वह प्रक्रिया है जिसका कि अकेले कर्ता के लिए या सामूहिक रूप में उस समूह के कुछ व्यक्तियों के लिए प्रेरणात्मक महत्व होता है"

कर्ता परिस्थिति एवं प्रेरणा– प्रत्येक क्रिया को सम्पन्न करने के लिए किसी न किसी कर्ता की आवश्यकता होती है। कर्ता–कोई एक व्यक्ति या

अनेक व्यक्ति भी हो सकते है। क्रिया का स्वरूप व प्रकृति क्या होगी, यह उस समय की परिस्थिति पर निर्भर है। अलग अलग परिस्थितियों में कर्ता की क्रियाएं भी भिन्न भिन्न होगी। कर्ता किसी उद्देश्य की प्राप्ति या प्रेरणा से प्रेरित होकर ही क्रिया करता है। इस प्रेरणा का जन्म शरीर से समाज से और संस्कृति से हो सकता है।

इस प्रकार इनके मतानुसार सामाजिक क्रिया का निम्नलिखित तीन पक्ष होते है–

1. Personality (व्यक्तित्व)– प्रत्येक व्यक्ति की इच्छाएं भावनाएं एवं आशाएं उसके व्यक्तित्व के अनुसार ही होती है। व्यक्तित्व की भिन्नता के कारण प्रयत्न एवं प्रेणाओं में भी भिन्नता होती है।
2. Culture (संस्कृति)– व्यक्ति की क्रियाएं एक सांस्कृतिक व्यवस्था में ही घटित होती है। यह सांस्कृतिक व्यवस्था संकेतों और प्रतीकों से मिलकर बनी होती है जो कि सामाजिक अन्तःक्रिया के दौरान विकसित होती है।
3. Social System (सामाजिक व्यवस्था)– सामाजिक व्यवस्था तब उत्पन्न होती है जब एक सांस्कृतिक व्यवस्था के अन्तर्गत अनेक कर्ता अपनी इच्छाओं की पूर्ति के लिए सामाजिक अन्तःक्रिया करते हैं। सामाजिक व्यवस्था में भौतिक परिस्थितियों एवं पर्यावरण का भी महत्व होता है। सामाजिक व्यवस्था में संबंधों का क्या स्वरूप होगा, यह सांस्कृतिक व्यवस्था एवं सांस्कृतिक स्वीकृति पर निर्भर है।

ये तीनों ही व्यवस्था सामाजिक क्रिया व्यवस्था के अंग हैं। ये तीनों ही एक दूसरे से सम्बन्धित है, एक दूसरे को प्रभावित करती हैं और दूसरे से प्रभावित होती है।

इन उपरोक्त व्याख्यों से स्पष्ट हो जाता है कि सामाजिक क्रिया व्यक्ति की कोई सहज क्रिया नहीं है। बल्कि व्यक्ति विभिन्न परिस्थितियों में विभिन्न सामाजिक आर्थिक स्थितियों में तथा शारीरिक स्थितियों से प्रभावित हो कर सामाजिक क्रिया करता है।

9

संकेत / प्रतीक

Symbol

अंग्रेजी शब्द सिम्बॉल का हिन्दी रूपान्तर संकेत या प्रतीक है। संकेत समाजशास्त्र में केन्द्रीय महत्व का विषय वस्तु रहा है। प्रत्येक समाज में चाहे वह आधुनिक हो या परम्परागत संकेतों का प्रयोग होता रहा है। कुछ व्यक्तियों के लिए पूरा जीवन संकेतों की अभिव्यक्ति पर आधारित है, जो बोल नहीं सकते। परन्तु, भाषा या बोली भी संकेत के अन्तर्गत आता है। यह सम्पूर्ण मानव जाति के अस्तित्व से जुड़ा हुआ है। संकेत समाज तथा संस्कृति की अभिव्यक्ति है अर्थात समूह की भावना को अभिव्यक्त करता है। प्रत्येक संस्कृति में किसी न किसी रूप में संकेत आवश्यक रूप से प्रयोग किया जाता रहा है। इसलिए यह एक सार्वभौमिक इकाई है। अलग–अलग समाज में भिन्न–भिन्न प्रकार के संकेतों का प्रयोग किया जाता है और इन संकेतों से उस समाज की संस्कृति का पता लगाया जा सकता है। उदाहरण के लिए अन्तःक्रिया के दौरान प्रयोग किया गया शब्द या संकेत जैसे पैर छूकर प्रणाम करना, हाथ जोड़ कर प्रणाम करना, चुम्बन लेकर आदर करना या उनके पोशाकों इत्यादि कोट–पैन्ट पहनने वाले व्यक्ति को देख कर स्पष्ट रूप से कहा जा सकता है कि व्यक्ति शहरी संस्कृति का है।

19वीं शताब्दी के अन्त और 20वीं शताब्दी के प्रारम्भ में प्रकार्यवादी विचारधारा और मार्क्सवादी विचारधारा से अलग रह कर समाजशास्त्र में

एक सम्प्रदाय का विकास हुआ जिसे प्रतीकात्मक अन्तःक्रिया सम्प्रदाय (Symbolic Interaction School) कहा जाता है। इस सम्प्रदाय को मनोवैज्ञानिक सामाजिक सम्प्रदाय(Psychological Sociological School) भी कहा जाता है। कुछ समाजशास्त्रियों ने इसे सामाजिक व्यवहारवाद (Social Behaviourism) की एक विशेष शाखा माना है, जिसमें व्यक्तियों के व्यवहार का अध्ययन करते हुये सामाजिक जीवन की व्याख्या की जाती है अर्थात मानव व्यवहार पर विशेष बल दिया जाता है। प्रत्येक व्यक्ति के व्यवहार से संकेतों का पता लगाया जाता है।

सिम्बोंलिक इन्टरएक्शनिज्म (Symbolic Interactionism) शब्द की रचना 1937 में हरबर्ट ब्लूमर (Herbert Blumer) ने की। परन्तु इस सिद्धांत की उत्पत्ति के संबंध में मतभेद है, कुछ लोगों ने इसे जार्ज एच. मीड. (Mead) की देन बताया है, तो कुछ विद्वान शिकागो सम्प्रदाय के राबर्ट पार्क के नाम के साथ भी इसे जोड़ते हैं। इस सम्प्रदाय के विकास में जार्ज हर्बट मीड, गोफमेन, एवं सी. एच. कुले आदि ने महत्वपूर्ण योगदान दिया है।

वास्तव में शिशु का समाज या परिवार के साथ जो संबंध होता है वह प्रतीकों पर आधारित होता है। जब माता–पिता को बच्चे मुस्कुराते देखते हैं तो वह भी मुस्कुराता है। बच्चे का रोना, बच्चे का खिलखिलाना, खिलौना खेलना, आदि संकेत है, जिसके द्वारा नवजात शिशु समाज को समझता है और सामाजिक प्राणी बनता है।

व्यक्ति की सामाजिक अन्तःक्रिया में भाग लेने वाले लोगों की संकेत प्रणाली की संस्कृति भी एक होती है क्योंकि उसके व्यवहार को दूसरे समझ पाते हैं, अन्यथा उनके व्यवहार को गलत अर्थ भी लगा सकते है।

जब एक व्यक्ति दूसरे व्यक्ति के साथ या फिर एक समूह दूसरे समूह के साथ बराबर अन्तःक्रिया करते रहते हैं और इनके बीच इसी क्रम में कुछ संकेत विकसित होते हैं, जिसका अर्थ उन्हें मालूम होता है जिनके लिए हाथ जोड़ा जा रहा है इस क्रिया के दौरान दो प्रकार के निम्नलिखित संकेत का विकास होता है।

(क) ज्ञानात्मक संकेत (Cognitive Symbol)– जिसका न सिर्फ अर्थ स्पष्ट होता है बल्कि आमतौर पर ये स्वीकृत भी होता है या ये

संकेत समाज में काफी दिनों तक स्थायी भी होते हैं। सामान्यतः इन्हें सार्वभौमिक माना जाता है जैसेः– भाषा।

(ख) अज्ञानात्मक संकेत (Non Cognitive Symbol)– इस प्रकार के संकेत लिखे नहीं जाते है, बल्कि इनका प्रयोग इशारों में होता है। अतः ये अधिक स्पष्ट नहीं होते और इसी कारण इस प्रकार के संकेत अलग–अलग स्थानों में भिन्न–भिन्न प्रकार के होते हैं।

इन दोनों प्रकार के संकेत का समाज में बराबर का महत्व होता है। जहाँ व्यक्तिगत संबंध घनिष्ट होते हैं वहाँ अज्ञानात्मक संकेत ही अधिक महत्वपूर्ण होता है।

भिन्न–भिन्न विद्वानों ने संकेतों को अलग–अलग ढंग से परिभाषित करने की कोशिश की है– मेटा स्पेंसर (Metta Spencer) ने अपनी पुस्तक ''फाउन्डेशन ऑफ मार्डन सोशियोलॉजी (Foundation of Modern Sociology) में कहा कि "Culture is made up of ideas. These ideas exist in symbolic form." अर्थात संस्कृति का निर्माण विचारों से होता है ये विचार संकेत के रूप में होते हैं।

रोज गेलजर एवं गेलजर (Rose Glazer and Glazer) ने अपनी पुस्तक सोशियोलॉजी इनक्यारिंग इनटू सोसाइटी'' में कहा कि "Speech, Writing, Gestures, Sings and Symbols are Vehicles for Transmitting ideas. Each of them is symbolic." अर्थात बोली, लेखनी, शारीरिक अभिव्यक्ति, चिन्ह और संकेत विचारों को ले जाने का वाहन है, ये सभी सांकेतिक है।

हरिकृष्ण रावत ने अपनी ''समाजशास्त्र विश्वकोश'' में कहा कि ''अति सामान्य अर्थो में कोई क्रिया या वस्तु जो किसी अन्य क्रिया, वस्तु या विचार का प्रतिनिधित्व करती है, प्रतीक कहलाती है। अधिक विशिष्ट रूप में संस्कार या मिथक के शब्दार्थ के क्षेत्रों में अतिलघु अर्थ इकाई को प्रतीक कहा जाता है। मनोविश्लेषण में किसी दमित अचेतन इच्छा को प्रतिनिधित्व करने वाला व्यवहार या वस्तु को प्रतीक कहा जाता है।''

एच. एम. जानसन (H. M. Johnson) ने अपनी पुस्तक समाजशास्त्र में कहा कि ''संकेत तत्व संस्कृति के वे अंश है, जो संचार सम्पर्क एकता के लिए महत्वपूर्ण होते हैं। भाषा और बोली की पूरी व्यवस्था संकेतात्मक है

और उन्होंने यह भी कहा कि "एक संकेत विगत, वर्तमान अथवा भविष्य में किसी वस्तु, घटना या स्थिति की उपस्थिति को सूचित करता है जैसे गीली सड़क इस बात का संकेत देती है कि बरसात हुई थी। छत पर टप–टप होने की आवाज इस बात का संकेत है कि बरसात हो रही है।

प्रकृति द्वारा दिए गए संकेतों के अलावा कुछ कृत्रिम या आविष्कृत संकेत भी होते हैं जो सामाजिक जीवन के लिए अत्यधिक महत्वपूर्ण हो सकते हैं।

उपरोक्त विवेचनाओं के आधार पर संकेत की निम्नलिखित विशेषताओं का उल्लेख किया जा सकता है।

संकेत की विशेषताएँ (Features of Symbol):-

1. संकेत व्यक्ति की इच्छाओं की अभिव्यक्ति है।
2. संकेत समाज की संस्कृति की अभिव्यक्ति है।
3. संकेत के द्वारा समूह की एकता स्थापित की जाती है।
4. संकेत समूह की भावना की अभिव्यक्ति है।
5. संकेत के द्वारा एक व्यक्ति दूसरे व्यक्ति से अन्तः क्रिया करते हैं।
6. संकेत व्यक्ति की विचारों की अभिव्यक्ति है।
7. संकेत के द्वारा एक संस्कृति से दूसरी संस्कृति के बीच अन्तर स्थापित किया जाता है।
8. कुछ संकेत प्रकृति प्रदत्त होते हैं जैसे बादल के कड़कने की आवाज।
9. अधिकांश संकेत व्यक्तियों के द्वारा निर्मित होती है।
10. संकेत के द्वारा वर्तमान और भविष्य की स्थितियों की जानकारी होती है।
11. कुछ संकेत स्थानीय होता है, जो किसी खास स्थान में ही प्रयोग किया जाता है।
12. कुछ संकेत सार्वभौमिक होता है जिसका सभी स्थानों में एक समान अर्थ लगाया जाता है।

13. संकेत सम्प्रेषण के माध्यम से हस्तांतरित होती है।
14. संकेत एक व्यक्ति से दूसरे व्यक्ति तक सम्पर्क के लिए आवश्यक है।
15. संकेत संचार व्यवस्था के लिए आवश्यक है।
16. व्यक्ति समाज पर संकेत के द्वारा अन्तःनिर्भर और अन्तःसंबंधित है।
17. संकेत के द्वारा संस्कृति एक पीढ़ी से दूसरी पीढ़ी को हस्तांतरित होती है।
18. संकेत के अन्तर्गत भाषा बोली शारीरिक आकृति, व्यवहार, चिन्ह इत्यादि आते हैं।
19. संकेत समस्त प्राणी तथा समाज के अस्तित्व के लिए आवश्यक है।

संकेत के तत्व (Element of Symbol)

संकेत की इकाइयों या तत्वों की विवेचना निम्नलिखित आधार पर की जा सकती है।

1. वाणी या बोली (Speech)– वाणी संकेत का एक महत्वपूर्ण तत्त्व है। यह सर्वविदित सत्य है कि मानव अपनी वाणी के द्वारा सम्प्रेषण करता है। बच्चा जब बिल्कुल छोटा होता है, तो आवाज के साथ प्रतिक्रिया करता है। एक वर्ष का बच्चा कई आवाजों को पहचान जाता है, और जल्द ही बच्चा मौखिक रूप से मम्मी, पापा, टेबल, कुर्सी इत्यादि से संबंधित आवाज भी निकालने लगता है। प्रारम्भ में बच्चा अपनी बोली में व्याकरण का भूल भी करता है। प्रत्येक संस्कृति की बोली अलग–अलग होती है। परन्तु बोली सार्वभौमिक है। कभी–कभी धार्मिक समुदायों में खास कर भारत में हिन्दू सम्प्रदायों में चुप रहने का व्रत (मौनी अमावस्या) रखा जाता है। इसके बावजूद भी व्यक्ति एक दूसरे के साथ अन्तःक्रिया करते हैं और अनेक बातों से अवगत कराते हैं। केवल आवाज के प्रयोग से ही सम्प्रेषण नहीं होता, बल्कि जनजातीय समुदायों में ढोल, ड्रम या आवाज निकालने वाले यंत्रों के द्वारा दूर में रहने वाले लोगों को सम्वाद पहुँचाया जाता है। साधारण तौर

पर हमारे समाज में कई सूचक जैसे झंडा, रौशनी इत्यादि के कोड के द्वारा संवाद एक स्थान से दूसरे स्थान भेजा जाता है और संवाद पाने वाला व्यक्ति उस कोड को समझता है। इस प्रकार बोली तथा बिना आवाज के भी संकेतों के द्वारा एक स्थान से दूसरे स्थान तक सूचना हस्तांतरित किया जाता है।

2. लिखावट (Writing)– लिखावट या तो चित्रलिपि में हो (जैसे चीन में) या अलफावेट (जैसे पश्चिम) में या दोनों (जैसे जापान) के समान हो, मानव सम्प्रेषण का महत्वपूर्ण इकाई है। रिकार्डिंग के आविष्कार के पहले नियमों, विचारों, तथा दर्शनों को लिखित रूप में सुरक्षित रखने की परम्परा थी। मौखिक रूप से विचारों का आदान–प्रदान करने की परम्परा बड़ी पुरानी है। मानवशास्त्री का कहना है कि विश्वसनीय कहानी में वक्ता प्रायः मिलावट कर देता था, परन्तु यह समस्या लिखित लेखों में नहीं है। वर्षों पुराने महत्वपूर्ण जमीन तथा सम्पत्ति के रिकार्ड को लिखित रूप में सुरक्षित रखा जाता है।

द्वितीय विश्वयुद्ध के बाद बहुत सारे ऐसे समाजों का पता लगा जहाँ व्यक्ति शिक्षित नहीं थे वहाँ लिखित भाषा शैली नहीं थी, वे लोग मात्र बोली के माध्यम से सम्प्रेषण करते थे।

नो पार्किंग (No Parking) लिखा हुआ, एक संकेत है। यह उस स्थान की ओर इंगित करता है, जहाँ गाड़ियों को पार्क करने की अनुमति नहीं है। परन्तु शब्द तो प्रमुखतः संकेतों की श्रेणी में आते हैं और व्यक्ति उस निर्देश को पालन करने के लिए मजबूर हो जाता है। कुत्ता शब्द से किसी से किसी एक सम्बोधन ज्ञापित होता है। यह शब्द किसी खास प्रकार के पशु को इंगित करता है।

आज आधुनिक युग में स्कूलों में बच्चों को जल्द सीखने समझने के लिए चित्र का प्रयोग किया जाता है। जैसे क. ख. ग. पढ़ाते है तो उसमें भी चित्र का प्रयोग करते है ताकि आसानी से और जल्द स्मरण हो सके।

3. इंगित/इशारा (Gesture) – प्रायः यह कहा जाता है कि कुछ लोग अपने हाथों के इशारे से बात करते हैं। इटालियन, ग्रीक, पश्चिमी यूरोप के लोगों में उपहास चित्र (Caricature) करने की परम्परा थी। कुछ लोग इस

प्रकार के इशारा करने में विशेषज्ञ होते हैं। प्रायः सभी स्थानों में किसी व्यक्ति को अभिवादन करने के लिए अलग–अलग इशारों का प्रयोग करते हैं जैसे हाथ मिलाना, प्रणाम करना। इस प्रकार के इशारों तथा संकेतों को जिनके लिए किया जा रहा है, वे स्पष्ट रूप से समझते है और उनके बदले आर्शिवाद या कोई क्रिया भी करते है।

रोमन सिपाही ने सर्वप्रथम सिनेटर के सामने सैलूट किया था, उसके बाद से सैलूट के लिए हाथ सिर के आगे, बायें और पीछे एक (जेसर) इशारा की परम्परा चल पड़ा। कई समाजों में हथेली खोलना शांति तथा दोस्ती का प्रतीक माना जाता है। हाथ मिलाने की परम्परा की शुरूआत केवल इस अर्थ में किया जाता था कि हाथ दोस्ती के लिए बढ़ा रहे हैं न कि हथियार के लिए।

इशारा केवल हाथ मिलाने तथा बाँह घुमाने तक सीमित नहीं है बल्कि जापानी लोग किसी परिचित से मिलने या अलग होने का संकेत आगे से झुक कर करते हैं। पश्चिमी समाजों में हाथ मिलाने या चुम्बन करने की परम्परा है, परन्तु अलग–अलग चुम्बन भी अलग–अलग संबंध तथा दोस्ती को स्पष्ट करता है।

कभी–कभी इशारा दुखदायी स्थिति पैदा करता है। जैसे जब कोई हाथ मिलाने के लिए कोई हाथ बढ़ाता है, परन्तु दूसरा कोई प्रतिक्रिया नहीं करता है।

मुट्ठीबांध कर हाथ ऊपर करना एकता तथा अभिमान का प्रतीक माना जाता है यह सर्वप्रथम काले अमेरिकन में प्रसिद्ध हुआ था।

अफगानिस्तान में गधा और ऊंट का चित्र उबड़–खाबड़ रोड को बतलाता है जबकि कार का चित्र अच्छा रोड को बतलाता है।

सर्वप्रथम बी. चर्चिल ने द्वितीय विश्वयुद्ध के मैदान में विजय होने के बाद दो अंगुलियों को भी (V) का रूप दे कर विजय का संकेत दिया था। परन्तु इस संकेत का प्रचलन भारत के राजनीतिक नेताओं में ज्यादा देखने को मिलता है।

4. पोशाक की भाषा (Language of Dress):– अनेक प्रकार के कपड़े विशेष परिस्थिति में पहने जाते हैं और उन कपड़ों का विशेष अर्थ भी होता

है। टाई पहनना एक विशिष्ट वर्ग तथा विशिष्ट प्रकार की वर्ग तथा नौकरी को इंगित करता है। इसके साथ ही साथ पोशाक सामाजिक परिस्थिति को भी अभिव्यक्त करता है। दूसरी तरफ ढीला टाई इस बात को बताता है कि व्यक्ति थका हुआ है या बीमार है। स्कूल ड्रेस, पुलिस वर्दी और डॉक्टर का ड्रेस बिना बताये उनकी पहचान करा देता है। इतना ही नहीं बल्कि उनकी परिस्थिति और भूमिका से भी अवगत करा देता है। ड्रेस अनुशासन की भी अभिव्यक्ति है।

अमेरिका में व्हाइट कॉलर (White Collar) ब्लू कॉलर (Blue Collar) स्पष्ट रूप से दो वर्गो की पहचान कराता है और उनकी सामाजिक परिस्थिति भी स्पष्ट करता है।

संकेत के समाजशास्त्रीय महत्व (Sociological Importance of Symbol)

प्रत्येक मानव समाज में भाषा सर्वाधिक महत्व की संकेत प्रणाली है। इसके अलावा और भी कई प्रकार के प्रणाली है जैसे नमन करना, हाथ मिलाना, इशारा करना, अभिवादन करना, चुम्बन लेना इत्यादि ये सभी संकेत है। कभी–कभी किसी से भेंट होने पर हमें मुस्कुराना भी पड़ता है चाहे हम उनके मिलने से प्रसन्न होते है या नही। वास्तव में मन की भावनाओं को इस रूप में अभिव्यक्त करना पड़ता है जैसे कि स्वाभाविक मन कर रहा हो। संकेत के महत्व का निम्नलिखित आधार पर विश्लेषण किया जा सकता है।

1. सामाजिक एकजुटता (Social Solidarity):– इमाइल दुर्खाइम (Emile Durkheim) के अनुसार किसी समूह की उस स्थिति को सामाजिक एकजुटता कहा जाता है जिसमें सामूहिक लक्ष्यों की प्राप्ति के लिए सदभाव, एकता तथा सामूहिक क्रिया का प्रयोग किया जाता है। वास्तव में संकेत सामाजिक एकता को प्रदर्शित करती है। राष्ट्रीय झंडा एक संकेत है जिसके आगे राष्ट्र के सभी व्यक्ति प्रणाम (नमन) करते हैं जिससे देश भक्ति और राष्ट्रीय एकता बढ़ती है। दक्षिण अफ्रीका में अपनी सांस्कृतिक संकेतों को कायम रखने के

लिए तथा शोषण से मुक्ति पाने के लिए एकजुट होकर हिंसा पर भी उतारू हो गये और उन्हें अन्ततः सफलता भी मिली।

2. समय की बचत (Time Saving):– साधारण तौर पर वर्ण, अक्षरों या शब्दों के उच्चारण आदेशों या निर्देशों के पालन के लिए उपयुक्त नहीं होता है बल्कि उसके स्थान पर संकेत या प्रतीकों का प्रयोग इसलिए किया जाता है कि समय तथा धन की बचत हो। उदाहरण के लिए लाल प्रकाश का अर्थ रूकना होता है, परन्तु प्रत्येक वाहन को अगर व्यक्ति खड़ा हो कर रूकने के लिए बोले तो न सिर्फ समय अधिक लगेगा अपितु व्यवस्था भी बाधित हो सकती है। सेना में रडार के द्वारा भेजा गया सूचना का कोई दूसरा सफल विकल्प नहीं हो सकता।

3. सामाजिक संरचना (Social Structure):– प्रत्येक सामाजिक संरचना को बनाये रखने के लिए संकेतों का प्रयोग विशेष महत्व रखता है। साधारणतः सामाजिक संरचना के अंगों में सामाजिक संस्थाओं, समूहों तथा व्यक्तियों की सामाजिक क्रियाओं, भूमिकाओं, प्रस्थितियों तथा आदर्शात्मक व्यवस्था जो अपेक्षाकृत स्थाई संबंधों में बंधे होते है उसे सामाजिक संरचना कहते हैं। यदि संकेतों का प्रयोग नहीं किया जाये तो सामाजिक संरचना के इकाइयों के बीच अन्तःक्रिया तथा संबंध स्थापित नहीं हो सकता है और सामाजिक संरचना कायम नहीं रह सकता है। इसलिए सामाजिक संरचना को कायम रखने में मदद करती है।

4. सामाजिक संबंध (Social Relationship):– समाज संबंधों का जाल है (Society is the Web of Relationship). आज के आधुनिक समाज में संबंधों में भी जटिलता आई है। किसी भी प्रकार के सामाजिक संबंध संकेतों के प्रयोग के बिना कायम नहीं रह सकता। कभी–कभी संकेतों के सम्प्रेषण में देर होने से संबंध ढीला या धूमिल पड़ जाता है और कभी–कभी संकेतों के गलत सम्प्रेषण से संबंध टूट भी जाते हैं। यहाँ तक कि पति–पत्नी में तलाक भी हो जाता है और परिवार भी विघटित हो जाता है। संकेत के प्रयोग की निरंतरता

सामाजिक संबंधों को मधुर बनाये रखने में मदद करती है। उदाहरण के लिए अगर पत्र, फोन या ई–मेल नहीं किया जाये तो सम्बंधियों से दूरी हो जाती है।

5. संस्कृति का हस्तांतरण (Transmition of Culture):– संकेत के अन्तर्गत भाषा, बोली और चिन्ह इत्यादि सम्मिलित है। इस भाषा शैली के द्वारा हमारी प्राचीन अद्‌भूत संस्कृति किताबों के माध्यम से आज भी हमारे सामने मौजूद है, अन्यथा पीढ़ी दर पीढ़ी संस्कृति हस्तांतरित नहीं हो पाती। यदि केवल मौखिक संकेत का प्रयोग होता तो शायद बहुमूल्य संस्कृति कब का खो गया होता और इतना ही नहीं बल्कि गलत, भ्रमित तथ्यों का समावेश हो जाता।

6. संकेत एक प्रकार्यात्मक (Symbol as a Functional):– समाजशास्त्र में मूल रूप से (R. K. Merton) आर. के. मर्टन और (T. Parsons) टी. पारसन्स ने प्रकार्यवाद सम्प्रदाय की स्थापना की। प्रकार्यवादियों के अनुसार सामाजिक संरचना के किसी भाग द्वारा किसी संरचना अथवा उसके निर्वाचक भागों के अनुकूलन अथवा समायोजन हेतु दिया गया योगदान उस भाग का प्रकार्य कहलाता है। धार्मिक संकेतों के सामने सभी लोग झुकते हैं और नमन करते हैं, इतना ही नहीं बल्कि विभिन्न पर्व त्योहार में लोग आपस में मिलते हैं और इस अवसर पर पूर्व के भेदभाव को भुला कर त्योहार का उत्सव मनाते हैं। इस प्रकार संकेत के द्वारा जिससे सामाजिक एकता आती है और समाज में अनुकूलन और समायोजन में लाभकारी परिणाम मिलते हैं।

7. संकेत एक अप्रकार्यात्मक (Symbol as a Dysfunctional):– कभी–कभी नहीं बल्कि अकसर संकेत समाज में अकार्य का भी काम करता है। अकार्य का तात्पर्य यह है कि सामाजिक संरचना अथवा उसके निर्णायक भागों के अनुकूलन एवं समायोजन में बाधा उत्पन्न करता है। उदाहरण के लिए इस्लाम धर्म के लोग किसी खास देश में ओसामा बिन लादेन के तस्वीर वाला शर्ट पहन कर इस्लाम धर्म के लोगों में एकजुटता लाने का आहवाहन करना, जब कि ओसामा

बिन लादेन विश्व अशांति और आतंकवाद का नेता है। ठीक उसी प्रकार धार्मिक संकेतों को उछाल कर साम्प्रदायिक दंगा भी कराया जाता है जो समाज के लिए अप्रकार्यात्मक है।

8. व्यक्तित्व (Personality):– साधारण अर्थो में व्यक्तित्व का अभिप्रायः व्यक्ति के बाहरी परिष्कृत आकृति के साथ–साथ बौद्धिक चेतन का अच्छा होना आवश्यक है। अगर मान लिया जाय एक नवजात शिशु को जन्म के बाद उसे समाज से अलग रख दिया जाये तो वह समाज तथा संस्कृति के कोई चिन्ह संकेत से परिचित नहीं हो पाता है और वह शिशु मात्र एक जैविकीय प्राणी बन कर रह जाता है। इसलिए कहा जा सकता है कि "Symbol is device of learning and socialization" संकेत के माध्यम से व्यक्ति में सामाजिक गुणों का समावेश हो पाता है और जिससें परिष्कृत व्यक्तित्व का निर्माण हो पाता है।

9. सामाजिक नियंत्रण (Social Control):– संकेत सामाजिक नियंत्रण का यांत्रिकी है (Symbol is a machenism of Social Control)। इमाइल दुर्खाइम (Emile Durkheim) के अनुसार जैसे–जैसे समाज में आधुनिकता का विकास हुआ वैसे–वैसे समाज जटिल होता गया, यांत्रिक एकजुटता को नष्ट होने के कारण समाज में तनाव और सामाजिक विघटन बढ़ता गया। उसके बाद सावयविक एकजुटता कार्य करने लगी, जिसमें कानून के पालन करने की व्यक्ति से अपेक्षा की जाने लगी। इस आधुनिक समाज को नियंत्रण करने के लिए पुलिस तथा न्यायलय का सहारा लिया गया। पुलिस और न्यायालय नियंत्रित करने में संकेतों का प्रयोग करती है जिससे सामाजिक नियंत्रण हो पाता है।

10. मानव व्यवहार (Human Behaviour):– संकेत ठोस (Concrete) है जबकि व्यक्ति का व्यवहार संकेत का चित्रण (Description) है। अनेक समाजशास्त्रियों ने संकेतों का मानव व्यवहार पर प्रभाव का अध्ययन किया है। (Margret Mead) मारग्रेट मीड ने अपने अध्ययन में बतलाया कि व्यक्ति का व्यवहार संकेतों के द्वारा प्रभावित तथा निर्देशित होता है।

समाज में कुछ लोग आधुनिक संकेतों का प्रयोग करते हैं, उन्हें अलग वर्ग में रखा जाता है और उनकी सामाजिक परिस्थिति भी तुलनात्मक रूप से भिन्न होती है। आज तकनीक के विकास होने के कारण संकेतों में तेजी से परिवर्तन हुआ है। जिसका प्रभाव पूरे समाज के व्यक्तियों के व्यवहार पर पड़ा है। उदाहरण के लिए पहले व्यक्ति पत्र के द्वारा सूचना का आदान–प्रदान करते थे परन्तु आज दूरभाष तथा ई–मेल के द्वारा आदान प्रदान करते हैं।

आदिवासी समाज में (Taboo) टेबू शब्द का अर्थ व्यवहार संबंधी पवित्र निषेधों से है यह एक कठोर सामाजिक नियम का संकेत देती है जो कुछ वस्तुओं, व्यक्तियों और व्यवहारों को वर्जनाओं की श्रेणी में रख कर उनके उल्लंघन पर समूह अथवा समाज द्वारा दण्ड की व्यवस्था करता है। अर्थात संकेत का मानव व्यवहार पर महत्वपूर्ण प्रभाव पड़ता है।

इस प्रकार संकेत प्रणाली सम्पूर्ण समाज में सर्वाधिक महत्व रखते हैं। प्राचीन काल में भी इसका महत्व था परन्तु आधुनिक समय में इसका और भी महत्व बढ़ गया है, संकेत सम्पूर्ण प्राणी जगत और समाज के अस्तित्व के लिए आवश्यक इकाई है। समाजशास्त्र में संकेत विषयवस्तु या आज भी अनुसंधान की आवश्यकता है।

10

संस्कृति एवं व्यक्तित्व

Culture and Personality

संस्कृति (Culture)

संस्कृति और व्यक्तित्व के सह संबंध जैसे विषय वस्तु पर मानवशास्त्रियों समाजशास्त्रियों एवं समाज मनोवैज्ञानिकों ने अपना–अपना ध्यान केंन्द्रित किया है। इन विद्वानों के अनुसार संस्कृति व्यक्तित्व का वह केंद्र बिन्दु है जिसके चारों ओर व्यक्तित्व का निर्माण होता है। अर्थात संस्कृति जिस दिशा में चाहे उस दिशा में व्यक्ति को मोड़कर उसके व्यक्तित्व का निर्माण कर सकती है। प्रत्येक समाज की संस्कृति अलग होती है, इसलिए एक समाज के सदस्यों का व्यक्तित्व दूसरे समाज के सदस्यों से भिन्न होता है कभी कभी एक ही समाज में संस्कृति इतनी विस्तृत हो सकती है कि विभिन्न समूहों एवं उपसमूहों में अलग–अलग रूपों में इसे अपनाया जाता है। फलतः एक समूह के व्यक्ति से दूसरे समूह के व्यक्ति के व्यक्तित्व में भिन्नता आ जाती है।

दूसरी ओर व्यक्ति के व्यक्तित्व में ही संस्कृति के गुण मुखरित होते है, जो संस्कृति के अस्तित्व को बनाये रखने में योगदान देती है। व्यक्ति ही समाज की संस्कृति को एक पीढ़ी से दूसरी पीढ़ी तक ढोती है और साथ ही संस्कृति के पुराने तत्वों को छोड़ते हुए, उसमें नये तत्वों का समावेश करती है जिससे संस्कृति को जीवन मिलता है और उसमें निरन्तरता आती

है। स्पष्टतः संस्कृति और व्यक्ति के बीच चोली–दामन का साथ है। संस्कृति और व्यक्तित्व के संबंध की विवेचना करने से पहले यह आवश्यक है कि संस्कृति एवं व्यक्तित्व को अच्छी तरह समझ ले।

विभिन्न विद्वानों ने संस्कृति को अपने–अपने ढंग से परिभाषित किया है जो निम्नलिखित है–

1. हाबेल (Hoebel) मानवशास्त्री के अनुसार 'संस्कृति सीखे हुए एकीकृत व्यवहार प्रतिमानो का सम्पूर्ण योग है जो किसी समाज के सदस्यों की विशेषताओं को बतलाता है, जो जैविक विरासत का परिणाम नहीं होते।'
2. मैलिनोवस्की (Molinowosky) के अनुसार 'संस्कृति मनुष्य की कषति तथा एक साधन है जिसके द्वारा वह अपने लक्ष्यों की प्राप्ति करता है।' (Culture is the handwork of man the medium through which he a chases his ends)
3. इ. बी. टायलर (E. B. Tylor)- के अनुसार 'संस्कृति एक ऐसा जटिल समग्र है जिसमें ज्ञान, विश्वास, कला, नैतिकता, कानून अन्य दूसरी समर्थताएं सम्मिलित है। (Culture is that Complex whole which includes knowledge, beliefs art morals, law, custom and any other capabilities acquired by man as a member of Society)
4. हर्षकोविट्ज (Herskovits) के अनुसार 'संस्कृति पर्यावरण का मानव निर्मित भाग है। (Culture is the Man Made part of enviranment)
5. मैकाइवर (MacIver Page) के अनुसार ''संस्कृति हमारे जीवन क्रमों, चिन्तन–पद्धतियों, दैनिक सम्पर्कों, कला साहित्य, धर्म, मनोरंजन, विनोद आदि में हमारी प्रकृति की ही अभिव्यक्ति है। (Culture is the expression of our nature in our Modes of living and our thinking in intercourse in our literature in religion in recreation and enjoyment)
6. लिंटन (Linton) के अनुसार 'संस्कृति ज्ञान, धारणाएं एवं प्राकृतिक ध्व्यवहार के प्रतिमानों का कुल योग है जिसके सभी भागीदार होते

है तथा जो हस्तान्तरित की जाती है।' (Culture may be defined as the sum total of Knowledge, attitudes and natural behaviour patterns shared and transmitted by Members or a particular Society)

7. बीरस्टेड (R. Bierstedt)- के अनुसार ''संस्कृति एक जटिल सम्पूर्णता है जिसमें वे सभी विशेषताएं सम्मिलित है जिनपर हम विचार करते (Wethink) कार्य करते हैं, और समाज के सदस्य होने के नाते उन्हें अपने पास रखते है''
8. लैण्डिस (Landes) के अनुसार 'संस्कृति वह दुनिया है जिसमें कि एक व्यक्ति जन्म से लेकर मृत्यु तक निवास करता है, चलता–फिरता है और अपने अस्तित्व को बनाए रखता है''
9. ब्रूम एवं सेल्जनिक (Broom & Selznick)- के अनुसार 'संस्कृति एक सामाजिक विरासत है।; (The term culture refers to a Social heritage)
10. पिडिंगटन (R Piddington)- के अनुसार ''संस्कृति उन भौतिक एवं बौद्धिक साधनों या उपकरणों का सम्पूर्ण योग है जिनके द्वारा मानव अपनी जैविक एवं सामाजिक आवश्यकताओं की संतुष्टि तथा अपने पर्यावरण से अनुकूलन करता है''।

उपरोक्त परिभाषा का विश्लेषण करने पर स्पष्ट होता है कि टायलर ने अपनी परिभाषा में भौतिक इकाई को शामिल नहीं किया है, केवल अभौतिक चीजों को ही शामिल किया है। दूसरी ओर पिडिगटन, मैलिनोवस्की, हर्षकोविटज, वीरस्टेड आदि विचारकों ने कहा कि संस्कृति में भौतिक और अभौतिक दोनों पक्षों का समावेश होना चाहिए। जॉनसन ने बताया कि संस्कृति एक ऐसा तथ्य है जिसे सीखा जाता है यह कोई स्वाभाविक व्यवहार नहीं है। यह सीखकर ही समाज में एक पीढ़ी से दूसरी पीढ़ी तक पहुँचायी जाती है। यही कारण है कि किसी भौतिक वस्तु को संस्कृति नहीं माना जाता है। भौतिक वस्तुओं के साथ सबसे बड़ी परेशानी यह है कि समय के साथ बिल्कुल समाप्त हो जाती है जब कि अभौतिक इकाई समाप्त नहीं होती जैसे विश्वास, नैतिकता, लोकाचार आदि। हम सकते हैं कि संस्कृति मानव निर्मित है, संस्कृति सीखी जाती है संस्कृति एक पीढ़ी से

दूसरी पीढी तक हस्तान्तरित की जाती है। संस्कृति में सामाजिक गुण निहित होता है। संस्कृति मानव आवश्यकताओं की पूर्ति करती है। संस्कृति में अनुकूलन करने की क्षमता होती है। संस्कृति मानव व्यक्तित्व के निर्माण में मौलिक महत्व रखती है। अतः हम कह सकते है कि समाजीकरण की प्रक्रिया में व्यक्ति जो कुछ समाज अनुरूप व्यवहार करता है तो वह उसकी संस्कृति है और दूसरी ओर जिन चीजों को समाज स्वीकार कर लेता है वही संस्कृति का अंग बन जाती है।

व्यक्तित्व (Personality)

व्यक्तित्व अंग्रेजी शब्द Personality का हिन्दी रूपान्तरण है। Personality लैटिन भाषा के Persona शब्द से बना है, जिसका अर्थ नकाब (Mask) होता है। यह Persona शब्द स्वयं ग्रीक भाषा Prosopon से लिया गया मालूम होता है इसका अर्थ है आकृति या चेहरे का भाव। रोम के नाटक में प्रचलन था कि जब किसी व्यक्ति की भूमिका निभाते थे तो अभिनेता उसका नकाब पहन लेते थे जब किसी अन्य व्यक्ति की भूमिका निभानी होती थी तो वे नकाब बदल लेते थे। अर्थात नकाब बदलने से विभिन्न व्यक्ति का व्यक्तित्व ग्रहण किया जाता था धीरे–धीरे यह शब्द प्रचलन में आ गया।

जहाँ तक व्यक्तित्व की परिभाषा तथा अर्थ का प्रश्न है तो इसकी परिभाषा के संबंध में भी विद्वानों में मतभेद रहा है। कुछ विद्वानों ने इसकी परिभाषा शारीरिक रूप से रचना ग्राह्‌य आकृति या ऊपरी तौर पर दिखने वाले गुणों के आधार पर करना चाहा तो कुछ विद्वानों ने शारीरिक मनोवैज्ञानिक तथा सामाजिक सांस्कृतिक सभी पक्षों के आधार पर।

इसके शब्दार्थ के आधार पर यह कहा जा सकता है कि व्यक्तित्व का अर्थ किसी व्यक्ति का वह बाहरी रूप है जो दूसरे व्यक्तियों के सम्मुख प्रकट होता है। दूसरे शब्दों में ऊपरी तौर पर हम एक व्यक्ति को जैसा देखते है या पाते हैं, वही उसका व्यक्तित्व है। किन्तु वैज्ञानिक दृष्टि से व्यक्तित्व का अर्थ व्यक्ति की षरीरिक रचना या बाहय आकृति से नहीं लिया जाता। बल्कि इसमें आन्तरिक अवस्थाओं का भी समावेश होता है, जैसे इसमें शारीरिक, मनोवैज्ञानिक तथा सामाजिक सांस्कृतिक सभी पक्ष

सम्मिलित होते है। इसी बात को स्पष्ट करते हुए अकोलकर ने (V.V. Akolar) अपनी पुस्तक (Social Psychology) में लिखा है कि 'व्यक्तित्व का अर्थ व्यक्ति क्या है से है, न कि वह दूसरों को जैसा दिखता है उससे।' (We must Mean by Personality What the Indiuidual is rather than what, he appears to others)

ड्रेवर (Drever) ने अपनी पुस्तक (Dictionary of Psychology) में लिखा है कि 'व्यक्तित्व व्यक्ति के उस शारीरिक, मानसिक नैतिक और सामाजिक गुणों का सुसंगठित और गतिशील पक्ष है जिसे व्यक्ति अन्य व्यक्तियों के साथ दैनिक सामाजिक जीवन के आदान प्रदान में एक दूसरे के प्रति प्रदर्शित करते है।' इस परिभाषा में इन्होंने व्यक्तित्व निर्माण के आधार और उसकी प्रकृति को स्पष्ट किया है।

ऑल्पोर्ट (G. W. Allport)- ने अपनी पुस्तक (Personality, A Psychological Interpretation) में लिखा है कि 'व्यक्तित्व व्यक्ति के अन्दर विद्यमान उन मनो शारीरिक व्यवस्थाओं का गतिशील संगठन है जो उसके पर्यावरण के प्रति अपूर्व अनुकूलन को निर्धारित करता है 'इस परिभाषा में व्यक्ति की बाहय स्थिति तथा व्यक्तित्व को एक नहीं मानते है बल्कि इन्होंने व्यक्तित्व में किसी व्यक्ति के मानसिक एवं शारीरिक गुणों का गतिशील योग माना है जो परिवेश से उसके अनुकूलन का निर्धारण करता है एवं जिसके कारण वह अलग–अलग परिस्थितियों में एक पूर्व–निर्धारित ढंग से व्यवहार करता है।

किम्बाल यंग (Kimball young) की पुस्तक (HandbooK of Social Psychology) के अनुसार 'व्यक्तित्व एक व्यक्ति की आदतों, मनोवृतियों, लक्षणों तथा विचारों का ऐसा संगठन योग है जो बाहरी तौर पर तो विशिष्ट एवं सामान्य भूमिकाओं एवं स्थिति के रूप में तथा आंतरिक रूप में उसकी आत्म चेतना या स्व (Self) की धारणा, मूल्यों तथा उद्देश्यों के चारों ओर संगठित होता है।

के. डेविस (Kingsley Davis) के अनुसार ''व्यक्तित्व एक मनोवैज्ञानिक प्रघटना है जो न जैविक है और न सामाजिक अपितु दोनों के योग की उत्पत्ति है।''

व्यक्तित्व की उपरोक्त परिभाषाओं से स्पष्ट होता है कि व्यक्तित्व व्यक्ति के शारीरिक मानसिक सामाजिक एवं सांस्कृतिक गुणों व लक्षणों का व्यक्ति के जीवन में जब संगठन हो जाता है तब उसका जो समग्र रूप हमारे सामने आता है वह व्यक्तित्व कहलाता है।

व्यक्तित्व एवं संस्कृति (Personality and Culture)

संस्कृति और व्यक्तित्व की अलग–अलग परिभाषाओं से यह स्पष्ट प्रतीत होता है कि संस्कृति और व्यक्तित्व अन्तः सम्बन्धित और अन्तः निर्भर है। वास्तव में मानव शिशु जन्म के समय केवल कुछ जैविकीय और मनोवैज्ञानिक विशेषताओं से युक्त कच्चे माल की तरह होता है। उस समय उसका अपना कोई व्यक्तित्व नहीं होता। पर उस कच्चे माल (Raw material) से व्यक्तित्व का निर्माण करना संस्कृति का काम है। जैसा कि हम जानते है कि जन्म के समय बच्चा न तो सामाजिक (Social) रहता है और न ही असामाजिक (Anti Social) बल्कि वह एक सामाजिक (A Social) रहता है। A Social से तात्पर्य बच्चे में वे सारे गुण मौजूद रहते हैं जिससे वह समाज के आदर्श (Norms) मूल्य (Values) संकेत (Symbols) आदि को सीख सके। समाजीकरण की प्रक्रिया में बच्चा जैसे जैसे इन मूल्यों और आदर्श प्रतिमानों को अपने में आत्मसात करते जाता है वैसे–वैसे उसमें 'स्व' (Self) का विकास होता जाता है और उसका अपना व्यक्तित्व बनते जाता है। इस प्रकार हम देखते हैं कि व्यक्ति के व्यक्तित्व निर्माण में संस्कृति प्रमुख भूमिका अदा करती है। जॉनसन (Johnson) ने स्पष्ट शब्दों में कहा है कि "Culture is What is learned in Socialization" जॉनसन के इस कथन से स्पष्ट है कि समाजीकरण की प्रक्रिया के दौरान जो कुछ भी सीखा जाता है वही संस्कृति है। चूंकि व्यक्ति में 'स्व' (Self) का विकास भी समाजीकरण की प्रक्रिया के दौरान ही होता है। अतः व्यक्तित्व के निर्माण में संस्कृति प्रमुख भूमिका निभाती है। परन्तु हर संस्कृति में व्यक्तियों का व्यक्तित्व एक ही ढंग का नहीं होता बल्कि प्रत्येक संस्कृति का अपना–अपना व्यक्तित्व होता है। इसी कारण सी. ए. ब्राउन (C. A. Brown) ने व्यक्तित्व को संस्कृति का Subjective aspect कहा है।

ब्राउन के इस कथन का आधार यह है कि प्रत्येक समाज की भौगोलिक तथा सामाजिक परिस्थितियाँ अलग–अलग होती है। फलतः संस्कृति में विभिन्नता आ जाती है। इस सांस्कृतिक विभिन्नता के फलस्वरूप ही हर संस्कृति के लोगों का व्यक्तित्व अलग–अलग प्रकार का होता है। उदाहरण के लिए जापानी कानून को मानने वाले होते है, भारतीय धर्मभीरू और जर्मनवासी युद्ध प्रिय होते है। विभिन्न प्रकार के व्यक्तित्व विभिन्न संस्कृतियों की ही देन है। एक हिन्दू व्यक्तित्व ईसाई एवं मुस्लिम व्यक्तित्व से संस्कृति के कारण ही भिन्न होता है।

प्रो. वुड बर्थ (Prof. Woodworth) ने अपने अध्ययन के दौरान पाया कि एक सामान्य अमेरिकन की तुलना में एक रेड–इण्डियन (Red Indians) में कष्ट सहने की क्षमता (Toleration of Sufferirgs) अधिक होती है। कष्ट सहने की क्षमता व्यक्तित्व का एक गुण है। जो रेड–इण्डिया Red Indians में अधिक मात्रा में पाई जाती है। इसका कोई प्रजातीय या प्राणिशास्त्रीय कारण नहीं है बल्कि यह संस्कृति की देन है। बचपन से ही रेड–इंडियन को कष्ट सहने की शिक्षा दी जाती है, एवं इसका अभ्यास कराया जाता है। युवावस्था में भी उसे ऐसी रस्में पूरी करनी पड़ती हैं जो कष्ट सहने का अभ्यास करा देती हैं। इस प्रकार रेड–इंडियन में कष्ट सहने की क्षमता अधिक होती है, परन्तु अमेरिकन को थोड़ी सी भी पीड़ा होने पर अनेक प्रकार की दवा एवं सुविधा दी जाती है। फलतः उनमें कष्ट सहने की उतनी क्षमता नहीं होती है।

जे. पी. मारर्डक (G. P. Murdock)- ने अपनी पुस्तक "The cross cultural Survey" में कहा कि यौन नैतिकता (Sex Morality) भी संस्कृति द्वारा प्रभावित होती है। 'कोनयाक नागा' जनजाति में विवाह के बाद भी स्त्रियां अन्य पुरूषों से यौन संबंध बनाये रख सकती हैं। वहाँ स्त्री पति के घर तब तक नहीं जाती जब तक उसे एक बच्चा न हो जाय। यदि पति को मालूम भी हो जाय कि यह बच्चा उसका नहीं है तब भी पति–पत्नी के आपसी संबंध में कोई अन्तर नहीं पड़ता। पर देहरादून की खस जनजाति में यौन संबंधी दोहरा मानदण्ड देखने को मिलता है। ससुराल में बहु को यौन संबंध के कठोर नियम का पालन करना पड़ता है जबकि मायके में

आते ही उसे यौन संबंध स्थापित करने की छूट मिल जाती है और वह अनेक पुरूषों के साथ यौन संबंध स्थापित कर सकती है। इसे किसी भी प्रकार से बुरा नहीं माना जाता है।

बेनीडिक्ट (Ruth Benedict) ने न्यू मेक्सिको (New Mexico) के जूनी (Zoni) लोगों का अध्ययन किया और पाया कि जूनी लोग बहुत सहयोगी प्रकृति के है और अपराध और झगड़े उनके बीच नहीं होता है। दूसरी तरफ दाबे लोग बड़े शक्की, धोखेबाज, खतरनाक और अविश्वासी होते हैं, परन्तु जूनी लोग बहुत सरल उदार, विनम्र एवं सहयोगी होते हैं।

इस तरह हम देखते हैं कि विभिन्न संस्कृतियों में व्यवहार के विभिन्न मानदण्ड हैं। मार्गरेट मीड (Margaret Meed) ने व्यक्तित्व के विकास पर पड़नेवाले संस्कृति के प्रभाव के महत्व को दर्शाने के लिए न्यूगिनी की तीन जनजातियों आरापेश, मुण्डगुमार तथा टेनाम्बुली का अध्ययन किया है। आरापेश जनजाति में प्रतिस्पर्धा एवं संघर्ष वर्ग भावना नहीं पाई जाती बल्कि सहानुभूति, दया, सहयोग प्रेम और सदभावना आदि गुण पाये जाते हैं। इसका कारण उनकी संस्कृति है। इस जनजाति में कुछ ऐसे सांस्कृतिक तत्व पाये जाते हैं जिसके कारण आक्रमण की इच्छा का दमन करने वाले व्यक्ति की प्रशंसा की जाती है। इस जनजाति के बच्चों को बड़े स्नेह से पाला जाता है, और उसके स्वभाव में नम्रता लाने का प्रयास किया जाता है। फलस्वरूप इन जनजाति के लोगों में व्यक्तित्व में सहानुभूति, दया, नम्रता आदि गुण पाये जाते हैं जब कि मुण्डगुमार जनजाति के लोगों का व्यक्तित्व अरामपेश जनजाति से ठीक विपरीत पाया जाता है। मुण्डगुमार जनजाति की संस्कृति ही ऐसी है जिसके फलस्वरूप इस जनजाति के स्त्री–पुरूष शंकालु, ईष्यालु, निर्दयी एवं आक्रामक प्रकृति के होते हैं जब कि आरापेश और मुण्डगुमार जनजातियों की भौगोलिक स्थिति एवं जलवायु आदि समान है, फिर भी संस्कृति विभिन्नता के कारण दोनों के व्यक्तित्व में अन्तर पाया जाता है। मीड का कहना है कि टेनाम्बुली जनजाति की संस्कृति ही ऐसी है कि यहाँ कि स्त्रियां शासक एवं प्रबंधन का कार्य करती हैं और पुरूष स्त्रियों पर निर्भर रहने वाले होते हैं। स्त्रियों का अधिक दबदबा है और पुरूष विनयी स्वभाव के हैं। मीड का कहना है कि स्पष्टतः संस्कृति में अन्तर होने से व्यक्तित्व में भी अन्तर आ जाता है।

राल्फ लिंटन (Ralph Linton)- ने एलोरिज जनजाति का अध्ययन करते हुये पाया कि इस जनजाति के लोग अविश्वासी, संदेहशील, लड़ाकू एवं डरपोक होते हैं क्यों कि उनके समाज की संस्कृति उसी ढंग की है।

अब्राहम कार्डीनर (Abram Kardinar) ने आदिम समाजों एवं एक आधुनिक अमेरिकन समाज का सूक्ष्म अध्ययन किया और पाया कि प्रत्येक संस्कृति एक आधारभूत व्यक्तित्व प्रकार (Basic Personality Type) को जन्म देती है।

यह स्पष्ट है कि संस्कृति व्यक्ति के व्यक्तित्व को प्रभावित करती है, परन्तु कभी–कभी व्यक्तित्व भी संस्कृति को प्रभावित करता है। परन्तु ऐसा व्यक्तित्व जिनके वैयक्तिक गुण और क्षमता काफी विकसित होती है। वैसे लोग संस्कृति को प्रभावित करते हैं, उदाहरण के लिए गौतम बुद्ध, महात्मा गांधी, टैगोर इत्यादि। गौतम बुद्ध द्वारा बताया गया अध्यात्म का मार्ग, आज भी अध्यात्म में प्रासंगिक है। महात्मा गांधी द्वारा खादी का प्रचलन आज भी नेताओं में देखने को मिलता है।

उपर्युक्त विवेचनाओं से स्पष्ट है कि संस्कृति का व्यक्तित्व पर गहरा प्रभाव पड़ता है, परन्तु इसका अर्थ यह नहीं है कि संस्कृति एक ऐसा सांचा है जो सारे व्यक्तियों को एक ही रूप या रंग में ढाल देती है। एक ही सांस्कृतिक वातावरण में रहने वाले मनुष्यों में भी भिन्न भिन्न व्यक्तिगत गुण प्रधान होते हैं। वास्तव में एक ही संस्कृति में पले हर व्यक्ति का व्यक्तित्व भिन्नता, उसकी आन्तरिक क्षमता, योग्यता, अनुभव, धारणा एवं विचार आदि के आधार पर पाई जाती है। अतः व्यक्तित्व के विकास में संस्कृति ही एक मात्र कारक है, यह सोचना अवैज्ञानिक है, इस संदर्भ में किंबल यंग (Kimball young) का कहना है कि 'Culture provides the content and direction for the life organization of individual in Society, But this is not to Say that every item in the personality is determined by the Culture'.

उपर्युक्त कथन से स्पष्ट है कि व्यक्तित्व के निर्माण में संस्कृति महत्त्वपूर्ण कारक है, पर एक मात्र कारक नहीं। दूसरी ओर, व्यक्तित्व में चूंकि संस्कृति के सभी गुण मुखरित होते हैं। अतः संस्कृति को वह जीवन प्रदान करता है, फलस्वरूप संस्कृति में निरन्तरता आती है। निष्कर्षतः हम कह सकते हैं कि संस्कृति और व्यक्तित्व में चोली दामन का संबंध है।

11

आदर्श एवं मूल्य

Noroms and Values

मानव में मूल रूप से वे सभी प्रवृतियां पायी जाती हैं जो पशुओं में पायी जाती है। परन्तु पशुओं का व्यवहार केवल शारीरिक आवश्यकताओं की पूर्ति के लिए होता है जबकि मानव का व्यवहार शारीरिक सामाजिक तथा सांस्कृतिक होता है। मानव अपनी आवश्यकताओं की पूर्ति के लिए समाज द्वारा स्वीकृत तरीकों को अपनाता है। उन्हें ही हम सामाजिक प्रतिमान कहते हैं। दूसरी ओर सामाजिक व्यवस्था के अन्तर्गत कुछ सामाजिक नियम हैं, जो व्यक्ति के व्यवहार को नियंत्रित करते हैं। सामाजिक नियम ही सामाजिक आदर्श कहलाता है।

21वीं शताब्दी में सामाजिक संरचना एवं सामाजिक व्यवस्था की अवधारणाओं ने आधुनिक समाजशास्त्रियों का ध्यान अपनी ओर आकर्षित किया है। संरचना प्रकार्यवाद एक युग में मुख्य विचारधारा थी। आदर्श (Norms) एवं मूल्य (Values) सामाजिक संरचना की ही मौलिक इकाइयां हैं अतः इनकी उचित व्याख्या के वगैर सामाजिक संरचना और उसके प्रकार्य को समझना नामुमकिन है। अर्थात सामाजिक संबंधों और सामाजिक व्यवहार को समझने के लिए आदर्श एवं मूल्य का अध्ययन आवश्यक ही नहीं अपितु अनिवार्य है।

जहाँ तक आदर्श (Norms) का प्रश्न है यह एक प्रकार का प्रतिमान है जो मनुष्यों के व्यवहार को नियंत्रित एवं निर्देशित करता है उस परिस्थिति विशेष में जिसमें व्यक्ति भाग लेता है। हर समाज में अपने–अपने ढंग के आदर्श (Norms) पाये जाते हैं। जिनका पालन उसके सदस्य चेतन और अचेतन दोनों ही अवस्था में करते हैं। बिना आदर्श के किसी भी समाज की कल्पना नहीं की जा सकती है क्योंकि इसके अभाव में सामाजिक व्यवस्था का बना रहना असम्भव है। इस दृष्टिकोण से आदर्श सामाजिक नियंत्रण का एक बहुत ही प्रमुख साधन है। सामाजिक जीवन के किसी भी क्षेत्र में हम देखें, चाहे वह खेल का मैदान हो या दफ्तर हर स्थिति में सामाजिक प्रक्रिया को सुचारू रूप से चलाने के लिए आदर्श की नितान्त आवश्यकता होती है। समाज के हर व्यक्ति के उसके सभी पदास्थितियों से सम्बन्धित अलग–अलग ढंग के आदर्श (Norms) होते हैं और उससे ऐसी आशा की जाती है कि वह व्यक्ति अपनी पदास्थितियों से सम्बन्धित सभी आदर्श का पालन करेगा। जो व्यक्ति आदर्श के अनुरूप व्यवहार करता है, उसे समाज का अच्छा सदस्य माना जाता है। उसे किसी न किसी रूप में पारितोषिक मिलता है, पर जो व्यक्ति आदर्श की अवहेलना करता है उसे समाज चेतावनी देता है और बार–बार दुहराने पर दण्डित भी करता है।

आर. बीरस्टीड (Robert Bierstedt) के अनुसार 'Without norms Social life Would be impossible and there would be no order in Society' अर्थात "बिना आदर्श के सामाजिक जीवन असम्भव होगा और समाज में कोई व्यवस्था नही रह पायेगी।"

डेविस (Davis) के अनुसार– "आदर्श नियमों के अभाव में मानव समाज की कल्पना भी नहीं की जा सकती"। अमेरिकन समाजशास्त्री समनर (Sumner) ने सारे सामाजिक नियम कानून, मान्यताओं को अपनी पुस्तक Folkways (1906) में दो भागों में विभाजित किया है जिसे 1. लोक. रीतियों (Folkways) एवं 2. लोकाचार (Mores) कहते हैं परन्तु बीरस्टीड ने लोकरीति एवं लोकाचार को आदर्श (Norms) का छोटा सा हिस्सा माना है।

सामाजिक आदर्श की परिभाषा (Definition of Social Norms)

सामाजिक आदर्श को विभिन्न विद्वानों ने अपने–अपने ढंग से परिभाषित

करने की कोशिश की है। जॉनसन (Johnson) ने अपनी पुस्तक 'Sociology A Systematic Introduction' में लिखा है कि "A norm is an abstract pattern held in the mind that sets certain limits for behaviour" अर्थात आदर्श अमूर्त है, यानी इसकी कोई निश्चित शक्ल या आकार नहीं होता है जिसे देखा या छुआ जा सके। पर अमूर्त होते हुए भी यह छिन्न–भिन्न अवस्था में नहीं होता, वरन इसका अपना एक प्रतिमान होता है जो मानव के दिमाग में रहता है।

आदर्श (Norms) की चर्चा करते हुए बीरस्टीड का कहना है कि आदर्श का अर्थ किसी भी परिस्थिति में Mean, Median या Mode नहीं है। तात्पर्य यह कि आदर्श कभी भी औसत व्यवहार को इंगित नहीं करता है। बीरस्टीड के अनुसार आदर्श एक प्रकार का Rules of Conduct है, एक सामाजिक प्रत्याशा है। जिसके अनुसार व्यक्ति अपने आचरण व व्यवहार को ढ़ालता है। आदर्श की परिभाषा देते हुए इन्होंने लिखा है कि "A norm, then, is role or Standard that governs our coduct in the Social Situations in Which we participate It is a Societal expectation" इस परिभाषा से स्पष्ट होता है कि आदर्श (Norm) एक प्रकार का Standard है जो परिस्थिति विशेष में व्यक्ति के व्यवहार को बतलाता है अर्थात यह किसी भी व्यवहार को करने का एक तरीका है।

वीरस्टीड ने इस संबंध में चर्चा करते हुए कहा कि आदर्श का मुख्य कार्य यह है कि यह व्यक्ति के असंख्य परिस्थितियों में किस प्रकार का व्यवहार करे इस कठिनाई को दूर कर देता है। आदर्श के अभाव में व्यक्ति को हर पल अनेक कठिनाइयों का सामना करना पड़ता है। अतः किस परिस्थिति में कौन सा सदस्य कैसा व्यवहार करता है कहना मुश्किल हो जाता है।

ब्रूम एवं सेल्जनिक (Broom and Selznick) के अनुसार "The norms are bluePrints for behaviour, Setting limits Within Which individuals May Seek alternate Ways to achieve their go als" अर्थात ''आदर्श नियम व्यवहार की रूप रेखाएँ है जो उन सीमाओं का निर्धारण करते हैं जिनके अंदर व्यक्ति अपने लक्ष्यों की प्राप्ति हेतु विकल्पनात्मक विधियों की खोज कर सकता है''

हरलाम्बोस (Haralambos) - ने अपनी पुस्तक 'Themes and Perspectives' में कहा कि ''प्रत्येक संस्कृति में ऐसे निर्देश बड़ी संख्या में पाये जाते हैं जो विशिष्ट परिस्थितियों में व्यवहार को निर्देशित करते हैं। ऐसे निर्देशों को ही आदर्श कहते हैं''

हरलाम्बोस की इस परिभाषा से स्पष्ट होता है कि आदर्श विभिन्न परिस्थितियों में व्यवहार को निर्देशित करता है। उदाहरणार्थ एक व्यक्ति को अपने से बड़े के सामने जाने पर यह नहीं सोचना पड़ता है कि वह उन्हें प्रणाम करे या आशीर्वाद दे। इसी तरह एक व्यक्ति को दफ्तर जाने पर यह नहीं सोचना पड़ता है कि वह अपने से उच्च अधिकारी की बात को माने या न माने। अपितु यह आदर्श ही है और मान्य नियमों के अनुसार व्यवहार करने के लिए प्रेरित करता है और बाध्य भी करता है। किसी भी हालत में नियम विहीन समाज की कल्पना नहीं की जा सकती है। जिस प्रकार सरकार के लिए अराजकता विरोधी बाते हैं, उसी प्रकार नियम विहीनता जिसे समाजशास्त्री दुर्खीम (Durkheim)Anomie तथा आर. के. मर्टन (R.K Merton) ने Normlessness कहा है, समाज के लिए विरोधी तथा प्रतिकूल है।

इन उपरोक्त परिभाषाओं एवं विशलेषण से स्पष्ट होता है कि सामाजिक आदर्श समाज में व्यवहार करने के लिए एक निश्चित एवं प्रमाणित तरीका है जो समाज द्वारा स्वीकृत होने के साथ–साथ हमारे जीवन के हर क्षेत्र में विद्यमान हैं। यह संस्कृति का एक प्रमुख तत्व है और साथ ही सामाजिक संरचना की निर्णायक इकाइयों में इसका प्रमुख स्थान है। बिना आदर्श के किसी समाज की कल्पना नही की जा सकती है। इसके अभाव में सामाजिक संबंध छिन्न–भिन्न हो सकता है। अतः यह आदर्श ही है जो सामाजिक संरचना को स्थायित्व प्रदान करता है। फलतः सामाजिक व्यवस्था बनी रहती है।

प्रत्येक आदर्श समान ढंग से प्रभावकारी नहीं होता है। बल्कि कोई ज्यादा कोई कम प्रभावकारी होता है। आदर्श का प्रभावकारी होना इस बात पर निर्भर करता है कि कोई आदर्श कितना Extensive है और साथ ही Intensive भी। ठीक इसी तरह कभी–कभी जब व्यक्ति एक आदर्श का पालन करता है तो स्वतः उससे दूसरे आदर्श की अवहेलना हो जाती है।

जैसे– एक ड्राइवर द्वारा एक बच्चे को बचाने के लिए दूसरी गाड़ी में धक्का मार देना। इसके साथ ही साथ एक समय में एक व्यवहार को करना जहाँ आदर्श की अवहेलना करना है वहीं दूसरी स्थिति में नहीं जैसे– किसी उत्सव या विशेष दिनों में बड़ों के सामने शराब पीना। आदर्श हर समय एक समान रूप से प्रभावकारी नहीं होता, बल्कि उसकी प्रकृति परिवर्तनशील होती है जैसे परिवार नियोजन पहले के समाज में गलत माना जाता था परन्तु आज परिवार नियोजन की जो निन्दा करता है उसे परम्परावादी माना जाता है।

सामाजिक आदर्श की विशेषताएँ (Characteristics of Norms)

सामाजिक आदर्श की प्रकृति को और स्पष्ट रूप से समझने के लिए निम्नलिखित विशेषताएँ इस प्रकार है–

1. आदर्श सामाजिक नियम है जिनके पालन की अपेक्षा समाज के सभी सदस्यों से की जाती है।
2. सामाजिक आदर्श में अनेक छोटे एवं बड़े विभिन्न नियम, उपनियम शामिल होते हैं।
3. सामाजिक आदर्श सभी समाजों में अनिवार्य रूप से पाये जाते हैं इसके अभाव में मानव समाज की कल्पना नहीं की जा सकती है।
4. सामाजिक आदर्श की स्वीकृति प्राप्त होती है। इनके निर्माण में व्यक्ति की भूमिका गौण होती है।
5. सामाजिक आदर्श समाज विशेष की संस्कृति को दर्शाता है।
6. सामाजिक आदर्श सामाजिक अन्तः क्रियाओं के क्रम में विकसित होते है।
7. अलग–अलग समाजों में अलग–अलग सामाजिक आदर्श पाये जाते हैं।
8. सामाजिक आदर्श सापेक्ष होते हैं अर्थात सभी व्यक्तियों पर अथवा सभी परिस्थितियों में समान रूप से लागू नहीं होते हैं।
9. सामाजिक आदर्श औपचारिक एवं अनौपचारिक दोनों ही हो सकता है। औपचारिक आदर्श लिखित होता है और अनौपचारिक

आदर्श अलिखित और मौखिक। जैसे– परम्परा अलिखित आदर्श जब कि कानून लिखित आदर्श का उदाहरण है।

10. सामाजिक आदर्श ऐच्छिक और अनिवार्य दोनों प्रकार के होते हैं।
11. सामाजिक आदर्श का संबंध सामाजिक से भी है।
12. सामाजिक आदर्श सामाजिक नियंत्रण के एक अभिकरण के रूप में काम करता है।
13. सामाजिक आदर्श का संबंध सामाजिक उपयोगिता एवं आवश्यकताओं से है।
14. सामाजिक आदर्श व्यक्ति को प्रभावित करते हैं और साथ ही उससे व्यक्ति प्रभावित भी होते हैं।

आदर्श के प्रकार (Types of Norms)

किसी भी समाज में एक ही प्रकार के आदर्श नहीं पाये जाते हैं। जहां तक इसके वर्गीकरण का सवाल है अन्य समाजशास्त्रीय अवधारणाओं की तरह इसके विभाजन में मतान्तर है। विभिन्न समाजशास्त्रियों ने विभिन्न ढंग से इसे विभाजित किया है।

जॉनसन (Johnson) के अनुसार आदर्श दो प्रकार के होते हैं, कुछ आदर्श ऐसे होते हैं जो केवल व्यक्ति के मस्तिष्क में रहते हैं, परन्तु वास्तव में व्यक्ति उसके अनुरूप व्यवहार नहीं करता है। उदाहरणार्थ यह एक प्रकार का धार्मिक आदर्श है कि जीव हत्या नहीं करनी चाहिए। परन्तु यह बात मस्तिष्क में रहते हुए भी मांसाहारी व्यक्ति जीव हत्या करते हैं। इसी तरह यह एक ऐसा आदर्श है जो व्यवहार की सीमा तो प्रस्तुत करता है, पर वास्तव में इसके अनुरूप व्यवहार नहीं होता, ऐसे आदर्श को जॉनसन ने अव्यावहारिक आदर्श (Inoperative Norms) कहा है।

दूसरी ओर कुछ ऐसे आदर्श होते हैं, जो केवल मस्तिष्क में ही नहीं रहते बल्कि व्यक्ति इसे अपने व्यवहारिक व्यवहार में करने की चेष्टा भी करता है ऐसे आदर्श को जॉनसन ने व्यावहारिक (Operative) आदर्श कहा है जैसे विद्यालयों में शिक्षको की आज्ञा मानना एक आदर्श है और हम इस आदर्श का पालन करते हुए शिक्षकों की आज्ञा मानते हैं तो यह व्यावहारिक

आदर्श (Operative Norms) कहा जाता है। जॉनसन (Johnsom) ने Operative Norms की परिभाषा देते हुए कहा है कि "An Operative norms is one that is not Merely entertained in the mind but it Considers Worthy of Following an actual behaviour"

जॉनसन के अनुसार (Operative Norm) का समाजशास्त्र के क्षेत्र में विशेष रूप से अध्ययन किया जाता है ये व्यवहारिक आदर्श (Operative Norms) किसी न किसी अभिमति (Sanction) पर आधारित होता है यह अभिमति (Sanction) गलत और सही की जानकारी देता है जो आदर्श का पालन करते हैं, उन्हें पुरस्कृत किया जाता है और इसकी अवहेलना करने वाले दण्ड के भागी बनते हैं। इसके साथ ही यह भी स्पष्ट होता है कि आदर्श व्यक्ति के मस्तिष्क में होता है। पर इसके अभिमत (Sanction) सामूहिक होते हैं अर्थात जो आदर्श समाज में पाये जाते है वे आदर्श से स्वतंत्र नहीं होते बल्कि मूल्य (Values) पर आधारित होते हैं जॉनसन ने इस operative आदर्श को भी Obligatory एवं Permissive दो भागों में बांटा है।

वीरस्टीड (Bierstedt) ने निर्देशात्मक आदर्श (Prescriptive Norms) तथा निषेधात्मक आदर्श (Proscriptive Norms) दो प्रकार के आदर्श की चर्चा की है। उनके अनुसार निर्देशात्मक आदर्श वे हैं जो व्यक्ति का किसी विशेष व्यवहार को करने के लिए प्रेरित करता है। पर निषेधात्मक आदर्श वे हैं जो व्यक्ति को किसी विशेष व्यवहार को नहीं करने को बाध्य करती है। उदाहरणार्थ जहाँ किसी से कोई कुछ प्राप्त करने पर धन्यवाद कहना निर्देशात्मक आदर्श है वही कक्षा में सिगरेट पीना या हल्ला करना निषेधात्मक आदर्श है। "Prescriptive norms dictate What People Shoued do and Proscriptive norms What People Should not do"

वीरस्टीड ने इसे आगे applicability के आधार पर पुनः दो भागों में बांटा है एक को सहचारी आदर्श (Associational Norms) दूसरे को सामुदायिक आदर्श (Communal Norms) कहा है। सामुदायिक आदर्श वे हैं जिनका पालन समाज के सभी सदस्य करते हैं पर सहचारी आदर्श का पालन किसी खास समूह के लोगों द्वारा ही किया जाता है। उदाहरणार्थ जनजातियों या रूढ़ियों को हम सहचारी आदर्श के अन्तर्गत रख सकते हैं जबकि कानून व नियम को सामुदायिक आदर्श के अन्तर्गत रखते हैं।

ब्रूम एवं सेल्जनिक (Broom and Selznick) ने भी संस्थागत (Institutionalized) आदर्श एवं असंस्थागत (Non-Institutionalized) आदर्श दो प्रकार के आदर्श की चर्चा की है। इनके अनुसार असंस्थागत (Non-Institutionalized) आदर्श वे हैं जो कानून (Law) के रूप में परिवतर्तित नहीं किये गये हैं जैसे– जनरीतिया और रूढ़िया, जबकि संस्थागत (Institutionalized) आदर्श वे हैं जो राजनैतिक सत्ताधिकारियों द्वारा कानून के रूप में परिवतर्ति कर दिये गये है।

कुछ अन्य समाजशास्त्रियों ने आदर्श का दूसरे ढंग से वर्गीकरण प्रस्तुत किया है, एक को वास्तविक आदर्श (Real Norms) दूसरे को नैतिक आदर्श (Idealized Norms) माना है। उदाहरण के लिए हिंसा नहीं करना चाहिए, झूठ नहीं बोलना चाहिए या ईमानदारी के साथ काम करना चाहिए आदि इसे नैतिक (Idealized) आदर्श कहा जायेगा। परन्तु व्यवहार में हम इससे हट कर ही व्यवहार करते हैं जैसे– क्रोध में हम थोड़ा हिंसक भी हो जाते हैं और अपने उद्देश्यों की पूर्ति के लिए झूठ भी बोल लेते हैं। समाज ऐसे साधारण नैतिक विचलनों को सहन करता है। टी. पारसन्स (T- Parsons) के अनुसार भी सामाजिक नियंत्रण में साधारण नैतिक विचलन के लिए कर्त्ता को विशेष कोई दण्ड नहीं दिया जाता है यह भी एक प्रकार का आदर्श है। इस प्रकार वास्तविक जीवन के आचरण को वास्तविक आदर्श (Real Norms) कहते हैं।

वीरस्टीड ने आदर्श को 14 भागों में बांटा है जो निम्नलिखित है–

1. कानून (Laws),
2. अधिनियम (Statutes)
3. नियम (Rules),
4. नियमन (Regulations)
5. प्रथा (Customs),
6. लोकाचार (Folkways)
7. लोकरीति (Mores)
8. निषेध (Taboos)
9. फैशन (Fashion)
10. संस्कार (Rites)
11. कर्मकाण्ड (Canventions)
12. समारोह (Ceremonies)
13. परम्परा (Conventions)
14. शिष्टाचार (Etiquette)

उन्होंने इन उपरोक्त 14 आदर्शों को तीन भागों में विभाजित किया है वे हैं– लोकाचार (Folkways), लोकरीति (Mores), कानून (Laws).

मूल्य (Values)

सामाजिक आदर्श के समान ही सामाजिक मूल्य भी सामाजिक संरचना की एक महत्वपूर्ण इकाई है। आदर्श एवं मूल्य आपस में इतने घनिष्ठ रूप से सम्बन्धित हैं कि कभी–कभी दोनों में अन्तर करना भी मुश्किल हो जाता है। वास्तव में सामाजिक मूल्य एक ऐसा पैमाना है जिसके आधार पर हम किसी व्यवहार को उचित एवं अनुचित, अच्छी या बुरी तथा सही या गलत को अलग करते हैं। यह एक उच्चस्तरीय मानक है जो स्वयं आदर्श का मूल्यांकन करता है। अलग–अलग समाजों में अलग मूल्य होते हैं उदाहरण के लिए भारतवर्ष में प्राचीन काल से आज तक यौन पवित्रता का मूल्य पाया जाता रहा है। इसलिए यहां विवाह के पूर्व तथा विवाह के बाद पति–पत्नी को अतिरिक्त यौन संबंधों की छूट नहीं दी जाती है, परन्तु जनजातीय समाज में विवाह से पूर्व एवं विवाह के बाद भी यौन संबंध रखने की छूट होती है। मूल्य व्यक्ति के व्यवहार को निर्देशित करता है, उनके अनुरूप व्यवहार करने पर प्रशंसा की जाती है और उनके विपरीत आचरण करने वालों की निन्दा की जाती है। सामाजिक मूल्य का संबंध किसी व्यक्ति विशेष से न होकर सम्पूर्ण समाज से होता है।

सामाजिक मूल्यों का अर्थ एवं परिभाषा (Meaning and Definition of Social values)

सामाजिक मूल्यों को परिभाषित करते हुए जॉनसन (Jhonson) ने लिखा है कि "Values May be defined as a conception or Standard Cultural or Merely Personal by Which things are compared and approved or disapproved relative to one another" ''मूल्यों को एक धारणा या मानक के रूप में परिभाषित किया जा सकता है जो सांस्कृतिक हो सकता है या केवल व्यक्तिगत और जिनके द्वारा वस्तुओं की एक साथ तुलना की जाती है और वे एक–दूसरे के संदर्भ में स्वीकार या अस्वीकार की जाती है''

इस परिभाषा से यह स्पष्ट होता है कि मूल्य कुछ विशेष पैमाना या मानक (Standard) को स्पष्ट करती है जो इस बात के निर्णय में सहायता

देती है कि कोई कार्य उचित है या नहीं। यानी यह एक विशेष तरीकों (Pattern) को बताता है यदि कोई व्यवहार उस तरीका (Pattern) के अनुसार होता है तो उसे स्वीकार (Approve) किया जाता है और यदि उस निश्चित तरीका से अलग होता है तो अस्वीकार किया जाता है। मूल्य (Value) हमेशा व्यक्तिगत पैमाना या मानक (Personal Standard) होता है। जिस प्रकार आदर्श (Norm) मानव व्यवहार को प्रभावित करता है उसी प्रकार मूल्य (Value) इसके निर्णय (Judgement) में सहायता देती है कि कोई व्यवहार उचित है या नहीं। किसी भी संस्कृति की मूल्य ही उसे दूसरी संस्कृति से अलग करती है। मूल्य एक प्रकार का लक्ष्य होता है जिसकी प्राप्ति के लिए खास प्रकार के आदर्श की आवश्यकता पड़ती है। जैसे यदि हम प्रजातंत्र की कल्पना करते हैं तो इसके लिए आवश्यक है कि विधानसभा या लोक सभा के सदस्यों का चुनाव आम चुनावों द्वारा हो।

जॉनसन ने आदर्श एवं प्रतिमान के बीच संबंधों की चर्चा करते हुए, यह विचार दिया कि "Obviously Value are Closely related to norms" अर्थात आदर्श एवं मूल्य की कल्पना एक दूसरे से अलग नहीं की जा सकती। दोनों में अन्तर करना कठिन है। जॉनसन ने यह भी कहा कि 'Values are general Standards and may be regarded as higher order norm' इस कथन से स्पष्ट होता है कि आदर्श और मूल्य दोनों गहरे रूप से सम्बन्धित हैं क्योंकि मूल्य उच्च स्तर का आदर्श माना जाता है। यानी वह आदर्श जो पूरे समाज द्वारा स्वीकृत कर लिया जाता है वह व्यवहारिक (Operational) आदर्श बन जाता है जिसे मूल्य कहा जाता है।

मूल्यों को परिभाषित करते हुए राधाकमल मुकर्जी (R. K. Mukerjee) लिखते हैं कि "values are Socially approved desires and goals that are internalized through the process of Conditioning" "मूल्य समाज द्वारा मान्यता प्राप्त इच्छाएं तथा लक्ष्य है, जिनका आन्तरीकरण सीखने या समाजीकरण की प्रक्रिया के माध्यम से होता है।"

इस परिभाषा से स्पष्ट होता है कि व्यक्ति समाजीकरण के द्वारा समाज से सामाजिक मूल्यों को सीखता है और उन्हें आत्मसात् करता है। मूल्य को परिभाषित करते हुए लेस्ली (Leslie) ने कहा कि "A value is the group conception of the relative desirability of a thing or idea" अर्थात् मूल्य समूह की अवधारणा है। लाईट एवं केलर (Light and Keller) ने मूल्य की परिभाषा देते हुये कहा कि "Values are the general ideas people share about What is good or bad, right or Wrong, desirable or Undesirable" अर्थात जो हमें यह बतलाता है कि कौन सा व्यवहार सही है, कौन सा गलत है, क्या वांछनीय क्या अवांछनीय है, क्या अच्छा है, क्या बुरा है, वहीं मूल्य कहलाता है।

ब्रूम एवं सेल्जनिक (Broom and Selznick) ने मूल्य की परिभाषा देते हुये लिखा है कि "Norms are based on Cultural values Which are Justified by moral Standard, reasoning or aesthetic Judgement"

इस कथन के विश्लेषण से यह स्पष्ट है कि आदर्श का आधार किसी भी समाज में सांस्कृतिक मूल्य होता है और जिसका निर्णय नैतिक मूल्यों या विवेक द्वारा होता है। यानी मूल्य यह बताता है कि कौन सा व्यवहार समाज के लिए अच्छा है या बुरा कौन सी चीज सुन्दर है या खराब।

जॉनसन के अनुसार किसी भी समाज में हर समय एक ही मूल्य प्रभावशाली नहीं होता है बल्कि विभिन्न काल में विभिन्न मूल्य प्रभावशाली होते हैं। उदाहरण के लिए रामायण काल में दहेज देना एक सामाजिक मूल्य था, परन्तु आज दहेज देना सामाजिक मूल्य नहीं है।

जिस मूल्य के निम्न चार गुण होते है वे Dominant Value कहलाता है अर्थात मूल्य प्रभावशाली है या नहीं यह निम्न चार बातों पर आश्रित है–

1. व्यापकता (Extensiveness) किसी भी समाज व्यवस्था में कितने अधिक लोगों के व्यवहार में उस मूल्य (Value) की अभिव्यक्ति होती है।
2. अवधि (Duration)- कितने अधिक काल तक वह मूल्य समाज व्यवस्था में महत्वपूर्ण रहती है।
3. तीव्रता (Intensiveness)- किस तीव्रता के साथ लोग उस मूल्य को अपनाते हैं अर्थात किस हद तक आन्तरीकृत करते हैं।
4. मूल्य संवाहक का प्रतिष्ठा (Prestige of the Value Carriers)- उस मूल्य को मानने वाले को उस समाज में कितनी प्रतिष्ठा प्राप्त है।

जिस मूल्य में उपर्युक्त चार गुणों की बहुलता पायी जाती है वही मूल्य उस काल विशेष में प्रभावशाली (Dominant Value) मूल्य माना जाता है।

इन उपरोक्त परिभाषाओं के आधार पर कहा जा सकता है कि मूल्य मानक या पैमाना है जिसके द्वारा हम किसी व्यक्ति के व्यवहार, गुण और लक्ष्य आदि को उचित या अनुचित, अच्छा या बुरा बतलाते हैं। अर्थात व्यवहार का मूल्यांकन किया जाता है। इन मूल्यों को व्यक्ति समाजीकरण की प्रक्रिया में सीखता है और आत्मसात् करता है तथा इन्हीं के अनुरूप व्यवहार करने की कोशिश करता है। सामाजिक मूल्य का निर्माण सम्पूर्ण समूह एवं समाज के सदस्यों के बीच अन्तः क्रिया के दौरान होता है। उदाहरण के लिए हिन्दू समाज में प्रत्येक व्यक्ति का अपनी ही जाति में विवाह करना एक सामाजिक मूल्य है। समाज एवं संस्कृति में भिन्नता होने के कारण सामाजिक मूल्यों में भी भिन्नता पायी जाती है। भारत के सामाजिक मूल्यों से अमेरिका के सामाजिक मूल्य बिल्कुल भिन्न है।

सामाजिक मूल्यों की विशेषताएँ Characteristies of Social Values

सामाजिक मूल्यों को और अधिक स्पष्ट रूप से समझने के लिए निम्नलिखित विशेषताओं का विवेचन करना आवश्यक है–

1. सामाजिक मूल्य अमूर्त है (Sociel Values are abstract)- सामाजिक मूल्य का कोई आकार या स्वरूप नहीं होता है बल्कि यह अमूर्त अगोचर और सामान्यतया अलिखित होता है जो व्यक्ति के सामाजिक व्यवहार में परिलक्षित होता है।
2. सामाजिक मूल्य सामूहिक होते हैं। (Social values are Collective)- इसके निर्माण में समस्त समाज की भागीदारी होती है इसका संबंध किसी व्यक्ति विशेष से नहीं होता है। मूल्यों को सारे समूह की मान्यता प्राप्त होती है।
3. सामाजिक मूल्यों के पीछे भावनाएं होती है। (Social values invalue Emotions)- मूल्यों के प्रति समाज के सदस्यों का एक संवेगात्मक लगाव होता है। मूल्यों को तोड़ने वाले व्यक्ति को इसी कारण दंडित किया जाता है। देशभक्ति के मूल्य की रक्षा के लिए लोग युद्ध में बलिदान दे देते हैं।

4. सामाजिक मूल्य गतिशील होते हैं (Social Values are Dynamic)- प्रत्येक युग में अलग–अलग मूल्य का प्रचलन था। समय एवं परिस्थितियों के साथ इनमें परिवर्तन आता रहता है। समाज की अवश्यकता के अनुरूप मूल्यों में परिवर्तन होता रहता है।
5. सामाजिक मूल्यों में विभिन्नता पायी जाती है (Social Values are different)- प्रत्येक समाज की अपनी अलग–अलग संस्कृति होती है जिसके कारण मूल्य में भिन्नता पायी जाती है। जनजातिय समाज में युवा गृह में लड़के–लड़की को रात में भेज दिया जाता है परन्तु दूसरे समाज में इस प्रकार का प्रचलन नहीं है। इसके अलावा परिवार, विद्यालय, खेल–कूद आदि के मूल्यों में भिन्नता पायी जाती है।
6. सामाजिक मूल्य एकता एवं सामाजिक कल्याण के लिए महत्वपूर्ण माने जाते हैं। (Social Values are Considered important for Unity and Social Welfare)- सामाजिक मूल्यों से व्यक्तियों के बीच एकता की भावना का विकास होता है। समान मूल्यों को माननेवाले लोग समान परिस्थिति में एक समान व्यवहार करते हैं इसलिए उनमें एकता का विकास होता है और साथ ही साथ एक दूसरे को सहयोग प्रदान करते हैं जिससे समूह का कल्याण होता है।
7. सामाजिक मूल्य स्थिर होता है। (Social Values are Static)- सामाजिक मूल्य तुलनात्मक रूप से स्थिर होता है जब सामाजिक मूल्य प्रचलन में आ जाता है तो उसमें परिवर्तन आसानी से नहीं होता है। समाज के सदस्य अपने सामाजिक मूल्यों की हिफाजत की पूरी कोशिश करते रहते हैं।

सामाजिक मूल्यों के प्रकार (Types of Social values)

सामाजिक मूल्यों को निम्नलिखित आधार पर विभिन्न वर्गों में बांटा जा सकता है–

1. नकारात्मक– नकारात्मक मूल्य उसे कहते हैं जिसमें कुछ खास

कार्यो को न करने का आदेश दिया जाता है जैसे हत्या न करो, चोरी न करो, झूठ न बोलो आदि।

2. सकारात्मक– सकारात्मक मूल्य उसे कहते हैं, जिसमें व्यक्ति को कार्य करने का आदेश दिया जाता है जैसे सदा सच बोलो, बड़ों को प्रणाम करो, आदि।
3. आर्थिक मूल्य– आर्थिक मूल्य का संबंध आर्थिक जीवन से होता है जैसे– पैसा ईमानदारी से कमाना चाहिए, कार्य ही पूजा है, कम नहीं तोलना चाहिए आदि।
4. सौन्दर्यात्मक मूल्य– सौन्दर्यात्मक मूल्य का संबंध सौन्दर्य तथा कला पक्ष से है। जैसे प्राकृतिक सौन्दर्य, कलाकृतियां, गीत–संगीत आदि।
5. धार्मिक मूल्य– धार्मिक मूल्य का संबंध अपने–अपने धर्म से है जैसे हिन्दू धर्म में ईश्वर में विश्वास करना, आराधना, पूजा–अर्चना करना आदि।
6. नैतिक मूल्य– नैतिक मूल्य का संबंध नैतिकता से है जैसे माता–पिता का आदर करना, चोरी नहीं करना, यौन व्यभिचार नहीं करना आदि।
7. सावयवी मूल्य– इसका संबंध आग, पानी एवं भार आदि से है जैसे आग से मत खेलो, पानी से दूर रहो। ये वे मूल्य हैं जो शरीर एवं सावयव की रक्षा तथा व्यक्ति के जन्म एवं मृत्यु से सम्बन्धित है।
8. सामाजिक मूल्य– सामाजिक मूल्य का संबंध सामाजिक जीवन से है जैसे पड़ोसी के घर आने पर आदर सत्कार करना, होली पर्व में अबीर लगाना आदि।
9. सांस्कृतिक मूल्य– इसका संबंध समाज की संस्कृति से है। इसमें परम्परा, लोकरीति, विश्वास, प्रथा से सम्बन्धित मूल्य आते हैं।

आदर्श और मूल्य के बीच अन्तर

1. मूल्य आदर्श के आधार स्तंभ हैं।
2. आदर्श मूल्य पर आश्रित हैं।

3. मूल्य आदर्श की तुलना में अधिक अमूर्त हैं।
4. मूल्य व्यापक रूप से स्वीकृत है।
5. आदर्श समाज के प्रति कर्त्तव्य की भावना जुड़े हुए होते हैं।
6. मूल्य सार्वभौमिक होते हैं।
7. आदर्श समाज विशेष की संस्कृति को दर्शाते हैं।
8. आदर्श की तुलना में मूल्य अधिक स्वतंत्र हैं।
9. एक मूल्य को कई मानदंडों के साथ सम्मिलित किया जा सकता है।
10. सभी मूल्य आदर्श होते हैं।
11. सभी आदर्श मूल्य नहीं हैं।
12. केवल उच्च श्रेणी के ही आदर्श को मूल्य माना जाता है।
13. मूल्य संस्कृति की एकता और स्थायित्व का आधार होता है।
14. सामाजिक आदर्श अन्तःक्रियाओं से विकसित होता है।

12

सांस्कृतिक विलम्बन

Cultural Lag

सामाजिक उद्विकास के सिद्धांतदाताओं के अनुसार समाज में विकास जैविकीय उद्विकास के चलते नहीं होता है बल्कि संस्कृति में उद्विकास के कारण होता है। जिसका समर्थन क्रोबर, लोई, फ्रांज बोआस (Krober, Lowie, Franz Boas) आदि मानवशास्त्रियों ने किया है। अमेरिकन समाजशास्त्री ऑगबर्न (Ogburn) के अनुसार सांस्कृतिक उद्विकास के चार कारक आविष्कार, संचय, प्रसार, सामंजस्य (Invention, Accumulation, Diffusion, Adjustment) है।

सामाजिक सांस्कृतिक जीवन में तीव्र परिवर्तन के फलस्वरूप ऑगबर्न(Ogburn) के अनुसार हमें दो प्रकार के सामंजस्य (Adjustment) का सामना करना पड़ता है। प्रथम, मनुष्य का अपनी संस्कृति के साथ अनुकूलन तथा दूसरा संस्कृति के एक भाग से दूसरे भाग का अनुकूलन। ऑगबर्न के अनुसार यह दूसरे प्रकार के अनुकूलन की समस्या ही है जो सांस्कृतिक विलम्बन (Cultural Lag) की स्थिति को उत्पन्न करती है।

सांस्कृतिक विलम्बन की अवधारणा अमेरिकन समाजशास्त्री डब्ल्यू. एफ. ऑगबर्न (W. F. Ogburn) के दिमाग में 1914 ई. में आई। जब वे कोलम्बिया विश्वविद्यालय (Columbia University) में अर्थशास्त्र और समाजशास्त्र के प्रोफेसर थे। पर सर्वप्रथम इसका प्रकाशन उन्होंने अपनी

पुस्तक "Social Change" में "The Hypothesis of Cultural Lag" शीर्षक के अधीन 1922 ई. में की।

प्रारम्भिक अवस्था में ऑगबर्न ने सांस्कृतिक विलम्बन को एक उपकल्पना के रूप में ही प्रस्तुत किया। इन्होंने संस्कृति को दो बड़े भागों में बिभाजित किया 1. भौतिक संस्कृति (Material Culture) एवं अभौतिक संस्कृति (Non Material Culture) इनके अनुसार संस्कृति के भौतिक पक्ष में वे इकाई आती हैं जो मूर्त होती हैं। यानि जिसे हम छू सकते हैं देख सकते हैं जैसे रेडियो, छड़ी, कलम, कार आदि। पर अभौतिक संस्कृति में वे सभी चीजें आती हैं जों अमूर्त होती हैं। जिसे न तो हम छू सकते हैं और न ही देख सकते हैं जैसे धर्म, कला, विश्वास आदि। प्रारम्भ में ऑगबर्न का कहना था कि सांस्कृतिक विलम्बन संस्कृति में भौतिक और अभौतिक पक्ष के मध्य के विकास की गति में विलम्ब होने की धारणा पर आधारित है। विलम्बन (Lag) का अर्थ होता है पीछे छूट जाना। इनके अनुसार जब संस्कृति के एक भाग की तुलना में दूसरा भाग पीछे छूट जाता है, तो सम्पूर्ण संस्कृति में एक असंतुलन की स्थिति उत्पन्न हो जाती है। इस स्थिति को सांस्कृतिक विलम्बन की स्थिति कहते हैं जो सामाजिक सांस्कृतिक परिवर्तन का मूल कारण है।

ऑगबर्न के इस कथन से स्पष्ट है कि संस्कृति के सभी भाग समान गति से परिवर्तन नहीं होते है। बल्कि कुछ भाग दूसरे की तुलना में तेजी से परिवर्तन होते है। चूंकि संस्कृति के सभी भाग आत्मनिर्भर और अन्तर्सम्बन्धित हैं अतः एक भाग में परिवर्तन होने पर दूसरे भाग में समायोजन लाना आवश्यक है। इन्होंने इसका उदाहरण उद्योग और शिक्षा को दिया है। औद्योगिक क्रांति के बाद उद्योग की संख्या में तेजी से परिवर्तन आया और नित्य नये प्रकार के उद्योगों की स्थापना होने लगी, परन्तु उसी रफ्तार से शिक्षा में परिवर्तन नहीं आया। फलतः उद्योग और शिक्षा के बीच में विलम्बन Lag की स्थिति उत्पन्न हो गई। ताकि उद्योगों को चलाने के लिए शिक्षित और प्रशिक्षित व्यक्ति उपलब्ध हो सके।

इस तरह ऑगबर्न का कहना है कि संस्कृति के भौतिक पक्ष एवं अभौतिक पक्ष के बीच जो पिछड़ाव की दूरी होती है, वही सांस्कृतिक

विलम्बन (Cultural Lag) की स्थिति कहलाती है। यद्यपि ऑगबर्न ने यह नहीं कहा कि भौतिक पक्ष हमेशा आगे बढ़ता है और अभौतिक पक्ष पीछे छूट जाता है। पर उन्होंने जितने भी उदाहरण दिये सब में यही बतलाया कि भौतिक पक्ष आगे बढ़ जाता है एवं अभौतिक पक्ष पीछे छूट जाता है।

कई आलोचकों ने ऑगबर्न के इस विचार की आलोचना की और बताया कि अनेक ऐसे उदाहरणों के माध्यम से यह समझाया जा सकता है कि अभौतिक संस्कृति आगे बढ़ जाती है और भौतिक संस्कृति पीछे छूट जाती है। उदाहरणस्वरूप रॉकेट बनाने का ज्ञान मनुष्य को पहले हुआ, बाद में रॉकेट को साकार रूप दिया गया। ऑगबर्न ने इन आलोचनाओं को स्वीकार किया और तब फिर 1957 ई. में अपनी पुस्तक "On Cultural and Social Change" में इसे संशोधित रूप में प्रस्तुत किया।

संशोधित रूप में इसे प्रस्तुत करते हुए ऑगबर्न ने कहा कि सांस्कृतिक विलम्बन (Cultural Lag) को निश्चित चरणों के माध्यम से समझा जा सकता है। इन्होंने सांस्कृतिक विलम्बन की परिभाषा देते हुए लिखा है कि "A cultural Lag Occurs when one of the two parts of Culture, which are Correlated Changes before or in greater degree than the other part does, there by easing less adjustment between the two parts than existed previously."

आगबर्न के इस कथन से स्पष्ट है कि सांस्कृतिक विलम्बन की स्थिति के लिए दो चर (variables) का होना जरूरी है। चाहे दोनों चर (Variables) भौतिक संस्कृति के हों, चाहे दोनों चर अभौतिक संस्कृति के हो, चाहे एक चर भौतिक संस्कृति के तथा दूसरा अभौतिक संस्कृति के हों। दूसरी शर्त यह है कि एक खास समय में दोनों के बीच सहसंबंध के साथ ही साथ अभियोजन हो, तृतीय एक कालक्रम में तेज गति से आगे निकल जाये और दूसरा पीछे छूट जाये। फलतः दोनों के बीच एक असामंजस्य की स्थिति उत्पन्न हो जाये या दोनों में कम अनुकूलन हो।

ऑगबर्न ने सांस्कृतिक विलम्बन को सिद्धांत के रूप में प्रस्तुत करते हुए इसे समझाने के लिए भौतिक संस्कृति के ही दो चर (Variables) को उदाहरण लेकर दिया। इन्होंने चर (Variables) के रूप में Automobile traffic and Road Condition को चुना। इनके अनुसार 1910 के आस–पास अमेरिका में रोड संकीर्ण एवं टेढे–मेढ़े थे। यानि इनकी स्थिति अच्छी नहीं थी। दूसरी तरफ इन्हीं के अनुरूप गाड़ियाँ भी थीं, जिनकी इंजन शक्ति बहुत कम थी। फलतः गाड़ियाँ धीरे–धीरे चलती थीं। दोनों चर के बीच में पूर्ण सामंजस्य था क्योंकि गाड़ी की रफ्तार कम होने के कारण उसे रोकने या मोड़ने में किसी भी ढंग की असुविधा नहीं होती थी। फलस्वरूप कम दुर्घटना (Accidents) होते थे, लेकिन धीरे–धीरे वैज्ञानिक आविष्कारों के फलस्वरूप इंजन की शक्ति में तेजी से परिवर्तन आया और शक्तिशाली इंजन बनने लगे। फलतः गाड़ियों की रफ्तार में तेजी से परिवर्तन आया। लेकिन दूसरी तरफ रास्ते टेढ़े–मेढ़े ही थे। उनकी स्थिति में कोई सुधार नहीं हुआ। अतः सामंजस्य की स्थिति बिगड़ गई। गाड़ियों को रोकने मोड़ने में असुविधा होने लगी और दुघर्टनाओं (Accidents) की संख्या बढ़ने लगी। वर्षो बाद सड़कों की स्थिति में सुधार ला कर दोनों चरों में सामंजस्य लाने का प्रयास किया गया। इस तरह Road Condition और Automobile Traffics के बीच जो असामंजस्य की स्थिति उत्पन्न हो गई थी, वही सांस्कृतिक विलम्बन (Cultural lag) की स्थिति कहलाती है। ऑगबर्न ने कहा कि इसका सत्यापन अनेक उदाहरणों के माध्यम से किया जा सकता है।

यदि हम भारतीय समाज में उदाहरण लें तो हम देखते हैं कि शुरू–शुरू में हमारे यहाँ कृषि के औजार पुराने ढंग के थे तथा लोग उन्हीं औजारों का इस्तेमाल कर कृषि कार्य किया करते थे। ये औजार लोगों की मनोवृति के अनुकूल थे। फलतः कृषि के औजार और लोगों के मनोवृतियों के बीच सुन्दर सह संबंध एवं अनुकूलन था। पर धीरे–धीरे कृषि जगत में नये–नये औजारों का आविष्कार होने लगा। एक ओर तो कृषि के आधुनिकतम औजारों में तीव्र गति से परिवर्तन आया पर दूसरी ओर लोग अपनी रूढ़िवादिता या परम्परागत विचारों से ग्रस्त होकर उसे अपनाने में हिचकिचाने लगे। फलस्वरूप लोगों की मनोवृति में तेजी से परिवर्तन नहीं आया और दोनों चरों के बीच असामंजस्य की स्थिति उत्पन्न हो गई। इस तरह के और अनेक उदाहरण दिए जा सकते हैं।

सांस्कृतिक विलम्बन की स्थिति उत्पन्न होने के कई कारण है, जैसे लोगों की रूढ़िवादिता, नये विचारों के प्रति भय, अतीत के प्रति निष्ठा और निहित स्वार्थ आदि। जहाँ तक सांस्कृतिक विलम्बन के प्रकार्य (Functions) का सवाल है तो, यह कई प्रकार के प्रकार्य (Function) को सम्पन्न करती है। जैसे प्रथम तो यह एक विशलेषणात्मक उपकरण (Analytical Tool) है लोगों का ध्यान समाज या संस्कृति के विभिन्न पक्षों की गतिशीलता की ओर आकर्षित करती है, साथ ही यह बताने में समर्थ है कि क्यों लोग चर (Variable) को जल्द स्वीकार करते हैं। जबकि दूसरे को अपनाने में उदासीनता दिखाते है। साथ ही सांस्कृतिक विलम्बन (Cultural lag) की अवधारणा यह स्पष्ट तौर पर बताती है कि समाज में विकास स्वतः नहीं होता, बल्कि संस्कृति में विकास होना ही, सामाजिक परिवर्तन का मुख्य कारक है।

ऑगबर्न ने अपने सिद्धांत को प्रतिपादित करने में तार्किक और व्यवहारिक उदाहरणों का सहारा लिया परन्तु अनेक समाजशास्त्रीयों ने इसकी आलोचना की।

जेम्स वुड वर्थ (James Wood Worth) ने अपनी पुस्तक 'A New Classification of Culture and Restatement of Cultural lag' में ऑगबर्न के इस सिद्धांत की कटु आलोचना की और कहा कि संस्कृति को भौतिक और अभौतिक पक्षों में विभाजित करना ही उचित नहीं है।

ऑगबर्न के इस सिद्धांत के आलोचकों में मेकाइवर और पेज (MacIver and Page) का नाम उल्लेखनीय है। इन्होंने न सिर्फ इसकी आलोचना की, बल्कि नये सिरे से प्रस्तुत करने का प्रयास भी किया है। इन विद्वानों का कहना है कि विलम्बन Lag के मापने के लिए प्रमाणित मापदण्ड होना चाहिए पर सांस्कृतिक विलम्बन को मापने के लिए कोई मापदण्ड नहीं है। अतः सांस्कृतिक विलम्बन की चर्चा करना ही बेकार है। इन विद्वानों ने सांस्कृतिक विलम्बन की जगह प्रौद्योगिक विलम्बन (Technological lag) की चर्चा की है, क्योंकि इनके अनुसार Lag की स्थिति प्रौद्योगिकी (Technology) के दो भागों के बीच उत्पन्न होती है।

सांस्कृतिक विलम्बन का सिद्धांत सिर्फ दो चर (Variables) पर आधारित हैं, जबकि आज के सामाजिक सर्वेक्षण में दो से अधिक चर (Variables) को लेकर अध्ययन किया जाता है और सांस्कृतिक विलम्बन की अब वैज्ञानिक अनुसंधान में कोई उपयोगिता नहीं रह गई है।

इन सारी चर्चाओं से यह स्पष्ट है कि सांस्कृतिक विलम्बन सामाजिक, सांस्कृतिक परिवर्तन को विश्लेषित करने का प्रयास करती है, परन्तु आधुनिक समाजशास्त्रीय जगत में अब इसका कोई महत्व नहीं है बल्कि इसे Out- dated करार कर दिया गया है।

13

सामाजिक समूह

Social Groups

समाजशास्त्र में समूह की अवधारणा अत्यन्त महत्वपूर्ण है। इस विषय की आधारशिला प्रस्तुत करते हुए कुछ समाजशास्त्रियों ने सामाजिक प्रक्रिया का अध्ययन करने के लिए समूह का अध्ययन आवश्यक माना है। जॉनसन (Johnson) और बोगार्डस (Bogardus) ने अपनी पुस्तक "Sociology" में तो समूह का इतना महत्व बतलाया है कि उन्होंने समाजशास्त्र की परिभाषा में समाजशास्त्र को समूह का ही विज्ञान कहा है। क्योंकि समूह के अध्ययन के बिना न तो किसी सामाजिक प्रक्रिया का, न ही सामाजिक व्यवस्था का अध्ययन सम्भव है। जितने भी सामाजिक नियम होते हैं वे सभी समूह के ही अध्ययन के प्रतिफल हैं। समूह के अध्ययन से एक ही साथ सामाजिक परिवर्तन सामाजिक नियंत्रण, समाजीकरण तथा संस्कृति का अध्ययन हो जाता है।

कुछ विद्वानों का कहना है कि मनुष्य ने अपनी सुरक्षा के लिए समूहों का निर्माण किया, तो कुछ लोगों का कहना है कि मनुष्य ने समूहों का निर्माण अपनी आवश्यकताओं को पूरा करने के लिए किया है। मनौवैज्ञानिकों की यह मान्यता है कि प्रत्येक व्यक्ति में समूह में रहने की इच्छा या मूल प्रवृति होती है। कारण चाहे जो हो परंतु इतिहास बतलाता है कि सभ्यता के आरम्भ से ही मानव किसी न किसी प्रकार के समूह में रहता आया है। बच्चे का जन्म भी किसी–न–किसी समूह में होता है और बड़ा होकर समूह

का सदस्य बन जाता है। आधुनिक समय में समूह के अध्ययन पर अत्यधिक बल दिया गया है। होमांस (Homans) ने तो लघु समूहों का विस्तृत अध्ययन किया है।

समाजशास्त्र में समूह शब्द का एक विशेष अर्थ होता है। क्योंकि कुछ लोग समूह को भीड़ (Crowd), उत्तेजित भीड़ (Mob) श्रोतागण (Audience) से जोड़ते हैं। इसलिए होमंस (Homans) ने कहा कि समूह की परिभाषा के साथ बराबर ऐतिहासिक दुर्घटनाएं होती रही हैं। गिडेन्स (Anthony Giddens) के अनुसार कुछ समाजशास्त्री सामाजिक समूह और सामाजिक समुच्चय (Social Aggregate) और सामाजिक श्रेणी (Social category) को लगभग एक ही अर्थ में प्रयोग करते हैं। गिडेन्स ने कहा कि बस पड़ाव या रेलवे स्टेशन पर एकत्रित जनसमूह को सामाजिक समूह नहीं कहा जा सकता है उसी प्रकार मेले में आयी हुई भीड़ को सामाजिक समूह नहीं कहा जा सकता है। ये सभी सामाजिक समुच्चय के उदाहरण हैं। ठीक उसी प्रकार समान उम्र, समान शिक्षा वाले व्यक्तियों के समूह को सामाजिक श्रेणी कहा जा सकता है सामाजिक समूह नहीं।

सामाजिक समूह की परिभाषा को विभिन्न विद्वानों ने अपने–अपने ढंग से प्रस्तुत किया है। ऑगबर्न तथा निमकॉफ (Ogburn and Nimkaff) के अनुसार "Whenever two or more individual come together and influence one other they may be said to constitute a Social group" अर्थात ''जब कभी दो या दो से अधिक व्यक्ति एकत्रित होते हैं, एवं एक दूसरे पर प्रभाव डालते हैं तो वे एक सामाजिक समूह का निर्माण करते हैं।'' इस परिभाषा में कुछ कमियाँ हैं। उनकी परिभाषा से ऐसा लगता है कि जब कोई दो या दो से अधिक अपरिचित व्यक्ति आपस में मिलते हैं तो उससे समूह का निर्माण होता है।

मैकाइवर एवं पेज (MacIver and page) के अनुसार "By group we mean any Collection of human beings who are brought into Social relationship with one another."

अर्थात ''समूह से हमारा तात्पर्य व्यक्तियों के किसी भी ऐसे संग्रह से है जो एक दूसरे के साथ सामाजिक संबंध स्थापित करते हैं। यह परिभाषा

ऊपर के परिभाषा के कुछ कमजोरियों को दूर करता है। क्योंकि सामाजिक समूह में संबंध का होना आवश्यक है।

टी. बी. बाटोमोर (T. B. Bottomer) के अनुसार "A Social group may be defined as an aggregate of individuals in Which (1) definite relations exist between the individuals comprising it and (2) each individual is conscious of the group inself and its symbols" अर्थात "सामाजिक समूह व्यक्तियों के उस समूह को कहा जाता है, जिसमें व्यक्तियों के बीच एक निश्चित संबंध पाये जाते हैं तथा उसके प्रत्येक व्यक्ति समूह और प्रतीकों के प्रति जागरूक हो।" इस प्रकार एक परिवार, गाँव, राष्ट्र, मजदूर संगठन अथवा राजनीतिक दल एक सामाजिक समूह है।

आर. के. मर्टन (R. K. Merton) ने समूह के संबंध में महत्वपूर्ण बात कही है कि क्षणिक सामाजिक संबंध समूह को विकसित नहीं करते हैं। वास्तव में समूह के निर्माण के लिए सदस्यों के बीच पायी जाने वाली अंतःक्रिया एवं सामाजिक संबंधों में बारम्बारता एवं स्थायित्व समूह के ढांचे को स्पष्ट करता है।

मर्टन के अनुसार सामाजिक समूह के लिए निम्न बातों का होना मुख्यतः आवश्यक है।

1. दो या दो से अधिक व्यक्तियों का होना
2. इनमें सामाजिक संबंध का पाया जाना। यह व्यक्तियों में बार–बार अन्तःक्रिया से ही बनता है।
3. व्यक्ति के किसी समूह का सदस्य बन जाने के लिए आवश्यक है कि वह स्वयं अपने को किसी समूह विशेष का सदस्य समझे, उसके प्रति 'हम की भावना' रखे। साथ ही यह भी आवश्यक है कि समूह के अन्य सदस्य तथा दूसरे समूह भी उसे उस समूह विशेष का सदस्य समझे।

जॉनसन (Johnson) ने समूह को स्पष्ट करने में अपना अलग दृष्टिकोण अपनाया है उनके विचार में "सभी समूहों में संबंध होते हैं। किन्तु सभी संबंध समूह का निर्माण नहीं कर सकते हैं, क्योंकि उनमें एक तो एक समूह के सदस्य होने की भावना नहीं होती और न ही हम की भावना होती है,

बल्कि समूह के निर्माण के लिए व्यक्तियों में आपसी सहयोग का होना आवश्यक है।"

उपरोक्त परिभाषाओं के आधार पर हम यह कह सकते हैं कि जब दो या दो से अधिक व्यक्ति पारस्परिक रूप से एक दूसरे को प्रभावित करते हैं तथा किन्हीं सामान्य हितों के लिए एक–दूसरे के साथ अर्थपूर्ण अन्तःक्रियाओं के द्वारा संबंध स्थापित करते हैं तो एक समूह का निर्माण होता है।

सामाजिक समूह की विशेषताएँ (Characteristics of Social Group)

फिक्टर (Fitcher) तथा अन्य विद्वानों ने सामाजिक समूह की निम्नांकित विशेषताओं का उल्लेख किया है–

1. दो या दो से अधिक व्यक्ति (Two and More person)- किसी भी समूह का निर्माण एक व्यक्ति द्वारा नहीं हो सकता। इसके लिए दो या दो से अधिक व्यक्तियों का होना आवश्यक है। इस सन्दर्भ में गिलिन एवं गिलिन का मानना है कि "समूह की आधारभूत विशेषता दो या दो से अधिक व्यक्तियों के बीच प्रत्यक्ष अथवा अप्रत्यक्ष संबंध का होना है।"
2. कार्य विभाजन (Division of Labour)- प्रत्येक समूह का निर्माण किसी न किसी उद्देश्य के कारण ही होता है। इन उद्देश्यों की प्राप्ति के लिए समूह के सदस्यों में कार्य विभाजन कर दिया जाता है।
3. सामान्य रूचि (Common Interests)- किसी भी समूह की स्थापना उन्हीं व्यक्तियों द्वारा होती है। जिनकी रूचि एवं हित सामान्य हों। विरोधी हितों वाले व्यक्ति समूह का निर्माण नहीं कर सकते।
4. एकता की भावना (Sense of Unity)- समूह के सदस्यों के बीच एकता की भावना होना आवश्यक है अन्यथा इसके अभाव में समूह टूट जाता है। एकता भावना का मतलब है हम की भावना होनी चाहिए।

5 ऐच्छिक सदस्यता (Voluntry Membership)- समूह की सदस्यता ऐच्छिक होती है। व्यक्ति सभी समूहों का सदस्य नहीं बनता बल्कि उन्हीं समूहों की सदस्यता ग्रहण करता है जिनमें उसके हितों, आवश्यकताओं एवं रूचियों की पूर्ति होती है।

6. स्तरीकरण (Stratification)- समूह में सभी व्यक्ति समान पदों पर नहीं होते बल्कि वे अलग–अलग परिस्थिति एवं भूमिका निभाते है। अतः समूहों में पदों का उतार–चढ़ाव पाया जाता है।

7. सामूहिक आदर्श (Common Norms)- प्रत्येक समूह में सामूहिक आदर्श एवं प्रतिमान पाए जाते हैं जो सदस्यों के पारस्परिक व्यवहारों को निश्चित करते हैं एवं उन्हें एक स्वरूप प्रदान करते हैं। प्रत्येक सदस्यों से यह अपेक्षा की जाती है कि वह समूह के आदर्शो एवं प्रतिमानों इत्यादि का पालन करे।

8. स्थायित्व (Static)- समूह में थोड़ी बहुत मात्रा में स्थायित्व भी पाया जाता है। जबकि कुछ समूह अपने उद्देश्यों की पूर्ति के बाद ही समाप्त हो जाते हैं फिर भी वे इतने अस्थिर नहीं होते कि आज बनें और कल समाप्त हो जायें।

9. पारस्परिक संबंध (Reciprocal relations)- समूह के सदस्य परस्पर अन्तःसम्बन्धित होते हैं। व्यक्तियों का संग्रह तभी समूह का रूप धारण करेगा जब उनके बीच अन्तःसंबंधों का विकास हो जाता है।

10. ढाँचा (Structure)- प्रत्येक समूह की एक ढाँचा या संरचना होती है। अर्थात उसके नियम, कार्य प्रणाली, अधिकार, कर्तव्य, पद एवं भूमिकाएँ इत्यादि तय होते हैं और सदस्य उन्हीं के अनुसार आचरण करते हैं।

11. आपसी सहयोग (Co-operation)- मैकाइवर एवं पेज ने समूह के लिए पारस्परिक सहयोग को आवश्यक तत्व के रूप में स्वीकार किया है। सहयोग एवं आदान–प्रदान से ही समूह के सदस्य अपने सामान्य हितों की पूर्ति कर पाते हैं।

समूह निर्माण के आधार (Bases of Group Formation)

मनोवैज्ञानिकों ने अनुसंधान में पाया कि जो व्यक्ति समाज से अलग रहा हो, उनमें सामाजिक बातों का अभाव रहता है। समाज में समूहों के निर्माण के लिए मुख्य आधार या कारण क्या है? इस सन्दर्भ में फिक्टर (Fitcher) ने निम्नलिखित बातें कहीं हैं।

1. सामान्य कुल (Common Ancestry)- समाज में बहुत लोग रक्त संबंध या विवाह के आधार पर इकट्ठे रहना चाहते हैं। परिवार या ग्रामीण समुदाय जैसे समूहों का मुख्य आधार सामान्य कुल परम्परा ही है। आदिम जाति समाज में कुल (Clan) जनजातीय समूहों का मुख्य आधार होता है।
2. सामान्य क्षेत्र (Territory Shared in Common)- स्थानीय समानता के आधार पर भी सामाजिक समूहों का निर्माण होता है। पड़ोसी और ग्रामीण समुदाय का मुख्य आधार क्षेत्रीय समानता होता है। क्योंकि उस क्षेत्र से भावनात्मक संबंध हो जाता है। खिलाड़ियों का समूह, नागरिक क्लब का आधार सामान्य क्षेत्र का होना है।
3. सामान्य शारीरिक विशेषता (Similar bodily Characteristics)- अक्सर समूह के निर्माण में जैविक विशेषताओं की समानता काम करती है। उदाहरण के लिए युवा क्लब, महिला मण्डली, नृजाति समूह, इत्यादि शारीरिक विशेषता का कारण समूह का निर्माण होता है।
4. सामान्य स्वार्थ (common Interests)- समूह का निर्माण बिना किसी उद्देश्य के संभव नहीं है। सामान्य स्वार्थ वाले व्यक्ति अलग समूह का निर्माण करते हैं। उदाहरण के लिए विभिन्न खिलाड़ियों का, संगीतकारों, व्यापारियों, कर्मचारियों तथा चोरों का भी अलग–अलग समूह होता है।

इसके अलावा भी अनेक परिस्थितियाँ है जो समूह के निर्माण का आधार हैं। परिस्थितियों एवं आवश्यकताओं के बदलने के साथ–साथ समूह निर्माण के कारणों एवं आधारों में भी परिवर्तन होता रहता है। उन सभी आधारों को ज्ञात करना एक कठिन कार्य है। सोरोकिन, जिमरमैन तथा

गेलपिन (Sorokin Zimmerman, Golpin) ने समूह निर्माण के निम्न कई आधारों का उल्लेख किया है–

1. रक्त संबंध अथवा एक ही पूर्वज में विश्वास
2. विवाह
3. जादू–टोना या धर्म में समान विश्वास
4. समान भाषा
5. सामान्य रीति–रिवाज तथा रूढ़ियाँ
6. एक ही भूमि का स्वामित्व
7. पड़ोस
8. सामान्य व्यवसाय
9. सामान्य उत्तरदायित्व
10. एक ही स्वामी के अधीन कार्य करना
11. एक सामाजिक संस्था से सम्बन्धित होना
12. पारस्परिक सहयोग
13. सामान्य शत्रु
14. साथ–साथ रहकर कार्य करना।

मैकाइवर एवं पेज ने (MacIver and page) समूह के निर्माण में व्यक्तियों के बीच पाये जाने वाले सामान्य हित की भावना या सहयोग पर ज्यादा जोर दिया है। मर्टन (R. K. Merton) ने समूह निर्धारण के 26 आधारों का उल्लेख किया है, जिन्हें आपने समूह की विशेषताएँ माना है। इनके आधार पर विभिन्न प्रकार के समूह निर्मित होते हैं। मर्टन ने बताया कि इन लक्षणों के आधार पर कुछ इस प्रकार के समूह बन जायेगें जो अनेक प्रकार के समूहों की सीमाओं का स्पर्श करेंगे।

समूहों का वर्गीकरण (Classification of Groups)

अनेक समाजशास्त्रियों ने समूहों का वर्गीकरण प्रस्तुत किया है। जिसमें सर्वप्रथम अमेरिकन समाजशास्त्री चार्ल्स कुले (C. H. Cooley) का नाम आता है। इन्होंने अपनी पुस्तक सोशल आर्गनाइजेशन (Social

Organisation) जो सन 1909 में प्रकाशित हुआ थी, में सामाजिक संबंधों के आधार पर प्राथमिक समूह की चर्चा की और बाद में समाजशास्त्रीयों ने ऐसे समूहों से भिन्न विशेषताएँ प्रस्तुत करने वाले समूहों को द्वितीयक समूह की संज्ञा दी। प्राथमिक समूह के सदस्यों में आमने–सामने के संबंध पाए जाते हैं अर्थात सदस्य एक–दूसरे के सम्पर्क में प्रत्यक्ष रूप से आते हैं। इस प्रकार के सम्पर्क में आने वाले लोगों में मित्र, पड़ोसी, साथी, परिवार के सदस्य तथा संदेश मिलने वाले लोग आते हैं। चार्ल्स कूले ने सर्वप्रथम खेल–कूद के साथियों, परिवार तथा पड़ोस की प्रकृति को स्पष्ट करने हेतु ही प्राथमिक समूह कहा है। इन समूह को प्राथमिक इसलिए कहा क्योंकि महत्व एवं प्रभाव की दृष्टि से ये व्यक्ति के जीवन में प्राथमिक है।

प्राथमिक समूह की परिभाषा देते हुए चार्ल्स कूले ने कहा है कि "प्राथमिक समूहों से मेरा तात्पर्य ऐसे समूहों से है जिनकी विशेषता आमने–सामने के घनिष्ठ संबंध और सहयोग हैं तथा इनमें अपनत्व की भावना पायी जाती है। एक–दूसरे की सहायता और सहयोग के लिए प्रत्येक क्षण प्रस्तुत रहते हों। इस प्रकार प्राथमिक समूह संबंधों की पूर्णता एवं निकटता को व्यक्त करती है। साथ ही साथ इसका आकार भी छोटा होता है।

कुले के अनुसार "By primary group we Mean those characterised by intimate face to face association and co-operation."

परन्तु किंग्सले डेविस (Kingsley Davis) ने अपनी पुस्तक ह्यूमन सोसायटी (Human Society) में कहा कि "हम की भावना" के आधार पर तथा आमने–सामने के आधार पर समूह को अलग नहीं कर सकते क्योंकि हम की भावना बड़े–बड़े सैद्धान्तिक समूहों में भी होती है और सेना का एक सिपाही यदि किसी लड़की से निरन्तर प्रेम संबंधों से प्रेरित होकर पक्ष व्यवहार करता है, तो उनमें आमने–सामने का संबंध नहीं होने पर भी निश्चित रूप से उनमें प्राथमिक संबंध पाया जाता है। इसके विपरीत अपने ऑफिसर को आमने–सामने होकर सलाम करता है फिर भी वह प्राथमिक समूह का सदस्य नहीं होता बल्कि औपचारिक संबंध ही होता है।

डेविस का दोनों तर्क सही है, परन्तु वे भूल रहे हैं कि कुले ने इन दोनों विशेषताओं के अतिरिक्त और भी विशेषताएँ जैसे वैयक्तिक संबंध, सम्पूर्ण संबंध, संबंधी की अवधि इत्यादि पर बल दिया है जो प्राथमिक संबंधों को अन्य प्रकार के संबंधों से अलग करती है।

प्राथमिक समूह के बाद द्वितीयक की चर्चा करना आवश्यक है। जिस समूह में प्राथमिक समूह की ये विशेषताएं कम या अल्प मात्रा में पायी जाती है उसे द्वितीयक समूह की संज्ञा दी गई है। बीयरस्टीड (R. Bierstedt) ने कहा कि "The Secondary groups are all those groups that are not primary" अर्थात "वे सभी समूह द्वितीयक है, जो प्राथमिक नहीं है।"

द्वितीयक समूह वे समूह है, जिनमें सदस्यों के बीच अवैयक्तिक संबंध पाए जाते हैं। व्यक्तिगत रूप में सदस्यों को जानना यहाँ आवश्यक नहीं है। ऐसे समूहों में शारीरिक निकटता भी अनिवार्य नहीं है। ये संबंध अनौपचारिक प्रकार के जीवन के किसी एक पक्ष से सम्बन्धित, अस्थायी प्रकार के विशेष हितों या आधारित और हस्तान्तरणीय होते हैं।

प्राथमिक एवं द्वितीयक समूहों में अन्तर (Difference between primary and Secondary Groups)

प्राथमिक समूह	*द्वितीयक समूह*
1. आकार छोटा होता है।	आकार बड़ा होता है।
2. सदस्यों में शारीरिक समीपता पायी जाती है।	सदस्यों में शारीरिक समीपता हो सकती है और नहीं भी।
3. सदस्यों में स्थायी संबंध पाए जाते हैं।	सदस्यों में अस्थायी संबंध होते हैं।
4. संबंधों में निरन्तरता पायी जाती है।	निरन्तरता नहीं पायी जाती है।
5. संबंध अनौपचारिक होते हैं।	संबंध औपचारिक होते हैं।
6. संबंध स्वतः निर्मित होते हैं।	जानबूझकर बनाए जाते हैं।
7. सभी लोगों के उद्देश्य एक ही होते हैं।	सभी अपने–अपने हितों में रूचि रखते हैं।
8. संबंधों में घनिष्ठता पायी जाती है।	इसमें घनिष्ठता का अभाव पाया जाता है।
9. ये सरल ग्रामीण समाजों में पाये जाते हैं।	ये जटिल, नगरीय एवं आधुनिक समाजों में पाये जाते हैं।
10. इसमें हम की भावना पाई जाती है।	इसमें हम की भावना का अभाव होता है।
11. इनका व्यक्तित्व पर गहरा प्रभाव पड़ता है।	अपेक्षाकृत व्यक्तित्व पर कम महत्वपूर्ण प्रभाव पड़ता है।

12. इसमें आमने–सामने के संबंध पाये जाते हैं।	इसमें अप्रत्यक्ष संबंध पाए जाते हैं।
13. सदस्यों के बीच समानता के आधार पर संबंध पाए जाते हैं।	सदस्यों के पद और भूमिका में अन्तर पाया जाता है।
14. प्राथमिक समूह अति प्राचीन है।	ये आधुनिक औद्योगिक समाज की देन हैं।
15. इसमें सदस्यों के कार्य क्षेत्र सीमित होते हैं।	इसमें कार्य क्षेत्र असीमित होता है।
16. इसमें सदस्यों के अधिकार और कर्तव्य उनकी आयु और नातेदारी से निश्चित होते हैं।	इसमें सदस्यों के अधिकार उनकी शिक्षा, कुशलता और आर्थिक साधनों के आधार पर निश्चित होते हैं।
17. इसमें व्यक्तियों के व्यवहारों का आदर्श नियमों और प्रथाओं के द्वारा नियन्त्रित किया जाता है।	इसमें समूहों में व्यवहार पर नियंत्रण रखने का एकमात्र विधि सुपरिभाषित कानून ही है।
18. इन समूहों में प्राथमिक सम्बंध होने के कारण समूह काफी स्थायी होता है। सदस्य इनको शीघ्र ही छोड़ देते हैं।	द्वितीयक समूहों में अपनी आवश्यकताएं पूरी न होने पर है।

14

समूह का वर्गीकरण

Classification of Group

समाजशास्त्र में अनेक विद्वानों ने समूह के अध्ययन पर ध्यान केन्द्रित किया है। सभी विद्वानों का समूह के संदर्भ में अलग अलग विचार रहा है। देखा जाय तो एल. एच. मार्गन L. H. Morgan का सोसाइटस एवं सिभिइटस Societus तथा Civitus, एक टॉनिंज F. Tonnies का समुदाय एवं समिति (Commuities) तथा Associations, Durkheim का यंत्रिक एकता Mechanical तथा सावयवी एकता Organic Solidarity भी एक खास समूह की ओर इंगित करती है। जिसमें टॉनिज ने तथा दुर्खिम ने ग्रामीण तथा शहरी समाज की ओर, और मार्गन ने आदिवासी और सभ्य समाज की ओर इशारा किया है। समाजशास्त्र में समूह के निम्नलिखित महत्वपूर्ण वर्गीकरण है:

1. फिक्टर Fichter ने अपनी पुस्तक 'Sociology' में सार्वभौमिक प्रकार्य (Universal Function) को वर्गीकरण का आधार बनाया है। उनका कहना है कि हमारे सामाजिक जीवन में जितने प्रकार की आवश्यकता होती है उन आवश्यकताओं की पूर्ति कोई न कोई समूह अवश्य करता है। इस प्रकार प्रकार्य (Function) के आधार पर उन्होंने निम्नलिखित छः प्रकार के समूहों का वर्गीकरण प्रस्तुत किया है।

(क) पारिवारिक समूह (Familial Group)-: प्रत्येक समाज में कुछ जैविक आवश्यकताएँ हैं और इससे संबंधित सामाजिक आवश्यकताएँ

परिवार के द्वारा पूरी की जाती है। जैसे– यौन इच्छा की पूर्ति बच्चों का पालन पोषण एवं समाजीकरण आदि से सम्बन्धित आवश्यकताएँ परिवार के द्वारा पूरी की जाती हैं, इसलिए इस प्रकार के कार्य को सम्पादित करने वाले समूह को पारिवारिक समूह कहा जाता है।

परन्तु जार्ज पीटर मरडॉक (George Pitter Murdock) ने अपनी पुस्तक "Social Structure" में कहा है कि यौन (Sex) परिवार का मुख्य आधार नहीं है। उन्होने लगभग 250 आदिवासी परिवारों का अध्ययन करने के बाद यह पाया कि लगभग 80 प्रतिशत से अधिक परिवारों में यौन सम्बन्धी निषेध नहीं है। यौन संबंध के लिए वे परिवारिक संगठन से बाहर भी आजाद हैं। इस अध्ययन से स्पष्ट होता है कि परिवार के लिए यौन संबन्ध अनिवार्य पहलू नहीं है। मरडॉक ने कहा कि यौन संबन्ध परिवार के बाहर भी कायम किया जा सकता है लेकिन आर्थिक संबन्ध जो परिवार में पाया जाता है वह परिवार के बाहर नहीं पाया जाता है।

डी. एन. मजूमदार D. N. Majumdaar ने भी कहा कि बहुपति प्रथा वाले परिवारों में एक से अधिक व्यक्ति (Extra Marital Sex) संबन्ध पाया जाता है।

(ख) शैक्षणिक समूह (Educational Group)- फिक्टर के अनुसार प्रत्येक समाज में शिक्षा लेने तथा देने की कोई न कोई व्यवस्था अवश्य होती है। शिक्षा से सम्बन्धित आवश्यकताएँ जिन समूह के व्यक्तियों के द्वारा पूरा किया जाता है, उन्हें शैक्षणिक समूह कहा जाता है। फिक्टर ने इसे भी दो भागों में बांटा है, एक को औपचारिक (Formal) शिक्षा कहा है, जिसमें विद्यालय, महाविद्यालय आता है। तथा दूसरा अनौपचारिक शिक्षा जिसमें समाजीकरण या सामाजिक नियंत्रण के लिए अलग संगठन की आवश्यकता होती है। उदाहरण के लिए आदिवासी समाज में युवा संगठन।

(ग) आर्थिक समूह (Economic Group)- इस प्रकार के समूह में वैसे लोग आते हैं जो मुख्य रूप से उत्पादन और वितरण की व्यवस्था में लगे होते हैं। बिना उत्पादन, वितरण एवं विनिमय के किसी

समाज की अर्थ व्यवस्था नहीं चल सकती है। इसलिए ऐसे लोग जो उत्पादन, वितरण एवं विनिमय में कार्यरत हैं वैसे लोगों के समूहों को आर्थिक समूह कहा जाता है। उदाहरण के लिए उद्योग, व्यापार, यातायात को ले सकते हैं।

(घ) राजनीतिक समूह (Political Group)- राजनीतिक समूह में वे समूह आते हैं जो समाज की शासन व्यवस्था में अपना हाथ बटाते हैं और जो हमारी राजनीतिक आवश्यकताओं को पूरा करते हैं। केवल शासन व्यवस्था में ही नहीं बल्कि विपक्ष में रहकर या किसी भी स्तर के राजनीतिक कार्यों में सम्मिलित होने वाले लोगों के समूहों को राजनीतिक समूह कहा जाता है। उदाहरण के लिए अनेक प्रकार के राजनीतिक दल, श्रम संघ, पंचायत के सदस्य इसी समूह के उदाहरण हैं।

(ड़) धार्मिक समूह (Religions Group)- प्रत्येक समाज में धार्मिक विश्वास का प्रचलन होता है। अर्थात् धर्म समाज में व्यक्ति को एक सूत्र में बांध कर रखता है। धर्म सम्बन्धी आवश्यकताएँ भी समाज में कम महत्वपूर्ण नहीं हैं। इन आवश्यकताओं की पूर्ति विशेष प्रकार के धार्मिक समूह ही करते हैं। अर्थात ऐसे व्यक्तियों के समूह जो धार्मिक कार्य में संलग्न हैं उन्हें धार्मिक समूह कहा जाता है। उदाहरण के लिए इस्लाम धर्म में मौलवी, हिन्दू धर्म में ब्राह्मण, इसाई धर्म में पादरी आदि।

(च) मनोरंजनात्मक समूह (Recreational Group)- इस प्रकार के समूह से तात्पर्य यह है कि ऐसे लोगों के समूह जो व्यक्ति के मांनसिक तथा शारीरिक तनावों को दूर कर मनोरंजन प्रदान करता हो। टी. पारसन्स (T. Parsons) ने भी तनाव प्रबंधन (Tension Management) के लिए मनोरंजन के महत्व को स्वीकार किया है। ऐसे समूह के मुख्य उदाहरण नाट्य मंडली, सिनेमा सरकस आदि है।

फिक्टर के वर्गीकरण की आलोचना करते हुए आलोचकों का कहना हैं कि यह वर्गीकरण अनुसंधान (EmPirical reference) पर आधारित नहीं है और पुराना हो चुका है। आज सूचना क्रांति के द्वारा हमारे सामाजिक

जीवन में तीव्र गति से परिवर्तन हो रहा है और केवल इनमें छः प्रकार की ही आवश्यकताएँ नहीं है, बल्कि वे और भी अधिक है। दूसरी ओर कभी–कभी हमारी आवश्यकताएं एक ही होती है परन्तु उनकी पूर्ति के लिए अनेकानेक समूह शामिल रहते है, तथा कभी–कभी कई आवश्यकताओं की पूर्ति एक ही समूह द्वारा हो जाती हैं। जैसे शिक्षा की आवश्यकताएँ शिक्षण संस्थान से पूरी होती है, लेकिन अब हम पुस्तक या कलम खरीदते हैं तो उसमें एक से अधिक समूह का योगदान होता है। दूसरी ओर मनोरंजन संबंधी, शिक्षा संबंधी अनेक आवश्यकताओं की पूर्ति पारिवारिक समूह में भी सम्भव हो सकता है।

2. मैक्सिको के प्रसिद्ध समाजशास्त्री मेनडेटा (Mendieta ने भी समूह का महत्वपूर्ण और काफी लोकप्रिय वर्गीकरण प्रस्तुत किया है। मेनडेटा ने संगठन (Organization) के आधार पर चार प्रकार के समूह की चर्चा की है।

(क) संरचनात्मक समूह (Structural Group) मेनडेटा के अनुसार ऐसे समूह जिसकी उत्पति स्वयं होती है एवं उनका विकास भी स्वयं होता है। संरचनात्मक समूह कहलाते हैं। ये योजनावद्ध रूप से नहीं बनाये जाते है अर्थात समूह के उत्पति में कोई निश्चित विकल्प नहीं होता है। उदाहरण के लिए परिवार, जाति, राज्य इत्यादि।

(ख) अर्ध संरचनात्मक समूह (Quasi Structural Group)- ऐसे समूह जो पूरी तौर से न तो संरचनात्मक होते है और न ही असंरचनात्मक बल्कि इन दोनों के बीच की स्थिति के होते हैं उन्हें अर्ध संरचनात्मक समूह कहते हैं। इन्हें हम ढीले–ढाले प्रकार के समूह की संज्ञा देते है। जिनके उदाहरण में मेनडेटा ने समुदाय (Community) राष्ट्र (Nation), वर्ग (Class) आदि की चर्चा की है। इस तरह वे समूह उत्पति एवं विकास के दृष्टिकोण से स्वाभाविक होते है।

(ग) पारिस्थतिक समूह (Circumstantias Group)- मेनडेटा ने इस समूह को अवसरिक समूह Occasional Group के रूप में भी सम्बोधित किया है, उनके अनुसार इस प्रकार के समूह अस्थायी तथा

अस्थिर होते हैं जिनका निर्माण अचानक होता है और जो अचानक समाप्त भी हो जाते हैं, ये अपने आप में स्वामिक होते हैं उदाहरण के लिए भीड़ (Crowd) हिंसक मीड (Mob) आदि। इनमें न कोई संगठन होता है और न कोई स्थायित्व।

(घ) कृत्रिम समूह (Artificial Group) यह ऐसे समूह हैं जो जान–बूझकर कुछ उद्देश्यों को सामने रख कर स्थापित किया जाता है। इस प्रकार के समूह का निर्माण कृत्रिम रूप में सचेत अवस्था में किया जाता है आधुनिक युग में बहुत से समूह किसी न किसी लक्ष्य की प्राप्ति के लिए बनाए जाते हैं। ये अपने जन्म एवं विकास में चूंकि प्राकृतिक नहीं होते, इसलिए शायद उन्हें कृत्रिम समूह कहा जाता है, जैसे श्रम संघ (Trade Union) राजनीतिक दल (Political Party) आदि।

मेनडेटा ने इस समूह की विस्तृत विवेचना की है। उन्होंने कहा कि कृत्रिम समूह का अस्तित्व कुछ व्यक्तियों द्वारा कायम होता है जो कुछ सामान्य उद्देश्य को लेकर आगे बढ़ता है। जब यह समूह स्थापित हो जाता है तब अपने सदस्यों के ऊपर इसका प्रभाव इतना विस्तृत और गहन हो जाता है कि इसके सदस्य मात्र एक मशीन के कल पुर्जे की भांति हो जाते हैं। मेनडेटा ने यह भी कहा कि समूह के सदस्य धीरे–धीरे अपना व्यक्तित्व तक खो देते हैं जिसको उसने De-Personalization कहा है। तात्पर्य यह कि सदस्य लोग अपने व्यक्तिगत मनोवृति आदि को छोड़ देते है और उन्हीं विचारों और मनोवृतियों का प्रतिनिधित्व करते हैं, जिसका समूह भी प्रतिनिधित्व करता है। ऐसे समूह के नेता की शक्ति अत्यधिक बढ़ जाती है और समूह के अन्तर्गत गतिशीलता (Dynamism) अत्यधिक हो जाती है। धर्म, नैतिक, आदर्श ऐसे समूह में समाप्त होने लगते हैं। इस प्रकार इस समूह की बागडोर नेताओं के हाथ में चली जाती है।

मेनडेटा द्वारा प्रस्तुत वर्गीकरण को सोरोकिन Sorokin ने अत्यन्त वैज्ञानिक एवं आधुनिक मानते हुए अपनी पुस्तक 'Sociological Theory of Today' में इसकी कुछ खामियों का जिक्र किया है।

मेनडेटा का कहना है कि संरचनात्मक, अर्द्ध संरचनात्मक तथा पारिस्थितिक समूह अपने जन्म एवं विकास में स्वतंत्र (Natural) होते हैं। सोरोकिन के अनुसार जिन उदाहरणों को मेनडेटा ने Natural Grouping को समझाने के लिए पेश किया है वे स्वयं स्वतंत्र (Natural) नहीं है। संरचनात्मक समूह में उसने परिवार का उदाहरण दिया है जिसकी कोई सर्वमान्य अवधारणा नहीं है। समय और परिस्थिति के अनुसार उसकी व्याख्या बदलती रहती है। भारत में पूर्ण रूप से परिवार Natural नहीं हो सकता क्योंकि यह एक धार्मिक परम्परा है, जिसमें सन्तान की प्राप्ति से सम्बन्धित मूल्य भी जुड़े हुए हैं। इन धार्मिक परम्पराओं का निर्वाह करने के लिए विवाह यहाँ पर एक सामाजिक दबाव है। अतः इसे हम कह सकते हैं कि यह जान बूझ कर स्थापित किया जाता है। राज्य का उदाहरण भी यहाँ उचित नहीं लगता है क्योंकि इतिहास में ऐसे अनेक उदाहरण हैं जहाँ किसी राज्य की स्थापना जान बूझ कर की गई है। 1917 में बंगला देश का निर्माण, 2000 में झारखंड राज्य का निर्माण जानबूझ कर किये गए आन्दोलन के कारण हुआ। अर्थ संरचना समूह में वर्ग का उदाहरण भी तार्किक नहीं लगता है। कार्ल मार्क्स Karl Marx ने जब सर्वहारा वर्ग में एकता स्थापित करने की बात कही तो उसने कुछ सामान्य उद्देश्य की चर्चा की। स्वयं मार्क्स के अनुसार सर्वहारा वर्ग को बनाये रखने में पूंजीपति वर्ग का निहित स्वार्थ रहता है, वही बात राष्ट्र (Nation) के साथ भी लागू होता है। मेनडेटा ने राज्य तथा राष्ट्र को क्रमशः संरचनात्मक तथा अर्ध संरचनात्मक समूह के अन्तर्गत रखा है जब कि उसने इन दोनों के बीच कोई अन्तर नहीं बतलाया है। कृत्रिम समूह में भी कुछ ऐसे समूह होते है जहाँ पर सदस्य स्वयं एक मशीन की तरह हो जाता है। परन्तु यह बात सभी समूह के साथ लागू नहीं होती है। प्रजातांत्रिक व्यवस्था में सदस्य अपने व्यक्तित्व को नहीं खोता है।

सोरोकिन का कहना है कि मेनडेटा का वर्गीकरण यह नहीं बतलाता है कि कौन–सा समूह किस प्रकार का कार्य करता है। इस वर्गीकरण से यह भी पता नहीं चलता है कि कौन सा समूह प्रकार्यात्मक (Unifunctional) है और कौन सा समूह बहुप्रकार्यात्मक (Multifunctional) है। इस प्रकार

हम कह सकते हैं कि मेनडेटा द्वारा प्रस्तुत वर्गीकरण अनेक अर्थो में वैज्ञानिक होते हुए भी कमजोरियों से मुक्त नहीं है।

3. रोबर्ट ब्रेस्टीड (Robert Bierstedt) ने अपनी पुस्तक "The Social order" में किसी भी समूह के लिए सामाजिक अन्तःक्रिया, (Social interaction) जातिगत चेतना (Consciousness of Kind) और सामाजिक संगठन (Social organization) को आवश्यक तत्व माना है और इन तत्वों के आधार पर समूह को चार वर्गो में विभाजित किया है।

(क) सांख्यिकीय समूह (Statistical Group)- इस प्रकार के समूह में न तो अंतः क्रिया होती है, न जातिगत चेतना और न ही सामूहिक संगठन। ऐसे समूह का निर्माण स्वयं सदस्यों के द्वारा नहीं होता, बल्कि ये समूह समाजशास्त्रियों एवं सांख्यिकीविदों के द्वारा बनाए जाते हैं। व्यक्तियों के लिए ऐसे समूहों का कोई महत्व नहीं होता, परन्तु सम्पूर्ण समाज के लिए इस प्रकार के समूह लाभदायक होते हैं। जैसे– आयु, यौन समूह आदि।

(ख) सोसाइटल (Societal Group)- इस प्रकार के समूह में गतिशील चेतना तो पायी जाती है, परन्तु सामाजिक अंतःक्रिया तथा सामाजिक संगठन का अभाव होता है। ब्रेस्टीड के अनुसार इस समूह के सदस्यों में कुछ ऐसी समानताएं होती हैं जिन्हें ज्ञानेन्द्रियों द्वारा जाना जा सकता है। उदाहरण के लिए एक ही उम्र की स्त्रियों तथा पुरूषों का समूह। इस प्रकार के समूहों का निर्माण वर्ग, कपड़ों का पहनावा, भाषा आदि के द्वारा होता है।

(ग) सामाजिक समूह (Social Group)- इस प्रकार के समूह में गतिशीलता चेतना तथा सामाजिक अन्तः क्रिया तो पायी जाती है, परन्तु सामाजिक संगठन का अभाव रहता है। जब व्यक्ति अपनी अवश्यकताओं की पूर्ति के लिए एक दूसरे के सम्पर्क में आते हैं और सामाजिक संबंध स्थापित कर लेते हैं तब ऐसे समूहों का निर्माण होता है। जैसे– मित्रता, एक ही कक्षा के छात्र, गाड़ी में साथ सफर करने वाले यात्रियों का समूह।

(घ) संस्थागत समूह (Associational Group)- इस प्रकार के समूह में जातिगत चेतना, सामाजिक अन्तः क्रिया के साथ–साथ सामाजिक संगठन भी होता है। इस प्रकार के समूह आधुनिक जटिल समाज में पाए जाते हैं। ग्रामीण क्षेत्र में जाति, पंचायत, स्कूल तथा शब्दों में क्लब, मजदूर संघ, इसके उदाहरण हैं।

बेस्टीड के द्वारा प्रस्तुत वर्गीकरण में निम्नलिखित कमजोरियां है।

सांख्यिकीय समूह में वास्तविक रूप में कोई सदस्य नहीं होते हैं क्योंकि इसमें बेस्टीड द्वारा लिए गये तीन आवश्यक तत्वों में से किसी तत्व की उपस्थिति नहीं है। अतः ऐसे समूह को एक प्रकार मानना व्यर्थ होगा।

सोरोकिन (Sorokin)- ने समूह निर्माण के लिए जातिगत चेतना (Consciounsness of Kind) का होना आवश्यक नहीं माना है, इसके विपरीत चेतना (Consciousness of Opposite) रहने पर भी समूह का निर्माण होता है। जैसे पति–पत्नी विपरीत लिंग के होते हुए भी परिवार का निर्माण करते हैं। इसके अतिरिक्त समूह के लिए सामान्य प्रतिमान (Comman Norm) का होना आवश्यक है जिसकी चर्चा ब्रेस्टीड ने नहीं की है।

4. डब्लू. जी. समनर (W. G. Summer) ने 1907 में अपनी पुस्तक "The Folkways" में मानव व्यवहार के अध्ययन के आधार पर समूह को दो भागों में बांटा है।

(क) अन्तः समूह (In Group)- ऐसा समूह जिनके सदस्यों के बीच अपनत्व, आत्मीयता या हम (We feeling) की भावना पाई जाती हो। हम की भावना का चरमोत्कर्ष में अहम की भावना को जागृत कर देती है। जिसके कारण व्यक्ति अपने समूह को सर्वोच्च स्थान देता है और उसके साथ सहानुभूतिपूर्वक (Preferential behaviour) व्यवहार करता है। यही भावना Ethnocentrism का आधार है। (The Preferential feeling Which Individuals have for their own group is frequently referred to as ethnocentrism) इस प्रकार के भावना के कारण लोग अपनी संस्कृति को सभी संस्कृतियों से श्रेष्ठ

समझते हैं जो व्यापक समूह संघर्ष का आधार माना जाता है। प्राचीन यहूदियों ने इसी भावना से प्रभावित होकर अन्य लोगों को गैर यहूदी कहा है।

(ख) बाहय समूह (Out Group)- बाहय समूह के संबंध में सबसे महत्वपूर्ण बात यह है कि इसकी आकार व सीमाएं निश्चित नहीं रहती बल्कि समय व स्थान के अनुसार बदलती रहती हैं, जो एक समय में हमारा अन्तः समूह है दूसरे समय में बाध्य समूह भी हो सकता है। जिस समय समनर ने अन्तः समूह और बाध्य समूह में अन्तर किया उस समय वे आदिम समाजों का अध्ययन कर रहे थे। आदिम समाजों में एक होने की भावना प्रबल थी। समूह इतने छोटे–छोटे थे कि उनमें एक व्यक्ति दूसरे से भलीभांति परिचित होता था। इसलिए इनमें समानता की भावना पायी जाती थी। इसी समान होने की भावना को Coonsciousness of Kind कहा गया है। अन्तः समूह में जातिगत भावना (Consciousness of Kind) का पाया जाना अनिवार्य है, परन्तु बाहय समूह में इस भावना का अभाव रहता है। सारांशतः कह सकते है कि जिसे हम अपना समझते हैं वह अन्तः समूह और जिसे हम पराया समझते है वह बाह्य समूह है।

5. सोरोकिन (Sorokin)- ने निम्नलिखित दो प्रकार के समूहों की चर्चा की है।

(क) एकलपक्षीय समूह (Unibonded Group)- एकलपक्षीय समूह वह समूह है जो एक निश्चित कार्य को ही पूरा करता है। इस प्रकार के समूह में Contractual Relationshio पाया जाता है। उदाहरण के लिए डॉक्टर और मरीज शिक्षक और छात्र, क्रेता और विक्रेता के संबंध से बना समूह। ऐसे समूहों में एक पक्षीय संबंधों की बहुलता रहती है। डॉक्टर द्वारा मरीज देखने के बाद दवा का सुझाव देने के उपरांत उसका सम्बन्ध मरीज से खत्म हो जाता है उसे दवा खरीदने के लिए पैसा नहीं देता है।

(ख) बहुपक्षीय समूह (Multi Bonded)- इस प्रकार के समूहों के सदस्य एक से अधिक कार्यो को पूर्ति करते है। जैसे परिवार या मित्र

समूह। परिवार में एक सदस्य दूसरे सदस्य से सिर्फ एक ही प्रकार के संबन्ध से बंधा नहीं रहता बल्कि अनेक प्रकार के संबन्धों से बंधा रहता है। फलतः उसे अनेकों प्रकार के कार्य दूसरे सदस्यों के लिए करने पड़ते हैं।

सोरोकिन के इस वर्गीकरण की तुलना प्राथमिक समूह (Primary Group) और द्वैतीयक समूह (Secondary Group) से करने पर पता चलता है कि सोरोकिन का बहुपक्षीय समूह (Multibonded Group) कुल (Cooley) के प्राथमिक समूह के समान है तथा एकलपक्षीय समूह (Unibonded Group) द्वैतीयक समूह के समान है। ब्रेस्टीड ने सोरोकिन का वर्गीकरण की आलोचना करते हुए कहा कि सोरोकिन का वर्गीकरण नया नहीं है और न ही वैज्ञानिक है। इस प्रकार का वर्गीकरण तो पहले भी कुले (Cooley) दुर्खीम (Durkheim) टॉनिज (Tonnies) आदि विद्वानों ने प्रस्तुत किया था।

ब्रेस्टीड की आलोचना का जवाब सोरोकिन ने अपनी पुस्तक "Sociological Theories of Today" में दिया और कहा कि एकलपक्षीय (Unibonded) और बहुपक्षीय (Multi Bonded) की तुलना प्राथमिक और द्वैतियक समूह से नहीं की जा सकती क्योंकि प्राथमिक समूह के लिए कुले ने आमने सामने (Face to Face relationship) सम्बन्ध एवं हम की भावना (We Feeling) को आवश्यक माना है जब कि बहुपक्षीय समूह के लिए इनकी कोई आवश्यकता नहीं है। जैसे राष्ट्र (Nation) एक बहुपक्षीय समूह है लेकिन प्राथमिक समूह नहीं है।

6. मीलर (Miller) ने सामाजिक समूहों को दो भागों में बांटा गया है।

(क) उदग्र समूह (Vertical Group)- उदग्र समूह सामाजिक दूरी को प्रकट करता है, उदाहरण के लिए जाति Caste।

(ख) क्षैतिज समूह (Horizontal Group)- क्षैतिज समूह सामाजिक समानता को प्रकट करता है। उदाहरण के लिए लेखकों कवियों, गायकों का समूह।

7. लेस्टर वार्ड (Lester Ward) ने सामाजिक समूह को वर्गीकरण किया है जो निम्नलिखित है।

(क) ऐच्छिक समूह (Voluntary Group) ऐसा समूह जिसमें सदस्यता पाना अपनी इच्छा पर आधारित होती है तथा उसकी सदस्यता छोड़ना भी व्यक्ति की इच्छा पर आधारित होती है। जैसे क्लब, श्रम संघ, राजनीतिक दल आदि।

(ख) अनिवार्य समूह (Non-Voluntary Group)- ऐसा समूह जिसमें सदस्यता पाना इच्छा पर आधारित नहीं बल्कि शामिल होना अनिवार्य होता है। जैसे परिवार, जाति, प्रजाति आदि।

8. डवांइट सैंडरसन (Dwight Sanderson) ने संरचना के आधार पर समूहों को तीन श्रेणियों में विभाजित किया है।

(क) अनैच्छिक समूह (Non-Voluntary Group)- इस प्रकार का समूह इच्छा पर आधारित नहीं होता है, जैसे– परिवार। व्यक्ति अपनी इच्छा से अपने परिवार का चयन नहीं करता है।

(ख) ऐच्छिक समूह (Voluntary Group)- ऐच्छिक समूह वह होता है जिसमें व्यक्ति अपनी इच्छा से शामिल होता है वह अपनी इच्छा से समूह का सदस्य बनता है।

(ग) प्रतिनिधिक समूह (Delegate Group)- जब व्यक्ति कुछ लोगों के प्रतिनिधि के रूप में निर्वाचित किया जाता हो तो उसे प्रतिनिधिक समूह कहते हैं। जैसे संसद एक प्रतिनिधि समूह है।

9. ल्योपाल्ड (Leopold) ने समूहों को (क) भीड़ (Crowds) (ख) समूहों (Groups) तथा (ग) अमूर्त संग्रहों (Abstract Collectivities) में बांटा है।

10. पार्क एवं वर्गेस (Park and Burgess) ने समूहों को (क) प्रादेशिक एवं (ख) गैर प्रादेशिक समूहों में विभक्त किया है।

11. गिलिन एवं गिलिन (Gillin and Gillin) ने समूहों को (क) खून का रिश्ता (Blood Relation) (ख) शारीरिक विशेषतायें (Physical Characterstics) (ग) भौतिक सामीप्य (Territorial) (घ) स्थाई और अस्थाई (Temporary and Permanent) (ड़) सांस्कृतिक (Cultured) समूह में वर्गीकरण किया है।

12. डेरेनड्रोफ (Dahrendrof) ने समूह को (क) अर्द्ध समूह (Quasi Group) जिसकी विशेषता है, सामान्य रूची परन्तु असंगठित (ख) रूची समूह (Interst Grouop) जिसकी विशेषता है सामान्य व्यवहार वाले (Common Modes of behaviour) समूह है।

15

सन्दर्भ समूह

Reference Group

आधुनिक काल में अनेक समाजशास्त्रियों ने समाजशास्त्र में सन्दर्भ समूह की अवधारणा को विश्लेषित किया। जबकि सन्दर्भ समूह की यह परिस्थिति केवल वर्तमान काल की नहीं बल्कि मानव समाज की शुरूआत से चली आ रही है। जब कोई व्यक्ति अन्य व्यक्ति को उन्नति करते हुए देखता है तो, उनके पद एवं परिस्थिति तक पहुँचने के लिए उनके समान व्यवहार करना आरम्भ करता है ऐसे व्यवहार को सन्दर्भ व्यवहार (Reference Behaviour) कहते हैं। ऐसे व्यवहार के अन्तर्गत व्यक्ति स्वयं को अन्य व्यक्तियों अथवा समूहों के साथ सम्बन्धित करता है तथा उनके आदर्शों तथा मूल्यों को अपनाने का प्रयत्न करता है। जिस समूह का व्यवहार अनुकरण करता है उन्हें सन्दर्भ समूह (Reference Group) कहा जाता है।

सन्दर्भ समूह की अवधारणा सर्वप्रथम प्रसिद्ध सामाजिक मनोवैज्ञानिक एच. हरबर्ट हाइमन (H. Herbert Hyman) ने 1942 में अपनी पुस्तक "The Phychology of Status" में विश्लेषित की। हाईमन ने अमेरिका के कुछ स्कूली बच्चों के अध्ययन के दौरान पाया कि निम्न आर्थिक समूह के बच्चे अपने समूह के नियमों से प्रभावित न हो कर उच्च आर्थिक समूहों के नियमों और प्रतिमानों से प्रभावित हो रहे थे जिन्हें वे आदर्श मानते थे। अर्थात उच्च

आर्थिक समूह के वे सदस्य नहीं थे फिर भी वे उससे प्रभावित होते थे। ऐसे ही समूह को हाइमन ने सन्दर्भ समूह की संज्ञा दी है।

सन्दर्भ समूह में व्यक्ति किसी समूह को अपने से सन्दर्भित करता है जिसके आधार पर वह व्यक्ति न केवल अपना एवं अपनी स्थिति का भी मूल्यांकन करता है, बल्कि दूसरों की हैसियत का भी मूल्यांकन करता है। उदाहरण के लिए एक गरीब वर्ग का लड़का अमीर वर्ग की जीवन शैली या उसके प्रचलित नियम एवं प्रथाओं से प्रभावित होता है और अपना एवं अपनी सदस्यता वाले समूह के अन्य सदस्यों का मूल्यांकन अमीर वर्ग के प्रचलित व्यवहार नियम प्रथाओं से करता है तो वैसी स्थिति में अमीर वर्ग उस गरीब वर्ग के लड़के के लिए सन्दर्भ समूह कहलाता है।

हाइमन के पश्चात कई मनोवैज्ञानिक जैसे– मुजफ्फर शेरिफ (M. Sherif), न्यूकॉम (T. Newcomb), और कुछ समाजशास्त्री जैसे– आर. के. मर्टन, टर्नर (R. Turner), स्टूफर (A. J. Stouffer), क्लानवर्ग (Clinberg), जॉनसन (Johnson), इत्यादि ने महत्वपूर्ण योगदान दिये।

श्री एवं श्रीमती शेरिफ ने इस अवधारणा को परिभाषित करते हुए कहा है कि "Reference groups are those groups to which individual relates himself as a part or to which he aspires to relate himself psychologically. In everyday language reference group are those groups with which he identifies himself or aspires to identify himself."

अर्थात सन्दर्भ समूह वे समूह हैं जिनसे व्यक्ति अपने को उनके एक अंग के रूप में सम्बन्धित करता है अथवा जिनसे वह अपने को मनोवैज्ञानिक रूप से जुड़ने की आकांक्षा रखता है। बोलचाल की भाषा में सन्दर्भ समूह वे समूह हैं जिनके साथ व्यक्ति एकात्मकता या घनिष्ठ संबंध स्थापित करता है या करने की आकांक्षा रखता है।

शेरिफ के अनुसार आधुनिक समाजों में जब संचार एवं यातायात के बढ़ने के कारण लोगों के अन्तःक्रिया करने का दायरा काफी बढ़ गया है तब व्यक्ति अनेक द्वितीयक समूह से जुड़ते हैं या जुड़ने की आकांक्षा रखते हैं।

न्यूकॉम (T. Newcomb) ने सन्दर्भ समूह के दो आयामों की चर्चा की। उसने शेरिफ के परिभाषा से आगे बढ़ने की कोशिश की। उन्होंने कहा कि सन्दर्भ समूह में केवल आकांक्षा (Aspiration) ही नहीं बल्कि Non Aspiration की भी दशा होती है। उन्होंने सकारात्मक तथा नकारात्मक सन्दर्भ समूह के बारे में कहा कि जब व्यक्ति किसी खास समूह का सदस्य बनना चाहता है तो उसे सकारात्मक सन्दर्भ समूह और जब किसी समूह से दूरी बनाये रखना चाहता है तो उसे नकारात्मक संदर्भ समूह कहते हैं। जॉनसन (Johnoson) ने इसे परिभाषित करते हुए कहा कि "Any group may be a reference group for a given person- a group to which he belongs or one to which he does not belong an interaction group or one whose members are not, or a statistical category, an actual group or even an imaginary one."

अर्थात संदर्भ समूह का तात्पर्य सिर्फ किसी व्यक्ति की गैर सदस्यता समूह से नहीं है, बल्कि व्यक्ति की सदस्यता समूह से भी है। वह भी उसका संदर्भ समूह हो सकता है। कभी–कभी वास्तविक समूह के अतिरिक्त कोई काल्पनिक समूह भी संदर्भ हो सकता है। उदाहरण के लिए कार्ल मार्क्स का वर्गहीन समाज और गांधी जी का राम–राज्य दोनों काल्पनिक समूह हैं जो वास्तव में कहीं अस्तित्व में नहीं हैं फिर भी मार्क्सवादियों का विचार, व्यवहार वर्गहीन समाज से नियंत्रित होता है।

आर. के मर्टन तथा रोस्सी ने अमरीकन सैनिकों के एक अध्ययन के आधार पर कहा कि व्यक्ति का सन्दर्भ समूह उसका अन्तःसमूह (In group) अर्थात वह समूह हो सकता है जिसका कि वह सदस्य है (Membership Group)। व्यक्ति का सन्दर्भ समूह कोई बाह्य समूह (Out Group) भी हो सकता है जिसका कि वह सदस्य नहीं है (Non Membership Group)। प्रथम स्थिति में उसके स्वयं के समूह के सदस्य (अन्तः समूह) सन्दर्भ या निर्देश तंत्र (Frame of Reference) के रूप में कार्य करते हैं। द्वितीय स्थिति में किसी अन्य समूह के सदस्य (बाह्य समूह) व्यवहार के निर्देशक के रूप में चुन लिये जाते हैं। इन्होंने यह भी कहा कि सापेक्षित हीनता के कारण अर्थात आनुपातिक सुविधाओं के अभाव में व्यक्ति सन्दर्भ समूह से जुड़ जाता है।

कुछ विद्वानों का यह मानना है कि सन्दर्भ समूह के लिए न तो काल्पनिक समूह की जरूरत है और न ही गैर सदस्यता वाले समूह में जाने की इच्छा होती है बल्कि कभी–कभी व्यक्ति खुद अपने आपको आदर्श संदर्भ (Ideal Reference) मानने लगता है और अपने आप से प्यार करने लगता है। अपने विचारों तथा किये गये कार्यों को सबसे सर्वोत्तम समझने लगता है। इस प्रकार का व्यक्तित्व रखने वाला व्यक्ति अपने आप को आदर्श सन्दर्भ बना लेता है जैसे महात्मा गांधी के अपने विचार।

जॉनसन ने सन्दर्भ समूह के चार निम्न परिस्थितियों का उल्लेख किया है–

1. प्रथम परिस्थिति के अनुसार कुछ या सभी व्यक्ति अथवा एक समूह के सदस्य दूसरे समूह में जाने को उत्सुक रहते हैं। “Some or all the member of the first group aspires to membership in the second Reference group." उदाहरण के लिए राजस्थान के फतेहपुर गाँव में यह पाया गया कि निम्न जाति के लोग दोरगा (Darogas) और यादवों ने अपने पुराने व्यवसाय को छोड़ दिया और अपने आप को राजपूत कहने लगें, परन्तु वे वास्तविक रूप में राजपूत जाति के सदस्य नहीं थे। इस तरह दोरगा और यादव के लिए राजपूत जाति सन्दर्भ समूह है।
2. द्वितीय परिस्थिति में एक समूह के सदस्य पूर्ण तौर पर सन्दर्भ समूह की तरह बनना पसन्द नहीं भी कर सकते हैं। “The members of the first group strive to be like the members of reference group in some respect or to make their group like reference group in some respect." अर्थात वे कुछ पहलू में सन्दर्भ समूह की तरह बनना चाहते हैं और दूसरी ओर अपने समूह के कुछ पहलुओं को बनाए भी रखना चाहते हैं। इस प्रकार इस परिस्थिति में दो स्थिति है एक यह कि वह संदर्भ समूह का सदस्य बनना भी चाहता है और दूसरा अपनी समूह में भी रहना चाहता है। उदाहरण के लिए संस्कृतिकरण (Sanskritization) की प्रक्रिया में निम्न जाति के लोग उच्च जाति के नियम रीति–रिवाज को अपनाते हैं और वह प्रदर्शित भी करते हैं, परन्तु कुछ क्षेत्रों में अपने

व्यवहार को दबाये रखते हैं अर्थात अपने समूह के सदस्य भी बने रहना चाहते हैं।

3. तृतीय परिस्थिति के अनुसार व्यक्ति किसी समूह से अपने आपको सम्बन्धित कर के संतुष्टि प्राप्त करता है इस स्थिति में उसके लिए सकारात्मक सन्दर्भ समूह (Positive Reference Group) है। परन्तु कभी व्यक्ति सन्दर्भ समूह से अपने आप को संबंधित नहीं कर के सन्तोष प्राप्त करता है इस स्थिति में उसके लिए यह समूह नकारात्मक सन्दर्भ समूह है। उदाहरण के लिए अमेरिका में गोरे लोग, काले लोगों से हमेशा दूरी बनाये रखना चाहते हैं तथा रखते भी हैं इसलिए काले लोग गोरों के समूह में जाने की इच्छा रखते हैं और उन्हें सन्दर्भ समूह मानते हैं। यहाँ गोरे लोगों के लिए काले लोग नकारात्मक संदर्भ समूह है जबकि काले लोगों के लिए गोरे लोग सकारात्मक संदर्भ समूह का उदाहरण है।
4. चौथी परिस्थिति में जॉनसन ने कहा कि कभी–कभी व्यक्ति सन्दर्भ समूह की तरह न तो बनना चाहता है और न ही सदस्यता प्राप्त करना चाहता है बल्कि सन्दर्भ समूह के मानदण्डों को अपना कर, अपने समूह के मानदण्डों और तौर–तरीकों का मूल्यांकन करता है। उदाहरण के लिए पाकिस्तान के सेना अपने समूह के तौर–तरीकों तथा मानदण्डों का मूल्यांकन अपने समूह से करता है और पाता है कि भारत के सेना के तौर–तरीके तुलनात्मक रूप से अच्छा है जबकि उसके समूह की सदस्यता प्राप्त नहीं करना चाहता है फिर भी उसके लिए भारत की सेना सन्दर्भ समूह कहलायेगा।

आर. के. मर्टन ने इस सन्दर्भ में कहा कि आनुपातिक सुविधाओं के अभाव में व्यक्ति का व्यक्तित्व गतिशील हो जाता है। व्यक्ति केवल अपनी ही संस्कृति में सिमट कर नहीं रह जाता है बल्कि उसका फैलाव या विस्तार करता है जिसके कारण व्यक्ति का व्यक्तित्व एक गद्दार जैसा हो जाता है। वह दो समूह के बीच में कट जाता है और उसकी सदस्यता दोनों में से किसी में भी नहीं रह पाता है। जिससे व्यक्ति का व्यक्तित्व खण्डित

होने लगता है और उसकी वफादारी किसी समूह की ओर नहीं रह जाती है और स्वयं को वंचित (Deprivated), अलगावित (Alienated) एवं एकान्तवासी (Isolated) महसूस करता है।

इन उपरोक्त विश्लेषणों के आधार पर कहा जा सकता है कि सन्दर्भ समूह की अवधारणा केवल एक समाज मनोवैज्ञानिक अवधारणा नहीं है। बल्कि यह एक समाजशास्त्रीय अवधारणा भी है। सन्दर्भ समूह वह समूह है जिसका व्यक्ति सामान्यतः सदस्य तो नहीं होता, बल्कि जिसका सदस्य बनने की व्यक्ति आकांक्षा रखता है। यह वह समूह है जिसके साथ व्यक्ति मनोवैज्ञानिक रूप से अपने को सम्बन्धित मानता है। इस समूह के मूल्य, आदर्श, व्यवहार, प्रतिमान इत्यादि व्यक्ति के व्यवहार को काफी हद तक प्रभावित करते हैं।

सन्दर्भ समूह के तत्व (Elements of Reference Group)

उपरोक्त विश्लेषणों के आधार पर सन्दर्भ समूह के अवधारणा से सम्बन्धित निम्नलिखित तत्वों या विशेषताओं की चर्चा की जा सकती है।

1. किसी भी व्यक्ति के लिए कोई भी समूह चाहे वह सदस्यता या गैर सदस्यता समूह हो सन्दर्भ समूह बन सकता है।
2. सन्दर्भ समूह का अस्तित्व प्रायः व्यक्ति के मस्तिष्क में होता है। व्यक्ति मनोवैज्ञानिक रूप से अपने को किसी समूह से सम्बन्धित मान लेता है।
3. किसी व्यक्ति के लिए एक काल्पनिक समूह भी सन्दर्भ समूह हो सकता है।
4. सन्दर्भ समूह किसी व्यक्ति के लिए सकारात्मक या नकारात्मक भी हो सकता है।
5. किसी भी समूह के सदस्यों के लिए अलग संदर्भ समूह हो सकता है।
6. व्यक्ति, स्थिति, समय, स्थान, इत्यादि से प्रभावित होता है।
7. कभी किसी व्यक्ति के लिए एक समूह संदर्भ समूह हो सकता है कुछ समय के बाद दूसरा समूह भी सन्दर्भ समूह हो सकता है।

8. व्यक्ति अपनी सामाजिक प्रतिष्ठा को ऊँचा उठाने के लिए दूसरे समूह का सदस्य बनना चाहता है।
9. व्यक्ति के लिए वह समूह आदर्श समूह होता है जिसे वह अपने लिए सन्दर्भ समूह के रूप में स्वीकार करता है।

सन्दर्भ समूह के प्रकार (Types of Reference Group)

1. सदस्यता समूह सन्दर्भ समूह के रूप में (Membership group as a Reference group):– व्यक्ति जब अपने समूह से सन्तुष्ट होता है तो उसके लिए वही समूह सन्दर्भ हो जाता है। जिस समूह में गतिशीलता अधिक होती है अर्थात प्रगति या पदोन्नति के अवसर अधिक होते हैं वह उसी समूह के अन्य सदस्यों के लिए आदर्श बन जाता है।

2. सकारात्मक तथा नकारात्मक सन्दर्भ समूह (Positive and Negative Reference Group):– जॉनसन ने कहा कि जब व्यक्ति किसी समूह से अपने आपको सम्बन्धित करने से सन्तुष्टि प्राप्त करता है तो उसके मूल्यों तथा प्रतिमानों को अपनाता है उसके लिए यह सकारात्मक सन्दर्भ समूह होगा परन्तु ब्राह्मण हमेशा निम्नजाति से दूरी बनाये रखना चाहता है तो उसके लिए निम्न जाति नकारात्मक सन्दर्भ समूह होगा।

3. परस्परविरोधी और एक दूसरे के पूरक संदर्भ समूह (Conflicting Reference Group and Mutually sustaining Reference Group):– आर. के. मर्टन ने कहा कि जब व्यक्ति के जीवन में दो या दो से अधिक परस्पर विरोधी सन्दर्भ समूह होते हैं तो उसमें से एक का चयन करना एक समस्या बन जाता है। ऐसी स्थिति में व्यक्ति परिस्थितियों की समानता से प्रभावित होकर सन्दर्भ समूह का चुनाव करता है।

मर्टन ने कहा कि व्यक्ति जिस समूह से जितना अधिक निरन्तर सम्पर्क में रहेगा वह उस समूह से अधिक प्रभावित होगा। कुछ संदर्भ समूह व्यक्ति के लिए आपस में पूरक के रूप में कार्य करते हैं। जैसे समान आयु–समूह और समान सामाजिक आर्थिक स्थिति वाले समूह संदर्भ समूह के रूप में एक दूसरे के पूरक होते हैं।

परिवर्तित सन्दर्भ इकाई (Shifting Reference Individual)

एक समूह विशेष एक लम्बे समय तक कुछ व्यक्तियों के लिए संदर्भ समूह रहता है लेकिन कालान्तर में किसी नये समूह के निर्माण अथवा किसी विद्यमान समूह में वांछनीय परिवर्तन के कारण वह स्थायी रूप से चले आ रहे सन्दर्भ समूह का स्थान ले लेता है। उदाहरण के लिए जे. एन. यू. छात्रों के लिए लम्बे समय से सन्दर्भ समूह का काम कर रहा था लेकिन अगर उसके जगह राँची विश्वविद्यालय में अच्छी पढ़ाई होने लगे और प्रतियोगी परिक्षाओं में राँची विश्वविद्यालय के छात्र तुलनात्मक रूप से ज्यादा संख्या में सफल होने लगे तो प्रत्येक छात्र के लिए राँची विश्वविद्यालय सन्दर्भ समूह हो जायेगा। इसे परिवर्तित सन्दर्भ इकाई (Shifting Reference Individual) कहेंगे।

आंशिक सन्दर्भ समूह (Partial Reference Group):– जब कभी किसी व्यक्ति के सम्पूर्ण व्यक्तित्व से प्रभावित न होकर उसके व्यक्तित्व के किसी विशिष्ट भाग से प्रभावित होते हैं तो इसे आंशिक सन्दर्भ समूह या Partial Reference Group कहते हैं। उदाहरण के लिए अगर कोई शिक्षक बहुत अच्छा पढ़ाता हो, परन्तु उसका रहन–सहन आचार–विचार अच्छा न हो तो छात्र उसके केवल पढ़ाने के ढंग को अपनाने का कोशिश करता है और उसके रहन–सहन को अपनाने की कोशिश नहीं करता है तो उसे आंशिक सन्दर्भ समूह कहेंगे।

4. गैर सदस्यता समूह सन्दर्भ समूह के रूप में (Non- Membership group as a reference group):– आर. के. मर्टन का यह मानना है कि व्यक्ति केवल उसी समूह से सम्बन्धित नहीं होता है जिसमें उसकी सदस्यता होती है। बल्कि कभी–कभी ऐसे समूह से भी सम्बन्धित होता है जिसमें उसकी सदस्यता नहीं होती है। उसके द्वारा सदस्यता प्राप्त करने की आकांक्षा उसके मन में होती है। जिसके कारण गैर सदस्यता वाले समूह के विचार, मूल्यों, व्यवहार आदि को अपने व्यवहार में समाहित करने का प्रयास करता है।

5. तुलनात्मक एवं आदर्शात्मक सन्दर्भ समूह (Comparative and Normative Reference Group):– मर्टन के अनुसार तुलनात्मक संदर्भ

समूह उन समूहों को कहते हैं जिनसे व्यक्ति अपने समूह की तुलना करता है और यह निष्कर्ष निकालता है कि हमारे समूह में कौन–सा मूल्य ऐसा है, जो अन्य समूहों में नहीं है। आदर्शात्मक संदर्भ समूह उस समूह को माना गया है जिसके व्यवहार प्रतिमान को आदर्श मानकर व्यक्ति स्वयं के लिए अपनाता है।

मर्टन ने सन्दर्भ व्यक्ति का चुनाव करते समय आदर्श भूमिका (Role Model) को ध्यान में रखा है। कोई व्यक्ति, किसी अन्य व्यक्ति के द्वारा वैसी भूमिका निभाते देख कर जो उसे श्रेष्ठ लगती है तो वह उस भूमिका को अपना आदर्श मान लेता है, और उसी के अनुरूप स्वयं भी भूमिकाएं निभाने का प्रयत्न करता है।

सन्दर्भ समूह के चयन में अनेक तथ्यों (Facts influencing the selection of Reference Group) को ध्यान में रखकर ही संदर्भ समूह का चुनाव करता है। मर्टन ने उन तथ्यों की सूची दी है।

समूहों की सदस्यता के लिए सामाजिक नियमों का स्पष्ट या अस्पष्ट होना, समूह में सदस्यता की वास्तविक अवधि, समूह की अस्तित्व की वास्तविक अवधि, किसी समूह की आकार, समूह की खुली या बन्द प्रकृति, वास्तविक तथा महत्वपूर्ण सदस्यों का अनुपात, सामाजिक विभेदीकरण की मात्रा, स्तरीकरण का प्रकार, समूह की एकता, समूह के भीतर सामाजिक अन्तःक्रिया की सीमा, समूह में सामाजिक संबंधों की प्रकृति, समूह के आदर्श नियमों की मात्रा, विचलित व्यवहार के प्रति सहनशीलता, आदर्शात्मक नियमों की व्यवस्था, समूह की परिस्थिति, संरचना, समूह के स्थायित्व की मात्रा, इत्यादि।

सन्दर्भ समूह का मानव व्यवहार एवं व्यक्तित्व पर प्रभाव (Effects of Reference Group on human behaviour and personality)

समाजशास्त्रीय दृष्टिकोण से स्पष्ट रूप से कहा जा सकता है कि सन्दर्भ समूह मानव व्यवहार तथा व्यक्तित्व निर्माण को प्रभावित करता है। सन्दर्भ समूह चाहे सकारात्मक हो या नकारात्मक दोनों ही परिस्थितियों में ये मनुष्य के व्यक्तित्व निर्माण एवं व्यवहार को प्रभावित करता है। मर्टन ने

सन्दर्भ समूह के प्रकार्य एवं अप्रकार्य का उल्लेख किया है, जो निम्नलिखित है–

1. सामाजिक व्यवस्था को बनाये रखने में सहायकः– अगर कोई व्यक्ति किसी सकारात्मक संदर्भ समूह को आदर्श समूह बनाता है तो सकारात्मक समूह स्पष्ट रूप से प्रभावित नियम, मूल्यों, विचारों, इत्यादि पर आधारित होगा और व्यक्ति भी उन नियम, मूल्यों, विचारों को अपने व्यवहार में ढालने का कोशिश करेगा जो सामाजिक व्यवस्था को बनाए रखने में सहायक होगा।
2. सामाजिक स्थिति को ऊँचा उठाने में सहायकः– जब व्यक्ति अपने लिए किसी सन्दर्भ समूह को चुन लेता है तो उसके मूल्यों, आदर्शों एवं आचरणों को अपने व्यक्तित्व में ढालने का प्रयत्न करता है तो यह प्रबल सम्भावना होती है कि कालान्तर में उसकी सामाजिक स्थिति ऊँचा उठ जाय। अर्थात समूह के अन्य सदस्यों की भाँती सामाजिक प्रतिष्ठा प्राप्त हो जाये।
3. अग्रिम समाजीकरण में सहायक(Anticipatory Socialization):– कोई व्यक्ति किसी समूह को सन्दर्भ समूह बनाता है तो उस समूह के अनुरूप व्यवहार करना पहले से ही प्रारम्भ कर देता है, जिसका कि वह सदस्य बनने की आकांक्षा रखता है। जब वह ऐसे किसी समूह का सदस्य बनता है तो उसे अनुकूलन (Adjustment) करने में सहायता मिलती है। उदाहरण के लिए कोई व्यक्ति एम. एल. ए. या एम. पी. को सन्दर्भ समूह बनाता है तो उस के व्यवहार तथा मूल्यों को नेता बनने के पहले अपना लेता है।

   परन्तु अग्रिम समाजीकरण खुले सामाजिक संरचना (Open social structure) वाले समाजों में प्रकार्यात्मक होता है क्योंकि व्यक्ति को दूसरे समूह में प्रवेश करने की स्वतंत्रता होती है। लेकिन बन्द सामाजिक संरचना (Closed social structure) वाले समाजों में यह अप्रकार्यात्मक होता है क्योंकि सदस्यता प्राप्त करने की उसे स्वतंत्रता नहीं मिलती है जैसे जाति व्यवस्था में ब्राह्मण के स्थान प्राप्त करने में।

4. सदस्य समूह से संबंधों का टूटनाः— मर्टन का मानना है कि जब किसी व्यक्ति के लिए प्रेरणा का स्रोत उसका सदस्यता समूह नहीं हो कर कोई अन्य समूह बन जाता है तो वह उनके व्यवहारों तथा प्रतिमानों को अपनाने लगता है जिसके परिणामस्वरूप वह अपने स्वयं के समूह से दूर होता जाता है। उसके अपने समूह के सदस्यों के साथ संबंध खराब होने लगता है। वह अलगाव महसूस करने लगता है। यह सन्दर्भ समूह का अप्रकार्यात्मक पहलू है।

   नकारात्मक प्रभावः— सन्दर्भ व्यक्ति पर नकारात्मक प्रभाव भी पड़ते हैं। नकारात्मक सन्दर्भ समूह व्यक्ति को प्रभावित करता है। इस समूह के गलत धारणाओं, भ्रम एवं अविश्वास की भावना से प्रेरित होकर प्रजातीय संघर्ष, साम्प्रदायिक दंगे, जाति संघर्ष, आदि देखने को मिलता है।

5. सन्दर्भ समूह और सामाजिक गतिशीलताः— इन दोनों के बीच बड़ा गहरा संबंध पाया जाता है। वाइ. बी. दामले (Y. B. Damle) ने आगरा के अध्ययन के दौरान पाया कि ब्राह्मण जाति सोपान में सबसे उच्च हैं, इसके बावजूद वहाँ के जाट के लिए वे सन्दर्भ समूह नहीं थे बल्कि क्षत्रिय जाट के लिए सन्दर्भ समूह थे। वहाँ के जाट अपनी सामाजिक प्रतिष्ठा ब्राह्मण के समकक्ष लाने की कोशिश नहीं करते थे बल्कि क्षत्रिय के समकक्ष लाने के प्रयास कर रहे थे।

   ठीक उसी प्रकार पोकॉक (Pocock) ने भी गुजरात के पट्टीदारों का अध्ययन किया और पाया कि व्यापार द्वारा धन कमाकर अनुलोम विवाहों के द्वारा अपनी जाति की स्थिति को ऊँचा उठाने का प्रयत्न किया और बाद में चलकर क्षत्रिय होने का दावा प्रस्तुत किया।

   एम. एन. श्रीनिवास ने रामपुरा गाँव के कुर्ग जाति के अध्ययन के दौरान संस्कृतिकरण (Sanskritization) नामक अवधारणा में बताया कि कुर्गों ने क्षत्रिय या वैश्य जातियों को अपना सन्दर्भ समूह मानकर उनके अनुरूप अपने व्यवहार को ढालकर अपने को उच्च जाति घोषित किया और कहीं कहीं उन्हें सफलता भी मिली।

केरल में व्यक्तिगत नामों तथा जातिगत नामों के परिवर्तन के रूप में सन्दर्भ समूह व्यवहार को देखा जा सकता है। वहाँ नाइयों ने अपने को न्यायी ब्राह्मण तथा नीची समझे जाने वाली जातियों (माली, तेली, कुम्बी आदि) ने अपने को क्षत्रिय कहना प्रारम्भ कर दिया है।

भोजन, पोशाक, निवास, शिक्षा, व्यवसाय आदि पर भी सन्दर्भ समूह का स्पष्ट प्रभाव देखा जा सकता है। व्यक्ति अपने सन्दर्भ समूह के अनुरूप अपने में परिवर्तित कर लेता है। सामाजिक प्रतिष्ठा के आधार पर व्यक्ति जिस समूह को अपना सन्दर्भ समूह मान लेता है उसी के व्यवहार प्रतिमानों को अपनाता है और उसके अनुरूप बनने का प्रयत्न करता है। सन्दर्भ समूह तीन प्रकार का कार्य भी करता है।

(क) यह व्यक्ति के उद्देश्यों की प्राप्ति में सहायक सिद्ध होता है क्योंकि जिस समूह को सन्दर्भ समूह बनाता है, उसकी सदस्यता प्राप्त करना अनिवार्य हो जाता है और उसके लिए प्रयत्नशील भी रहता है।

(ख) यह व्यक्ति के व्यक्तित्व को लचीला बनाता है अर्थात व्यक्ति के व्यक्तित्व को परिवर्तित करने के लिए तैयार करता है।

(ग) इसके द्वारा व्यक्ति में प्रतियोगिता की भावना का जन्म होता है जिससे समाज में योग्य व्यक्तियों का चयन सुलभ ढंग से हो सकता है और साथ ही साथ सामाजिक संगठन बना रहता है।

उपरोक्त विवेचन के आधार पर कहा जा सकता है कि सन्दर्भ समूह न सिर्फ मानव व्यवहार एवं व्यक्तित्व निर्माण का विश्लेषण करता है बल्कि इसके आधार पर सामाजिक अनुरूपता, सामाजिक गतिशीलता, सामाजिक विचलन, सामाजिक संघर्ष, प्रतियोगिता एवं सामाजिक परिवर्तन की भी व्याख्या करता है।

आलोचना (Criticism)

सन्दर्भ समूह की अवधारणा की निम्नलिखित आधारों पर आलोचना की जा सकती है–

1. यह सिद्धांत किसी नवीन तथ्य का अन्वेषण नहीं करता।

2. यह केवल व्यवहार की व्याख्या करता है, परन्तु इसे नियंत्रित करने के किसी साधनों का उल्लेख नहीं करता।
3. यह केवल इस तथ्य की व्याख्या करता है कि व्यक्ति किस प्रकार संदर्भ समूह के द्वारा प्रभावित होता है, परन्तु यह इस बात की व्याख्या नहीं करता है कि सन्दर्भ समूह उस व्यक्ति के प्रवेश पर किस प्रकार प्रभावित होता है।
4. सन्दर्भ समूह की अवधारणा अनुकरण की अवधारणा से मिलती–जुलती है।
5. सन्दर्भ समूह की अवधारणा से समाज में ज्यादा विचलन ही देखा जाता है अर्थात इससे प्रभावित होकर चोरी, हत्या, दंगा, आतंक और अपराध करते देखे जाते हैं।

16

सामाजिक स्तरीकरण

Social Stratification

आदिकाल से ही मानव समाज में असमानता व्याप्त रही है। ऐसा समाज जहाँ उसके सदस्यों में वास्तविक रूप में समानता हो और स्तरीकरण का अभाव हो, एक कोरी कल्पना है। समनर (Sumner) के अनुसार "इतिहास में कभी भी ऐसा समय नहीं रहा है जिसमें वर्ग घृणा उपस्थित नहीं रही हो।" जब सामाजिक विभेदीकरण में उच्चता एवं निम्नता के भाव जुड़ जाते हैं, तो वह सामाजिक स्तरीकरण को जन्म देता है। मानव की सभ्यता एवं समाज के विकास के साथ–साथ, सामाजिक असमानता बढ़ती गयी और मानव समाज उच्च और निम्न स्तरों में विभाजित हो गया। स्तरीकरण समाज के समूहों एवं सदस्यों के विभिन्न स्तरों में बंटने की प्रक्रिया है।

स्तरीकरण के अर्थ व परिभाषा (Meaning and definition of Stratification)

सामाजिक स्तरीकरण समाज को उच्च एवं निम्न वर्गों में विभाजित करने और स्तर निर्माण करने की एक व्यवस्था है। स्तरीकरण शब्द समाजशास्त्र में भू–गर्भशास्त्र (Geology) से लिया गया है। भू–गर्भशास्त्र में मिट्टी व चट्टानों को विभिन्न स्तरों में बांटा जाता है। समाज में भी उसी प्रकार की अनेक सामाजिक परतें (Lair) पायी जाती है। प्रत्येक समाज

अपनी जनसंख्या, आय, व्यवसाय, सम्पत्ति, जाति, धर्म, शिक्षा, प्रजाति एवं पदों के आधार पर निम्न एवं उच्च श्रेणियों में विभाजित करता है। प्रत्येक विभाजन एक स्तर या परत के समान है और ये सभी परतें जब उच्चता एवं निम्नता के क्रम में रखी जाती हैं तो सामाजिक स्तरीकरण के नाम से जानी जाती हैं। भिन्न–भिन्न विद्वानों ने अलग–अलग ढंग से इसे परिभाषित करने की कोशिश की है–

पी. जीसवर्ट (P. Gisbert) के अनुसार "Social Stratification is the division of Society in permanent groups or categories linked with each other by the relationship of superiority and Subordination." अर्थात सामाजिक स्तरीकरण समाज का उन स्थायी समूहों अथवा श्रेणियों में विभाजन है, जो कि आपस में श्रेष्ठता एवं अधीनता के संबंधों द्वारा सम्बद्ध होते हैं।

पी. सोरोकिन (P. Sorokin) ने सामाजिक स्तरीकरण की परिभाषा में कहा है कि "Its basis and very a cause consist in an unequal distribution of rights and priviledge, duty and responsibilities, social values and privations, social power and influences among the member of a society."

आर. मुर्रे (R. Murray) के अनुसार "Stratification is a horizontal division of Society into higher and lower social units." अर्थात स्तरीकरण उच्चतर एवं निम्नतर सामाजिक इकाइयों में समाज का क्षैतिज विभाजन है।

टॉलकट पारसन्स (Talcott Parsons) ने कहा कि ''किसी समाज व्यवस्था में व्यक्तियों का ऊँचे और नीचे क्रम–विन्यास में विभाजन ही स्तरीकरण है''

सदरलैण्ड एवं वुडवर्ड Sutherland and woodward ''स्तरीकरण केवल अन्तः क्रिया अथवा विभेदीकरण की ही एक प्रक्रिया है जिसमें कुछ व्यक्तियों को दूसरे व्यक्तियों की तुलना में उच्च स्थिति प्राप्त होती है।

उपर्युक्त परिभाषाओं के आधार पर यह कहा जा सकता है कि सामाजिक स्तरीकरण द्वारा समाज विभिन्न उच्च एवं निम्न समूहों में विभाजित एवं व्यवस्थित होता है। तथा ये समूह परस्पर एक दूसरे से जुड़े

होते हैं और सामाजिक एकता को बनाये रखते हुए समाज में स्थिरता कायम रखते हैं।

स्तरीकरण एवं विभेदीकरण (Stratification and Differentiation)

कुछ समाजशास्त्री सामाजिक स्तरण को विभेदीकरण और विभेदीकरण को सामाजिक स्तरण समझ बैठते हैं इसलिए दोनों में अन्तर स्पष्ट करना आवश्यक है। समाज में समानता पैदा करने का प्रयास आदिकाल से हो रहा है। किन्तु वास्तव में ऐसे समाज की स्थापना सम्भव नहीं हैं।

सामाजिक विभेदीकरण वह प्रक्रिया है जिसके द्वारा व्यक्तियों और समूहों को कुछ मूर्त आधारों पर विभाजित किया जाता है। उदाहरणार्थ आयु, लिंग, बुद्धि, व्यक्तित्व, धर्म, प्रजाति, शिक्षा, को हम सामाजिक विभेदीकरण कहेंगे। प्राचीन समय से ही आयु, लिंग एवं रंग के आधार पर व्यक्तियों में भेद किया जाता रहा है। विभेदीकरण का अर्थ स्पष्ट करते हुए लुम्ले (Lumley) ने कहा कि "By differntiation, we mean that process by which individual differences, when put together as the different players in an orchestra make a fuller and more harmonious whole." अर्थात "विभेदीकरण से हमारा अर्थ उस प्रक्रिया से है जिसके द्वारा व्यक्ति भिन्नताओं का पोषण करते हैं जिन्हें एक साथ रखने पर आरकेस्ट्रा के विभिन्न वादकों की तरह एक पूर्णतया समन्वययुक्त सम्पूर्ण की रचना होती है।" न्यूमेयर के अनुसार सामाजिक विभेदीकरण वह प्रक्रिया है जिसमें अनेक जैविकीय, वंशानुगत और शारीरिक विशेषताओं, जैसे आयु, लिंग प्रजाति, सपिण्डता, व्यक्तिगत व्यवसाय, सांस्कृतिक पृष्ठभूमि सामाजिक स्थिति, सामाजिक उपलब्धियों, समूह की रचना और सामाजिक संबंधों के आधार पर अनेक व्यक्तियों और समूहों में विभिन्नता उत्पन्न हो जाती है। इस प्रकार हम कहते हैं कि सामाजिक विभिन्नता विभेदीकरण की प्रक्रिया का आधार भी है और उपज भी। व्यक्ति एवं समूहों में पायी जाने वाली विभिन्नताएं समाज में विभेदीकरण उत्पन्न करती है। इसे और भी स्पष्ट करने के लिए निम्नलिखित विशेषताओं का उल्लेख करेंगे:–

1. विभेदीकरण एक तटस्थ अवधारणा है, इससे श्रेष्ठता और निम्नता के भाव प्रकट नहीं होते। उदाहरण के लिए आयु के आधार पर

बालक युवा और वृद्ध यह विभेदीकरण कहलायेगा परन्तु इससे स्पष्ट नहीं होता कि कौन श्रेष्ठ है और कौन निम्न है।

2. सामाजिक विभेदीकरण एक जागरूक प्रक्रिया है अर्थात प्रत्येक व्यक्ति विभेदीकरण के प्रति जागरूक है। हर व्यक्ति यह जानता है कि प्रत्येक प्राणी लिंग, आयु, रंग के आधारों पर दूसरों से भिन्नता रखता है।
3. इसका निर्धारण बाध्य एवं स्पष्ट कारकों द्वारा किया जाता है। उदाहरण के लिए लिंग, आयु, प्रजाति एवं आर्थिक प्रगति के आधार पर विभेदीकरण को विकसित किया जाता है।
4. यह बिल्कुल अवैयक्तिक है इसका संबंध समूह एवं समाज को भिन्नता के आधार पर विभाजित करने से है, उनमें विरोध या संघर्ष पैदा करने से नहीं।
5. विभेदीकरण एक सार्वभौमिक प्रक्रिया है जो आदिकाल से सभी समाजों में व्याप्त रही है।
6. विभेदीकरण स्वाभाविक रूप से उत्पन्न होने वाली एक अल्पकालीन प्रक्रिया है।
7. इसका आधार जैविक भी हो सकता है, जैसे– रूप, रंग, उम्र, यौन–विभेद, स्वास्थ्य, इत्यादि।
8. विभेदीकरण सामाजिक स्तरण की तुलना में अधिक प्राचीन है।
9. विभेदीकरण उदग्र या खड़ा (Vertical) बंटवारा है। इसके नाम से ही स्पष्ट है कि यह विभिन्न स्तरों का नीचे से ऊपर एक प्रकार की श्रेणीबद्ध व्यवस्था है।

अन्तर (Distinction)

सामाजिक स्तरीकरण एवं विभेदीकरण दोनों ही समाज को विभिन्न समूहों में विभाजित करने की प्रक्रिया है। ये एक–दूसरे के पुरक होते हुए भी परस्पर भिन्न है। इन दोनों में निम्नलिखित अन्तर है–

1. सामाजिक स्तरीकरण का उद्देश्य कुछ विशेष परिस्थितियों को धारण करने वाले व्यक्तियों को अधिक अधिकार, सुविधाएँ एवं

सुरक्षा प्रदान करना है। यह एक जागरूक एवं जानबूझ कर अपनायी जाने वाली प्रक्रिया है। जबकि विभेदीकरण एक स्वतः एवं स्वाभाविक रूप से उत्पन्न होने वाली प्रक्रिया है।

2. विभेदीकरण में तो केवल व्यक्तियाँ एवं समूहों के बीच भिन्नता ज्ञात होती है जब कि स्तरीकरण में भिन्नता के साथ–साथ उच्चता, निम्नता, विशेषाधिकार, सुविधाएँ एवं अधीनता का ज्ञान होता है।
3. विभेदीकरण में समूह का स्थाई होना आवश्यक नहीं है। जबकि स्तरीकरण में स्थाई समूहों का होना आवश्यक है।
4. विभेदीकरण का आधार स्पष्ट है जैसे– आयु, लिंग, रंग, आदि स्तरीकरण का आधार जटिल पक्षपात एवं सामाजिक प्रतिष्ठा है जिन्हें ज्ञात करना कठिन है।
5. ओल्सन का कहना है कि स्तरीकरण एक वैयक्तिक प्रक्रिया है विभेदीकरण अवैयक्तिक। स्तरीकरण में व्यक्ति एक दूसरे से प्रतिस्पर्द्धा विरोध एवं संघर्ष करते है जबकि विभेदीकरण में व्यक्तियों के परस्पर विभिन्न होते हुए भी विरोध एवं संघर्ष नहीं पाया जाता है।
6. सामाजिक स्तरीकरण का संबंध उपयोगिता से है, इसके द्वारा योग्य व्यक्तियों को उच्च पद एवं अधिक सुविधाएं प्रदान की जाती है जबकि विभेदीकरण उपयोगिता के आधार पर नहीं किया जाता है।
7. स्तरीकरण की तुलना में विभेदीकरण की प्रक्रिया अधिक प्राचीन है।
8. सामाजिक विभेदीकरण स्वाभाविक रूप से उत्पन्न होने वाली एक अल्पकालीन प्रक्रिया है। जबकि स्तरीकरण योजनाबद्ध तरीके से चलाये जाने वाली दीर्घकालीन प्रक्रिया है।
9. स्तरीकरण समाज का एक समस्तरीय (Horizontal) विभाजन है तो विभेदीकरण उदग्र (Vertical) बंटवारा है।

स्तरीकरण की विशेषता (Characteristics of stratification)

1. स्तरीकरण का स्वरूप सामाजिक होता हैः– सही अर्थ में जैविक आधार पर स्तरीकरण का निर्माण नहीं हो सकता है, उदाहरणस्वरूप रंग, ऊँचाई, मोटापा, उम्र एवं लिंग–भेद के आधार पर समाज में विभेदीकरण स्थापित किया जा सकता है, स्तरीकरण नहीं। परन्तु जैविक आधार को सामाजिक मान्यता प्राप्त है तो वह स्तरीकरण का आधार माना जा सकता है। जैसे पितृसत्तात्मक समाज में स्त्री–पुरूष के बीच प्रतिष्ठा का काफी बड़ा फर्क होता है। इसलिए लिंग एक जैविक आधार होते हुए भी स्तरीकरण का आधार हो सकता है। यदि प्रतिष्ठा का भाव नहीं हो तो विभेदीकरण कहा जायेगा।
2. स्तरीकरण एक प्राचीन व्यवस्था हैः– इतिहासकारों का मानना है कि प्राचीन बेबीलोन, रोम, फ्रांस, मिश्र एवं यूनान के समाज में भी स्तरीकरण पाया जाता था सामाजिक स्तरीकरण कोई मध्यकालीन या आधुनिक युग की ही विशेषता नहीं है।
3. स्तरीकरण सर्वव्यापी हैः– अफ्रीका के Bushmen जो 50 या 100 व्यक्तियों के झुण्ड में रहकर जीवन निर्वाह के लिए जंगलों में भोजन इकट्ठा करते है, वहाँ भी स्तरीकरण पाया जाता है। क्योंकि प्रत्येक व्यक्ति के मन में किसी–न–किसी रूप में प्रतिष्ठा शक्ति एवं संपत्ति की लालसा अवश्य पायी जाती है।
4. स्तरीकरण का स्वरूप असमान हैः– सामाजिक स्तरीकरण का स्वरूप विभिन्न समाजों में भिन्न–भिन्न होता है। किसी समाज में यह वर्ग पर आधारित होता है, तो किसी और समाज में यह जाति व्यवस्था पर। कहीं पर अर्जित गुणों पर, कहीं पर शिक्षा या शक्ति की महत्वपूर्ण भूमिका स्तरीकरण में होता है।
5. स्तरण परिणामी होता हैः– समाज में स्तरण का जैसा आधार होगा, समाज का स्वरूप भी वैसा ही होगा। सामाजिक मूल्य, प्रतिमान, व्यक्तियों की जीवन शैली ये सभी उस समाज के स्तरण में प्रतिबिम्बित होते रहते हैं। यदि सामाजिक स्तरण का आधार

वर्ग है तो वहाँ व्यक्ति को आगे बढ़ने का लगभग समान अवसर प्राप्त होता है, परन्तु जाति आधार है जो जन्म के द्वारा निर्धारित होती है वहाँ आगे बढ़ने का समान अवसर नहीं प्राप्त होता है।

सामाजिक स्तरीकरण के आधार (Bases of Social Stratification)

टी. पारसन्स (T. Parsons) ने व्यक्ति की परिस्थिति निर्धारित करने वाले छः कारकों का उल्लेख किया है जो स्तरीकरण को भी तय करते हैं जैसे– नातेदारी समूह की सदस्यता, व्यक्तिगत विशेषताएं, अर्जित उपलब्धियाँ, द्रव्यजात (Possession) सत्ता तथा शक्ति। पी. सोरोकिन (P. Sorokin) और मैक्स वेबर (Max Weber) ने स्तरीकरण के प्रमुख तीन आधारों आर्थिक, राजनीतिक एवं व्यावसायिक का उल्लेख किया है। कार्ल मार्क्स ने केवल आर्थिक आधार को ही माना है। स्तरीकरण के सभी आधारों को दो श्रेणी में बाँट कर विश्लेषण किया जा सकता है:–

1. प्राणीशास्त्रीय आधार (Biological Basis):– समाज में व्यक्तियों एवं समूहों की उच्चता एवं निम्नता का निर्धारण प्राणीशास्त्रीय आधारों पर भी किया जाता है जो निम्नलिखित है।

(क) लिंग (Sex):– लगभग सभी समाजों में पुरूषों की स्थिति स्त्रियों से ऊँची मानी जाती रही है। कई पद ऐसे है जो केवल पुरूषों के लिए ही निर्धारित हैं जैसे सेना में स्त्रियों को नहीं लिया जाता है।

(ख) आयु (Age):– प्रत्येक समाज में कई पद ऐसे होते हैं जो एक निश्चित आयु के व्यक्तियों को ही प्रदान किये जाते हैं। सामान्यतः महत्वपूर्ण पद बड़ी आयु के लोगों को प्रदान किये जाते हैं। भारत में परिवार, जाति एवं ग्राम पंचायत के मुखिया के पद पर वयोवृद्ध व्यक्ति को रखा जाता है। क्योंकि आयु और अनुभव का घनिष्ठ संबंध है।

(ग) प्रजाति (Race):– जिस प्रजाति के लोग शासन एवं सत्ता में होते है तथा सम्पन्न होते है, वह प्रजाति अपने को दूसरी प्रजातियों से श्रेष्ठ मानती है। अमेरिका में गोरी प्रजाति को काली प्रजाति के तुलना में श्रेष्ठ माना जाता है और उसे अनेक सुविधाएँ एवं विशेषाधिकार प्राप्त है।

(घ) जन्म (Birth):– जन्म भी सामाजिक स्तरीकरण उपन्न करने का मुख्य आधार है। जो लोग उच्च कुल, वंश एवं जाति में जन्म लेते हैं, वे अपने को दूसरों से श्रेष्ठ मानते हैं।

(ड़) शारीरिक व बौद्धिक कुशलता (Physical and Mental Ability):– वर्तमान समय में स्तरीकरण का आधार व्यक्तियों के शारीरिक एवं मानसिक कुशलता, योग्यता एवं क्षमता है। जो अकुशल पागल, क्षीणकाय, आलसी एवं अयोग्य होते हैं उनके तुलना में बुद्धिमान परिश्रमी हृष्ट–पुष्ट एवं कुशल को श्रेष्ट स्थान प्राप्त है।

2. सामाजिक सांस्कृतिक आधार (Socio-Cultural Basis):– अनेक सामाजिक सांस्कृतिक आधारों पर भी निम्नलिखित स्तर पाया जाता है।

(क) सम्पत्ति (Money):– आधुनिक समाज में कहा गया है कि ''बाप बड़ा न भैया सबसे बड़ा रूपया''। सम्पत्ति के आधार पर ऊँच नीच का भेद पाया जाता है। समाज में वे लोग ऊँचे माने जाते है जिनके पास अधिक सम्पत्ति होती है क्योंकि वे सभी प्रकार की विलासिता एवं सुख सुविधाओं की वस्तुएँ खरीदने की क्षमता रखते हैं जबकि गरीब नहीं।

(ख) व्यवसाय (Occupation):– समाज में कुछ व्यवसाय सम्मानजनक एवं ऊँचे माने जाते हैं तो कुछ निम्न एवं घृणित। डाक्टर, इंजिनियर, प्रशासक, प्राध्यापक आदि का पेशा, बाल काटने, कपड़े धोने वालों की तुलना में श्रेष्ठ एवं सम्मानजनक माना जाता है। अतः इन पेशों में कार्य करने वाले की स्थिति भी सामाजिक संस्तरण में ऊँची होती है।

(ग) धार्मिक ज्ञान (Religious Knowledge):– जो लोग धार्मिक कर्मकाण्डों में संलग्न होते हैं, धार्मिक उपदेश देते है एवं धर्म के अध्ययन में रत रहते हैं, उन्हें सामान्य लोगों से ऊँचा माना जाता है। भारत में पण्डे–पुजारियों, धार्मिक गुरूओं, साधु–सन्तों एवं ब्राह्मणों की सामाजिक स्थिति उनके धार्मिक ज्ञान और धर्म से सम्बंन्धित होने के कारण ही ऊँची रही है।

(घ) राजनीतिक शक्ति (Political Power):– प्राचीन काल से सत्ता एवं अधिकारों के आधार पर समाज में संस्तरण पाया जाता था। जिन लोगों के पास शक्ति, सत्ता और शासन की बागडोर होती है उनकी स्थिति उन लोगों की तुलना में ऊँची होती है जो शक्तिविहीन होते हैं।

(ङ) शिक्षा (Education):– शिक्षा का महत्व समाज में प्राचीन काल से ही रहा है। शिक्षित व्यक्ति में सोचने, समझने का गुण तथा तर्कशक्ति अधिक होती है, जिसके कारण अशिक्षित व्यक्ति की तुलना में उसकी प्रतिष्ठा अधिक होती है।

श्रेणीक्रम एवं असमानता (Hierarchy and Inequality)

श्रेणीक्रम (Hierarchy):– श्रेणीक्रम को भी अनेक समाजशास्त्री स्तरीकरण के साथ जोड़ते हैं, परन्तु वर्तमान समय में श्रेणीक्रम को विशेष अर्थ के रूप में परिभाषित किया गया है। श्रेणीक्रम (Hierarchy) समूहों के अवस्थान का एक लक्षण है स्तरित समूह एक क्रम में असमान होते हैं। उदाहरण के लिए जाति व्यवस्था में ब्राह्मण एक स्तर है और उन ब्राह्मणों के बीच अनेक असमानता ही श्रेणीक्रम है जैसे ब्राह्मणों की भी उपजाति होता है और उनमें पढ़े–लिखे ब्राह्मण तथा अशिक्षित ब्राह्मण इस क्रम में असमान है। यह असमानता की क्रमिकता समूहों के निम्नतम स्तर तक चली जाती है। इन समूहों की सीमाएँ स्पष्ट एवं लम्बी अवधि वाली होती है। असमानता का यह स्वरूप संस्थात्मक ही नहीं लगभग स्थायी होता है। उदाहरण के लिए पुरूष प्रधान देश में स्त्री का परिस्थिति निम्न है, यह स्तरीकरण को स्पष्ट करता है। परन्तु स्त्रियों के कई समूहों के श्रेणी बनाया जा सकता है जैसे कार्यकारी महिला, अनपढ़ महिला, घरेलू महिला इत्यादि। परन्तु स्तरीकरण के सभी स्वरूप श्रेणी क्रमात्मक नहीं होते हैं।

विषमता (Inequality)

व्यक्तियों को अपने व्यक्तित्व के पूर्ण विकास के लिए समान अवसर प्राप्त नहीं होता है। समाज में विशेषाधिकारों का पाया जाना, जन्म, जाति, प्रजाति, व्यवसाय, धर्म, भाषा, आय व सम्पत्ति के आधार पर अन्तर पाया

जाना तथा इन आधारों पर व्यक्ति–व्यक्ति तथा समूह–समूह के बीच ऊँच–नीच का भेद मानना एवं सामाजिक दूरी बरतना विषमता कहलाता है। शक्ति, सत्ता व प्रभुत्व का असमान वितरण, सामाजिक विभेद तथा उत्पादन के साधनों पर असमान अधिकार विषमता को व्यक्त करते हैं।

डाहरेनडॉर्फ (Daherndorf) ने अपनी पुस्तक "Class Struggle in Post Capitalist Society" में स्पष्ट किया है कि "A society will be classless if it is powerless" एक समाज वर्गहीन होगा यदि वह शक्तिहीन है। इन्होंने निम्नलिखित छः व्याख्याएं दी हैः–

1. प्राकृतिक विभेद व्याख्या (Natural Differences Explanation):– अरस्तु इसके प्रमुख समर्थक थे अपनी पुस्तक (Politics) पॉलीटिक्स में लिखा है कि मनुष्य प्रकृति से ही असमान है। स्वतंत्र और दास स्त्री और पुरूष प्रकृति से ही असमान है। स्वतंत्र दास से एवं पुरूष स्त्रियों से श्रेष्ठ है। अतः वे शासन करते हैं। इन्हें प्रकृति ने ही प्रभुत्व करने वाले तत्व प्रदान किये हैं। शारीरिक रूप से पहलवान व्यक्ति कमजोर की अपेक्षा श्रेष्ठ है।
2. विषमता व्यक्तिगत सम्पत्ति के परिणाम के रूप में (Inequality as a result of Private Property):– रूसों का मत है कि आरम्भ में मानव आराम से जीवन व्यतीत करता था और सभी समान थे, किन्तु जब उसमें व्यक्तिगत सम्पत्ति के भाव आये तो समाज में असमानता पैदा हुई। कार्लमार्क्स का मानना है कि सम्पत्ति, भूमि एवं मजदूरी असमानता के लिए उत्तरदायी है।
3. असमानता का स्रोत श्रम विभाजन (The Division of Lobour as a source of inequality):– 1870 में ऐन्जिल ने श्रम विभाजन के आधार पर वर्ग रचना के सिद्धांत का प्रतिपादन किया जो कि असमानता पैदा करता है। मार्क्स ने भी श्रम विभाजन के आधार पर सामाजिक संस्तरण का उल्लेख किया।
4. विषमता युद्ध एवं विजय का परिणाम (Social Inequality result of war and conquest):– 1922 में पहलबके ने कहा कि विषमता युद्ध और विजय के कारण उत्पन्न होती है। प्राकृतिक अवस्था में मानव

सदैव संघर्षरत रहता था और जो वर्ग विजय होता था वह वर्ग ऊँचा माना जाता था।

5. प्रकार्यात्मक व्याख्या (The Functional explanation):– 20वीं सदी में डेविस और मूर तथा टी. पारसन्स ने 1940 में उल्लेख किया कि प्रकार्यवादी विषमता को समाज की प्रकार्यात्मक आवश्यकता है, जिसे समाप्त करना असम्भव है। समाज में विभिन्न प्रकार के कार्यों के लिए विषम व्यक्तित्व की आवश्यकता होती है, इसलिए समाज ही विषमता पैदा करती है।
6. विषमता, मानदण्डों, अभिमति एवं शक्ति का परिणाम (Inequality emanates from Norms, Sanction and Power):– Daherndorf विषमता के लिए न तो मानव प्रकृति को और न ही व्यक्तिगत सम्पत्ति को उतरदायी मानते है बल्कि वे इसके लिए मानदण्ड, अभिमति एवं शक्ति को उतरदायी मानते हैं, प्रत्येक समाज में मानदण्ड पाये जाते हैं जो लोगों के व्यवहारों का नियमन करते हैं। नियमों को पालन करने वाले को पुरस्कार एवं उल्लंघन करने वाले को दण्ड दिया जाता है, जो असमानता के विचार पैदा करते हैं।

Bases of Inequality

(A). Income (B) Occupation
(C) Education (D) Power
(E) Post (F) Property
(G) Birth, Caste, Race.

आंद्रे बेते (Andre Beittle) ने अपनी पुस्तक Essay in Natural Inequality में स्पष्ट किया है कि Social equality तथा Natural equality में अन्तर पाया जाता है। Natural inequality जैसा कि नाम से स्पष्ट है कि शारीरिक (Physical) तथा मानसिक (Mental), विभेद (difference) जैसे Age, sex इत्यादि के द्वारा स्पष्ट होता है जब कि Social inequality Code के द्वारा स्पष्ट होता है।

आंद्रे बेते (Andre Beittle) के अनुसार दो तरह के समाज पाये जाते हैं– 1. Harmonic Social System 2. Disharmonic Social System.

1. Harmonic Society में Theory तथा Practices में unity होता है। उस System में Social inequality Fact एवं Value दोनों होता है। Harmonic Social Order का उदाहरण परम्परागत भारतीय समाज या जहाँ Caste Theory तथा Practics दोनों में पाये जाते हैं।

2. Disharmonic Social System वह है जहाँ Theory तथा Practics में विरोधाभास पाया जाता है। उस समाज में Social inequality ideology तथा value के स्तर पर नहीं पाया जाता लेकिन Fact के स्तर पर पाया जाता है। Disharmonic Social System का उदाहरण U. S. A. है जहाँ Theory के Level पर equality पाया जाता है लेकिन Practics के स्तर पर Black एवं White में अन्तर स्पष्ट किया जाता है एवं Black को inferior समझा जाता है।

आंद्रे बेते (Andre Beittle) ने Social inequality के तीन Dimension बताये हैं–

1. Economic Dimenson
2. Political Dimenson
3. Social Dimenson

1. Economic Dimenson:– Smith के अनुसार Division of Labour के कारण समाज में असमानता फैलती है। Ricardo के अनुसार Surplus Value के कारण समाज में असमानता फैलती है। Marx के अनुसार Private Property के कारण सभी समाजों में असमानता पायी जाती है।

2. Political Dimenson :– अरबीयन इतिहासकार Khaldun के अनुसार Possession of Power in the Source of riches यानि असमानता का आधार सत्ता का असमान वितरण है।

Mosca, Pareto and Mitchel के अनुसार असमानता का मुख्य कारण Power है। Pareto ने अभिजात वर्ग के परिभ्रमण (Circulation of Elite) का सिद्धांत दिया है। Masco ने Ruling Class का Concept दिया है जबकि Mitchel ने Iron law of oligarchy का सिद्धांत दिया है।

3. Social Dimension:– Parsons तथा अन्य Functionlist के अनुसार असमानता Status Difference के कारण पाया जाता है। Webar ने स्पष्ट

किया है कि समाज में Status system की काफी महत्वपूर्ण भूमिका होती है। Status की परिभाषा Esteem तथा Prestige के आधार पर ही है। अतः उपरोक्त व्याख्या के आधार पर इसकी निम्नलिखित विशेषता बताई जा सकती है। योगेन्द्र सिंह के अनुसार–

(A) It is Universal

(B) It is Fact and Value

(C) It is different from natural inequality.

(D) It has three dimension- economy, political and Social

(E) It is related to social order and social justice as it has been told by Y. Singh.

असमानता के आधारः–

1. आय, 2. व्यवसाय, 3. शिक्षा,

4. शक्ति, 5. पद, 6. धन,

7. जन्म, जाति और प्रजाति।

17

सामाजिक स्तरीकरण के प्रकार या पद्धति

Forms or System of Social Stratification

टी. बोटोमोर (T. Bottomore) ने सामाजिक स्तरीकरण के प्रमुख चार स्वरूपों– दास प्रथा, जागीर, जाति और सामाजिक वर्ग का उल्लेख किया है। असमानता प्रत्येक समाजों में पाई जाती है। गिडेन्स (Giddens) के अनुसार "Stratification Can be defined as structured inequalities between different grouping of people." समाज कई स्तर से बना होता है। स्तर के उपरी सतह पर वैसे लोग रहते हैं जिनके विशेषाधिकार होते हैं। निचले स्तर पर वैसे लोग रहते हैं, जिनके कार्य क्षेत्र सीमित रहता है और जिनके पास शक्ति (Power) नहीं होता है। स्तरीकरण (Stratification) के निम्नलिखित रूप पाये जाते हैं:–

1. दास प्रथा (Slavery):– यह असमानता का एक चरम रूप (Extreme form) है जिसमें कुछ लोगों यानि Slave को Property माना जाता है और उसके ऊपर Master का नियंत्रण रहता है। 18वीं एवं 19वीं सदी में दक्षिणी अमेरिका में इसका प्रमुख रूप से प्रचलन रहा है। दास को परिभाषित करते हुए एल. टी. हाबहाउस लिखते हैं "एक व्यक्ति जिसे कानून और प्रथा दूसरे की सम्पत्ति मानते हैं, उसे दास कहते हैं।" प्रत्येक समाज में इसका स्वरूप

अलग–अलग होता था। United State, South America, वेस्ट इण्डीज में गुलामों को खेती बारी के कामों एवं जानवरों को पालने में लगाया जाता था। एथेन्स में गुलामों को कुछ उत्तरदायित्व दिया जाता था। गुलामों को राजनीतिक और मिलेट्री संबंधी अधिकार नहीं थे। रोम में अमीर (Slave) दास गरीब दास (Slave) को नियंत्रित करते थे।

कभी–कभी Slave ने अपने–आपको आजाद करने के लिए Master के खिलाफ युद्ध छेड़ा था। Hegal ने इस स्थिति की व्याख्या अपने सिद्धांतों में किया है। Slavery System Stratification का एक ऐसा Form है जिसके अन्तर्गत Structural Inequality पाये जाते हैं।

2. जाति (Caste):– L. Dumont के अनुसार Caste hierarchy के सिद्धांतों पर आधारित है। Dumont का मानना है कि Hierarchy सिद्धांत के अन्तर्गत Pure एवं Impure का Concept पाया जाता है। जाति समुदाय के अन्तर्गत हर जाति अपने Purity को कायम रखने के लिए Endogamy के सिद्धांत को लागू करता है। चार तरह के वर्ग पाये जाते हैं। ब्राह्मण, क्षत्रिय, वैश्य एवं शूद्र यह एक आदर्श परिस्थिति होता है। जाति एक Empirical Category है। जाति के निम्नलिखित विशेषता है–

(क) Dumont के अनुसार ब्राह्मण पवित्र होता है एवं शूद्र अपवित्र होता है।

(ख) Beittle के अनुसार जाति व्यवस्था एक (Status System) प्रतिष्ठा व्यवस्था होता है।

(ग) हर जाति का अपना व्यवसाय होता है, इस बात की चर्चा घूरिये ने की है।

(घ) ए. एम. साह (A. M. Sah) के अनुसार हर जाति का अपना नाम होता है।

(ड़) एफ. जी. बेली (F. G. Baily) के अनुसार जाति एक सावयवी सिद्धांत (Organic Principle) पर आधारित होता है।

(च) प्रत्येक जाति का अपना देवी–देवता होता है।

गिडेन्स (Giddens) ने अपनी पुस्तक Sociology में लिखा है कि "Caste system is extremely elaborate, and varies in its structure from area to area so much so that it doesnot really constitute one system at all but a loosely connected diversity of varying beliefs and practices." अर्थात गिडेन्स (Giddens) का कहना है कि कुछ सिद्धांत ऐसे होते है जो हर जाति में हर जगह लागू होते हैं। ब्राह्मण, शूद्रों से अपने आपको अलग रखता है, क्योंकि शूद्र को अपवित्र माना जाता है। जाति व्यवस्था में पुर्नजन्म के सिद्धांत पाये जाते हैं। जो जाति इस धरती पर अपना कर्त्तव्य तथा Ritual पूरा नहीं करते उसका दूसरे जन्म में Lower Position में जन्म होता है।

M. N. Sriniwas ने यह स्पष्ट किया है कि जाति व्यवस्था बिल्कुल बंद नहीं है बल्कि इसमें Group Mobility की व्यवस्था पाई जाती है। श्रीनिवास ने संस्कृतिकरण की अवधारणा में कहा है कि निम्न जाति के लोग उच्च जाति के नियम, कानून, प्रथा, रीति–रिवाज को अपनाने की कोशिश करते हैं। अपनाने के बाद उस समूह में गतिशीलता आती है।

A. Beittle का मानना है कि भारत में Caste Heirarchy तथा Class Heirarchy में तारतम्यता पाया जाता है।

इस प्रकार स्तरण के संदर्भ में जाति प्रथा के ऊपर कई समाजशास्त्रियों एवं मानवशास्त्रियों ने अध्ययन किया है। कुछ विद्वानों ने जाति व्यवस्था के संरचनात्मक पहलू पर जोर दिया है, तो कुछ ने सांस्कृतिक पहलू पर। उन दोनों पहलूओं के अन्तर्गत कुछ ने सार्वभौमिक पहलू पर जोर दिया है।

3. वर्ग (Class):– कार्ल मार्क्स और मैक्सवेबर ने वर्ग पर काफी चिन्तन किया है और समाजशास्त्र में इनका योगदान वर्ग के संबंध में महत्वपूर्ण है। वर्ग के संबंध में मार्क्स का कहना है कि यह पूँजी एवं उत्पादन के साधनों पर स्वामित्व (Ownership of capital and means of Production) के विचार पर आधारित है। इनके अनुसार समाज में कुछ लोग ऐसे हैं जिनके पास पूँजी है तथा जो उत्पादन के साधनों पर अपना नियंत्रण रखता है वह पूँजीपति वर्ग है और दूसरा वह जो उत्पादन करता है मजदूर वर्ग है। वेबर ने केवल आर्थिक आधार पर वर्ग की व्याख्या नहीं किया बल्कि व्यक्ति की सेवा का बाजार में कीमत क्या है, यह भी समझाने का प्रयत्न किया। हर

पेशों का हमेशा समान महत्व नहीं होता है और उनके अनुसार चार वर्ग समाज में पाया जाता है–

1. धनी वर्ग
2. बुद्धिजीवी वर्ग
3. मध्यवर्गीय व्यापारी वर्ग
4. मजदूर वर्ग।

MacIver and Page के अनुसार ''एक सामाजिक वर्ग समुदाय का वह भाग है जो सामाजिक स्थिति के आधार पर दूसरों से पृथक किया जा सके।''

वर्ग व्यवस्था में व्यक्ति धर्म तथा जन्म के आधार पर सदस्यता प्राप्त किया जाता है। वर्ग एक खुला व्यवस्था है जिसकी सदस्यता आर्थिक तथा (Power) शक्ति के आधार पर प्राप्त किया जाता है। वर्गो के बीच स्पष्ट अन्तर नहीं पाया जाता क्योंकि यह परिवर्त्तित श्रेणी है। एक वर्ग की सदस्यों की शादी दूसरे वर्ग के सदस्यों के साथ हो सकती है वर्ग व्यवस्था में ज्यादा गतिशीलता (Mobility) पायी जाती है। जबकि जाति व्यवस्था में गतिशीलता कम पायी जाती है। वर्ग व्यवस्था में Acheived Status की व्यवस्था होती है, जबकि Stratification के दूसरे व्यवस्था जैसे Caste, Estate इत्यादि में Ascribe Status का महत्व पाया जाता है। जाति व्यवस्था में Group Mobility संस्कृतिकरण के प्रक्रिया द्वारा पाया जाता है, जबकि Class System में Individual Mobility पाया जाता है और इसी से दो तरह के Mobility को देखा जा सकता है। Upwards और Down Mobility.

4. जागीरें (Estates):– जागीर प्रथा का प्रचलन मध्ययुगीन यूरोप में रहा है जिसे प्रथा एवं कानून की मान्यता प्राप्त थी। जागीर प्रथा में तीन वर्ग प्रमुख थे पादरी, सरदार एवं साधारणजन। प्रत्येक वर्ग की जीवन शैली एवं संस्कृति भिन्न थी। सामाजिक संस्तरण में सर्वोच्च स्थान पादरियों का था क्योंकि उस समय राज्य भी चर्च के अधीन था। नियमानुसार तो पादरी सर्वोच्च थे।

मध्यकालीन युग में यूरोप का समाज मुख्य रूप से तीन इस्टेट में विभक्त माना जाता था। प्रथम श्रेणी में राजा–महाराजा, उच्च शासनाधिकारी एवं बड़े–बड़े जागीरदार आते थे। वे सभी कुलीन वर्ग के लोग माने जाते

थे। उनके जीवन का तौर–तरीका, सामाजिक मूल्य, प्रतिमान सभी विशिष्ट ढंग के हुआ करते थे। ये लोग अपने समूह के अन्तर्गत विवाह करते थे।

चर्च के लोग दूसरे इस्टेट के प्रतिनिधि माने जाते थे। कुलीन वर्ग के लोगों की तुलना में उनकी सामाजिक हैसियत और सुविधाएँ थोड़ी कम थी। तीसरी श्रेणी में समाज के साधारण लोग आते थे जैसे– दास, मजदूर, किसान, व्यापारी कारीगर इत्यादि इसे Third Estate भी कहा जाता था। यह व्यवस्था का स्वरूप पूरे यूरोप में किसी भी देश में राष्ट्रीय या राजकीय पैमाने पर एक समान नहीं पाया जाता था बल्कि Local Level पर स्थापित किया गया था और इसका संबंध बंदस्तरीकरण से है। जबकि जापान तथा चीन में Estate की व्यवस्था राष्ट्रीय स्तर पर देखा जा सकता था कभी–कभी Estate के बीच अंतर, धार्मिक आधारों पर किया जाता था लेकिन यह Hindu Caste System जैसा नहीं था। इस प्रकार उपरोक्त चार आधार पर सामाजिक स्तरीकरण के स्वरूप या प्रकार की विवेचना करते हैं।

जाति या estate non-economic के आधार पर परिभाषित होता है, जबकि Class की परिभाषा आर्थिक आधारों पर किया जा सकता है जैसा कि Marx एवं Weber ने किया है।

जाति तथा Estate में असमानता व्यक्तिगत संबंधों के आधार पर परिभाषित किया जा सकता है। जैसे Serfs and Lords के बीच संबंध। जबकि Class System में असमानता Impersonal होता है।

मार्क्स ने वर्ग की परिभाषा तीन स्तरों पर दिया है।

1. वर्ग एक ऐसा व्यक्तियों का समूह है जिसके सदस्यों कि आर्थिक स्थिति एक समान होती है। जैसे पूँजीपति का पूँजी पर अधिकार होता है, जब कि श्रमिकों का अपने श्रम पर अधिकार होता है।

2. वर्ग के बीच समान चेतना पायी जाती है।

3. हर वर्ग की अपनी Political Ideology तथा Organisation होता है।

मार्क्स के अनुसार समाज में दो वर्ग पाये जाते हैं– शोषक एवं शोषित। लेकिन Giddens ने Middle Class की भी चर्चा की है, जिसमें White Collar तथा Professionals पाये जाते है।

वेबर (Weber) ने Class को Market Situation के आधार पर परिभाषित किया है और Daherndorf ने Class के सत्ता के असमान वितरण के आधार पर परिभाषित किया है।

उपरोक्त व्याख्याओं से स्पष्ट है कि Slavery Caste तथा Estate एक बंद संरचना होता है, जिसका अस्तित्व परम्परागत समाज में पाया जाता था।

18

सामाजिक स्तरीकरण के मार्क्सवादी सिद्धांत

Marxian Theory of Social Stratification

सामाजिक स्तरीकरण एक सार्वभौमिक सत्य (Universal Reality) है जो हर समाज में पाया जाता है। किसी भी समाज में सभी सदस्यों के बीच पूर्ण समानता नहीं पायी जाती है बल्कि अनेक आधारों पर इनके बीच असमानता या संस्तरण देखने को मिलता है। स्तरीकरण की चर्चा भी प्राचीन काल से होती रही है। प्लेटो ने Philosophical State की चर्चा करते हुये समाज या City State को तीन वर्गो में विभाजित किया है। Philosopher, Soldier और Commoner वर्गो की चर्चा की है। इसी प्रकार अरस्तु (Aristotale) ने Practical State की अवधारणा देते हुए समाज या City State को Ruler, Soldier और Artisian तीन वर्गों में बाँटा है। समाजशास्त्रियों ने भी इस पर अपना–अपना अलग दृष्टि डाला है। गुम्पलोविस (Gomplowicz) की धारणा है कि स्तरीकरण की उत्पत्ति एक झूण्ड से दूसरे झूण्ड को जीतने की परम्परा से हुई है। पैरेटो (Pareto) ने Social Heterogenity की अवधारणा देते हुए प्रत्येक समाज में व्यक्तियों के बीच असमानता की चर्चा की और यह विचार दिया की समाज में स्तरीकरण का पाया जाना आवश्यक है। मैक्स वेबर (Max Weber) ने Class, Social Status, Power

के रूप में, Davis and Moore ने Intellectual के रूप में तथा Karl Marx ने पूंजीपति और सर्वहारा वर्ग की चर्चा करते हुए समाज में स्तरीकरण की व्याख्या दी।

इस आधार पर कहा जा सकता है कि प्रत्येक समाज में स्तरीकरण आवश्यक ही नहीं अनिवार्य रूप से पाया जाता है। समाज में रहने वाले सभी व्यक्तियों की सामाजिक स्थिति एक समान नहीं होती है। उन्हें किसी न किसी आधार पर विभाजित किया जाता है। इस विभाजन के फलस्वरूप समाज में आर्थिक एवं सामाजिक प्रतिस्थिति (Economic Rewards एवं Social Status) भी असमान ढंग से विभाजित हो जाता है। जैसे परिवार में हम बूढ़ों को या समाज में अमीर व्यक्ति को ज्यादा प्रतिष्ठा देते हैं तो यह स्तरीकरण का ही परिणाम है जो उम्र (Age) तथा धन (Property) पर आधारित है। भारतीय समाज में जाति व्यवस्था भी स्तरीकरण का एक स्वरूप है।

जहाँ तक स्तरीकरण का सिद्धांत का संबंध है तो इस संबंध में चार Macro Social Theories की व्याख्या दी गई है। जिसमें दो सिद्धांत सबसे प्रमुख या महत्वपूर्ण है। ये दोनों ही एक दूसरे के विरोधी हैं। पहला सिद्धांत समाज में विभाजन प्रक्रिया को उचित बताता है और कहता है कि सभी लोगों को सामान्य प्रतिष्ठा नहीं मिल सकती। इसका कारण बताते हुए इस सिद्धांत का कहना है कि सामाजिक कार्य भी एक तरह के नहीं होते है। इस प्रकार सामाजिक कार्य में विभिन्नता है तो काम करने वाले में समानता कैसे हो सकती है। इस सिद्धांत को प्रकार्यवादी सिद्धांत (Functional Theory) कहा जाता है। ये विचारधारा वाले यह भी मानते हैं कि स्तरीकरण का समाज में सकारात्मक प्रकार्य (Positive Function) है। इस सिद्धांत के प्रमुख नेता डेविस व मूर (Davis and Moore) तथा टी. पारसन्स (T. Parsons) है।

दूसरी ओर मार्क्सवादी सिद्धांत (Marxian Theory) है जो इस बात पर बल देता है कि सामाजिक असमानता उचित नहीं है बल्कि यह समाज के लिए कलंक है और इसका कोई सकारात्मक प्रकार्य (Positive Function) नहीं होता है। इसे खत्म कर दिया जाना चाहिए।

मार्क्स के स्तरीकरण के सिद्धांत को स्पष्ट करने के लिए हमें उन विभिन्न Stages पर भी ध्यान देना होगा जिससे होते हुए कोई भी समाज आज अपनी वर्तमान स्थिति में पहुँचा है। मार्क्स ने कहा कि "आज तक अस्तित्व में रहे समाजों का इतिहास वर्ग संघर्ष का इतिहास है।" अर्थात प्रत्येक काम में वर्ग रहा है और उनके बीच निरंतर संघर्ष रहा है। पहला Stage आदिम साम्यवादी (Primitive Communism) था। यह मानव का सबसे प्रथम Stage है जिसमें उत्पादन पर सभी का समान अधिकार होता था। यही एक Stage था जिसमें स्तरीकरण नहीं पाया जाता था यानि वर्गहीन समाज (Classless Society) पाया जाता था। उसके बाद दास मूलक समाज (Slave Society), सामन्ती समाज (Feudal Society) और पूँजीवाद समाज (Capitalistic Society) में परिवर्तन हुआ। लेकिन जैसे ही लोगों में बुरे दिन के लिए कुछ खाना बचाने की प्रवषत्ति आयी यानि निजी सम्पत्ति (Private Property) का अवधारणा (Concept) आया वैसे ही समाज में असमानता पाया जाने लगा। स्तरीकरण के रूप में दो मुख्य वर्ग Master और Slaves के रूप आया। उसके बाद Lords और Serfs तथा चौथे चरण में पूँजीपति और मजदूर के रूप में स्तरीकरण पाया जाने लगा।

कार्ल मार्क्स (Karl Marx) ने स्तरीकरण का मूल आधार आर्थिक शक्ति को माना है। मार्क्स ने समाज की प्रवृत्ति की व्याख्या करते हुए कहा कि "Society is a Super Structure based upon infrastructure that is a economy" इन्होंने समाज को शीर्ष संरचना बताया है और उसका आधार मौलिक संरचना है जो उत्पादन की प्रणाली से सम्बन्धित है। यानि उत्पादन के प्रणाली के आधार पर ही समाज में स्तरीकरण पाया जाता है।

मार्क्स ने स्तरीकरण का मुख्य आधार आर्थिक शक्ति को माना है। मैक्स वेबर ने स्तरीकरण का आधार Class को माना है लेकिन उसने चार वर्ग की चर्चा की तथा वह Social Status और Power को भी सामाजिक स्तरीकरण का आधार मानता है। मार्क्स ने Power तथा Social Status को Class में ही निहित बताया है।

मार्क्स सामाजिक स्तरीकरण के रूप में मुख्य तौर से दो ही वर्ग की चर्चा करता है, उनके अनुसार Classes are Created by Unequal distribution of Production यानि उत्पादन के असामान्य वितरण से वर्ग की उत्पत्ति होती है। फलस्वरूप दो वर्ग समाज में उभरते हैं पहला वह है जिसका उत्पादन पर नियंत्रण होता है जिसे पूंजीपति Bougeoisie कहते हैं। दूसरा वर्ग जो उत्पादन की प्रक्रिया में सहयोग देता है जिसे मजदूर वर्ग या Proletariat Class कहते हैं। इन दोनों वर्ग का अपना–अपना अलग Interest है। पूँजीपति लोग अधिक से अधिक मुनाफा कमाना चाहते हैं तथा मजदूर वर्ग चाहते हैं कि उचित मजदूरी मिले। इन दोनों वर्ग के बीच एक आपसी विरोधाभाष (Contradiction) पाया जाता है। इसके चलते इन दोनों वर्गो के बीच एक संघर्ष होता है। इस तरह उन्होंने इन दोनों वर्गो के बीच एक संघर्षात्मक संबंध की विवेचना की। इस तरह उन्होंने कहा कि वर्ग संघर्ष जैसी घटना इतिहास में देखने को हमेशा से मिलती है।

दूसरी बात मार्क्स के अनुसार स्तरीकरण के निर्धारण में प्रौद्योगिकी (Technology) का महत्वपूर्ण योगदान रहा है क्योंकि Technology is the wheel of Society माना है। जैसे–जैसे प्रौद्योगिकी (Technology) का विकास होता है वैसे–वैसे समाज में परिवर्तन आता है। इनका कहना है कि टेक्नोलॉजी के विकास के कारण मजदूर की स्थिति और खराब होती चली जाती है। टेक्नोलॉजी में विकास होने के कारण नये–नये मशीनों तथा उद्योगों का विकास होता है जिसमें उत्पादन की शक्ति बढ़ती है लेकिन उत्पादन करने वाले मजदूरों में कोई परिवर्तन नहीं आता है साथ ही साथ टेक्नोलॉजी के विकास से स्वचालित मशीनों का विकास होता है जिससे मजदूरों की माँग कम जाती है फलस्वरूप उन्हें कम मजदूरी (Wages) पर काम करना पड़ता है और जिसमें पूँजीपति का मुनाफा ज्यादा होता है। मजदूर वर्ग की हालत और खराब हो जाती है। यहाँ तक की उनकी सारी आवश्यकता की पूर्ति नहीं होने लगती है। मार्क्स ने कहा है कि अन्तः में इस बेकारी तथा तकलीफों के फलस्वरूप सर्वहारा वर्ग संघर्ष का रास्ता छोड़कर क्रांति का रास्ता अपनायेगा जो अन्तिम रूप से मजदूर अपना कुछ नहीं खोयेगा लेकिन पूंजीपति अपना सब खो देगा। जो अन्तिम रूप से संस्तरण (Stratification) की व्यवस्था को समाप्त करेगा और फिर से वर्गहीन समाज का Classless Society का विकास होगा जिसमें ऊँच–नीच

नहीं होगा यानि उत्पादन पर सभी का अधिकार होगा और सभी लोग आराम से जीवन व्यतीत करेंगे।

उपरोक्त विवेचना से यह स्पष्ट होता है कि स्तरीकरण के जड़ में आर्थिक विषमता है। उनके अनुसार आर्थिक विषमता हमारी आर्थिक व्यवस्था की उपज है। यह विभाजन केवल आर्थिक जीवन तक ही सीमित नहीं है बल्कि सामाजिक जीवन में भी इसका प्रभाव पड़ता है। क्योंकि वर्ग का मौलिक महत्व प्राप्त होता है और व्यक्ति की सामाजिक, आर्थिक और राजनैतिक स्थिति उसके वर्ग से ही निर्धारित होती है। राजनीतिक क्षेत्र में न कुछ लोग शासक होते हैं बाकि लोग शासित होते हैं। यह भी वर्ग संस्तरण (Class Stratification) का ही परिणाम है।

भारतीय सन्दर्भ में मार्क्सवादी संस्तरण (Marxian Stratification) का अध्ययन करते हुए विभिन्न विद्वानों ने अपना–अपना समर्थन व्यक्त किया है। भारतीय समाज में स्तरीकरण का मुख्य आधार जाति माना जाता है यानि जाति के आधार पर छोटा–बड़ा अमीर–गरीब देखा जाता है। Daniel Thormer ने कृशक समाज के Class पर काम किया और बताया कि समाज में अन्तःक्रिया में विभिन्नता मालिक, मजदूर और साहूकार में अन्तर बताया है। जिसका ऐतिहासिक आधार सामाजिक आर्थिक विकास है।

ए. आर. देशाई (A. R. Desai) ने बताया कि जाति व्यवस्था Force of Production तथा सम्पत्ति Ownership की सामाजिक अभिव्यक्ति भारतीय कष्शक समाज में है। Desai ने भारतीय विद्यार्थीयों का अध्ययन किया और पाया कि सामाजिक जीवन उसके Caste Position तथा आर्थिक स्थिति से घनिष्ट रूप से सम्बन्धित है। इनके अनुसार भारत में आर्थिक, राजनैतिक शैक्षणिक तथा संस्कृति के क्षेत्र में जाति का अपना विशेषाधिकार है। इनके अनुसार जाति व्यवस्था और जाति संस्तरण में परिवर्तन के बिना Economic Structure के परिवर्तन से नहीं हो सकता है।

Daniel Thormer ने भारतीय कृषि समाज में मुख्य मालिक, साहूकार, तथा मजदूर को Class माना है। उन्होंने कहा Bourgeoisie तथा Capitalist के तरह भारतीय समाज Land Owners या धनी कृशक है। उसी तरह भूमिहीन कृशक को Agricultural Laboures के रूप में बाँटा है। इनका

कहना है कि इन दोनों में संघर्ष होता है यानि खेती करने वाले अपनी वास्तविक मजदूरी की माँग करते हैं और मालिक इसे नहीं देते है। इसमें परिवर्तन क्रांति के बाद ही आ सकेगी।

के. एल. शर्मा (K. L. Sharma) ने राजस्थान के छः गाँवों का अध्ययन किया और पाया की समाज में स्तरीकरण में परिवर्तन हुआ है। उन्होंने देखा कि मात्र कृषिक मजदूर ही नहीं बल्कि भूतपूर्व Landlords का Class Status बदल रहा है। इन्होंने कहा कि Proletarianization की प्रक्रिया प्रारम्भ हुई। इसके विपरीत जो नये धनी कृषक हुए हैं वह नये ग्रामीण Bourgeoisie में परिवर्तित हो गया है।

निष्कर्षतः मार्क्सवादियों का कहना है कि भारतीय समाज में जाति के आधार पर स्तरीकरण पाया जाता है वह आर्थिक कारकों से प्रभावित है यानि उच्च जाति के लोग हैं इसलिए उसे सामाजिक प्रतिष्ठा प्राप्त है तथा अन्य क्षेत्र में वे समान लोगों से अलग हैं। Davis का कहना है कि भारतीय औद्योगीकरण के कारण जाति का स्थान वर्ग ले रहा है। इसके साथ–साथ भारत में शहरीकरण, पश्चिमीकरण, संस्कृतिकरण, इत्यादि अनेक प्रक्रिया के आरम्भ होने से Caste का स्थान Class ले रहा है और इसी आधार पर स्तरीकरण देखा जाता है।

मार्क्स के अनुसार स्तरीकरण को निर्धारित करने में टेकनोलॉजी (Technology) का महत्वपूर्ण योगदान रहा है क्योंकि जैसे टेकनोलॉजी (Technology) का विकास होता है वैसे–वैसे समाज में परिवर्तन आता है। दूसरी बात टेकनोलॉजी (Technology) के विकास के कारण मजदूर की स्थिति और खराब होती चली जाती है क्योंकि टेकनोलॉजी (Technology) में विकास होने के कारण नये–नये मशीनों का तथा उद्योगों का विकास होता है जिससे उत्पादन की शक्ति बढ़ती है। लेकिन उत्पादन करने वाले मजदूरों में कोई परिवर्तन नहीं आता है साथ ही साथ टेक्नोलॉजी (Technology) के विकास से स्वचालित मशीनों का विकास होता है जिसमें मजदूर की कम आवश्यकता होती है और जिससे पूँजिपति का मुनाफा ज्यादा होता है। मजदूर वर्ग मजदूर ही रह जाते हैं यहाँ तक की उनकी सारी आवश्यकता की पूर्ति नहीं होने लगती है और मार्क्स ने कहा है कि

अतः इस बेकारी के बढ़ने के फलस्वरूप सर्वहारा वर्ग संघर्ष का रूख छोड़कर क्रांति का रास्ता अपनायेगा जो अन्तिम रूप से Stratification व्यवस्था को समाप्त करेगी और फिर से वर्गहीन समाज का विकास होगा जिसमें उत्पादन पर सभी का अधिकार होगा और उस समाज में बड़ा–छोटा, अमीर–गरीब नहीं होगा।

मार्क्स ने अपने सिद्धांत को बड़े ही वैज्ञानिक ढंग से प्रस्तुत करने का कोशिश किया है लेकिन तर्क के आधार पर देखा जाये तो इसमें बहुत कमी नजर आयेगी। कुछ विद्वानों ने मार्क्स के स्तरीकरण के सिद्धांत की आलोचना की है।

प्रथम आलोचना यह है कि मार्क्स ने केवल आर्थिक कारक (Economic Factor) को स्तरीकरण का आधार बताया है, जो सही नहीं है। केवल आर्थिक कारक (Economic Factor) ही कारण नहीं होता है बल्कि सामाजिक (Social) और सांस्कृतिक कारक (Cultural Factor) भी स्तरीकरण का आधार होता है इसलिए मार्क्स के Economic Determinism के सिद्धांत को वास्तविक नहीं कहा जा सकता।

दूसरी आलोचना यह है कि मार्क्स ने केवल यूरोप के इतिहास का अध्ययन करते हुए सभी समाज के लिए एक सामान्यीकरण दिया जो उचित नहीं। किसी एक ही समाज की व्यवस्था के आधार पर सामान्यीकरण नहीं दिया जा सकता। अनेक समाजों की तुलनात्मक अध्ययन के बाद ही कोई सामान्यीकरण मान्य हो सकता है। अतः मार्क्स के सिद्धांत को वास्तविक रूप से स्वीकार नहीं किया जा सकता।

Max Weber ने आलोचना की है कि इसके अनुसार समाज में केवल दो वर्ग नहीं पाये जाते बल्कि चार वर्ग होते हैं। जिसमें दो वर्ग पूँजिपति और सर्वहारा के बीच होते हैं। इन दोनों वर्गों की चर्चा मार्क्स ने नहीं की है इसके अतिरिक्त कभी–कभी दूसरे कारक आर्थिक व्यवस्था को प्रभावित करता है। जैसे Protestent धर्म के विकास होने से पूँजीवाद व्यवस्था का विकास हुआ। इसके अतिरिक्त Weber ने यह भी दर्शाया है कि सामाजिक स्थितियां और राजनैतिक शक्ति भी स्तरीकरण का आधार हो सकती है और ये दोनों आधार आर्थिक व्यवस्था से स्वतंत्र हो सकती है।

इन कमजोरियों के बावजूद भी कहा जा सकता है कि आधुनिक युग में आर्थिक शक्ति मुख्य कारक है जो ऊँच–नीच, अमीर–गरीब, बड़ा–छोटा का स्तरीकृत करता है।

19

स्तरीकरण के प्रकार्यवादी सिद्धांत

Functional Theory of Stratification

20वीं शताब्दी के चौथे दशक में जब समाजशास्त्र में प्रकार्यवाद का उदय हुआ। तब से ही प्रकार्यवादियों ने सामाजिक स्तरीकरण का विश्लेषण करना प्रारम्भ कर दिया। टी. बी. बोटोमोर (T. B. Bottomore) ने अपनी पुस्तक "Sociology a guide to Problems literature" में कहा है कि सामाजिक स्तरीकरण संबंधी सिद्धांतों को निम्नलिखित दो भागों में विभाजित किया जा सकता है।

1. द्वंद्ववादी (Dialectical)
2. प्रकार्यवादी (Functionalist)

द्वंद्ववादी सिद्धांत के प्रतिपादक (Karl Marx) कार्ल मार्क्स को माना जाता है जबकि प्रकार्यवादी का श्रेय (Kingsley Davis and Wilbert E. Moore) के. डेविस और डब्लू ई. मूर को माना जाता है।

माइकल हरलमबोस (Michael Haralambos) ने अपनी पुस्तक "Sociology Themes and Perspectives" में सामाजिक स्तरीकरण के प्रकार्यवादी सिद्धांतों के अन्तर्गत (T. Parsons, K. Davis and E. Moore, Melvin M.Tumin, Michael Young, Evan Rosenfeld) टी. पारसन्स, के. डेविस और ई. मुर, मेलवीन एम. ट्यूमीन, माइकल यंग, इवान रोसनफिल्ड जैसे विद्वानों को सम्मिलित किया।

परन्तु सामाजिक स्तरीकरण के प्रकार्यवादी सिद्धांतों के अन्तर्गत मुख्य रूप से (Parsons, K. Davis and Moore) पारसन्स, डेविस और मुर के सिद्धांत महत्वपूर्ण हैं।

टालकॉट पारसन्स (Talcott Parsons) के सिद्धांतः— पारसन्स ने स्पष्ट शब्दों में कहा है कि सामाजिक स्तरीकरण के कुछ निश्चित प्रकार्यात्मक महत्व होते हैं जिसकी व्याख्या संपूर्ण समाज व्यवस्था के संदर्भ में की जा सकती है। सामाजिक स्तरीकरण के निम्नलिखित तीन आधार है।

1. गुण (Quality),
2. व्यक्ति विशेष के कार्य संपादन या कार्य कुशलता (Individuals Performance of Task),
3. मिलकियत (Possession)।

1. प्रदत्त गुण के अन्तर्गत व्यक्तियों के ऐसे गुण को सम्मिलित किया जाता है जो समाज द्वारा प्रदत्त किया जाता है। जैसे— वंश–परंपरा या फिर किसी जाति का उच्च जातियों जैसे ब्राह्मण क्षत्रिय में जन्म लेना प्रदत्त गुण का ही उदाहरण है। एक ब्राह्मण की स्थिति जातीय संस्तरण (Caste Hierarchy) में सर्वोच्च इस कारण है कि इसका जन्म ऐसे परिवार में हुआ है जिसे हिन्दू परंपरा के अनुसार उच्च माना जाता है।

2. व्यक्ति विशेष के कार्य संपादन या कार्य कुशलता (Individuals Performance of Task):— व्यक्ति विशेष के कार्य संपादन का अर्थ होता है एक व्यक्ति अपने स्वयं के प्रयत्न प्रशिक्षण या अनुभव के आधार पर अपने व्यक्तित्व के विकास के लिये जिन गुणों को अर्जित करता है तथा जिनके आधार पर व्यक्ति के क्रियाओं तथा दूसरे के क्रियाओं के संदर्भ में सापेक्ष मूल्यांकन होता है उसी के आधार पर सामाजिक स्तरीकरण होता है। उदाहरणस्वरूप एक (Doctor, Engineer & Professor) डाक्टर इंजिनियर या प्रोफेसर की स्थिति को प्राप्त करने के लिये एक व्यक्ति को काफी मेहनत की जरूरत होती है। वे प्रयास मेहनत के बल पर ही (Doctor, Engineer & Professor) डॉक्टर इंजिनियर और प्रोफेसर बनने में सफल होते हैं। व्यक्तियों के विभिन्न समूहों में कार्य संपादन या व्यवहार कार्य

कुशलता पर पाये जाने वाले विभिन्नताओं के आधार पर सामाजिक स्तरीकरण का निर्धारण होता है।

3. मिलकियत (Possession):– मिलकियत का प्रयोग टालकॉट पारसन्स ने दो अर्थो में किया है। प्रथम भौतिक वस्तुयें (धन संपत्ति) दूसरा कला–कौशल के रूप में। समाज में किसी व्यक्ति को अधिक मिलकियत होती है तो किसी की कम। जिनके पास अधिक मिलकियत होता है उसे सामाजिक स्तरीकरण में उच्च स्थान प्राप्त होता है कम मिलकियत प्राप्त व्यक्तियों को निम्न स्थान प्राप्त होता है। अतः मिलकियत भी सामाजिक स्तरीकरण को निर्धारित करने में अहम भूमिका निभाती है।

टालकॉट पारसन्स (Talcott Parsons) ने आगे यह कहा है कि उपर्युक्त तीनों आधारों को सामाजिक स्तरीकरण के निर्धारक के रूप में किस प्रकार लागू किया जायेगा यह उस समाज के नियम, मूल्य तथा आदर्शों पर निर्भर करती है। उदाहरणस्वरूप एक धर्म प्रधान समाजों में धार्मिक क्रियाओं और गुणों पर विशेष बल दिया जाता है। प्रतिस्पर्धा पर आधारित समाजों में केन्द्रस्थ मूल्य उपलब्धि व्यक्तिगत योग्यता और क्षमता पर बल दिया जाता है। उपर्युक्त तीनों आधारों का मूल्यांकन समाज के मूल्य प्रतिमानों के अनुसार किया जाता है। (Basic Value Pattern)

पारसन्स (Parsons) तथा नील स्मेलसर (Nels Smelser) के साथ मिलकर लिखी गई पुस्तक "Economic and Society" में यह विचार व्यक्त किया है कि सामाजिक व्यवस्था को जीवित रखने के लिये चार प्रमुख समस्यायें सामने आती है। इन समस्याओं को पारसन्स (Parsons) प्रकार्यात्मक पूर्व आवश्यकतायें (Functional Prequisties) कहते हैं क्योंकि इन आवश्यकताओं की पूर्ति न होने पर व्यवस्था का जीवन संकट में पड़ सकता है। यदि ये पूर्व आवश्यकतायें पूरी नहीं हो तो व्यवस्था के प्रकार्य रूक जायेगें। ये पूर्व आवश्यकतायें व्यवस्था के लिये आवश्यक है और व्यवस्था को बनाने में अहम भूमिका निभाती है।

(क) अनुकूलन (Adaptation)

(ख) लक्ष्य प्राप्ति (Goal Attainment)

(ग) एकीकरण (Integration)

(घ) प्रतिमान स्थिरता (Pattern Maintainance)

(क) अनुकूलन (Adaptation):– किसी भी व्यवस्था को जीवित रखने के लिये अनुकूलन की प्रक्रिया चलती रहती हैं। अनुकूलन का अर्थ है सामाजिक, सांस्कृतिक तथा भौतिक पर्यावरण में जो सुविधा उपलब्ध है उनका संकलन करना। इन सुविधाओं को इस भांति व्यवस्था में फैला दिया जाय कि व्यवस्था अपने लक्ष्य प्राप्ति में सफल हो जाय। सामाजिक व्यवस्था में अनुकूलन की प्रवृति व्यवस्था को बनायी रखती है। यदि व्यवस्था पर्यावरण में निहित सुविधा का उपयोग नहीं करती है न तो व्यवस्था अपने लक्ष्य प्राप्ति में सफल होगा न ही जीवित रह सकेगा। उदाहरणस्वरूप (Gender Relation) लिंग संबंध भी सामाजिक स्तरीकरण (Social Stratification) का आधार है। भारतीय नारी को असहाय पीड़ित और षोषित समझा जाता है। आज नारी मुक्ति आंदोलन चला रही है। वह और कुछ न होकर व्यवस्था द्वारा अपनायी गई अनुकूलन है।

(ख) लक्ष्य प्राप्ति (Goal Attainment):– लक्ष्य प्राप्ति या मूल्य प्रतिमान व्यक्तिगत लक्ष्य प्राप्ति के अपेक्षा सामूहिक या सामाजिक लक्ष्य प्राप्ति पर अधिक बल देता है। अर्थात व्यक्तियों पर यह दबाव डालता है कि सामूहिक लक्ष्य को अंतिमरूप से प्राप्ति को अधिक महत्व प्रदान करें न कि स्वयं के लक्ष्यों की प्राप्ति पर। सामाजिक स्तरीकरण को इस ढंग से लागू किया जा सकता है कि सामूहिक लक्ष्य की पूर्ति हो सके।

(ग) एकीकरण (Integration):– एकीकरण का बहुत बड़ा लक्ष्य विभिन्न इकाईयों में एकता को बनाये रखना है। समन्वय की यह स्थिति व्यवस्था में संतुलन स्थापित करती है। यह मूल्य प्रतिमान, समाज में एकता को बनाये रखने पर बल देता है। उदाहरणस्वरूप– विश्वविद्यालय एक व्यवस्था है तो परीक्षा विभाग प्रशासक, अध्यापन, अनुसंधान, आदि कई इकाई है। ये प्रत्येक अपने आप में स्वतंत्र हैं लेकिन इन इकाइयों की प्रक्रियाओं द्वारा व्यवस्था के लक्ष्य को प्राप्त किया जा सकता है।

(घ) प्रतिमान स्थिरता (Pattern Maintainance):– समाज व्यवस्था के अस्तित्व के लिये जरूरी है, कि उचित मूल्य, प्रतिमान को लागू किया जाय

या समाज के सांस्कृतिक प्रतिमानों के स्थिरता को बनाये रखने के लिये उचित मूल्य प्रतिमानों को लागू किया जाय ताकि समाज की व्यवस्था बनी रहे।

पारसन्स (Parsons) का कहना है कि व्यवस्था की पहचान तभी बनी रह सकती है जब व्यवस्था के रीति–रिवाज, परंपराओं का पीढ़ी दर पीढ़ी हस्तांतरण चलता रहे।

(Parsons) पारसंस के अनुसार स्तरीकरण के प्रकार्यात्मक सिद्धांत सभी जगह पाये जाते है।

1. सभी समाजों में व्यक्ति के गुण, कार्य कुशलता और मलिकाना का मूल्यांकन पद्धति पाया जाता है।
2. सभी समाजों में Basic Value Pattern होते हैं जिनके आधार पर गुणों, कार्यो तथा स्वामित्व का मूल्यांकन होता है।
3. सभी समाजों में अनुकूलन, लक्ष्य प्राप्ति, एकीकरण, प्रतिमान स्थिरता (Adoptation, Goal Attainment, Integration, Pattern Maintainance) पाया जाता है।
4. जो कार्य एवं मूल्य समाज विशेष में प्राथमिक होते हैं उनके अनुरूप किये गये कार्य का विशेष महत्व होता है। उन कार्यो को करने वाले लोगों का स्थान समाज में ऊँचा होता है तथा अन्य कार्य को करने वाले लोगों का स्थान निम्न होता है।

डेविस एवं मूर के सिद्धांत (Theory of Kingsley Davis and E. Moore):– 20वीं शताब्दी के चौथे दशक में जब समाजशास्त्र में प्रकार्यवाद का उदय हुआ तब ही से टी. पारसन्स, आर. के. मर्टन (T. Parsons, R. K. Merton) आदि ने सामाजिक स्तरीकरण के विचार को विधिवत रूप देना प्रारम्भ किया। इस संदर्भ में एक सार्थक प्रयास किंग्सले डेविस (Kingsley Davis), विलबर्ट इ. मूर (Wilbert E. Moore) ने 1945 में ''अमेरिकन जर्नल ऑफ सोशिओलॉजी'' में "Some Principles of Stratification" नामक निबंध में प्रकार्यवादी विचार को रखा। इसके बाद एम. एम. टूमिन (Melin M. Tumin) और माइकल यंग (Michael Young) ने भी प्रकार्यात्मक सिद्धांत की चर्चा की है।

(Davis and Moore) डेविस और मूर ने अपने सिद्धांत में निम्नलिखित बातों पर जोर दिया है।

1. दुनिया के सभी समाजों में सामाजिक स्तरीकरण का अस्तित्व है। विभिन्न मानवशास्त्रियों के अध्ययनों से यह स्पष्ट पता चलता है कि प्रत्येक समाज में किसी–न–किसी तरह का स्तरण अवश्य पाया जाता है।

2. समाज को अगर जिन्दा रहना है तो कुछ प्रकार्यात्मक आवश्यकताओं (Functional Prequisites) को पूरा करना होगा। इसके लिय कार्यों का बँटवारा और इनका पूरा किया जाना जरूरी है। समाज में अनेक तरह के काम होते हैं, कुछ जरूरी और कुछ कम जरूरी। इसे तरह–तरह के लोग पूरा करते हैं। परन्तु लोगों में बुद्धि एवं क्षमता असमान होती है। सामाजिक स्तरीकरण का एक महत्वपूर्ण प्रकार्य यह है कि वह सबसे जरूरी अथवा महत्वपूर्ण कामों के लिए सबसे योग्य एवं क्षमतावान व्यक्ति को चुने।

3. भूमिकाओं का सुचारू रूप से सम्पादन करने के लिये जिस प्रशिक्षण की आवश्यकता होती है, उसे देना चाहिए।

4. इन महत्वपूर्ण भूमिकाओं को पूरी कर्त्तव्यनिष्ठा और ईमानदारी से निभाया जाना चाहिए।

5. विभिन्न समाजों के बीच सामाजिक स्तरण के स्वरूप में भिन्नताएँ हैं जैसे सरल समाजों में स्तरण उम्र, लिंग के आधार पर होता है जबकि जटिल समाजों में शिक्षा वैयक्तिक गुण, हैसियत, सम्पत्ति इत्यादि के आधार पर होता है।

डेविस और मूर (Davis and Moore) के इस सिद्धांत की विवेचना इस प्रकार किया जा सकता है कि समाज के सबसे महत्वपूर्ण कार्य के लिये बुद्धि और योग्यता के अतिरिक्त परिश्रम त्याग (समय और पैसे की) एवं साधना की जरूरत पड़ती है। उदाहरण के लिए डाक्टर और प्रोफेसर बनने के लिए कठिन परिश्रम और पढ़ाई करना पड़ता है।

समाज में सबसे महत्वपूर्ण काम वे हैं जो प्रकार्यात्मक रूप से सबसे विशेष है। अर्थात जिन्हें दूसरा बिना विशेष योग्यता के पूरा नहीं कर सकता। जैसे इंजिनीयर का काम मजदूर नहीं कर सकता, परन्तु मजदूर

का काम इंजिनीयर कर सकता है। काम के महत्त्व को मापने का दूसरा आधार डेविस एवं मूर ने बताया कि जिस काम अथवा पद पर दूसरे लोग अधिक आश्रित है; उदाहरण के लिए प्रबंधक पर उसके कर्मचारी दिशा निर्देश एवं निर्णयों के लिए निर्भर करते है, इसलिए प्रबंधक का काम और पद तुलनात्मक रूप से विशेष महत्वपूर्ण है। जो लोग सबसे योग्य, परिश्रमी एवं त्यागी हैं वे ही सबसे महत्वपूर्ण पदों पर आसीन होते हैं। इसलिए समाज में काम के बँटवारे से असमान प्रतिष्ठा अथवा स्तरीकरण पैदा होता है जो समाज को सुव्यवस्थित ढंग से चलाने के लिए जरूरी है। ऊँचे पदों से युक्त सुविधाओं और अधिकारों को प्राप्त करने के लिए लोगों में प्रतियोगिता होती है। जो प्रतियोगिता में सफल होते हैं वे ऊपर जाते हैं और इसी कारण से समाज व्यवस्था में स्तरीकरण पाया जाता है।

डेविस और मूर (Davis and Moore) ने कहा कि समाज में स्तरीकरण (Functional Pre-requisites) प्रकार्यात्मक पूर्व आवश्यकताएँ होती है। अर्थात समाज में कुछ कार्यो की अत्यन्त अवश्यकता होती है यह आवश्यकता समाज के द्वारा तथा व्यक्तियों के द्वारा महसूस की जाती है और उस पूर्व आवश्यकताओं को पूरा करने के लिए असमान व्यक्तियों कि जरूरत होती है। यह आवश्यकता किसी–न–किसी प्रकार समाज के निर्माण में, रचना में या व्यवस्था को बनाये रखने के लिए आवश्यक होता है। ऐसा विश्वास किया जाता है कि योग्य, व्यक्यियों के द्वारा समाज की पूर्व आवश्यकताओं का संतोषजनक रूप से पूरा किया जायेगा। यहाँ पर यह स्पष्ट हो जाता है कि समाज की पूर्व आवश्यकताओं को पूरा करने के लिए जो रचना या बनावट तैयार की जाती है वही सामाजिक स्तरीकरण है। उदाहरण के लिए व्यक्ति को भूख मिटाने या स्वस्थ रहने के लिए भोजन की आवश्यकता होती है और विभिन्न प्रकार के अनाज व्यक्ति के भूख मिटाते है। समाज में व्यक्तियों को शिक्षित करने की आवश्यकता है इस आवश्यकता की पूर्ति शिक्षक करते है। ठीक उसी प्रकार समाज की अनेक पूर्व आवश्यकताओं की पूर्ति करने के लिए विभिन्न प्रकार के व्यक्तित्व की आवश्यकता होती है जो स्तरीकरण का निर्माण करता है और साथ–ही–साथ समाज इसके द्वारा सुचारू रूप चलता है या व्यवस्था बना रहता है।

अर्थात यह सिद्धांत यह मानता है कि व्यक्ति का गुण बराबर नहीं होता है इसलिए व्यक्तियों के बीच Natural Inequality (प्राकृतिक असमानता) पाया जाता है।

(Davis and Moore) डेविस और मूर के इस सिद्धांत को D. Jilas समर्थन करते है और उन्होंने अपने पुस्तक "New Class" में कहा कि Socialist Society में भी स्तरीकरण (Stratification) पाया जाता है।

(Davis and Moore) डेविस और मूर का मानना है कि विशिष्ट व्यक्ति जो समाज का विशिष्ट कार्य करता है और ईमानदारी और लगन के साथ कार्य करता है उसे पुरस्कार (Reward) दिया जाना चाहिए। यह परितोषिक या मेहनताना या Reward भी असमान दिया जाना चाहिए। जो सभी को नहीं मिलता है। पुरस्कार पाने के लिए भी प्रतिस्पर्धा होती है। यह पुरस्कार व्यक्ति के (Ego) अहम को संतुष्टि प्रदान करता है। उदाहरण के लिए भारतरत्न, अर्जुन पुरस्कार इत्यादि सम्मान सूचक पुरस्कार है, भौतिक लाभ देने वाले पुरस्कार भौतिक आवश्यकताओं की पूर्ति करता है, कुछ पदों में सुविधायें एवं पुरस्कार कम है कुछ में अधिक। समाज में कुछ व्यक्ति ऐसे हैं जो पुरस्कारों एवं सुविधाओं से अधिक लाभान्वित है, परन्तु कुछ व्यक्ति इन सुविधाओं से वंचित रह जाते हैं। यो तो (Davis and Moore) डेविस और मूर ने सामाजिक स्तरीकरण में प्रकार्यवादी विशलेषण किया है और अपनी विश्लेषण को वैध बताने के लिए अनेक तर्क भी दिया है। इनका सिद्धांत भी काफी प्रसिद्ध हुआ है और लम्बे समय तक समाजशास्त्रीय जगत में छाया रहा। इसके बावजूद निम्नलिखित आधारों पर इनके सिद्धांत की आलोचना की जाती है।

आलोचना (Criticism)

1. यह तय करना काफी कठिन काम है कि कौन–सा काम सबसे अधिक और कौन सबसे कम महत्वपूर्ण है। किसी काम की महत्ता के पीछे व्यक्तिनिष्ठता (Subjectivity) का भाव छिपा हुआ है। अतः शिक्षक की तुलना में कम मजदूरी सिपाही को मिलना चाहिए।

2. मेलविल एम. टूमिन (Melvil M. Tumin) 1967 ने इस सिद्धांत का जोरदार विरोध किया और कहा कि यह सिद्ध करना बहुत कठिन है कि

प्रतिभावान व्यक्ति ही ऊँची भूमिकाओं को पा सकते हैं। यदि देखा जाय तो आज भी हमारे समाज में प्रतिभावान व्यक्ति है जिन्हें ऊँचे स्थान नहीं मिला है।

3. मेलविल एम. टूमिन (Melvil M. Tumin) के अनुसार व्यक्ति की योग्यता एवं कुशलता को मापने का कोई वस्तुनिष्ठ आधार या कोई पैमाना या यंत्र समाज में नहीं होता है। और साथ–ही–साथ यह भी कहा कि स्तरीकरण से समाज में व्यवस्था एकता के स्थान पर संघर्ष पैदा होता है। जिसके कारण समाज में वर्ग संघर्ष या जातीय संघर्ष चलता रहता है।

4. मेलविल एम. टूमिन (M. M. Tumin) ने यह भी कहा कि ऊँचे स्थान वाले अधिकतर लोग तिकड़मबाजी से, या ऊँचे परिवार या जाति या वर्ग में जन्म के कारण भी ऐसा स्थान पा लेते है।

5. योगेन्द्र सिंह (Yogendra Singh) ने अपनी पुस्तक "Sociology of Social Stratification" में कहा कि सामाजिक स्तरीकरण को प्रभावित करने का एक बहुत बड़ा कारण राष्ट्रीय वैचारिकी (National Ideology) भी है। जो डेविस व मुर (Davis and Moore) ने अपनी प्रकार्यात्मक सिद्धांत में सम्मिलित नहीं किया है।

6. टी. बी. बोटोमोर (T. B. Bottomore) ने कहा कि प्रत्येक समाजों में पदों की एक सुनिश्चित व्यवस्था होगी, ऐसी बात नहीं है। सरल समाजों में अनेक पद एक दूसरे से घुले–मिले रह सकते हैं। इन्होंने यह भी कहा कि इस सिद्धांत का पदों के आधार पर व्याख्या की गई है लेकिन स्पष्ट सामाजिक समूह जैसे प्रतिष्ठा समूह और अभिजात वर्ग (Status Group and Elite Class) की व्याख्या नहीं करता है।

20

मैक्स बेवर के सामाजिक स्तरीकरण के सिद्धांत

Max Weber theory of social stratification

'स्तरीकरण एक महत्वपूर्ण विषय है तथा इस पर अनेक चर्चाएं हुई है। वर्तमान समय में स्तरीकरण एक ऐसा विषय है जिससे सरकार, प्रशासनिक अधिकारी एवं समाजशास्त्र के विद्यार्थी भी अपने को सम्बन्धित पाते हैं।' स्तरीकरण एक सार्वभौमिक तथ्य है जिसके अन्तर्गत किसी समाज या समूह के सदस्यों को समान स्तर नहीं दिये जाते हैं। अर्थात किसी को निम्न स्तर का माना जाता है और किसी को उच्च स्तर का। सोरोकिन (Sorokin) ने सामाजिक स्तरीकरण की परिभाषा में बतलाया कि "Its basis and very a cause consist in an unequal distribution of rights and priviledge, duty and responsibilities social values and privations, social power and influences among the member of a Society." इस स्तरीय विभिन्नताओं के चलते Economic Rewards या Social Prestige के वितरण में भी असमानता देखने को मिलती है। इस तरह यह कहा जा सकता है कि सामाजिक स्तरीकरण का सामाजिक असमानता से सीधा संबंध है जहाँ स्तरीकरण है वही पर सामाजिक असमानताएं भी हैं। भारत जैसे देशों में यह एक समस्या के रूप में है जिस पर अनेक अध्ययन भी हुए हैं। प्रो. षर्मा

ने राजस्थान के छः ग्रामों का अध्ययन किया है। इसके अतिरिक्त Andre Beitelle, Yogendra Singh एवं Shiv Kumar Lal के भी अध्ययन प्रमुख है।

Founding Father of Sociology मैक्स वेबर ने इस पर विस्तष्त सिद्धांत दिया है जो आज भी चर्चा का विषय बना हुआ है। मार्क्स ने स्तरीकरण व्यवस्था को समाज के लिए कलंक माना है और इसे समाप्त करने का उसने भरसक प्रयास किया है जब कि मैक्स वेबर के सिद्धांत में हमें ऐसी कोई बात देखने को नहीं मिलती है। अनेक पहलूओं पर इन दोनों विचारकों में समानताएं भी हैं लेकिन इन समानताओं के वावजूद हम कह सकते हैं कि इससे भिन्नताएँ ही अधिक है।

स्तरीकरण जैसा कि पहले ही कहा जा चुका है कि यह एक सार्वभौमिक घटना है। सभी समाजों में यह पायी जाती है। स्तरीकरण के आधार कभी–कभी कुछ जन्मगत विशेषताएँ होती हैं। जैसे– उम्र, यौन, जाति आदि और कभी–कभी गैर जन्मगत विशेषताएं जैसे सम्पत्ति का स्वामित्व, शिक्षा आदि। लेकिन इन दोनों ही विशेषताओं पर स्तरीकरण की जो इमारत खड़ी होती है। उनमें सामाजिक असमानताएँ है। जैसे जो प्रतिष्ठा हम बूढ़ों को देते हैं, वही प्रतिष्ठा हम युवकों को नहीं देते हैं। भारत जैसे देश में जो प्रतिष्ठा पुरूषों के हैं, वही प्रतिष्ठा स्त्रियों को नहीं है। जो आर्थिक सुविधाएं या प्रतिष्ठा सम्पत्ति के स्वामी को उपलब्ध है वह अन्य लोगों को नहीं आदि–आदि। इस तरह से यह स्पष्ट है कि सामाजिक असमानता एवं स्तरीकरण न केवल आपस में सम्बन्धित हैं बल्कि कभी–कभी दोनों शब्द पर्यायवाची भी होते हैं।

मैक्स वेबर ने स्तरीकरण संबंधी जो सिद्धांत दिया है वह तीन आधारों पर आधारित है, Class, Status एवं Power। मार्क्स ने मूल तौर पर Class को ही मुख्य माना है तथा Status एवं Power को उसने Class की ही उपज माना है। अर्थात मार्क्स के अनुसार जो वर्ग स्तरीकरण में ऊँचा है उसी का Status भी ऊँचा है और उसे ही Power भी सबसे अधिक है। मार्क्स वेबर ने Marx के इस कथन से पूरी तरह अपने आप को नहीं अलग रखा। उसने कहा कि कभी–कभी ये तीनों आपस में सम्बन्धित हो सकते हैं, जैसा कि मार्क्स ने कहा है। लेकिन कभी–कभी ऐसी भी परिस्थितियाँ आती हैं जबकि

ये तीनों अलग–अलग स्वतंत्र रूप से स्तरीकरण के आधार बन सकते हैं। सर्वप्रथम वर्ग के आधार पर स्तरीकरण की चर्चा करेंगे।

Weber वेबर के अनुसार "Class is a group of individuals who share a similar position in a market economy and by virtue of that fact recieve similar economic rewards" इस परिभाषा से वेबर (Weber) ने वर्ग अवधारणा को बिल्कुल आर्थिक संदर्भ में प्रयोग किया है। मार्क्स ने भी वर्ग को परिभाषित करने में केवल आर्थिक संदर्भों को ही लिया है। इस अर्थ से दोनों के दृष्टिकोण समान हैं। लेकिन समानता के बाद असमानता स्पष्ट होने लगती है। मार्क्स ने अपनी परिभाषा के आधार पर वर्ग को दो भागों में विभाजित किया है जब कि वेबर ने इसे निम्नलिखित चार भागों में विभाजित किया है:–

1. धनवान उच्च वर्ग (The Propertied upper Class)
2. धनहीन सफेदपोश कर्मचारी (The Propertyless white Collar workers)
3. निम्न मध्य वर्ग (The Petty Bourgeoisie)
4. मजदूर वर्ग (The Manual Working class)

मार्क्स का वर्गीकरण सम्पत्ति के स्वामित्व पर आधारित था जब कि वेबर का वर्गीकरण केवल सम्पत्ति के स्वामित्व पर ही आधारित नहीं है। वेबर के अनुसार जो लोग सम्पत्ति के मालिक नहीं है लेकिन अच्छी माहवार पाते है। उन्हें हम कदापि मजदूर वर्ग में नहीं रख सकते हैं। वे मजदूर वर्ग से ऊपर होते हैं। लेकिन सम्पत्ति के मालिक से नीचे होते हैं। इस तरह से Weber के अनुसार पहला और अंतिम वर्ग Marxian आधार पर है। लेकिन इन दोनों के बीच में वेबर ने दो और वर्गो को रखा है। वेबर के वर्गीकरण में पहला वर्ग उन लोगों का है जो उत्पादन के साधन (Means of Production) पर स्वामित्व रखते है। इसमें पूँजीपतियों को रखा जा सकता है। उसके अनुसार दूसरा वर्ग वैसे लोगों का है जो पूँजीपतियों की कम्पनियों में काम करते हैं और एक मोटी माहवार पाते हैं। जैसे कारखाना (Factory) के प्रबंधक या इंजीनियर (Manager, Engineer) आदि। ये लोग अपनी शिक्षा–दीक्षा के आधार पर नौकरी करते हैं और समाज में

सुख–सुविधाओं के अधिकारी होते हैं। तीसरा वर्ग उनलोगों का है जो छोटे–मोटे कुटीर उद्योगों के मालिक होते हैं जैसे जुलाहे, बुनकर, लुहार, बढ़ई आदि अंतिम वर्ग उनका है, जो केवल मजदूर होते है। वेबर के अनुसार इन चारों वर्गो को आर्थिक स्थिति भिन्न–भिन्न है और इस तरह इन में Economic Reward भी असमान है।

यहाँ पर मार्क्स के साथ एक तुलना की जा सकती है। मार्क्स ने वेबर के बीच वाले दो वर्गो को कोई स्थान नहीं दिया है। उनके अनुसार ये दोनों ही वर्ग मूल रूप से मजदूर ही है क्योंकि मार्क्स के उत्पादन के साधन (Means of Production) पर इनका कोई स्वामित्व नहीं होता है। मार्क्स ने वर्ग संघर्ष अवधारणा को भी विकसित किया है। उनके अनुसार वर्ग संघर्ष के दौरान मजदूर वर्ग धीरे–धीरे उत्पादन व्यवस्था से अलग होता जा रहा है, और बेकार भी होता जा रहा है। इस तरह से एक समय ऐसा भी आयेगा जब यह संघर्ष क्रांति का रूप ले लेगा और सम्पत्ति के स्वामी अपनी सम्पत्ति से वंचित हो जायेगे। तत्पश्चात मार्क्स के अनुसार वर्गहीनता की स्थिति आ जायेगी वेबर ने इस सिद्धांत को अपने संदर्भ में नहीं लिया है। उसने कहा है कि स्थिति को समझने के बाद ऐसा कोई कारण प्रतीत नहीं होता है कि वर्ग संघर्ष और जोर पकड़ेगा या क्रांति की स्थिति आयेगी या उत्पादन व्यवस्था से मजदूरों का अलगाव होगा।

इस तरह हम देखते हैं कि वेबर ने वर्ग के आधार पर स्तरीकरण एवं सामाजिक असमानता की चर्चा की है उसके अनुसार इसका दूसरा आधार सामाजिक प्रस्थिति (Social Status) का है। वेबर के अनुसार कभी–कभी पद स्थिति आर्थिक निर्धारकों से स्वतंत्र होकर कार्य करता है। यही कारण है कि जो आर्थिक रूप से गरीब होते हैं उनका प्रस्थिति (Status) उच्च होता है या अमीर लोगों के प्रस्थिति (Status) निम्न होते हैं। इस संदर्भ में वेबर ने जाति व्यवस्था से उदाहरण लिया है। उनके अनुसार जाति व्यवस्था में प्रस्थिति (Status) का निर्धारण जन्म के आधार पर होता है और वहाँ पर आर्थिक स्थिति को संदर्भ में नहीं लेते हैं। एक ब्राह्मण का हिन्दू समुदाय में ऊँचा प्रस्थिति (Status) होता है एवं प्रतिष्ठा भी उसको अधिक मिलती है जिसके लिये उसे अमीर होने की जरूरत नहीं है। हिन्दू समुदाय में ही

वैश्यों की आर्थिक स्थिति हमेशा ऊँची रही है लेकिन जहाँ तक प्रस्थिति (Status) का प्रश्न है, उसमें वे ब्राह्मण के नीचे होते हैं।

पूर्वी यूरोपीय देशों में जहाँ मार्क्सवादी विचारधारा अत्यंत प्रमुख है। वहाँ पर भी कुछ ऐसे अध्ययन हुए हैं जिनमें यह स्पष्ट होता है कि प्रस्थिति (Status) का निर्धारण हमेशा आर्थिक आधारों से नहीं होता है। इसी तरह का अध्ययन Poland में Ossowasky ने किया, जिसमें तीन श्रेणी के लोगों को रखा गया, डॉक्टर, प्रोफेसर एवं सामान्य मजदूर। Poland में जो वेतनमान इन तीनो श्रेणियों के लिये था उसमें कोई महत्वपूर्ण अन्तर नहीं था। अर्थात जितना वेतन एक मजदूर को मिलता था लगभग उतना ही एक डॉक्टर या प्रोफेसर को मिलता था। इस अध्ययन में आर्थिक कारक गौण हो जाता है। विभिन्न उत्तरदाताओं से जब मत लिये गये तो उसमें यह पाया गया कि डॉक्टर या प्रोफेसर को हमेशा अधिक उच्च प्रस्थिति (Status) वाली श्रेणी में कहा गया। इससे भी यह सिद्ध होता है कि समान आर्थिक समूह में भी प्रस्थिति (Status) ऊँच या नीच हो सकता है। भारत में Andre Beitelle ने वेबर के दृष्टिकोण को ही आधार मानकर स्तरीकरण की चर्चा की है।

इसी प्रकार वेबर ने शक्ति (Power) को आर्थिक आधारों से अलग माना। कहने का तात्पर्य यह नहीं है कि पूर्ण रूप से वह इसे स्वतंत्र मानता है। उसने कहा कि कभी–कभी शक्ति (Power) के आधार पर भी स्तरीकरण एवं असमानता की चर्चा की जा सकती है। वेबर के अनुसार (Power) शक्ति व्यक्ति की वह क्षमता है जिस के द्वारा वह किसी व्यक्ति की क्षमता या इच्छा के विपरीत भी उससे कोई कार्य करवा लेता है। इस दृष्टिकोण से जब हम देखते हैं तो ऐसा प्रतीत होता है कि इसमें हमेशा आर्थिक आधार प्रबल नहीं होता। उसने कहा कि तीन तरह के शक्ति (Power) तथा सत्ता (Authority) होते हैं–

1. Charismatic 2. Traditional 3. Rational Legal

Charismatic व्यक्तित्व वह व्यक्तित्व है जिसमें कुछ करिश्मायी शक्तियाँ होती है। उसके बोलने के ढंग एवं कार्य करने के ढंग कुछ ऐसे होते हैं जो अन्य लोगों को बराबर अपनी ओर खीचता है और वे इसके अनुयायी बन

जाते हैं। जैसे– गाँधीजी, लेनिन, हिटलर, गौतम बुद्ध, आदि। इसमें कोई भी व्यक्ति आर्थिक रूप से सम्पन्न नहीं था। फिर भी अन्य लोगों की अपेक्षा अधिक Powerful था। यहाँ पर Power का Ligitimation व्यक्ति के व्यक्तित्व से होता है।

उसी प्रकार Traditional Power या Authority भी स्तरीकरण की पद्धति की व्याख्या करते हैं। कुछ ऐसे व्यक्ति होते हैं जिन्हें समाज की परम्परा कुछ अधिक शक्ति देती है। जैसे समाज का Priestly Class समाज के अन्य लोगों की तुलना में अधिक शक्तिशाली होती है। चर्च का पादरी या मन्दिर का पुजारी आदि को परम्परागत Power होते हैं। इसके अतिरिक्त भारत में संयुक्त परिवार के मुखिया को पारिवारिक मामलों में जो Power होता है, उसे परम्परा से प्राप्त किया जाता है।

Rational legal Power हमारी शासन व्यवस्था की देन है। इसमें व्यक्ति को कम या अधिक Power कानूनी तौर पर या Rationality के आधार पर प्राप्त होती है। किसी Officer को Clerk से अधिक Power होता है और इसे यह Power इसलिए मिलता है क्योंकि शासनतंत्र में वह एक उच्च पद को प्राप्त किये हुए है।

हम पहले ही यह कह चुकें है कि वेबर द्वारा प्रतिपादित सिद्धांत कही–कही मार्क्स से मिलता है और कहीं–कहीं अलग है। वर्ग के आधार पर स्तरीकरण वाला सिद्धांत मार्क्स से मिलता है यद्यपि उसमें भी प्रमुख अन्तर है सबसे बड़ी बात यह है कि वेबर के सिद्धांत मार्क्स की तुलना में अधिक व्यापक हैं और यह मार्क्स की तरह केवल आर्थिक आधार पर ही ध्यान केन्द्रित नहीं करता है। Status एवं Power की चर्चा स्पष्ट उदाहरण है। लेकिन इसी आधार पर मार्क्सवादियों ने वेबर की आलोचना भी की है। वे इस बात को मानने के लिए तैयार नहीं कि Status एवं Power आर्थिक निर्णायकों से स्वतंत्र होते हैं। कहीं–कहीं वे वास्तव में सम्बन्धित होते हैं जिसे वेबर ने भी स्वीकार किया है। लेकिन वेबर ने प्रत्येक स्थिति में आर्थिक आधार को ही प्राथमिकता नहीं दिया है। निष्कर्षतः हम कह सकते है कि वेबर का सिद्धांत मार्क्स की तुलना में अधिक व्यापक प्रतीत होता है।

आलोचना (Criticism)

फ्रौंक पारकिन (Frank Parkin) ने अपने विख्यात अध्ययन के द्वारा यह निष्कर्ष दिया कि आधुनिक जीवन में व्यावसायिक प्रतिष्ठा वर्ग स्थिति से ही प्राप्त होती है। अर्थात इनके अनुसार एक कारखाना में Engineer एक Status Group का निर्माण करते हैं क्योंकि उनकी वर्गीय स्थिति एक है। यह मैक्स वेबर की सीधी आलोचना कही जा सकती है। इसके विपरीत नव–मार्क्सवादियों ने मैक्स वेबर के इस दृष्टिकोण की कड़ी आलोचना की है कि किसी समुदाय को अपने आर्थिक प्रभुत्व के द्वारा राजनैतिक प्रमुख पर वर्चस्व नहीं स्थापित किया जा सकता है।

लेनिन के नेतृत्व में उभरे इन Neo Marxist ने अस्वीकार किया कि राजनैतिक प्रक्रिया का वर्चस्व स्थापित करने के लिए कोई वर्ग प्रत्यक्ष रूप से शासन तंत्र का अंग बने जैसी की वेबर की मान्यता थी। Neo Marxist के अनुसार कोई व्यक्ति सत्ता से बाहर रह कर भी किसी देश की राजनैतिक प्रक्रिया को अप्रत्यक्ष ढंग से नियंत्रित कर सकता है। भारत वर्ष के संदर्भ में Marxist विचारक A. R. Desai, N. K. Bose आदि ने भी विचार दिया कि भारतीय शासक वर्ग यहाँ के पूँजीपति वर्ग के हितों का पोषक है।

21

सामाजिक संरचनाः अवधारणा एवं तत्व

Social Structure: Concept and Elements

संरचना (Structure) की अब धारणा स्थापत्य विज्ञान (Science of Architecture), जीवविज्ञान, अर्थशास्त्र से होती हुई मानवशास्त्र और समाजशास्त्र में आई है। Structure शब्द लैटिन भाषा से उत्पन्न हुआ है जिसका अर्थ निर्माण होना है। समाजशास्त्र में सामाजिक संरचना एवं प्रकार्य पर विशेष रूप से चर्चा किया गया है और ये दोनों इसलिए महत्वपूर्ण है कि इसे समझे बिना हम परिवर्तन, सामाजिक विघटन, सामाजिक प्रकार्य को समझ नहीं सकते हैं। समाजशास्त्र में सामाजिक संरचना की अवधारणा सर्वप्रथम स्पेन्सर (H. Spencer) ने अपनी पुस्तक Principles of Sociology, 1885 में दिया। E. Durkheim ने अपनी पुस्तक 'The Rules of Sociological Method' में इस अवधारणा को समझाने का असफल प्रयत्न अवश्य किया। वास्तविकता यह है कि सामाजिक संरचना की अवधारणा एक जटिल अवधारणा है। यह अवधारणा स्पेंसर (H. Spencer) से लेकर आर. के. मर्टन (R. K. Merton) तक, उसके बाद उत्तर–आधुनिकतावादियों (Post- Modernist), नव–संरचनावाद (Neo-Structuralism) से लेकर तदुपरान्त संरचनावाद के संदर्भ में उत्तर–आधुनिक संरचनावाद (Post-Modern Structuralism) तक सिलसिलेवार क्रम से चलता रहा।

सामाजिक संरचना का अर्थ संरचना या ढाँचा से सम्बन्धित है। प्रत्येक भौतिक वस्तु का निर्माण कई इकाइयों तथा तत्वों में मिलकर होता है और उस वस्तु की एक निश्चित संरचना होती है। उदाहरण के लिए मानव शरीर की संरचना हाथ, पांव, नाक, कान, आँख और मुंह आदि अंगों या इकाइयों से मिलकर बनती है। ये सभी अंग अपने–अपने स्थान पर स्थिर और परस्पर व्यवस्थित रूप से जुड़ी होती है। इसे और स्पष्ट करने के लिए चार विशेषताओं की व्याख्या की जा सकती है–

1. प्रत्येक संरचना का निर्माण कई अंगों, तत्वों या इकाइयों से होता है उदाहरण के लिए मकान की संरचना ईट, पत्थर, चूना, सीमेंट आदि कई इकाइयों से मिलकर बनी होती है।
2. इन इकाइयों में परस्पर स्थायी एवं व्यवस्थित संबंध पाये जाते है, जैसेः– केवल ईट चूना व पत्थर के ढेर से मकान की संरचना नहीं बनती है।
3. ये इकाइयाँ अपने–अपने स्थान पर स्थिर रहती है।
4. संरचना का संबंध वस्तु की बाहरी आकृति या स्वरूप से है न कि आन्तरिक शरीर और मकान की संरचना से। हमें इनकी बाह्य आकृति दिखाई देती है आन्तरिक नहीं।

जिस प्रकार से किसी शरीर या भौतिक वस्तु की संरचना होती है। ठीक उसी प्रकार समाज की भी एक संरचना होती है। समाज की संरचना भी कई इकाइयों जैसे परिवार, संस्थाओं, संघों, प्रतिमानों, मूल्यों, पदों एवं संबंधों आदि से मिलकर बनी होती है। ये सभी इकाइयाँ परस्पर व्यवस्थित रूप से सम्बन्धित होती है और अपने–अपने स्थान पर स्थिर होती है। इन सभी के मिलने से समाज का एक बाह्य स्वरूप प्रकट होता है जिसे सामाजिक संरचना कहा जाता है।

सामाजिक संरचना का अर्थ एवं परिभाषा (Meaning and Definition of Social Structure)

स्पेंसर (Spencer) ने अन्य उद्विकासवादियों की तरह संरचना का विश्लेषण सावयववाद से नहीं किया। उन्होंने कहा कि सावयववाद और संरचना में जो सिद्धांत काम करते हैं, समान है। इसका अर्थ यह हुआ कि

शरीर को जीवित रखने के लिये उसका बना रहना आवश्यक है। संरचना को भी बनाये रखने के लिये उसकी निरन्तरता आवश्यक है। इस निरन्तरता के साथ महत्वपूर्ण बात यह है कि उम्र के एक स्तर पर पहुँचकर शरीर का नाश हो जाता है लेकिन समाज की संरचना का अस्तित्व बना रहता है।

दुर्खीम (Durkheim) ने सामाजिक संरचना को सावयववाद से अलग कर दिया। उन्होंने कहा कि कुछ सामाजिक कारक ऐसे होते हैं जो सामाजिक संरचना को बनाये रखते हैं जैसे अपराध, दण्ड, भूमिका का विभेदीकरण आदि। संरचना को बनाये रखने में दुर्खीम ने सामाजिक तथ्य (Social Fact) को महत्वपूर्ण कारक के रूप में रखा है। अर्थात सामाजिक संरचना का अर्थ समाज के उन कारकों और शक्तियों से है जो निरन्तरता देते हैं।

रेडक्लिफ ब्राउन (R. Brown) ने पुनः जैवकीय शास्त्र के सावयववाद को अपनाया और कहा कि सामाजिक संरचना, सामाजिक आवश्यकताओं की पूर्ति करती है। समाज की विभिन्न इकाइयाँ अपनी गतिविधियों से संरचना को विकसित करती है और उसकी निरन्तरता को बनाये रखती है। इस अवधारणा को मैलिनोवस्की ने संशोधित किया और कहा कि सामाजिक संरचना में शिक्षा, कानून, विज्ञान, जादू और धर्म जैसे तत्व होते हैं जो व्यक्तियों की जैवकीय आवश्यकताओं की पूर्ति करते हैं।

कार्ल मानहीम (Karl Mannheim) के अनुसार "Social Structure is the Web of interacting Social forces from which have arisen the various modes of observing and thinking" अर्थात वे सामाजिक संरचना को सामाजिक शक्तियों का ज्ञान मानते हैं। जाल से उनका तात्पर्य व्यवस्थित प्रतिमानों से है। एक जाल का निर्माण कई धागों से होता है ये धागे जाल की इकाइयां है। सामाजिक शक्तियों से उनका तात्पर्य नियन्त्रण के उन साधनों से है जो सामाजिक जीवन में स्थिरता प्रदान करते हैं। परन्तु यह परिभाषा अन्य विशेषताओं को प्रकट नहीं करता है।

टॉलकट पारसन्स (T. Parsons) के अनुसार (Social Structure is the term applied to the particular arrangement of the interrelated institutions, agencies and social patterns as well as the statuses and roles which each person assumes in the group" इस परिभाषा से तीन बातें स्पष्ट होती है–

1. सामाजिक संरचना का निर्माण सामाजिक संस्थाओं, एजेंसियों, प्रतिमानों एवं व्यक्तियों द्वारा ग्रहण किये गये पदों एवं भूमिकाओं रूपी इकाइयों से होता है।
2. ये सभी इकाइयां एक दूसरे से संबंधित होती है।
3. सामाजिक संरचना में एक विशिष्ट क्रमबद्धता पायी जाती है।

इससे स्पष्ट होता है कि सामाजिक संरचना एक अमूर्त धारणा है।

एच. जॉनसन (H. Jhonson) के अनुसार प्रत्येक संरचना कई इकाइयों या अंगों से मिलकर बनती है और इन अंगों में परस्पर स्थायी संबंध पाये जाते हैं। सामाजिक संरचना का निर्माण भी लोगों द्वारा परस्पर सम्बन्धित क्रियाओं (Acts) द्वारा होता है, ये क्रियाएँ बार–बार दुहरायी जाती है और इनमें एक नियमबद्धता पायी जाती है।

(S. F. Nadel) नैडेल के अनुसार इस शब्द का प्रयोग व्यवस्था, संगठन, संकुल, प्रतिमान, प्रारूप एवं समाज आदि के पर्यायवाची के रूप में किया गया है। यह सामाजिक संरचना की अवधारणा को स्पष्ट करती है। यह तुलनात्मक रूप से यद्यपि स्थिर होती है, लेकिन इसका निर्माण करने वाले अंग स्वयं परिवर्तनशील होते हैं।

उपर्युक्त परिभाषाओं के आधार पर यह कहा जा सकता है कि सामाजिक संरचना समाज की विभिन्न इकाइयों, समूहों, संस्थाओं, समितियों, सामाजिक संबंधों से निर्मित एक प्रतिमानित एवं क्रमबद्ध ढाँचा है। सामाजिक संरचना अपेक्षतया एक स्थिर अवधारणा है जिसमें अपवाद रूप से ही परिवर्तन होते हैं।

सामाजिक संरचना की विशेषताएँ (Characteristics of Social Structure)

सामाजिक संरचना को और भी अधिक स्पष्ट करने के लिए निम्नलिखित विशेषताओं की व्याख्या की जा सकती है–

1. सामाजिक संरचना समाज के बाह्य स्वरूप का बोध कराती है– जिस प्रकार से शरीर के विभिन्न अंग जैसे हाथ, पाँव, नाक, कान, आँख, सिर, पेट आदि एक व्यवस्थित क्रम में परस्पर जुड़ते है तो शरीर रूपी ढांचे का निर्माण होता है। इसी प्रकार से समाज का निर्माण करने वाली इकाइयाँ भी क्रमबद्ध रूप से जुड़ने पर एक बाह्य ढांचे का निर्माण करती है।

2. सामाजिक संरचना अखण्ड व्यवस्था नहीं है– प्रत्येक सामाजिक संरचना का निर्माण व्यक्ति, समूह, संस्थाएँ, समितियों इत्यादि से हुआ है। अर्थात संरचना कई खण्डों से मिलकर बनी होती है, अतः वह अखण्ड नहीं है।

3. सामाजिक संरचना अन्तःसम्बन्धित इकाइयों का एक व्यवस्थित स्वरूप है– इनके इकाई अलग–अलग, अस्त–व्यस्त या बिखरी हुई नहीं है बल्कि इन इकाईयों के बीच परस्पर संबंध पाया जाता है। उदाहरण के लिए घड़ी का निर्माण कई इकाई से होता है उन इकाइयों को क्रम से जोड़ा जाता है तब घड़ी की संरचना बनती है।

4. सामाजिक संरचना अपेक्षाकृत एक स्थायी अवधारणा है– समाज का निर्माण करने वाले विभिन्न समूह, समितियाँ, एवं संस्थाएँ जैसे परिवार, धर्म, आर्थिक व शैक्षणिक संगठन एवं विवाह और इनके बीच संबंध आदि में तुलनात्मक रूप से स्थायी होता है। इनमें छोटा–मोटा परिवर्तन होने से सम्पूर्ण संरचना प्रभावित नहीं होती है।

5. सामाजिक संरचना अमूर्त होती है– मेकाइवर और पारसन्स सामाजिक संरचना की इकाइयों को अमूर्त मानते हैं। समाज का निर्माण सामाजिक संबंधों से होता है, ये संबंध अमूर्त है। अतः सामाजिक संरचना भी अमूर्त है।

6. सामाजिक संरचना का निर्माण अनेक उप संरचनाओं से होता है– सामाजिक संरचना का निर्माण Sub- Structures से मिलकर होता है। परिवार, जाति, वर्ग, चर्च, शिक्षण संस्था, धार्मिक संस्था इत्यादि उप संरचना (Sub- Structures) है जो सामाजिक संरचना का निर्माण करता है। इन सभी की अपनी स्वयं की एक संरचना होती है।

7. सामाजिक संरचना स्थानीय विशेषताओं से प्रभावित होती है– प्रत्येक समाज की अपनी अलग–अलग संरचना होती है, क्योंकि उनकी

भौगोलिक परिस्थितियाँ एवं सांस्कृतिक व्यवस्था अलग–अलग होती है। रैडक्लिफ ब्राउन ने सामाजिक संरचना की अवधारणा में स्थानीय विशेषताओं को भी उपयोगी एवं महत्वपूर्ण माना है।

8. सामाजिक संरचना में प्रत्येक इकाई का एक पूर्व–निश्चित स्थान व पद होता है– जिस प्रकार शरीर में नाक, कान, हाथ, आँख का स्थान निश्चित है ठीक उसी प्रकार सामाजिक संरचना में राज्य, चर्च, परिवार, विवाह, धर्म आदि सभी का स्थान पूर्व निर्धारित है यदि ये एक–दूसरे का स्थान ग्रहण कर लें तो सामाजिक संरचना में विकृति आ सकती है।

9. सामाजिक संरचना में विघटन के तत्व भी पाये जाते हैं– सामाजिक संरचना अपने आप में श्रेष्ठ नहीं होती है और न ही उसमें पूर्ण संगठन पाया जाता है। कई बार यह समाज में विघटन भी पैदा करती है। R. K. Merton और Durkheim का मत है कि कई बार सामाजिक संरचना स्वयं समाज में नियमहीनता (Anomie) पैदा करती है। सामाजिक संरचना में संगठन एवं विघटन दोनों ही पैदा करने वाले तत्व पाये जाते हैं।

सामाजिक संरचना के तत्व (Elements of Social Structure)

सामाजिक संरचना में व्यक्ति स्वयं को समितियों एवं संस्थाओं में किसी उद्देश्य या उद्देश्यों की प्राप्ति हेतु संगठित करते हैं। लक्ष्य की प्राप्ति तभी हो सकती है जब सामाजिक संरचना कुछ नियमों पर आधारित हो। ये नियम सामाजिक संरचना के तत्वों को जन्म देते हैं, जो निम्नलिखित हैः–

1. आदर्शात्मक प्रणाली (Normative System):– आदर्शात्मक प्रणाली समाज के सामने कुछ आदर्शों एवं मूल्यों को रखती है। व्यक्ति इन मूल्यों के प्रति भावनात्मक लगाव महसूस करते है। संस्थाओं एवं समितियों को इन मूल्यों के अनुसार अंतःसम्बन्धित किया जाता है, व्यक्ति समाज द्वारा स्वीकृत आदर्श नियमों के अनुसार अपनी भूमिकाओं का निर्वहन करते हैं।
2. पद प्रणाली (Position System):– पद प्रणाली व्यक्ति की भूमिका एवं प्रस्थितियों को निर्धारित करती है। प्रत्येक व्यक्ति की इच्छा, आकांक्षाएँ अनन्त एवं असीमित होती है। इनकी पूर्ति तभी हो

सकती है यदि समाज के सदस्यों की उनकी योग्यता समर्थन के अनुसार भूमिकाएँ निर्धारित की जाय। वास्तव में सामाजिक संरचना का ठीक प्रकार से कार्य करना प्रस्थितियों एवं भूमिकाओं के उचित निर्धारण पर निर्भर करता है।

3. शक्ति प्रणाली (Sanction System):– प्रत्येक समाज में आदर्श, मूल्यों को ठीक प्रकार से लागू करने के लिए शक्ति प्रणाली होती है। सामाजिक संरचना के विभिन्न प्रकार के अंगों की एकता एवं समायोजन सामाजिक आदर्श नियमों के पालन पर निर्भर करता है। प्रत्येक समाज में कुछ व्यक्ति नियमों के उल्लंघन करने वाले भी होते हैं। यह भी एक अनिवार्य तत्व है, परन्तु उनके दोष के अनुसार उन्हें समाज के द्वारा दण्डित किया जाता है। उल्लंघनकर्त्ता की संख्या पालनकर्त्ता की संख्या से कम होती है। सामाजिक संरचना की स्थिरता इसकी शक्ति प्रणाली की प्रभावशीलता पर निर्भर करती है।

4. पूर्वानुमानित अनुक्रिया प्रणाली (System of Anticipated Responses):– पूर्व के किया गया क्रिया प्रणाली व्यक्तियों से सामाजिक व्यवस्था में भाग लेने की (प्रेरणा) माँग करती है। उसके द्वारा भाग लेना सामाजिक संरचना को गति प्रदान करता है। सामाजिक संरचना का सफल संचालन इस बात पर निर्भर करता है कि व्यक्ति अपने दायित्वों को किस सीमा तक महसूस करके उनका निर्वहन करने का प्रयत्न करता है।

5. क्रिया प्रणाली (Action System):– क्रिया सामाजिक संरचना का ध्येय अथवा उद्देश्य है। सम्पूर्ण सामाजिक संरचना इसके इर्द–गिर्द घूमती है। क्रिया ही मूल कारण है जो सामाजिक संबंधों के जाल को बुनती है तथा सामाजिक संरचना को गति प्रदान करती है।

इस बात पर बल देना आवश्यक है कि सामाजिक संरचना अमूर्त है, इसके अंग स्थिर एवं तुलनात्मक रूप से कम परिवर्तनशील है। इसके अंग अलग–अलग बिखरे होते हैं परन्तु संरचना के रूप में या समग्र रूप में इसे महसूस किया जा सकता है।

22

सामाजिक संरचना का प्रकार्यात्मक सिद्धांत

Functional Theory of Social Structure

सामाजिक संरचना की अवधारणा आज के समाजशास्त्र में एक केन्द्रीय अवधारणा है। केन्द्रीय अवधारणा होते हुए भी इसकी विडम्बना यह है कि आज भी यह अपने अर्थ और अध्ययन सामग्री के क्षेत्र में अस्पष्ट है। S. F. Nadel (1957) का कहना सही है कि यह अवधारणा अपनी परिभाषा में परीक्षण काल से गुजर रही है। नैडेल तो कहते हैं कि संरचना का प्रयोग एक फैशन की तरह किया जाता है। यह एक खुले बैंक चेक की तरह है जिसमें जो भी व्यक्ति जितनी भी रकम चाहता है, भर देता है। उदाहरण के लिए Karl Mannheim ने कहा कि संरचना तो सामाजिक शक्तियों की अन्तः क्रियाओं का एक जाल मात्र है। Ginsberg ने कहा कि सामाजिक संरचना एक ऐसी जटिल संस्था है जो अन्ततोगत्वा समाजों को बनाती है। वास्तव में सामाजिक संरचना की अवधारणा बहुत जटिल है।

सामाजिक संरचना को स्पष्ट करने की कोशिश प्रकार्यवादी भी करते रहे हैं। जिनमें Spencer, Radcliffe-Brown, Malinowski, E. Durkheim, R. K. Merton और T. Parsons प्रमुख है। प्रकार्यवाद का सिद्धांत 1940 से लेकर लगभग 1960 तक बहुत ही प्रमुख विचारधारा के रूप में अमेरिकन

समाजशास्त्र में लोकप्रिय रहा। प्रकार्यात्मक विचारकों का मत है कि सामाजिक प्रक्रियाओं एवं प्रतिमानों को हम ठीक से तभी समझ सकते हैं जब हम यह विचार करें कि किसी संरचना की कोई इकाई समस्त संरचना को बनाए रखने में कितनी मदद करती है।

संरचना व प्रकार्य के संबंधों के बारे में विद्वानों में मतभेद है। एक तरफ Spencer एवं M. J. Levy जैसे विचारक हैं जो यह मानते हैं कि इन दोनों में घनिष्ठ संबंध है और सामाजिक संरचना का अस्तित्व विभिन्न इकाइयों द्वारा किये जाने वाले प्रकार्य पर निर्भर है। यदि ये इकाइयां अपने स्थान पर रहती हुई अपना–अपना प्रकार्य न करें तो सामाजिक संरचना टूट जायेगी, दूसरी ओर कुछ विचारकों का मत है कि ये दोनों एक दूसरे से पृथक है। संरचना का निर्माण विभिन्न इकाइयों की क्रमबद्धता से होता है और यह केवल बाह्य स्वरूप को ही प्रकट करती है। इकाइयों के प्रकार्यों से संरचना का कोई संबंध नहीं है। इस सन्दर्भ में निम्नलिखित प्रमुख विचारक का विचार उल्लेख करेगें:–

1. स्पेंसर के विचार (Spencers View):– स्पेन्सर ने सामाजिक संरचना एवं प्रकार्य के संबंधों को समझने के लिए शरीर का उदाहरण दिया है। स्पेन्सर ने सावयव (Organism) बताते हुए कहा कि शरीर एक संरचना है जिसका निर्माण हाथ, पाँव, नाक, कान, आंख, आदि विभिन्न अंगों (इकाइयों) से मिलकर होता है। प्रत्येक अंग का निश्चित स्थान एवं प्रकार्य है। एक स्थान पर न तो दूसरे को लगाया जा सकता, न तो एक का कार्य दूसरा अंग कर सकता है। इस प्रकार विभिन्न अंग अपने–अपने स्थान पर निश्चित कार्य करते हैं जिससे शारीरिक संरचना बनी रहती है। यही स्थिति सामाजिक संरचना की भी है।

इन्होंने कहा कि सामाजिक संरचना की निर्णायक इकाइयों में परिवर्तन होने से सामाजिक संरचना में भी परिवर्तन होता है। इन इकाइयों में जटिलता आने से सामाजिक संरचना में भी जटिलता आती है। उदाहरण के लिए पूँजीवाद के स्थान पर साम्यवाद हो जाता है तो सामाजिक संरचना भी उसी के अनुरूप परिवर्तित होगी। इसी प्रकार इसके इकाइयों के प्रकार्य में परिवर्तन होता है तो संरचना भी प्रभावित होगा। जैसे संयुक्त परिवार के

स्थान पर एकाकी परिवार बढ़ते है तो परिवार के प्रकार्य में भी परिवर्तन होगा और इसका प्रभाव सामाजिक संरचना पर होगा।

स्पेंसर यह भी मानता है कि अंगों के प्रकार्यो में जटिलता आने से संरचना में जटिलता आती है। उदाहरण के लिए प्राचीन समय में परिवार ही शासन, धर्म, राजनीति और अर्थव्यवस्था से सम्बन्धित कार्य किया करता था तो उस समय की सामाजिक संरचना भी सरल थी, किंतु जब ये सभी कार्य अलग–अलग संस्थाओं द्वारा किया जाने लगा तो समाज में श्रम विभाजन, विशेषीकरण पनपा जिससे सामाजिक संरचना भी जटिल हो गयी। अतः यह कहा जा सकता है कि इकाइयों के कार्यो की जटिलता में वृद्धि होती है तो सामाजिक संरचना भी जटिल हो जाती है।

2. दुर्खीम के विचार (Durkheim's View):– दुर्खीम ने "The Rules of Sociological Method" 1938 में कहा कि सामाजिक संरचना एवं प्रकार्य के बीच अन्योन्याश्रय संबंध है। सामाजिक संरचना का निर्माण सामाजिक तथ्यों से होता है। प्रत्येक सामाजिक तथ्यों का सामाजिक संरचना के लिए एक निश्चित प्रकार्य होता है। प्रकार्यो के आधार पर ही सामाजिक तथ्य एक–दूसरे से मिलकर एक विशेष सामाजिक संरचना का निर्माण करते हैं। प्राचीन सामाजिक संरचना में सामाजिक तथ्यों के बीच संबंध मशीन के पुर्जो की भांति था। इस कारण समाज में श्रम विभाजन स्पष्ट नहीं था। समाज सरल था, सामाजिक आवश्यकताएं भी कम थी, जिससे समाज के अंगों के कार्य भी सीमित थे।

परन्तु जैसे–जैसे जनसंख्या की वृद्धि हुई वैसे–वैसे श्रम विभाजन एवं विशिष्टीकरण की आवश्यकता बढ़ने लगी। इससे समाज के अंगों में परस्पर निर्भरता बढ़ने लगी। दुर्खीम ने 1961 में कहा कि प्रत्येक समाज में धर्म का अपना कुछ सकारात्मक योगदान होता है, इसलिए धर्म का अस्तित्व समाज में आज भी बना हुआ है। इन्होंने ऑस्ट्रेलिया की आदिमजातियों के अध्ययन में यह पाया कि लोग धार्मिक अनुष्ठान इसलिए करते हैं कि इससे समाज के विभिन्न लोगों के बीच अन्य बातों के अलावा सामाजिक एकात्मकता (Social Solidarity) पैदा होती है। ऑस्ट्रेलियन आदिम जाति के लोग छोटे–छोटे समूहों में एक बड़े भू–भाग में बिखरे हुए हैं, लेकिन

समान तरह के धार्मिक अनुष्ठानों के चलते वे उतने ही जुड़े हुए भी हैं। वे बहुत सारे गोत्रों में विभाजित हैं, पर टोटम का अनुष्ठान सभी को एक सूत्र में बांधने का काम करता है। दुर्खीम ने कहा कि आधुनिक समाज में राष्ट्रीय झंडा विभिन्न समुदायों, धर्मावलम्बियों एवं छोटे–छोटे सामाजिक समूहों को एक सूत्र में पिरोने का काम करता है, इस प्रकार स्पष्ट होता है कि बाह्य रूप से सामाजिक संरचना और प्रकार्यों में चाहे भिन्नता दिखायी देती है, किन्तु वास्तव में वे एक दूसरे से घनिष्ठ रूप से सम्बन्धित और परस्पर निर्भर रहते हैं।

3. रेडक्लिफ ब्राउन के विचार (Radcliffe Brown's View):– मॉलिनास्की के समकालीन रेडक्लिफ–ब्राउन एक दूसरे मानवशास्त्री हैं जिन्होंने प्रकार्यवाद के क्षेत्र में अपना मौलिक योगदान दिया है। पर प्रकार्य को संरचना के साथ जोड़कर रेडक्लिफ–ब्राउन ने वैसे सिद्धांत का विकास किया जिसे मॉलिनास्की नहीं कर पाए।

ब्राउन के अनुसार सामाजिक संरचना में सदा परिवर्तन की स्थिति बनी रहती है। जन्म एवं मृत्यु की प्रक्रिया से विभिन्न समूहों के सदस्यों में परिवर्तन की प्रक्रिया चलती रहती है। फिर भी उनका मानना है कि समाज के संरचनात्मक स्वरूप में बहुत हद तक स्थायित्व होता है। संरचनात्मक स्वरूप की स्थिती विभिन्न अंगों के आपस में सुव्यवस्थित ढंग से जुड़ने से होती है। परिवार, शिक्षा, व्यवस्था, राजनीतिक व्यवस्था आदि अंगों के विशिष्ट प्रकार्यो से संरचनात्मक स्थायित्व बना रहता है।

इन्होंने प्रकार्य की अवधारणा को भी विकसित किया है और कहा कि प्रकार्य को संरचना के संदर्भ में ही सार्थकता मिलती है। इन्होंने प्रकार्य शब्द की व्याख्या मानव की आवश्यकताओं के अर्थ में किया और आवश्यकताओं के स्थान पर अस्तित्व की अनिवार्य स्थिति की चर्चा की। जिस प्रकार मानव समाज को अपने अस्तित्व के लिए कुछ मौलिक शर्तो को पूरा करना होता है ठीक उसी प्रकार हर जीव के लिए भोजन, मल–मूत्र त्याग एवं प्रजनन आवश्यक है।

आर. ब्राउन ने कहा कि विवाह बार–बार घटित होने वाली एक सामाजिक गतिविधि है, जिससे सामाजिक संरचना को बनाए रखने में मदद

मिलती है। यह उसका प्रकार्य है। इस प्रकार्य की अवधारणा में संरचना की धारणा निहित है जिसमें इकाइयों के संबंध का समुच्चय का बोध होता है।

उन्होंने इस सन्दर्भ में संस्कृति को विभिन्न किस्म के तत्वों का एक समग्र माना है और सामाजिक संरचना "आदर्श संबंधों का एक जाल (A Network of Normative Relation) है"। समाज के सभी लोगों का एक ही किस्म के मूल्यों में विश्वास करना समाज के अस्तित्व को बनाए रखने के लिए आवश्यक है। इन्होंने दुर्खीम का समर्थन करते हुए अपनी पुस्तक "The Andman Islanders" (1964)) में कहा है कि समाज में जितने प्रकार के धार्मिक अनुष्ठान और व्यक्तियों के बीच कार्य–कलाप होते हैं, उससे समाज में एकता पैदा होती है जो समाज को मिटने से बचाता है। इन्होंने संरचना में विकार की संभावना भी व्यक्त की है जिसे मर्टन ने अप्रकार्य (Dysfunction) कहा है।

प्रकार्यवाद के क्षेत्र में टाल्कॉट पारसन्स (T. Parsons) का बहुत ही महत्वपूर्ण योगदान है। वे एक ऐसे समाजशास्त्री थे जिन्होंने प्रकार्यवाद को स्पेंसर, दुर्खीम, आर. ब्राउन के मानवशास्त्रीय साहित्य से निकालते हुए इसे फिर से समाजशास्त्र में स्थापित किया। पारसन्स का विचार है कि समाज का सही अध्ययन संरचनात्मक प्रकार्यात्मक (Structural- Functional) दृष्टिकोण से ही संभव है। सामाजिक व्यवस्था की यथार्थता को तबतक भली–भांति नहीं समझा जा सकता है जब तक कि उनको गठन करने वाली इकाइयों के प्रकार्यों को अच्छी तरह समझ नहीं लिया जाय।

पारसन्स के अनुसार सामाजिक संरचना या व्यवस्था के अध्ययन से हमें यही ज्ञात होता है कि इसके अन्तर्गत अनेक परस्पर सम्बन्धित इकाइयां हैं जो सम्पूर्ण व्यवस्था या संरचना को एक निश्चित प्रतिरूप (Pattern) प्रदान करती है। समाज व्यवस्था को हमें एक गतिशील व्यवस्था के रूप में देखना चाहिए।

4. आर. के. मर्टन के विचार (R. K. Merton's View):– ए. गिडेन्स (A. Giddens 1993) का कहना है कि आर. ब्राउन एवं मॉलिनोस्की ने प्रकार्य का प्रयोग जहाँ आदिम जाति के लिए किया था, वही आर. के. मर्टन ने इस

सिद्धांत का प्रयोग विकसित एवं औद्योगिक समाज के अध्ययन के लिए किया है।

मर्टन ने पुराने प्रकार्यवादियों की आधारभूत मान्यताओं का उल्लेख करते हुए आलोचना की है और नयी मान्यताओं एवं विचारों को रखा। उनका कहना है कि सामाजिक संरचना और प्रकार्य एक दूसरे से घनिष्ठ रूप से संबंधित है। अर्थात संरचना के सभी अंग संरचना के लिए प्रकार्यात्मक प्रकार्य (Positive Function) ही करते हैं जिससे कि सामाजिक संरचना का अस्तित्व बना रहता है। उनके अनुसार दृष्टिगोचर वस्तुगत परिणाम (Observable Objective Consequences) को ही प्रकार्य कहा जाता है। मर्टन ने प्रकार्य को दो मौलिक अर्थो में प्रयोग किया है वे हैं–

(क) जैव व्यवस्था के संदर्भ में प्रकार्य (Function as an Organic Type of System) एवं

(ख) जैव व्यवस्था के अन्तर्गत किसी, लक्ष्य उद्देश्य आदि के परिणामों के अर्थ में प्रकार्य। (Function as the consequences of any design, aim, purpose within an organic type of system). उन्होंने कहा कि प्रकार्य वे दृष्टिगोचर परिणाम है जो व्यवस्था विशेष के अनुकूलन या सामंजस्य को सम्भव बनाते हैं। दुष्प्रकार्य (Dysfunction) वे अवलोकित परिणाम हैं जो कि व्यवस्था के अनुकूलन या सामंजस्य को कम करते हैं।

मर्टन ने प्रकट प्रकार्य (Manifest Function) एवं अप्रकट प्रकार्य (Latent Function) के बीच अन्तर को स्पष्ट करने के लिए न्यू मैक्सिकों के होपी इंडियन्स (Hopi Indians) के बीच पाए जाने वाले वर्षा नष्त्य (Rain Dance) का उदाहरण दिया है। होपी लोगों की मान्यता है कि धार्मिक उत्सवों एवं नाच–गान के द्वारा वे वर्षा ला सकते हैं। उनके जीवन में वर्षा की उपयोगिता खेतीवारी के कामों से जुड़ी है। अतः यह प्रकट प्रकार्य (Manifest Function) है दूसरी तरफ इस वर्षा–नाच के द्वारा उनलोगों के बीच सामाजिक एकता एवं भाईचारे की भावना को बढ़ावा मिलता है। चूंकि वर्षा–नाच का प्रत्यक्ष उद्देश्य सामाजिक एकता या भाईचारे को बढ़ावा देना

नहीं है, लेकिन वह अप्रत्यक्ष ढंग से प्रोत्साहित हो जाता है, इसलिए यह उसका अप्रकट प्रकार्य (Latent Function) कहा जाता है।

ठीक इसी प्रकार मर्टन ने कहा कि अप्रकार्य (Dysfunction) भी दो प्रकार के होते है–

(क) प्रकट अप्रकार्य (Manifest Dysfunction)

(ख) अप्रकट अप्रकार्य (Latent Dysfunction),

धर्म के आधार पर हिन्दू मुस्लिम के बीच साम्प्रदायिक दंगा होना एक प्रत्यक्ष अप्रकार्य है, क्योंकि धर्म का कार्य लोगों को आपस में जोड़ना होता है अथवा सामाजिक संरचना को मजबूत बनाना होता है। दंगा–फसाद के परिणामस्वरूप दोनों समुदायों के बीच कुछ लोगों का मरना या अपाहिज होना प्रकट अप्रकार्य है। इस दंगा के कारण मंदिर–मस्जिद का ध्वस्त हो जाना या राष्ट्रीय सम्पत्ति का नष्ट होना भी प्रकट अप्रकार्य है। परन्तु यदि दंगा–फसाद का नतीजा देश का विभाजन होता है तो उसे अप्रकट अप्रकार्य कहा जायेगा। इस प्रकार प्रकार्य अप्रकार्य, प्रकट अप्रकट प्रकार्य या अप्रकार्य के बीच ही सामाजिक संरचना बनी रहती है। अतः केवल प्रकार्य के सन्दर्भ में ही सामाजिक संरचना की व्याख्या करना उचित नहीं है।

5. एम. जे. लेवी के विचार (M. J. Levy's View) :– लेवी के अनुसार समाज के विभिन्न अंगों द्वारा अपने निर्धारित कार्य करने से ही सामाजिक संरचना में स्थिरता और निरन्तरता बनी रहती है। सामाजिक संरचना का निर्माण करने वाली इकाइयों के प्रकार्य प्रत्येक समाज और संस्कृति में अलग–अलग होते हैं, उदाहरण के लिए, भारत में परिवार और जाति द्वारा किये जाने वाले कार्य पश्चिमी देशों के समाज में पाये जाने वाले परिवार और जाति के कार्यों से भिन्न है क्योंकि दोनों कि सामाजिक, सांस्कृतिक परिस्थितियां भिन्न है। स्पष्ट है कि संरचना के कुछ अंग ऐसे भी होते हैं जो ऐसे कार्य भी करते हैं जिन्हें समाज और संस्कृति स्वीकार नहीं करती। फिर भी समाज में मान्य और स्वीकृत कार्यों को करने वाली इकाइयां अधिक होती हैं जिससे सामाजिक संरचना का अस्तित्व और निरन्तरता बनी रहती है। लेवी का मत है कि प्रत्येक समाज में किये जाने वाले कार्यो

में भिन्नता होती है फिर भी कुछ कार्य ऐसे हैं जैसे शारीरिक आवश्यकताओं की पूर्ति, प्रस्थिति तथा भूमिका का वितरण, संचार की व्यवस्था, लक्ष्यों का निर्धारण, समाजीकरण की व्यवस्था, नियन्त्रण की व्यवस्था आदि जो कि सभी समाजों में पाये जाते है।

उपर्युक्त विवरण से स्पष्ट है कि समाजशास्त्र में सामाजिक संरचना और प्रकार्य की अवधारणाएं महत्वपूर्ण है। यदि सामाजिक संरचना की इकाइयाँ अपना निर्धारित प्रकार्य करती रहती है तो समाज व्यवस्थित और संगठित रहता है, किन्तु सदैव ही ऐसा नहीं होता, कुछ इकाइयाँ ऐसी भी होती है जो समाज के लिए अकार्यात्मक होती है। फिर भी प्रकार्य करने वाली इकाइयों की ही समाज में बहुलता रहती है जिसके परिणामस्वरूप समाज संगठित बना रहता है और तनावपूर्ण स्थिति और विघटन से बचा रहता है। इससे स्पष्ट होता है कि सामाजिक संरचना और प्रकार्य का परस्पर घनिष्ठ संबंध है।

आलोचना (Criticism)

पिछले करीब पच्चीस वर्षो में संरचनात्मक प्रकार्यवाद उपागम की लोकप्रियता काफी कम हुई है। पारसन्स की 1979 में मृत्यु के बाद कुछ लोग फिर से उनके विचारों में रूचि लेने लगे और वे परम्परागत आलोचनाओं का जबाव देने का प्रयास कर रहे हैं। इस नये आन्दोलन ने समाजशास्त्र में नव–प्रकार्यवाद (Neo- Functionalism) को जन्म दिया है। इसके अतिरिक्त प्रकार्यात्मक विश्लेषण अनेक ऐसी पूर्व मान्यताओं को लेकर चलता है जिनकी यथार्थता की जांच आवश्यक है और जिन्हें किसी भी रूप में स्वयंसिद्ध कथन नहीं माना जा सकता। इनके निम्नलिखित आलोचनाएं हैः–

1. प्रकार्यवादी विश्लेषण को रूढ़िवादी एवं दकियानूसी कहा गया है। यह पूंजीपतियों एवं सत्ताधारियों के हितों की रक्षा करता है। अन्य शब्दों में यह शोषण का समर्थक है। यही कारण है कि पूंजीवादी देशों में इसका प्रयोग अधिक हुआ है।
2. प्रकार्यवादी विश्लेषण की एक प्रमुख कमी यह है कि यह मूल्य अभिनति (Value- Biased) पर आधारित है। इसमें समाज को

स्थिर व्यवस्था मानकर चला गया है। इसमें क्रांतिकारी परिवर्तनों के लिए कोई स्थान नहीं है। यहाँ व्यवस्था पर जोर दिया गया है, परिवर्तन और संघर्ष के लाभदायक पक्षों को भुला दिया गया है।

3. प्रकार्यवादी समाजशास्त्रियों का कहना है कि सामाजिक संरचना में सभी तत्व एक दूसरे से सुसंगत ढंग से एकीकृत (Harmoniously Integrated) होते हैं, लेकिन यथार्थ में यह कोई जरूरी नहीं है कि सामाजिक संरचना के सभी तत्व हमेशा सुसंगत ढंग से जुड़े हों। समाज के विभिन्न अंगों में प्रायः तनावपूर्ण समस्याएं बनी रहती है इसीलिए तो सामाजिक व्यवस्था को तनाव प्रबंध (Tension Management) का भी कार्य करना पड़ता है।
4. आर. के. मर्टन ने प्रकार्यवादी सिद्धांत में प्रकार्य और अप्रकार्य के बीच अन्तर अधिक स्पष्ट नहीं किया है। पारसन्स के सिद्धांत में भी सामाजिक संरचना एवं सामाजिक व्यवस्था में अन्तर बिल्कुल स्पष्ट नहीं दिखाई पड़ता है।
5. हैरलम्बाँस (Haralambos) 1989 का कहना है कि प्रकार्य समाज के विभिन्न अंगों को जोड़नेवाली यन्त्रावली (Integrating Mechanism) के रूप में काम करता है तो अप्रकार्य विध्वंसात्मक (Destructive) भूमिका अदा करता है। चूँकि प्रकार्यवादियों ने अपने सिद्धांतों में प्रकार्य पर कुछ ज्यादा ही जोर दिया है। इसलिए बहुतों का कहना है कि प्रकार्यवादी विश्लेषण के माध्यम से समाज में पाए जाने वाले स्थायित्व (Stability) का ही अध्ययन कर सकते है, परिवर्तन का नहीं।
6. प्रकार्यवाद के आधार पर दो या दो से अधिक समाजों का तुलनात्मक अध्ययन संभव नहीं है।
7. अधिकांश आधुनिक समाजशास्त्री संरचनात्मक सन्दर्भ (Structural Reference) को गौण करके इकाइयों के प्रकार्यो का अध्ययन अवैज्ञानिक एवं अधूरा मानते हैं। प्रकार्यवादी सिद्धांत से मात्र संरचना में परिवर्तन (Change in Structure) का ज्ञान होता है। इससे संरचनात्मक परिवर्तन (Structural Change) का ज्ञान नहीं

होता है। संघर्षवादी चिंतक जिस संरचनात्मक परिवर्तन की बात करते है उसका ज्ञान हमें प्रकार्यवादी सिद्धांत के आधार पर नहीं हो पाता है।

उपर्युक्त आलोचनाओं के बावजूद संरचनात्मक प्रकार्यवाद ने सामाजिक जटिलताओं के अध्ययन में महत्वपूर्ण भूमिका अदा किया है। इसके आधार पर सामाजिक व्यवहार पर नियंत्रण रख सकते है। यह एक अवधारणात्मक ढांचा प्रदान करता है जिसके आधार पर अवलोकन एवं सामाजिक घटनाओं का विश्लेषण किया जा सकता है। यह ऐसे नियमों एवं सिद्धांतों का प्रतिपादन करता है जिसकी सहायता से सामाजिक तथ्यों को स्पष्ट किया जा सकता है। अर्थात इसका महत्व अभी भी समाजशास्त्र में है।

23

सामाजिक संरचना के मार्क्सवादी सिद्धांत

Marxist Theory of Social Structure

मार्क्सवादी विचारधारा प्रकार्यवादियों से पुराना है। 19वीं शताब्दी में पूँजीवादी वर्ग ने मजदूर वर्ग का शोषण किया क्योंकि उनके परस्पर हित विरोधी व विपरीत थे। ऐसी परिस्थितियों में वर्ग संघर्ष का होना स्वाभाविक था। समाज की इस नवीन परिस्थिति के कारण अनेक बुद्धिजीवियों ने इसकी व्याख्या में अभिरूची ली।

हिगेल (Hegel) और कार्ल मार्क्स (Karl Marx) 19वीं शताब्दी के दो प्रमुख सामाजिक विचारक हैं, जिनके संघर्ष सिद्धांतों ने शिक्षाविदों का ध्यान विशेष रूप से आकृष्ट किया है। कार्ल मार्क्स के "Communist Manifesto (1858)" और "Das Capital (1867-1894)" के प्रकाशन के बाद समाजशास्त्र में एक विशिष्ट शाखा का उदभव हुआ, जिसे Maxian School कहा जाता है और इस School के अनेक विद्वान समर्थक है। मार्क्सवादी विचारधारा ने सामाजिक संरचना का विश्लेषण विशिष्ट ढंग से किया है। इस विचारधारा में निम्नलिखित विद्वानों का महत्वपूर्ण योगदान है।

1. कार्ल मार्क्स (1818–1883):– जर्मन दार्शनिक कार्ल मार्क्स ने हिगेल के द्वन्द्वात्मक विकास (Dialectical Evolution) को स्वीकार किया, परन्तु

उसमें विचार (Idea) की भूमिका की कटु आलोचना की। उन्होंने कहा कि "मैने हिगेल के द्वन्द्ववाद को सिर के बल खड़ा पाया मैने उसे पैरों के बल (भौतिकता के आधार पर) खड़ा कर दिया।"

मार्क्स सम्भवतः विश्व के प्रथम सामाजिक चिंतक थे जिन्होंने यह प्रमाणित करने की कोशिश की कि सामाजिक परिवर्तन वर्ग संघर्ष द्वारा ही संभव है और इस परिवर्तन में समाज की पूरी संरचना प्रभावित हो जाती है। मार्क्स के अनुसार सामाजिक संरचना के मुख्य दो तत्व होते हैं–

(क) आधारभूत संरचना (Sub-Structure) और

(ख) आश्रित संरचना (Super- Structure)

समस्त उत्पादन प्रणाली (Mode of Production) को उन्होंने आधारभूत संरचना माना है और समाज के अन्य अंगों, जैसे सरकार, धर्म, परिवार, आदर्श, दर्शन, इत्यादि को आश्रित संरचना कहा है। मार्क्स ने कहा कि उत्पादन प्रणाली ही समस्त सामाजिक व्यवस्था की आधारशिला है। अर्थात आर्थिक व्यवस्था में परिवर्तन होता है तो उससे समाज के बाह्य हिस्सों (आश्रित संरचना) में भी परिवर्तन होता है।

कार्ल मार्क्स ने आधारभूत संरचना को दो उप–भागों में बाँटा–

1. उत्पादन के साधन (Means or Tools of Production) जिसके अन्तर्गत भूमि, प्रौद्योगिकी एवं अन्य पूँजी सामग्री सम्मिलित है।
2. उत्पादन के संबंध (Relations of Production) इसके अन्तर्गत उत्पादन की प्रक्रिया से जुड़े विभिन्न वर्गो के लोगों के बीच का संबंध आता है। पुनः मार्क्स ने इसे भी दो उप भागों में बाँटा–उत्पादन साधन के मालिक (Owner of Means of Production) जिसे पूँजीवादी समाज में बुर्जुआ या पूँजीपति (Capitalist) कहा जाता है और दूसरा श्रमिकों (Workers) जिसे मार्क्स ने सर्वहारा (Proletariat) कहा है।

कार्ल मार्क्स के अनुसार अर्थ व्यवस्था अपने आप में एक स्वतंत्र कारक है। मनुष्य अपनी समस्याओं को सुलझाने एवं सुख सुविधाओं को बढ़ाने के लिए हमेशा प्रकृति पर हावी होना चाहता है, इससे प्रौद्योगिकी में विकास

होता है। और फलस्वरूप उत्पादन के साधनों में परिवर्तन आता है। क्योंकि उत्पादन के साधन समाज की आधारभूत संरचना है, इसलिए जब इसमें परिवर्तन आता है तो उत्पादन के संबंधों में भी परिवर्तन आता है।

मार्क्स के अनुसार जबतक समाज में वर्ग विभाजन है समाज में शोषण का सिलसिला चलता रहेगा क्योंकि विभाजन शोषण पर आधारित है। उन्होंने कहा कि पूँजीपति आपस में एक दूसरे के गला काट प्रतियोगी होते हैं और उनके बीच मिथ्या वर्ग चेतना (False Class Consciousness) होती है, दूसरी ओर मजदूरों के बीच वर्ग चेतना (Class Consciousness) ''वर्ग अपने आप में'' (Class in itself) से ''वर्ग के लिए वर्ग'' (Class for itself) में बदल जाता है। ऐसी स्थिति में भयानक वर्ग युद्ध होगा उसमें पहली बार बहुसंख्यक मेहनतकशों की जीत होगी। इसके परिणामस्वरूप मार्क्स के अनुसार समाजवादी समाज का उदय होगा। यह समाज मजदूरों के राज्य, मजदूरों की तानाशाही, उत्पादन के स्रोतों के सामाजिक नियन्त्रण, जनता के न्यूनतम आवश्यकताओं की पूर्ति पर आधारित होगी।

मार्क्स के अनुसार एक नवीन सामाजिक संरचना का विकास होगा। इस नवीन समाज में सीमाहीन विकास तथा जनता के सुविधाओं में निरन्तर वृद्धि से एक नये साम्यवादी समाज का उदय होगा। यह समषद्धि का साम्यवाद होगा। इसमें वर्ग नहीं होगा। वर्गीय संस्थाएँ जैसे राज्य, सरकार, कानून नहीं होगें। समाज स्वायत्त आत्मनिर्भर समुदायों में संगठित होगा समाज में सबों के लिए उनकी आवश्यकताओं के अनुसार साधन और सुविधाएँ मिलेगी। अर्थात समाज की आधारभूत संरचना में परिवर्तन होने से आश्रित संरचना परिवार, धर्म, विश्वास, राजनीति और शिक्षा इत्यादि में भी परिवर्तन होगा।

मार्क्स के अनुसार सामाजिक संरचना में परिवर्तन क्रांति के द्वारा होगा और नवीन सामाजिक संरचना में वर्ग विभेद, शोषण तथा उनके इकाइयों में मूलभूत परिवर्तन होगा।

2. लुइस ए. कोजर (Lewis A. Coser):– कोजर एक अमेरिकन समाजशास्त्री हैं जिन्होंने अपनी पुस्तक ''The Functions of Social Conflict" (1956) में डारेनडॉफ एवं पारसन्स का काफी विरोध किया है। इनके दर्शन

के आधार पर इन्हें संघर्ष प्रकार्यात्मक समाजशास्त्री कहा जाता है। इन्होंने संरचनात्मक प्रकार्यात्मक उपागम में संघर्ष के प्रकार्यात्मक स्वरूप का उल्लेख किया है पर संघर्ष सदैव और हर स्थिति में प्रकार्यात्मक नहीं होते हैं।

कोजर समाज को शरीर–संगठन (संरचना) के समान मानता है। शरीर के किसी अंग में दर्द का होना शरीर में खराबी का सूचक है। दर्द दूर करने से शरीर स्वस्थ हो जाएगा। समाज के शरीर (संरचना) में संघर्ष भी दर्द के समान है। संघर्ष के सुलझाने से समाज पुनर्संगठित होता है। कोजर के अनुसार–

1. विभिन्न अंगों से जुड़ा हुआ, समाज एक व्यवस्था है।

2. विभिन्न अंगों में तनाव और हितों का टकराव होता है। अतः समाज व्यवस्था असन्तुलन की व्यवस्था में रहती है।

3. तनाव, टकराव और असन्तुलन के कारण व्यवस्था (संरचना) तितर–बितर होती है मगर संगठित भी होती है। और कुशलतापूर्वक परिवेश से समायोजित होती रहती है।

कोजर संघर्ष को सामाजिक संरचना के असंतुलन के लिए जिम्मेदार नहीं मानते अपितु उनके अनुसार सामाजिक संरचना की कठोरता (Rigidity) असंतुलन के लिए उत्तरदायी है। कोजर के अनुसार समूह का स्थायित्व एक वांछनीय स्थिति है व संघर्ष समूह की एकता को बनाए रखता है। समूह के स्थायित्व की वांछनीयता मूल्यगत विचार है। संघर्ष न होने से समूह का स्थायित्व बना रहे, यह आवश्यक नहीं है।

कोजर के अनुसार समाज में व्यक्तियों की इच्छाएँ आकांक्षाएँ अनन्त हैं और इन्हें पूरा करने के दुर्लभ साधन सीमित है। साधनों और इच्छाओं की असमान वितरण या खाई के कारण व्यक्तियों के बीच संघर्ष उत्पन्न होता है। स्वार्थो की टकराहट के कारण अर्थात कोई व्यक्ति खाते–खाते मर रहा है दूसरी तरफ, कुछ व्यक्ति खाने के बिना मर रहे हैं इस प्रकार का संघर्ष व्यक्ति–व्यक्ति के बीच या समूह–समूह के बीच होता है। इन्होंने कुछ संघर्ष को वैध और कुछ को अवैध माना है। दो देशों के बीच संघर्ष वैध है

या दो व्यापारियों के बीच वस्तु की ब्रिक्री के लिए प्रतिस्पर्धा वैध संघर्ष है। घोटालों के माध्यम से पैसा कमाना या रिश्वत के माध्यम से पैसा कमाना अवैध संघर्ष माना जाता है। इसके अलावा इन्होंने संघर्ष में भेद बताया है। एक संघर्ष समूह के भीतर होता है जिसे आन्तरिक संघर्ष कहा जाता है। दूसरा विभिन्न प्रकार के समूहों के बीच होने वाले बाहरी संघर्ष को बाहरी या बाह्य संघर्ष कहा जाता है। आन्तरिक संघर्ष सामाजिक संरचना के लिए सकारात्मक प्रकार्य करते हैं, जब इस प्रकार के संघर्ष का संबंध समाज के ऐसे मूल्यों एवं हितों से होता है, जो आधारभूत मान्यताओं के विरूद्ध नहीं होते है। परन्तु जब आन्तरिक संघर्ष आधारभूत मूल्यों के विरोधी होते है तो यह संघर्ष सामाजिक व्यवस्था की वैधता पर निर्भर है तब सामाजिक संरचना के लिए प्रलयकारी या अप्रकार्य (Dysfunctional) सिद्ध होते हैं। कोजर का मानना है कि समूह में व्यक्तियों की समीपता या निकटता जितनी अधिक होगी, संघर्ष उतना ही भयंकर होगा जैसे गहरे मित्रों और भाइयों में जब संघर्ष होता है तो बहुत तीव्र होता है। ऐसे समूह जहाँ व्यक्ति मात्र आंशिक या खंडित तौर पर भाग लेते है वहाँ संघर्ष विघटनकारी होने की संभावना कम होती है। परन्तु निकटता या समीपता वाले समूह में अगर किसी तरह संघर्ष प्रारंभ हो जाता है तो सामाजिक संरचना का आधार या जड़ को खतरा उत्पन्न हो सकता है।

कोजर ने संघर्ष के निम्नलिखित तीन प्रकार्यो का उल्लेख किया है–

1. संघर्ष समूह की परिधियों का निर्माण करता है तथा कार्य क्षेत्र की सीमाओं का निर्धारण भी। संघर्ष की स्थिति में समूहों अथवा उप समूहों को एकजुट होकर कार्य करना पड़ता है जिसके कारण पद विभाजन की प्रक्रिया निर्मित हो जाती है।
2. संघर्ष के दौरान समूह में नेतृत्व व संगठन के नवीन आयाम उभर करके आते हैं।
3. संघर्ष के दौरान व्यक्तियों के बीच पारस्परिक संबंधों में तनाव या कटुता समाप्त करने में सहायता मिलती है।

कोजर के अनुसार संघर्ष के प्रभाव सामाजिक संरचना के स्वरूप के अनुसार बदलते रहते हैं। हर संघर्ष में समूह को लाभ नहीं होता। यह

निर्भर करता है कि किस मुद्दे को लेकर संघर्ष की स्थिति उत्पन्न हुई। जब आंतरिक संघर्षों से समूह के आधारभूत मूल्यों को चुनौती दी जाती है तब समूह की संरचना खतरे में पड़ जाती है।

अतः कोजर ने कहा कि संघर्ष सामाजिक संरचना के लिए प्रकार्य और अप्रकार्य दोनों प्रकार के कार्य करते है, परस्पर निकटता वाला संघर्ष और आधारभूत मूल्यों के विरोधी संघर्ष सामाजिक संरचना के लिए या उसके जड़ के लिए खतरनाक या अप्रकार्य का कार्य करता है। अर्थात संरचना और संस्कृति के व्यापक हिस्से टूट जाते है।

3. राल्फ डाहरेनडॉर्फ (Ralf Dahrendorf):– एक जर्मन समाजशास्त्री एवं राजनेता जिन्होंने अपनी पुस्तक ''क्लास एण्ड क्लास कान्फलिक्ट इन इनडस्ट्रियल सोसायटी'' (Class and class conflict in Industrial Society 1950) में संघर्ष के सिद्धांत की व्याख्या की है। इस पुस्तक का मूल जर्मनी भाषा में अनुवाद स्वयं डाहरेनडॉर्फ ने किया। इसमें उन्होंने मार्क्स के विचारों से अलग विचारों का उल्लेख किया है और परिवर्तन का संघर्षवादी सिद्धांत प्रतिपादित किया है। इनके विचार न ज्यादा मार्क्सवादी है और न ज्यादा प्रकार्यात्मक। इन्होंने पूँजीवादी अथवा औद्योगिक समाजों के पूर्व जो वर्ग विभाजित समाज थे उनके संबंध में मार्क्स के विचारों से अपनी सहमति व्यक्त की है। परन्तु औद्योगिक पूँजीवादी देशों के मामले में उसने मार्क्स के विचारों का विरोध किया।

डाहरेनडॉर्फ ने मूल रूप से दो बिन्दूओं पर ध्यान केन्द्रित किया–

(क). संघर्ष–समूह के निर्माण की व्याख्या व दूसरा उन क्रियाओं की व्याख्या करना जिसके द्वारा सामाजिक व्यवस्था में संरचनात्मक परिवर्तन संघर्ष समूह के द्वारा लाए जाते हैं।

डाहरेनडॉर्फ ने Coercion Model की चर्चा की है और उसमें निम्नलिखित बाते कहीं है।

Ralf Dahrendorf class and class conflict in Industrial society P.19

1. प्रत्येक समाज में परिवर्तन होते रहते हैं। परिवर्तन की गति व दिशा में अंतर होता है।

2. प्रत्येक समाज में मतभेद, विरोध व संघर्ष देखे जा सकते हैं।
3. समाज की प्रत्येक इकाई परिवर्तन या विघटन में योगदान देती है।
4. प्रत्येक समाज में कुछ सदस्य अन्य सदस्यों पर दवाब डालते है।

डाहरेनडॉर्फ ने इसी Coercion Model के द्वारा औद्योगिक समाज में वर्ग संघर्ष को स्पष्ट करने का प्रयास किया है। ये कहते हैं कि प्रत्येक सामाजिक व्यवस्था का आधार शक्ति का सोपानक्रम (Hierarchies of Power) होता है। यह विचार Weber से मिलता है। ये मानते हैं कि समाज में ऐसे लोग जिनके पास शक्ति है वे दूसरे कमजोर व्यक्ति को दबाते हैं। ऐसे लोगों को सामाजिक नियमों एवं कानूनों में बाँधकर समाज में अनुरूपता एवं एकमतता पैदा करता है अर्थात समाज में अनुरूपता (Conformity) एवं एकमतता (Consensus) स्वाभाविक रूप से पैदा नहीं होता, बल्कि उत्पीड़न (Coercion) से पैदा किया जाता है। इन्होंने सत्ता (Authority) की चर्चा की है और कहा है कि सत्ता वैध होने के कारण उसकी अवहेलना नहीं की जाती है। सत्ता और शक्ति (Power) में अंतर होता है। सत्ता संस्थात्मक अर्थात कानून व प्रथाओं की व्यवस्थाओं के द्वारा प्रभावी बनाया जाता है जबकि शक्ति व्यक्तिगत होती है। महात्मा गांधी का प्रभाव व्यक्तिगत था जबकि उनके पास शक्ति थी, परन्तु एस. पी. का प्रभाव पद के कारण होता है जो सत्ता से जुड़े होते हैं।

डाहरेनडॉर्फ के अनुसार प्रत्येक सामाजिक संरचना में संघर्ष का बीज छुपा होता है जो परिवर्तन की प्रक्रिया को निरंतर चलायमान रखती है। कार्ल मार्क्स ने आर्थिक संरचना (Infrastructure) की चर्चा की है जबकि इन्होंने सत्ता संरचना (Authority-Structure) की चर्चा की है। सत्ता संरचना के मुख्यतः दो भाग होते हैं। शासन (Domination) एवं दमन (Subjection) सत्ता संबंध (Authority Relations) के अन्तर्गत शासक वर्ग षासित वर्ग के व्यवहारों को आदेश, चेतावनी एवं निषेधों (Prohibitions) के द्वारा नियंत्रित करते हैं। जब शासक वर्ग सत्ता का बहुत दुरूपयोग करता है, तो संघर्ष की प्रक्रिया स्वतः शुरू हो जाती है। इसे इन्होंने आदेशक समन्वित साहचर्य (Imperaterely Coordinated Association I. C. A.) के माध्यम से स्पष्ट करने का कोशिश किया है। सत्ता के उपयोग दुरूपयोग के कारण आइ.

सी. ए. में संघर्ष उत्पन्न होते हैं। सत्ता के विभाजन के कारण हितों में संघर्ष उत्पन्न होते हैं। सत्तारहित वर्ग यथावत स्थिति को बनाए रखने में अभिरूचि होती है। जबकि अधीनस्थ वर्ग स्थापित प्रतिमानों को बदलना चाहते हैं। इनके अनुसार सत्ता किसी भी सामाजिक संगठन की पूर्व आवश्यकता होती है अर्थात संघर्ष को टाला नहीं जा सकता।

संघर्ष को सामाजिक जीवन से सदा के लिए हटा देना असंभव है, क्योंकि किसी भी सामाजिक संगठन की सत्ता संरचना में, सत्ता के असमान बँटवारे से विरोधी हित–समूहों का निर्माण होना एक स्वाभाविक घटना है। संघर्ष को न तो निरंकुश राजा और न ही दार्शनिक राजा सदा के लिए समाप्त कर सकते हैं।

उपरोक्त विवेचना से स्पष्ट होता है कि सत्ता का असमान वितरण ही संघर्ष की प्रक्रिया का मौलिक स्रोत है। मार्क्स के अनुसार वर्ग संघर्ष के द्वारा जो परिवर्तन होगा ठीक उसी तरह सत्ता–व्यवस्था (Authority System) में परिवर्तन होगा। सत्ता की संरचना में परिवर्तन से उन लोगों को हटाना होगा जो शासन (Dominance) में लिप्त है या शासन के केन्द्र में है। अर्थात डाहरेनडॉर्फ के अनुसार वर्ग संघर्ष के माध्यम से सामाजिक परिवर्तन होगा जो नये सामाजिक संरचना को जन्म देगा।

संघर्ष के आरम्भ होते ही नियमों और मूल्यों पर सुविधाओं के बँटवारे पर संरचना के स्वरूपों पर दबाव पड़ता है और उनमें परिवर्तन होता है। संघर्ष के समय में परिवर्तन तेज हो जाते हैं। संघर्ष बढ़ते–बढ़ते पूरे समाज को या समाज के पूरे हिस्से में फैल जाता है। अन्ततः एक भयंकर संघर्ष होता है जिससे प्रतिष्ठा (Status) और सत्ता के विभाजन के साथ–साथ समाज में प्रचलित संरचना और संस्कृति में गम्भीर परिवर्तन हो जाते है। डाहरेनडॉर्फ ने कहा कि ये परिवर्तन गुणात्मक नहीं होते अर्थात इसके कारण समाजवाद का उदय नहीं होता। इन्होंने इग्लैंड के कोयला मजदूरों और सरकार का संघर्ष फ्रांस में छात्र मजदूर, पूँजीपति आदि संघर्ष का उल्लेख किया और कहा कि इसके कारण ये समाज समाजवादी नहीं हुए। परन्तु इन समाजों में गंभीर परिवर्तन अवश्य आये।

4. लुडविग गुम्पलोविस (Ludwig Gumplowiz) 1838–1919:– गुम्पलोविस का विचार डार्विन तथा कार्ल मार्क्स से मिलता–जुलता है। एक तरफ डार्विन के "Survival of the Fittest" के विचार में विश्वास करते है तो दूसरी तरफ मार्क्स के "The history of all hitherto existing society is the history of class struggle" की तरह उन्होंने कहा समाज में आदि से अंत तक संघर्ष ही संघर्ष पाया जाता है। गुम्पलोविस के विचार के अनुसार मनुष्य झुण्डों (Hordes) में प्राचीन काल में रहा करता था और एक झुण्ड या समूह के धर्म, भाषा, पेशा, रहन–सहन और स्वार्थ में समानता पायी जाती थी। एक झुण्ड से दूसरे झुण्ड के बीच संघर्ष होता था। इस संघर्ष के माध्यम से सामाजिक संरचना में परिवर्तन होता था।

गुम्पलोविस ने झुण्ड के बीच संघर्ष (Conflict Theory) सिद्धांत के निम्न चार कारणों की चर्चा की है–

1. मानव जाति की उत्पत्ति प्रारम्भ में छोटे–छोटे घुमक्कड़ झुण्डों से हुई है।

2. मानव के इस झुण्ड के बीच में घृणा व द्वेष की भावना पायी जाती थी जिसके कारण ये लोग आपस में अक्सर लड़ते रहते थे।

3. मानव के इन झुण्डों के बीच संघर्ष होने से समूह के आकार में वृद्धि होती थी क्योंकि जीता हुआ झुण्ड हारे हुए झुण्ड को अपने झुण्ड में मिला लेता था

4. विजयी समूह हारे हुए लोगों को अपनी प्रजा या दास बनाकर उसका शोषण करता था। गुम्पलोविस का यह विचार भारतीय धार्मिक ग्रंथों में भी मिलता है, क्योंकि भारत में हमेशा असुर तथा आर्यो के बीच संघर्ष होता था और जो विजयी होता था उसका साम्राज्य के आकार में वृद्धि होता था और राजा दूसरे राज्य के प्रजा को दास बना कर रखता था। दोनों की संस्कृति में अन्तर पाये जाते थे और कालान्तर में समाज की संरचना विजयी राज्य से प्रभावित होने लगती थी।

इन्होंने कहा कि झुण्ड के बीच संघर्ष की प्रक्रिया से राज्य (State) कानून (Law) एवं सामाजिक स्तरण (Social Stratification) की उत्पत्ति हुई। विजयी झुण्ड या समूह ने पराजित समूह पर शासन करने के लिए

राज्य का निर्माण किया और जीते हुए व्यक्ति शासक हुए तथा हारा हुआ झुण्ड षासित हुआ। हारे हुए झुण्ड पर सुचारु रूप से नियंत्रण, शासन एवं उसके शोषण के लिए कानून बनाया गया। शासक लोगों ने अपने समाज को सबसे ऊपरी स्तर पर रखा इसलिए समाज में स्तरण और असमानता की उत्पत्ति हुई। गुम्पलोविस ने कहा कि हारे हुये लोग विजयी लोगों की सभ्यता एवं संस्कृति को समय के अन्तराल में अपनाते गए और धीरे–धीरे दो समूहों के बीच संस्कृति का (Defussion) आदान–प्रदान से सामाजिक खाई भरने लगी। यह प्रक्रिया मानव इतिहास में निरन्तर चलता रहा।

गुम्पलोविस के विचार से स्पष्ट होता है कि हारे हुये झुण्ड की सामाजिक संरचना विजयी झुण्ड से प्रभावित होती है इसका अर्थ यह नहीं है कि विजयी झुण्ड में परिवर्तन नहीं होता है बल्कि हारे हुए झुण्ड की प्रचलित और उपयोगी परम्परा, प्रतिमान आदि भी विजयी झुण्ड को प्रभावित करती है और साथ ही साथ सामाजिक संरचना की नई इकाइयों का जन्म होता है जैसे कानून का विकास।

5. लुई अल्थूसर (Louis Althusser):– एक फ्रांसीसी समाजशास्त्री जिन्होंने कार्ल मार्क्स के विचारों के आधार पर अपने ढंग से संरचना की विवेचना किया इन्होंने "For Marx and Reading Capital" नामक पुस्तक में अपने संरचनावाद के सिद्धांत की विवेचना की है।

अल्थूसर के अनुसार संरचना सामूहिकता में ही निहित है जो सामूहिक स्वरूपों में अभिव्यक्त होता है। और ये स्वरूप एक दूसरे से जुड़कर पूरे संरचना का निर्माण करते है। यह संरचना अपनी बनावट में अनेक स्तरों एवं खण्डों में विभाजित है। कुछ खण्ड अधिक महत्वपूर्ण ही नही बल्कि संरचना के चरित्र के निर्धारक भी होते हैं। संरचना के चार स्पष्ट खण्ड है–

1. आर्थिक 2. राजनैतिक

3. दार्शनिक 4. वैज्ञानिक

इन सभी में से निश्चित रूप से आर्थिक अधिक महत्वपूर्ण एवं निर्णयात्मक भी है। राजनैतिक तत्त्व प्रभुत्वशाली है। परन्तु इस प्रभुत्व के स्रोत अर्थव्यवस्था में निहित होते हैं। मूल्य संबंधी एवं वैचारिक तत्वों की

भूमिका अलग–अलग संरचनाओं में अलग–अलग हो सकती है परन्तु अर्थव्यवस्था की तुलना में बराबर ही गौण होते है।

इस प्रकार कार्ल मार्क्स को अल्थूसर ने दो भागों में बांटा है। 1. युवा मार्क्स (Young Marx) 2. प्रौढ़ मार्क्स (Mature Marx) और अल्थूसर के अनुसार मार्क्सवादी यह स्वीकार करता है कि मार्क्सवाद एक वैज्ञानिक पद्धति है। जिससे किसी समाज की व्याख्या उत्पादन के तरीकों में की जा सकती है। अर्थात अर्थव्यवस्था में परिवर्तन होने से सामाजिक संरचना में परिवर्तन हो सकता है।

सामाजिक संरचना के मार्क्सवादी सिद्धांत की आलोचना (Criticism of Marxist theory of Social Structure)

सामाजिक संरचना में मार्क्सवादी सिद्धांत की अनेक कमजोरियाँ हैं जो निम्नलिखित है–

1. कार्ल मार्क्स की आलोचना मैक्स वेबर (Max Weber 1958) ने किया और कहा कि सामाजिक परिवर्तन की व्याख्या केवल आर्थिक पक्ष के आधार पर नहीं किया जा सकता है बल्कि सांस्कृतिक कारक भी महत्वपूर्ण भूमिका निभाती है। वेबर के अनुसार Protestant Ethics के कारण पूँजीवाद का विकास हुआ न कि श्रमिकों के शोषण से।
2. Raymond Aron (1976) रेमण्ड ऐरों जो कि फ्रांसीसी समाजशास्त्री है उन्होंने कहा कि इतिहास प्रत्येक मानव समाज में वर्ग संघर्ष की सत्यता को सिद्ध नहीं करता है अर्थात बहुधा दास युग है तो सामंती युग नहीं है।
3. P. Sorokin (1978) सोरोकिन ने कहा कि मार्क्स ने आर्थिक कारक पर विशेष जोर दिया है अगर थोड़ी देर के लिए हम मान भी लेते हैं कि आर्थिक कारक बुनियादी है तो आर्थिक कारक में परिवर्तन किन कारकों से होता है इसकी चर्चा मार्क्स ने नहीं की।
4. कार्ल मार्क्स ने कहा कि आर्थिक कारक सामाजिक संरचना में परिवर्तन के लिए मूल रूप से जिम्मेवार है। अगर मान लें 80

प्रतिशत जिम्मेवार भी है तो वह कौन कारक 20 प्रतिशत है जो सामाजिक संरचना को प्रभावित करती है। इस सन्दर्भ में मार्क्सवादी आजतक नहीं बता पाए हैं।

5. डाहरेनडॉर्फ ने सत्ता (Authority) को संघर्ष का आधार माना, पर यह नहीं बताया कि सम्पत्ति से अधिक प्राथमिकता व महत्व सत्ता को क्यों दिया गया।

6. डाहरेनडॉर्फ का यह सिद्धांत एक कारक (Mono causal) है। क्योंकि सत्ता को केन्द्र में मान कर यह संघर्ष की व्याख्या करता है। परन्तु समाज में अनेक प्रकार के संघर्ष होते है जैसे–सांप्रदायिक, प्रजातीय, एवं विचारात्मक आदि संघर्षो की विवेचना नहीं कर पाता है। वीनगार्ट (Weingart) ने भी यह कहा कि डाहरेनडॉर्फ का प्रकार्यात्मक संघर्ष संतोषप्रद और तार्किक नहीं है।

7. कोजर ने कहा कि संघर्ष के प्रकार्यात्मक स्वरूप होते हैं, परन्तु संघर्ष सदैव और हर परिस्थितियों में प्रकार्यात्मक नहीं होते हैं। उदाहरण के लिए झारखण्ड राज्य में एम.सी.सी. के आतंकवाद अप्रकार्यात्मक या नकारात्मक प्रभाव छोड़ते है। कोजर के अनुसार समूह संघर्ष समूह की एकता को बनाए रखता है, परन्तु समूह का स्थायित्व एक मूल्यगत विचार है।

8. कोजर के अनुसार विचारात्मक (Ideological) संघर्ष तीव्र होते हैं जबकि विचारात्मक संघर्ष अवैयक्तिक होने के कारण अधिक कठोर होते हैं। जैसे श्रमिक आंदोलन, वामपंथी आन्दोलन अधिक कठोर व अमानवीय हुए है।

9. गुम्पलोविस के सिद्धांत को बहुत से इतिहासकार स्वीकार नहीं करते हैं। जैसे हॉबहाउस, मीलर, जिन्सबर्ग आदि जैसे समाजशास्त्रीयों ने 298 प्राचीन समाजों का अध्ययन किया, जिसमें 9 ऐसे समाज थे जहाँ युद्ध की बात न तो कभी सुनी थी और न तो महसूस की थी।

10. (Sorokin) सोरोकिन ने कहा कि अगर समाज में संघर्ष ही संघर्ष होता तो समाज कब का समाप्त हो गया होता। मध्यकालीन एवं आधुनिक समाज की तुलना में प्राचीन काल के समाज में युद्ध कम हुआ करता था।
11. लुई अल्थूसार ने कार्ल मार्क्स को दो भागों में बांटा है जिसे युवा मार्क्स और प्रौढ़ मार्क्स कहा है। समाजशास्त्रियों का कहना है कि व्यक्ति के व्यक्तित्व को विभिन्न भागों में बांटना तार्किक नहीं है।

मार्क्सवादियों ने सामाजिक संरचना के अध्ययन में single factor का उपयोग किया है। जबकि एक कारक के सहारे कभी भी सामाजिक प्रक्रिया को अच्छी तरह नहीं समझ सकते है। द्वंद्व से समाज में सिर्फ परिवर्तन एवं विकास की गति ही अवरूद्ध नही होती बल्कि उस समाज का विकास भी अवरूद्ध हो जाता है। विकास के लिए षान्ति, सहयोग और लोगों के बीच मेल–जोल आवश्यक है। प्रजातांत्रिक व्यवस्था में जनता की भागीदारी के द्वारा वांछनीय एवं नियोजित विकास हो पाता है। मार्क्सवादियों ने कहा कि जब कोई परिवर्तन संघर्ष से नहीं होता है तो क्रांति का रास्ता अपनाते हैं, परन्तु प्रत्येक क्रांति सामाजिक परिवर्तन को नहीं लाता है कभी–कभी क्रांति के विरोध में प्रतिक्रियाएँ होती है, जो संघर्ष को ही उखाड़ फेकने में सफल हो जाते हैं। परन्तु वैद्य (Legitimate) क्रांति सामाजिक संरचना में परिवर्तन लाती है।

24

प्रस्थिति एवं भूमिका

Status and Role

प्रत्येक सामाजिक व्यवस्था में प्रत्येक व्यक्ति का स्थान निर्धारित होता है, चाहे वह राजा हो या भिखारी। यह स्थान ही व्यक्ति के लिए महत्वपूर्ण होता है। उदाहरण के लिए एक निम्न जाति के सदस्य का स्थान उच्च जाति की तुलना में नीचा होता है ठीक उसी प्रकार किसी कार्यालय में चपरासी को क्लर्क की तुलना में नीचा माना जाता है। इस प्रकार प्रत्येक व्यक्ति का कोई–न–कोई पद दर्जा या स्थान होता है, जिसे समाजशास्त्रीय भाषा में प्रस्थिति या प्रतिष्ठा कहते हैं। यह प्रस्थिति व्यक्ति की पहचान होती है। सामाजिक अन्तःक्रिया में व्यक्ति की प्रस्थिति महत्वपूर्ण होती है क्योंकि प्रत्येक व्यक्ति के साथ एक जैसा व्यवहार नहीं किया जा सकता है। व्यक्ति की पहचान कर लेने के बाद पारस्परिक अन्तःक्रिया आसान हो जाती है। एक पद या प्रस्थिति धारण करने के फलस्वरूप एक व्यक्ति से जिस प्रकार के कार्यो की समाज सामान्यतः अपेक्षा करता है और उनके अनुरूप व्यक्ति जो कुछ करता है उसे उसकी भूमिका कहते हैं।

प्रस्थिति का अर्थ एवं परिभाषा (Meaning and Definition of Status)

सामाजिक प्रस्थिति की अवधारणा को समझाने के लिए विभिन्न विद्वानों ने अपने विचार दिए हैं।

राल्फ लिण्टन (Ralph linton) पहला समाज वैज्ञानिक था जिसने इस शब्द की विस्तृत अवधारणा प्रस्तुत की इनके अनुसार "The place in a particular system Which a certain Individual occupies at a Particular time Will be referred to as his Status With respect to that System" ''सामाजिक व्यवस्था के अन्तर्गत किसी व्यक्ति को एक समय विशेष में जो स्थान प्राप्त होता है, उसी को उस व्यक्ति की सामाजिक प्रस्थिति कहा जाता है।''

किंग्सले डेविस (Kingsley Davis) के अनुसार "Satus is a Position in the general institutional System recognised and Supported by the entire Society Spontaneously evolued rather than deliberately created rooted in the Folkways and mores" ''प्रस्थिति किसी भी सामान्य संस्थात्मक व्यवस्था में किसी पद की सूचक है, ऐसा पद जो समाज द्वारा स्वीकृत है और जिसका निर्माण स्वतः ही हुआ है तथा जो जनरीतियों एवं रूढ़ियों से सम्बद्ध है''

इलियट एवं मैरिल (Elliot and Merrill) के अनुसार "Status is the Position Which the individual Occupies in the group by Virtue of his Sex, Family, Class, Occupation, Marriage and achievement" ''प्रस्थिति व्यक्ति का वह पद है जिसे व्यक्ति किसी समूह में अपने लिंग, आयु परिवार, वर्ग, व्यवसाय, विवाह अथवा प्रयत्नों आदि के कारण प्राप्त करता है।''

लेपियर (Lapiere) के अनुसार "Societ Status is Commonly Thought of as the Position Which an individual has in Society" सामाजिक प्रस्थिति सामान्यतः उस पद के रूप में समझी जाती है जो एक व्यक्जि समाज में प्राप्त किये होता है।

ऑगबर्न तथा निमकॉफ (Ogburn and Niimkoff) के अनुसार " The Simplest definition of Status is that it represents the Position of the Individual in the Group" ''प्रस्थिति की सबसे सरल परिभाषा यह है कि यह समूह में व्यक्ति के पद का प्रतिनिधित्व करती है''

बीरस्टीड (Bierstedt) के अनुसार "Astatus is Simply a Position in Society or in a Group" ''सामान्यतः एक प्रस्थिति समाज अथवा एक समूह में एक पद है।''

उपरोक्त परिभाषाओं से स्पष्ट होता है कि प्रस्थिति किसी व्यक्ति की समूह अथवा समाज में पद की अभिव्यक्ति है। यह पद व्यक्ति को समाज द्वारा प्रदान किया जाता है या व्यक्ति अपने गुणों और योग्यता के आधार पर प्राप्त कर सकता है। एक व्यक्ति की प्रस्थिति सदैव ही दूसरे व्यक्तियों की तुलना में ही होती है। दूसरी ओर प्रस्थिति समाज और संस्कृति की उपज है इसलिए वह सापेक्षिक है। जो प्रस्थिति किसी समाज में ऊंची समझी जाती है संभवतः दूसरे समाज में वही प्रस्थिति निम्न हो सकती है। प्रस्थिति शब्द एक ओर श्रेणी के सूचक है तो दूसरी ओर व्यक्ति के व्यवहार का भी बोध कराता है। जॉनसन के अनुसार एक ही व्यक्ति की कई प्रस्थितियाँ होती है एक ही समय में वह पिता, अध्यापक, अभियन्ता, ग्राहक आदि है। किंतु वह किसी एक प्रमुख प्रस्थिति के द्वारा ही समाज में जाना जाता है।

प्रस्थिति की विशेषताएँ (Characteristics of Status)

प्रस्थिति को और स्पष्ट रूप से समझने के लिए निम्नलिखित विशेषताओं पर ध्यान देना होगा।

(क) समाज में जितनी भी प्रस्थितियां है वे सब समाज की आवश्यकताओं की पूर्ति के लिए है। कभी–कभी ऐसा होता है कि आवश्यकता समाप्त होने पर वह प्रस्थिति भी समाप्त हो जाती है जैसे तोपों की प्रर्था समाप्त होने से तोपची प्रस्थिति भी समाप्त हो गयी।

(ख) प्रस्थिति सापेक्षिक होती है। चिकित्सक की प्रस्थिति बीमारों से जुड़ी है। अध्यापक की प्रस्थिति विद्यार्थी से जुड़ी होती है अगर बीमारी तथा विद्यार्थी न हो तो दोनो पदों का महत्व कमजोर हो जाता है।

(ग) प्रस्थिति समाज के स्तरीकरण का द्योतक है। एक जाति की प्रस्थिति, एक धनी व्यक्ति की प्रस्थिति तथा शिक्षित व्यक्ति की प्रस्थिति अलग–अलग होती है। जिससे स्तरीकरण की अभिव्यक्ति होती है।

(घ) प्रस्थिति के साथ इज्जत या आदर जुड़ी होती है। जिन व्यक्ति का समाज में उच्च प्रस्थिति होती है, जैसेः– कोई पायलट या आई.

पी. एस. अधिकारी है तो उन्हें समाज में इज्जत तथा उच्च आदर भी प्राप्त होता है।

(ड़) प्रस्थिति को भूमिका से अलग नहीं किया जा सकता है। दोनों के बीच अन्तः संबंध पाया जाता है। उदाहरण के लिए एक व्याख्याता या डाक्टर है वह अपने कॉलेज में छात्रों को पढ़ाता है तथा अस्पताल में मरीजों को देखता है। इसलिए प्रस्थिति की कल्पना भूमिका के बिना नहीं की जा सकती है।

प्रस्थिति के प्रकार (Types of Status)

19वीं शताब्दी के विद्वानों ने विशेषकर सर हेनरी मेन (Sir Henry Maine, 1822-1888), रोबर्ट पार्क (Robert E. Park- 1864- 1944) और एरनेस्ट बर्गेस (Ernest W. Burgess 1921) आदि ने प्रस्थिति की व्याख्या में केवल यही कहा कि यह व्यक्ति के लिए स्थिर होती है, इसमें कोई परिवर्तन नहीं आता है परन्तु 20वीं शताब्दी के प्रारंभ में जब आधुनिक मानवशास्त्री तथा समाजशास्त्रीयों ने जो विचार दिया उससे स्पष्ट होता है कि प्रस्थिति केवल प्रदत या वंशानुगत नहीं है।

इसी संदर्भ में अमरीका के मानवशास्त्री राल्फ लिंटन (Ralph Linton 1893-1953) ने सबसे पहली बार प्रस्थिति के वर्गीकरण को प्रस्तुत किया। उनके अनुसार प्रस्थिति प्रदत (Ascribed) और अर्जित (Achieved) दोनों होते है।

प्रदत प्रस्थिति (Ascribed Status)

जब प्रस्थिति जन्म से प्राप्त होती है अर्थात जब किसी व्यक्ति का जन्म उच्च वर्ग या निम्न वर्ग में होता है तो उसका प्रस्थिति भी उसमें आरोपित हो जाता है। लिन्टन के अनुसार प्रदत प्रस्थिति का मुख्य रूप से पांच आधार हैः–

1. लिंग भेद (Gender Difference)
2. जातीय एवं प्रजातीय भेद (Caste and Racial Difference)
3. आयु भेद (Age Difference)

4. नातेदारी के संबंध (Kinship Relations) और
5. परम्परागत आधार (Traditional Base)

प्रदत्त प्रस्थिति अनैच्छिक (Non- Voluntary) होती है परन्तु इसके भी दो प्रकार होते हैं। एक तो वह है जिसपर व्यक्ति का कोई नियंत्रण नहीं होता है दूसरा वह जिसपर कुछ हद तक व्यक्ति का थोड़ा नियंत्रण होता है। व्यक्ति जिस जाति में जन्म लेता है और जिस प्रस्थिति को प्राप्त करता है उच्च या निम्न प्रस्थिति में व्यक्ति की अपनी कोई भूमिका नहीं होती है। वह अनैच्छिक सामाजिक स्थिति है। दूसरी ओर कुछ वैसी भी प्रदत प्रस्थितियां है जिन्हें व्यक्ति कुछ हद तक अपने से बदल सकता है जैसे आज के आधुनिक समय में व्यक्ति अपनी इच्छा के अनुसार विवाह कर सकता है उदाहरण के लिए निम्न जाति में पैदा लेकर उच्च जाति की लड़की से विवाह कर समाज में उच्च स्थान पा सकता है। ठीक इसके विपरीत कोई उच्च जाति का सदस्य निम्न जाति के लड़की के साथ विवाह करता है तो वह अपनी उच्च सामाजिक प्रस्थिति को गंवा सकता है।

परंतु लिंग भेद में पुरूष और स्त्री की प्रस्थिति है, जाति और प्रजाति की प्रस्थिति, आयु में बच्चों तथा वृद्ध जन की प्रस्थिति, नातेदारी में भाई बहन रक्त सम्बंधियों का प्रस्थिति, परम्परा के आधार पर ज्येष्ठ लड़के की प्रस्थिति आदि सभी जैविक है और इससे निर्धारित होने वाले सामाजिक प्रस्थिति को प्रदत प्रस्थिति कहेंगे। मेटा स्पेन्सर (Meta Spencer) कहते हैं कि पश्चिम समाज में लम्बा आदमी का प्रस्थिति नाटा से अधिक है यह प्रदत प्रस्थिति ही है।

अर्जित प्रस्थिति (Achieved Status)

लिन्टन ने प्रदत प्रस्थिति के अतिरिक्त अर्जित प्रस्थिति का उल्लेख किया है। जैसे जैसे समाज में परिवर्तन हुआ। औद्योगीकरण जैसी प्रक्रिया प्रारम्भ हुई वैसे–वैसे प्रदत प्रस्थिति के साथ–साथ अर्जित प्रस्थिति का आविर्भाव हुआ। वास्तव में देखा जाए तो प्रदत प्रस्थिति के विरोध में या संघर्ष के कारण अर्जित प्रस्थिति का विकास हुआ। हरालाम्बोस (M. Haralambos, 1992) ने कहा कि "अर्जित प्रस्थिति वह है जो व्यक्ति स्वयं अपनी पसंद से प्राप्त करता है।" होर्टन एवं हण्ट (Horton and Hunt)

ने कहा कि अर्जित प्रस्थिति व्यक्ति की स्वयं की पसंद और प्रतियोगिता के माध्यम से प्राप्त होने वाली प्रस्थिति है।" अर्थात अर्जित प्रस्थिति के अन्तर्गत समाज की इच्छाएं कम प्रमुख होती है। व्यक्ति की अपनी इच्छाएं ज्यादा प्रमुख होती है। व्यक्ति जब अपनी गुण योग्यता तथा मेहनत से प्रस्थिति अर्जित करता है तो उसे अर्जित प्रस्थिति कहते है। इस प्रस्थिति से कोई भी व्यक्ति एक स्तर से दूसरे स्तर में जा सकता है। यह ऐच्छिक (Volantary) होता है। अर्जित प्रस्थिति का मुख्य आधार शिक्षा, सम्पति, राजनीतिक शक्ति विवाह तथा मेहनत है।

मूल प्रस्थिति (Key Status)

ई. टी. हीलर (E. T. Hiller) ने सर्वप्रथम मूल प्रस्थिति की अवधारणा प्रस्तुत की है। उसमें उन्होंने कहा कि प्रत्येक व्यक्ति की भूमिका अलग–अलग होती है और एक व्यक्ति का अलग–अलग क्षेत्रों में अलग–अलग प्रस्थिति भी होती है उसमें से जो प्रमुख प्रस्थिति होती है उसे उस व्यक्ति का मूल प्रस्थिति कहते हैं। इ. टी. हीलर ने कहा कि अमेरिकन समाज में पेशा (Occupation) को मूल प्रस्थिति माना जाता है। यह सामाजिक परिस्थितियों के अनुसार परिवर्तन भी होती है। भारत में प्राचीन एवं मध्यकाल में जाति प्रथा एक मूल प्रस्थिति थी। परन्तु आज नौकरी ही मूल प्रस्थिति (Key Status) माना जाता है। बीरस्टीड (Briested) के अनुसार मूल प्रस्थिति वह है जो दूसरी प्रस्थितियों की तुलना में अधिक महत्वपूर्ण एवं अग्रणीय होती है।

औपचारिक एवं अनौपचारिक प्रस्थिति (Formal and Informal Status)

जब किसी व्यक्ति को विधि और कानूनी व्यवस्था के अन्तर्गत प्रस्थिति प्राप्त होती है तो उसे औपचारिक प्रस्थिति कहते है जैसे सचिव, मंत्री, प्राचार्य आदि।

इसके विपरीत अनौपचारिक प्रस्थिति उसे कहते हैं जो प्रथाओं और परम्पराओं से प्राप्त होती है जैसे भाई, दोस्त या अन्य प्रकार के संबंधी की प्रस्थिति।

प्रकार्यात्मक प्रस्थिति (Functional Status)

प्रकार्यात्मक प्रस्थिति का निर्धारण औपचारिक संगठनों में व्यक्ति के द्वारा किसी ऐसे पद पर किया गया प्रकार्य से है जिसका महत्व अधिक है। अर्थात व्यक्ति छोटे पद पर भी कार्य करता है परन्तु उसका महत्व अधिक है तो प्रकार्यात्मक प्रस्थिति कहेगे। जैसे पुलिस विभाग में दारोगा का पद। इसी तरह वरीयता क्रम में एक प्रोफेसर का पद दारोगा से काफी छोटा है परन्तु समाज में प्रोफेसर को दारोगा से लोग अधिक महत्व देते हैं।

सोपानवत प्रस्थिति (Social Status)

प्रत्येक समाज में व्यक्तियों की प्रस्थिति श्रेणीबद्ध तरीके से देखा जा सकता है। जैसे विद्यार्थी के प्रस्थिति में मैट्रिक, प्रवेशिका स्नातक, स्नातकोतर का एवं आदेशपाल क्लर्क, अधिकारी का प्रस्थिति है। इस श्रेणीबद्ध तरीके से देखने को ही सोपानवत प्रस्थिति कहते हैं।

बर्हिगत प्रस्थिति (Salient Status)

प्रत्येक व्यक्ति के जीवन में अनेक प्रकार की प्रस्थिति आती है और जाती है। अर्थात उनके जीवन के कई पक्ष है जो समाज को कम प्रभावित करती है। (Little Impact on Social Identity) का बर्हिगत प्रस्थिति कहा जाता है।

प्रस्थिति का संगठन (The Organization of Status)

किंग्सले डेविस (Kingsley Davis) ने अपनी पुस्तक Human Society में प्रस्थिति से सम्बन्धित कुछ अवधारणाओं का उल्लेख किया है जो निम्नलिखित है।

आफिस (Office)- डेविस के अनुसार कुछ सामाजिक परिस्थितियों का संबंध जनरीतियों एवं रूढ़ियों से होता है तथा इनका ज्ञान समाज में सभी लोगों को होता है परन्तु कुछ प्रस्थितियाँ विशिष्ट सामाजिक संस्थाओं, समितियों एवं संगठनों में होता है जिनका दायरा सीमित होता है तथा जिनका ज्ञान थोड़े से व्यक्तियों के बीच होता है। ऐसी प्रस्थिति को उन्होंने ऑफिस कहा है। ऑफिस ऐसी प्रस्थिति है जो प्रदत न होकर अर्जित है।

जैसे भारत का राष्ट्रपति, विश्वविद्यालय का कुलपति आदि सभी पद ऑफिस हैं जो जानबूझकर कर किसी औपचारिक संगठन में बनाया जाता है। ऑफिस एक विशिष्ट प्रस्थिति का सूचक है।

स्थिति संकुल (Station)- डेविस के अनुसार एक व्यक्ति समाज में केवल एक ही प्रस्थिति ग्रहण नहीं करता बल्कि व्यक्ति द्वारा विभिन्न प्रस्थिति के योग को स्थिति संकुल कहते है। अर्थात स्थिति संकुल अनेक प्रस्थितियों और ऑफिसों का एक गुच्छा (Cluster) है।

स्तर (Stratum)- समाज में विभिन्न प्रकार की प्रस्थिति है और उन विभिन्न प्रकार के प्रस्थिति को धारण करने वाले विभिन्न व्यक्तियों के द्वारा स्तर का निर्माण होता है जिसे स्तरीकरण भी कह सकते है। अर्थात एक स्तर के लोगों की समस्या एवं स्वार्थ समाज होती है। उस एक स्तर के परिस्थिति को स्तर (Stratum) कहते है।

प्रतिष्ठा (Prestige) - प्रत्येक प्रस्थिति के प्रति लोगों में आदर एवं श्रद्धा की मात्रा अलग–अलग पायी जाती है। जैसे एक प्रोफेसर, डाक्टर, इन्जीनियर की प्रस्थिति अकुशल श्रमिक की तुलना में अधिक है। उसकी यह परिस्थिति ही प्रतिष्ठा कहलाती है।

सम्मान (Esteem)- एक ही प्रकार की प्रस्थिति धारण करने वाले व्यक्तियों के द्वारा में अपने कर्तव्यों, दायित्वों एवं भूमिकाओं के निर्वाह समान रूप से नहीं होतें और जो व्यक्ति उन कर्तव्यों का निर्वाह अच्छी तरह करता उसे सम्मान की प्राप्ति होती है। जैसे– एक प्रोफेसर को छात्र ज्यादा आदर करते है। वह सम्मानित होता है। यह सम्मान सफलता असफलता पर निर्भर करता है।

प्रस्थिति प्रतीक (Status Symbol)- समाज में कुछ प्रस्थितियां उनके प्रतीकों से पहचाना जाता है। जैसे डाक्टर को उनके स्टेथेस्कोप, एजेंट को उसके बैग द्वारा, नर्स को सफेद पोशाक द्वारा। इन प्रतीकों को प्रस्थिति प्रतीक कहते हैं।

भूमिका (Role)

यदि हम किसी समाज को देखे तो हमें ज्ञात होता है कि व्यक्ति न

केवल लिंग, वर्ग, आयु लम्बाई, उंचाई में भिन्न होते है बल्कि उनके व्यवसाय भी भिन्न–भिन्न प्रकार के होते है। वे विभिन्न प्रकार के कार्यभी करते हैं। कुछ प्रोफेसर है तो अन्य चिकित्सक, कुछ श्रमिक है तो अन्य वैज्ञानिक आदि। यदि व्यक्ति लगन से ईमानदारी से कार्य करते रहे तो सामाजिक संगठन भी ठीक ढंग से कार्य करेगा। कोई भी समाज का सम्पूर्ण कार्य नहीं कर सकता और सभी व्यक्ति को एक सा कार्य दिया जा सकता है। इसलिए प्रत्येक व्यक्ति को श्रम–विभाजन के आधार पर एक विशिष्ट कार्य दिया जाता है। व्यक्ति के द्वारा किये गये कार्य को समाजशास्त्रीय भाषा में भूमिका कहते है।

समाजशास्त्र में भूमिका की अवधारणा पर समाजशास्त्रियों ने अपना ध्यान केंन्द्रित किया है। सर्वप्रथम राल्फ लिंटन (Ralph Linton) ने लिखा हैं उसके बाद हेनरीमेन (Henry Maine) ने प्रस्थिति के साथ–साथ भूमिका पर बहुत कुछ लिखा है उसके बाद पार्क (Park) पारसन्स (Parsons) आर. के. मार्टन (R- K- Merton) आदि विद्वानों ने भूमिका तथा उनसे सम्बन्धित पहलुओं का उल्लेख किया है।

भूमिका का अर्थ एवं परिभाषा (Meaning And Definition of Role)

डेविस (Davis) के अनुसार "Role is the Manner in Which a Person actually Carried out the requirements of his Position" ''भूमिका वह ढंग है जिसके द्वारा व्यक्ति अपनी स्थिति संबंधी आवश्यकताओं की पूर्ति करता है।''

सार्जेण्ट (Sargent) के अनुसार "A person's role is a Pattern or type of Social behaviour Which Seems Situationally appropriate to him in terms of the demands and expectations of those in the group" ''किसी व्यक्ति की भूमिका सामाजिक व्यवहार का ही एक प्रतिमान अथवा प्रारूप है जिसे वह अपने समूह के सदस्यों की प्रत्याशाओं के अनुसार एक परिस्थिति में ठीक समझता है।''

ऑगबर्न एवं निमकॉफ (Ogburn and Nimkoff) के अनुसार "Role is a set of Socially expected and approved behaviour patterns, Consisting of both duties and privileges associated With a particular Position in a group" ''भूमिका एक समूह में एक विशिष्ट पद से सम्बन्धित सामाजिक प्रत्याशाओं एवं व्यवहार प्रतिमानों का एक योग है जिसमें कर्तव्यों एवं सुविधाओं दोनों का समावेश होता है।''

लिंटन (Linton) के अनुसार ''भूमिका शब्द का प्रयोग किसी विशेष प्रस्थिति से सम्बन्धित सांस्कृतिक सांस्कृतिक प्रतिमान की समग्रता के लिए किया जाता है। इस प्रकार भूमिका के अन्तर्गत उन सभी अभिवृतियों, (Attitudes) सामाजिक मूल्यों और व्यवहारों को सम्मिलित करते हैं जो किसी विशेष प्रस्थिति से सम्बन्धित व्यक्ति या व्यक्तियों को समाज द्वारा प्रदान किये जाते हैं।''

हरलाम्बोस (M. Haralambos) के अनुसार ''सामाजिक कार्य व्यवहार को नियमित और संगठित करते है। विशेषकर भूमिका किन्हीं कार्यो को सम्पन्न करने में साधन का काम करती है। संस्कृति के एक पहलू के रूप में व्यवहत समाज में भूमिकाएं मार्ग दर्शन करने का महत्वपूर्ण कार्य करती है।'

प्रस्थिति और भूमिका के बीच संबंध (Relation Between Status and Role)

जहाँ तक प्रस्थिति एवं भूमिका के बीच अन्तः संबंध की बात है तो इसके बीच अन्तः संबंध की चर्चा राल्फ लिंटन (Ralph Linton) के डेविस (K- Davis) और मार्शल (Marshal) आदि विद्वानों ने की है। वास्तव में प्रत्येक व्यक्ति दूसरे व्यक्ति से किसी–न–किसी प्रकार भिन्न है। भिन्न होने के कारण एक प्रकार के भूमिका निभाने में भी अन्तर हो जाता है। इसलिए राष्ट्रपति और प्रधानमंत्री के पद की भूमिका सभी लोग समान रूप से नहीं निभा पाते है। राल्फ लिंटन ने कहा कि "Any role is dynamic aspect of Status" कोई भी भूमिका प्रस्थिति का गतिशील पहलू है। उदाहरण के लिए कोई डाक्टर जब वह अस्पताल में होता है तो उस समय वह अपने प्रस्थिति के अनुसार दूसरे व्यक्तियों जैसे नर्स, कम्पाउन्डर, मरीज के साथ अलग अलग भूमिका करता है उसी प्रकार जब वह डॉक्टर घर जाता है तो अपनी पत्नी से बात करता है तो उस समय उस की प्ररिस्थिति पति का होता है

और इस प्रस्थिति के अनुसार ही उसे भूमिका अदा करना पड़ता है। अपने पुत्र के साथ अन्तःक्रिया करता है तो मित्र या पिता की परिस्थिति अदा करना पड़ता है। लिंटन ने कहा कि प्रस्थिति एवं भूमिका के बीच अन्तः संबंध पाया जाता है परन्तु व्यक्तिगत भिन्नता के कारण व्यक्तियों की प्रस्थिति समान रहने के बावजूद उनकी प्रस्थिति से सम्बन्धित भूमिकाएं भिन्न–भिन्न हो जाती है।

लिंटन ने इन दोनों के बीच संबंधों की चर्चा करते हुए कहा कि किसी विशिष्ट प्रस्थिति में किसी प्रकार भी भूमिका निभानी होगा, यह उस स्थान की संस्कृति के द्वारा निर्धारित होती है जिस स्थान पर वह प्रस्थिति स्थित है। उदाहरण के लिए न्यूगिनी (New Guinea) के हेनाम्बुली जनजाति में स्त्रियों को उच्च स्थिति प्राप्त है। इस उच्च स्थिति के कारण घर के बाहर का कार्य जैसे मेहनतर पैसा कमाना स्त्रियों का कार्य है और वह अपनी स्थिति के अनुसार ही भूमिका निर्वाह करती है। जबकि पुरूष घरों की सफाई खाना बनाने तथा बच्चों की देख भाल करने का कार्य करता है।

मार्शल (T. H, Marshall) ने कहा कि प्रस्थिति एवं भूमिका के बीच सहोदर अवधारणा (Twin Concept) है। जो समाजशास्त्र और मनोविज्ञान के बीच एक सेतु का निर्माण करते है। माइकल (Michas)

ने अपने लेख में भूमिका के संबंध की बढ़ती हुई लोकप्रियता की चर्चा करते हुए कहा है कि यह शब्द मनोविज्ञान में व्यक्ति के व्यवहार और समाजशास्त्र में पद (Position) व प्रस्थिति के द्वारा व्यक्ति के व्यवहार के मध्य संबंध स्थापित करता है।

प्रस्थिति एवं भूमिका का इतना घनिष्ठ संबंध है कि दोनों को एक ही सिक्के के दो पहलू कहा जाता है। कुछ समाजशास्त्री कहते है "There is no Status Without a role and no role Without a Status" बिना प्रस्थिति के कोई भूमिका नही होती और बिना भूमिका के कोई प्रस्थिति नहीं होती'' परन्तु कभी ऐसा भी होता है कि कोई प्रस्थिति ही न हो तो कोई व्यक्ति उस प्रस्थिति की भूमिका कैसा निभा सकता है। जैसे किसी संस्था में विभागाध्यक्ष का पद न हो तो उसके स्थान पर कोई दूसरा शिक्षक कैसे विभागाध्यक्ष बन सकता है। बीरस्टीड (Bierstedt) का कहना है कि दोनों ही प्रस्थिति

पृथक–पृथक भी हो सकते हैं। उदाहरण के लिए किसी विश्वविद्याालय में कुलपति द्वारा पद त्याग देने पर जब तक कुलपति की नियुक्ति नहीं हो जाती है तब तक किसी व्यक्ति को चार्ज दिया जाता है। इस स्थिति में कुलपति की भूमिका निभाने वाले व्यक्ति को न तो कुलपति ही कह सकते और न ही वे सारी सुविधाओं को प्राप्त करता है जो एक कुलपति को प्राप्त होती है। इस प्रकार बिना एक प्रस्थिति को धारण किये भी एक व्यक्ति उस पद की भूमिका निभा सकता है। इसलिए बीरस्टीड ने कहा कि ''प्रस्थिति संस्थागत भूमिका है।''

टॉलकट पारसन्स (T. Parsons) ने प्रस्थिति तथा भूमिका के बीच सहसंबंध की चर्चा करते हुए कहा है कि व्यवहार की अग्रिम इकाई प्रस्थिति व भूमिका है कर्ता (Actor) प्रस्थिति व भूमिकाओं का एक सम्मिश्रण पुण्डा (Composite bundle) है। इस दृष्टिकोण से व्यक्तित्व की परिकल्पना एवं विश्लेषण का सामाजिक आधार प्रस्थिति व भूमिका है। पारसन्स ने कहा कि समाजशास्त्र में प्रस्थिति एवं भूमिका को साथ–साथ देखना चाहिए और उसके सामाजिक संरचना, आयाम को अधिक महत्व देना चाहिए। प्रायः ऐसा होता है कि प्रस्थिति की अवधारणा संरचनात्मक विश्लेषण से जुड़ा हुआ है और भूमिका व्यक्तिगत व्यवहार एवं विशिष्ट स्थितियों से। प्रस्थिति उस पद का सूचक है जो कि एक समूह अथवा समाज निर्मित करता है और भूमिका उस पद को निर्वाह करने वाले व्यक्तियों को महत्व देता है। परन्तु दोनों एक–दूसरे के पूरक हैं।

प्रस्थिति सेट, भूमिका सेट, प्रस्थिति सिक्यूएन्स एवं भूमिका द्वन्द्व (Status set, Role set, Status Sequence and Role Conflict)

प्रस्थिति और भूमिका की अवधारणा समाजशास्त्र में महत्वपूर्ण रही है क्योंकि इसमें कई उतार–चढ़ाव देखे गये हैं। 19वीं शताब्दी तक प्रस्थिति का अर्थ केवल जन्मजात प्रस्थिति से लगाया जाता था, परन्तु पहली बार लिंटन ने कहा कि प्रदत प्रस्थिति और अर्जित प्रस्थिति दोनों तरह की होती है। उसके बाद से इस अवधारणा को व्यवस्थित रूप देने के लिए कई समाजशास्त्रियों ने काफी प्रयास किया जिसमें हेनरीमेन तथा के. डेविस का नाम प्रमुख है। उसके बाद आधुनिक विश्लेषण रोबर्ट मर्टन (R. K. Merton)

ने प्रस्तुत किया। उन्होंने इससे सम्बन्धित विश्लेषण अपनी पुस्तक "Social Theory and Social Struture" 1965 में की है।

प्रस्थिति सेट (प्रतिमान) (Status Set)

राल्फ लिंटन ने प्रस्थिति की अवधारणा में प्रस्थिति का अर्थ पद (Position) से लगाया। किसी भी समाज में कई प्रकार के पद हैं जैसेः– प्रोफेसर, वकील, प्रशासक, व्यापारी, पुजारी, किसान आदि जिनके भूमिका से समाज की व्यवस्था सुचारू रूप से चलता है। यह भूमिका कुछ और न होकर उस पद या प्रस्थिति की अपेक्षित आकांक्षाएं हैं। यदि हम सामाजिक संरचना को देखें तो स्पष्ट होता है कि सामाजिक संरचना कुछ और नहीं है बल्कि प्रस्थिति और भूमिका का जोड़ मात्र है।

आर. के. मर्टन (R. K. Merton) ने लिंटन के इस अवधारणा को और व्यवस्थित करने का प्रयास किया। मर्टन के अनुसार समाज में प्रस्थिति के साथ केवल एक ही भूमिका नहीं होती बल्कि प्रत्येक प्रस्थिति के साथ कई सहयोगी भूमिका (Associated Roles) भी होती है। ये सहयोगी भूमिका किसी भी सामाजिक संरचना के आवश्यक तत्व है। मर्टन कहते हैं कि प्रस्थिति के साथ में जितनी भी सहयोगी भूमिका होती है उन्हें भूमिका सेट कहते हैं। दूसरे व्यक्ति की कोई एक ही प्रस्थिति हो ऐसा नहीं होता है। एक ही समाज में एक ही समय में व्यक्ति की कई प्रस्थितियाँ होती है। उन सभी प्रस्थितियों के कर्तव्य को व्यक्ति को निभाना होता है उन सभी प्रस्थितियों के जोड़ को प्रस्थिति सेट (प्रतिमान) कहते हैं। उदाहरण के लिए किसी व्यक्ति की डॉक्टर की प्रस्थिति है तो वह डाक्टर किसी का पिता है, पति है मित्र है खिलाड़ी है। ये सब प्रस्थितियाँ जिनमें डाक्टर की प्रस्थिति भी है ये सब मिलकर एक प्रस्थिति सेट बनाते हैं। वास्तव में यदि हम देखें तो इस प्रस्थिति सेट में कुछ प्रस्थिति प्रदत होगा और कुछ प्रस्थिति अर्जित होगा। इसे अगर अलग–अलग सेट के रूप से देखना चाहें तो कह सकते हैं कि प्रदत प्रस्थिति सेट (Ascribed Status Set) और अर्जित प्रस्थिति सेट (Achieved Status Set) मर्टन ने इस संबंध में यह बतलाया कि जब व्यक्ति के किसी एक प्रस्थिति में परिवर्तन आता है तो उसके प्रस्थिति सेट में भी परिवर्तन हो जाता है। उदाहरण के लिए एक प्रोफेसर जब कुलपति हो

जाता है तो कुलपति होने के साथ–साथ कई प्रस्थिति स्वतः उन्हें मिल जाता है जिससे प्रस्थिति सेट में परिवर्तन हो जाता है।

भूमिका सेट (Role Set)

लिंटन ने अपने विश्लेषण में कहा कि प्रत्येक प्रस्थिति से जुड़ी हुई कई भूमिकाएं होती हैं इन भूमिकाओं को लिंटन ने बहुल भूमिका (Multiple Roles) के नाम से चिन्हित किया। वास्तव में संरचना और उसके प्रकार्य के क्षेत्र में भूमिका एक महत्वपूर्ण अंग या इकाई है। जो संरचना तथा उसके प्रकार्य को भी प्रभावित करता है यदि व्यक्ति समाज के द्वारा स्वीकृत तरीके से हट कर ईमानदारी से भूमिका नहीं निभाता है तो समाज की संरचना प्रभावित हो जाती है। मर्टन ने लिंटन की बहुल भूमिका की अवधारणा को संशोधित करने का प्रयास किया। उन्होने कहा कि प्रस्थिति के साथ जुड़ी हुई कई भूमिकाएं होती हैं। ये भूमिकाएं प्रत्येक प्रस्थिति के साथ सहयोगी रूप में काम करती है। उदाहरण के लिए डाक्टर भी भूमिका को निभाने के लिए उन्हें दूसरे डाक्टरों से, नर्सो से, मरीजों से एवं चिकित्सा अधिकारी से भिन्न–भिन्न प्रकार की भूमिका निभाना पड़ता है। इन सब प्रस्थितियों की भूमिका को वस्तुतः सहयोगी भूमिका (Associated Roles) कहा जायेगा। ये सहयोगी भूमिका किसी प्रस्थिति के लिए पूरक हैं। मर्टन के अनुसार जब एक व्यक्ति अपनी प्रस्थिति से सम्बन्धित विभिन्न प्रस्थितियों को धारण करने वाले व्यक्तियों के साथ अलग–अलग प्रकार की जो भूमिका निभाता है उसे ही भूमिका सेट कहा जाता है। ये भूमिका सेट अगर प्रदत प्रस्थिति से बना है तो उसे प्रदत भूमिका सेट (Ascribed Role Set) कहेंगे यदि कोई भूमिका अर्जित से निर्मित हुआ हो तो उसे अर्जित भूमिका सेट (Achieved Role Set) कहेंगे।

प्रस्थिति सिक्यूएन्स (Status Sequence)

आर. के मर्टन का विश्लेषण का मुख्य मुद्दा सामाजिक संरचना है। किसी भी समाज की सामाजिक संरचना में प्रतिमानों की एक व्यवस्था होती है। व्यवहार के इन विभिन्न प्रतिमानों को उन्होंने एक विधि (Mode) में रखा है। मर्टन ने वेबर और पारसन्स की तरह मॉडल बनाने की परम्परा को जारी

रखा है। मर्टन ने सामाजिक संरचना की व्याख्या में प्रस्थिति सेट, भूमिका सेट तथा सिक्यूएन्स प्रस्थिति को रखा है। इन्होंने कहा है कि यदि प्रकार्यात्मक विधि द्वारा किसी समाज का विश्लेषण करें तो हमें व्यक्तियों की प्रस्थिति, उनके पूरक सेट और उनकी भूमिका और भूमिका सेट का अध्ययन करना होगा। प्रस्थिति और भूमिका क्रमबद्ध रूप से अपनी क्रिया करते हैं तो सम्पूर्ण व्यवस्था को सिक्यूएन्स के रूप में देखना होगा।

मर्टन के अनुसार प्रस्थिति सिक्यूएन्स उसे कहते हैं जब किसी व्यक्ति का प्रस्थिति प्रारम्भ से लेकर आज तक जिन–जिन प्रस्थिति में भूमिका निभाया है उन सभी को क्रमबद्ध रूप में देखना ही प्रस्थिति सिक्यूएन्स कहलाता है उदाहरण के लिए एक प्रोफेसर प्रारम्भ में व्याख्याता पद पर काम करता है तो उसका एक भूमिका सेट होता है। उसके बाद वह रीडर के पद पर काम करता है तो एक प्रोफेसर के पद पर काम करता है तो उसका एक भूमिका सेट हो जाता है। इस प्रकार एक के बाद दूसरा और फिर तीसरा। प्रस्थिति का यह सिलसिला और उसकी क्रमबद्धता को ही प्रस्थिति सिक्यूएन्स कहा जाता है। मर्टन यह मानते हैं कि किसी भी प्रस्थिति या भूमिका का सिलसिला या क्रमबद्धता अवश्य होता है, अर्थात सिक्यूएन्स अवश्य होता है। अर्थात कोई व्यक्ति केवल एक ही पद पर जीवन पर्यन्त कार्य नहीं करता है। बल्कि समय के परिवर्तन के साथ–साथ उसके पद में परिवर्तन या पदोन्नति अवश्य होती है विभिन्न पदों के क्रम को ही उन्होंने प्रस्थिति सिक्यूएन्स कहा है।

वास्तव में मर्टन ने लिंटन के द्वारा प्रतिपादित अवधारणा को संशोधित तथा विकसित करने का प्रयास किया। उनका कहना है कि जब समाजशास्त्र ने कोई अनुसंधानकर्ता सामाजिक संरचना पर अनुसंधान कार्य करता है तब उसे सामाजिक संरचना के इन सभी सेट को सुव्यवस्थित रूप से अध्ययन करना चाहिए। इससे अनुसंधानकर्ता को तथ्यों के साथ–साथ सामाजिक संरचना की वास्तविक स्थिति का भी पता लगता है कि वे किस भांति काम कर रही है।

भूमिका द्वन्द्व या संघर्ष (Role Conflict)

आर. के. मर्टन ने भूमिका द्वन्द्व की अवधारणा अपनी पुस्तक ''सामाजिक

सिद्धांत और सामाजिक संरचना'' में दिया है। वास्तव में यह अवधारणा दुर्खीम (Durkheim) ने सर्वप्रथम विसंगति (Anomie) शब्द के द्वारा दिया। दुर्खीम ने कहा कि सामाजिक संरचना या समाज के व्यक्ति पर केवल स्वस्थ प्रभाव ही नहीं पड़ता अपितु अस्वस्थ प्रभाव भी पड़ता है और अस्वस्थ प्रभाव पड़ने पर व्यक्ति के व्यवहार में विसंगति या नियमहीनता (Anomie) देखने को मिलता है जिसकी चरम अभिव्यक्ति आत्महत्या है। इसे और सरल शब्दों में कह सकते हैं कि यह वह स्थिति है जिसमें व्यक्ति पर सामाजिक नियंत्रण का अभाव हो जाता है।

मर्टन ने दुर्खीम के इस सिद्धांत को और स्पष्ट तथा सुव्यवस्थित करने का प्रयास किया। उन्होंने भूमिका द्वन्द्व का सिद्धांत दिया। मनोविज्ञान में मनोवैज्ञानिक अभी हाल तक खोज के आधार पर यह कहते रहे कि व्यक्तियों में इस प्रकार की प्राणिशास्त्रीय प्रवृतियां होती है जोकि पूर्ण सन्तुष्टि की मांग करती है और सन्तुष्टि नहीं होने पर समय समय पर सामाजिक आदर्श–नियमों (Norms) को मानने से इन्कार कर देती है या उन नियमों का उल्लंघन करती है। दूसरे शब्दों में यह कह सकते हैं कि मानव की मूल प्रकृति में सामाजिक संरचना को ठुकराने की प्रवृति पाई जाती है। परन्तु सामाजिक विज्ञान में जो शोध हुए हैं उसने उपरोक्त विचार को परिवर्तित कर दिया है। प्राणिशास्त्रीय (Biological) प्रवृतियां सभी समाजों के सभी व्यक्तियों में बहुत कुछ समान ही होती है तो क्या कारण है कि विभिन्न सामाजिक संरचना के अन्तर्गत व्यक्तियों का समाज विरोधी या विचलित व्यवहार अलग–अलग प्रकार के होते हैं? इससे स्पष्ट होता है कि व्यक्ति के व्यवहार का सामाजिक संरचना के बीच संबंध पाया जाता है। परन्तु इस बात की जानकारी अभी तक सामाजिक विज्ञान में नहीं हो पाई है कि वे कौन सी प्रक्रियाएं हैं जिसके द्वारा सामाजिक संरचनाएं उन परिस्थितियों को पैदा करती है जिसके कारण व्यक्ति सामाजिक आदर्श प्रतिमान का उल्लंघन करता है।

मर्टन के अनुसार सामाजिक तथा सांस्कृतिक संरचनाओं के अनेक तत्वों में दो तत्व विशेष महत्वपूर्ण है एक को सांस्कृतिक लक्ष्य (Cultural goals) और दूसरे को संस्थागत आदर्श नियम (Institutional norms) कहते

हैं। सांस्कृतिक लक्ष्य सामान्य मानवीय भावनाओं तथा प्रवृतियों का प्रतिनिधित्व करते हैं और उन लक्ष्यों (Goals) की प्राप्ति के लिए व्यक्तियों को प्रयत्नशील रहने का निर्देश देते हैं। साथ ही साथ प्रत्येक सामाजिक संरचना के अन्तर्गत इन सांस्कृतिक लक्ष्यों को प्राप्त करने के लिए कुछ निश्चित तरीके और स्थापित प्रणालियाँ (Modes or Procedures) होती हैं। इन्हीं को संस्था (Institution) कहा जाता है। ये संस्था इन लक्ष्यों की प्राप्ति के लिए अपनायी जाने वाली विधि या प्रणालियों को परिभाषित, नियमित एवं नियंत्रित करती है। परन्तु व्यक्ति अपनी वैयक्तिक आवश्यकताओं की पूर्ति या लक्ष्य की प्राप्ति के लिए सरल या अपने मन मुताबिक आसान रास्ता चुनता है जो संस्थाओं के द्वारा अस्वीकार या अनुचित मानी जाती है। उदाहरण के लिए कोई व्यक्ति धनवान बनने के लिए जालसाजी या चोरी का रास्ता अपनाता है तो इस विधि या रास्ते को संस्थागत रूप में स्वीकषति प्राप्त नहीं हो सकती है। इस प्रकार कहा जा सकता है कि सांस्कृतिक लक्ष्य तथा संस्थागत आदर्श नियम संयुक्त रूप से व्यक्ति के व्यवहारों की रूपरेखा निर्धारित करती है।

मर्टन के अनुसार सामाजिक संरचना के इन दो इकाई सांस्कृतिक लक्ष्य एवं संस्थागत आदर्श नियमों में एक क्रियात्मक संतुलन तब तक ही बना रहता है जब तक कि सांस्कृतिक लक्ष्यों की प्राप्ति हेतु पर्याप्त व सामान्य संस्थागत प्रणालियां विधियां या तरीके समाज के सदस्यों के लिए उपलब्ध हो। परन्तु जब सामाजिक संरचना के अन्तर्गत संस्कृति द्वारा निर्धारित लक्ष्यों की प्राप्ति के लिए आवश्यक साधनों का अभाव हो तब ऐसी अवस्था में उन लक्ष्यों की प्राप्ति के लिए व्यक्ति अपना मनपंसद रास्ता ढूँढ़ सकता है और हो सकता है कि उसका आचरण या व्यवहार नियमहीनता को प्रकट करे। उदाहरण के लिए सांस्कृतिक मूल्य यह आदर्श प्रस्तुत करता है कि कोई भी व्यक्ति अपनी योग्यता और प्रयत्नों के द्वारा लखपति बन सकता है, राष्ट्रपति बन सकता है सुन्दर युवती से विवाह कर सकता है। परन्तु कभी कभी स्वीकषति साधन या प्रणालियों से व्यक्ति लक्ष्य को प्राप्त नहीं करता है जैसे अयोग्य सदस्य सिफारिश या पार्टी के बल पर सर्वोच्च पदों को प्राप्त करता है तो वह व्यक्ति भी समाज के आदर्श नियमों का उल्लंघन करने लगता है। चोरी करता है, जालसाजी करता है यही

व्यवहार या आचरण असंगति या नियमहीनता (Normlessness) बन जाता है इस नियमहीनता या विचलन का कारण सामाजिक संरचना ही होता है।

एक सामाजिक संरचना के अन्तर्गत व्यक्तियों के कुछ निश्चित प्रस्थिति (Status) तथा भूमिका (Role) की व्यवस्था होती है। परन्तु कभी–कभी किसी समाज में प्रमुख प्रस्थिति से सम्बन्धित भूमिका की निश्चितता नहीं होने के कारण भूमिका द्वन्द्व हो जाती है। उदाहरण के लिए आज की भारतीय पत्नी निश्चित रूप से यह नहीं जानती है कि पत्नी के पद से सम्बन्धित कितने प्रकार की भूमिका है। सास–ससुर चाहते हैं कि वधु एक आदर्श गषहिणी हो, बच्चों की दृष्टि में एक आदर्श मां हो, और पति की दृष्टि में एक रोचक जीवन संगिनी हो। इन परस्पर विरोधी भूमिका में कई स्त्रियां सफलता प्राप्त करती हैं और कई स्त्रियां सफलता प्राप्त नहीं करती हैं जिसके कारण भूमिका द्वन्द्व होता है। अर्थात भूमिका द्वन्द्व की समस्या तब उत्पन्न होती है जब कोई व्यक्ति किसी पद की आकांक्षाओं या जिम्मेवारियों के मुताबिक भूमिका का निर्वाह नहीं कर पाता है। भूमिका द्वन्द्व की स्थिति उस समय भी उठती है जब कोई ऐसे अनेक पुराने कार्यो को अब भी करने को कहता है जो आज असंगत प्रतीत होता है।

भूमिका द्वन्द्व की स्थिति उस समय भी उत्पन्न होती है जब एक व्यक्ति से एक समय में एक से अधिक भूमिका की उम्मीद की जाती है। उदाहरण के लिए एक पुलिस अधिकारी से यह उम्मीद की जाती है कि वह अपराधियों को पकड़े तथा सजा दिलावें, परन्तु जब उसका अपना पुत्र अपराध करते अपने पिता के द्वारा पकड़ा जाता है तो पुलिस अधिकारी के समक्ष कर्तव्य और पुत्र मोह के बीच चयन की समस्या का सामना करना पड़ता है यह पिता के लिए भूमिका द्वन्द्व होता है।

आज के आधुनिक युग में भूमिका द्वन्द्व की समस्या ज्यादा देखने को मिलता है क्योंकि इस जटिल समाज में व्यक्तियों को एक से अधिक भूमिकाओं का निर्वाह करना होता है। यह समस्या कभी–कभी इतनी जटिल हो जाती है कि लोगों का परिवार भी विघटित हो जाता है। जैसे कभी–कभी पति की भूमिका के साथ साथ दूसरे स्थान पर प्रेमी की भी

भूमिका निभाना पड़ता है और इस भूमिका द्वन्द्व से कुछ लोग पागलखाने तक भी पहुँच जाते हैं।

भूमिका द्वन्द्व की स्थिति उस समय भी उत्पन्न होती है जब कोई व्यक्ति अपनी पुरानी भूमिका को छोड़कर नई भूमिका को ग्रहण करता है। जैसे कोई अपराधी प्रकृति का व्यक्ति न्याय मंत्री हो जाता है तो उसके भूमिका में भी द्वन्द्व की समस्या उत्पन्न हो जाती है।

इस भूमिका द्वन्द्व की समस्या को दूर करने के लिए कुछ उपाय बताये है जैसे प्रत्येक व्यक्ति को प्रत्येक दिन का समय सारणी बनाना चाहिए कौन सी भूमिका सबसे अधिक महत्वपूर्ण है। उसका ध्यान रखना चाहिए। समाज की अपेक्षाओं को ध्यान में रख कर भूमिका करना चाहिए। द्वन्द्व की स्थिति में गौण भूमिका बेहतर उपाय है।

25

समाजीकरण

Socialization

मानव शिशु जन्म के समय केवल हाड़–मांस का एक सुसज्जित पुतला मात्र होता है। वह केवल एक जैविकीय प्राणी मात्र होता है। उसमें किसी प्रकार का कोई सामाजिक गुण नहीं होता है। वह समाज के मानदण्ड और मूल्यों को नहीं जानता है। उस समय न तो वह सामाजिक होता है और न ही असामाजिक। वह यह भी नहीं जानता है कि किसके साथ कैसा व्यवहार करना है। परन्तु उसमें सीखने का गुण मौजूद होता है। धीरे–धीरे सामाजिक सम्पर्क में आने के कारण वह रीति–रिवाज, प्रथा, मूल्य, विश्वास, संस्कृति आदि को सीखता है और वह एक सामाजिक प्राणी हो जाता है। सामाजीकरण एक ऐसी प्रक्रिया है जो एक जैविकीय प्राणी को सामाजिक स्वचेतन प्राणी में बदलता है जिन प्रक्रियाओं के द्वारा व्यक्ति मानदंड, मूल्य, तौर–तरीके तथा अपना–पराया को जानता है। साथ ही साथ संस्कृति को एक पीढ़ी से दूसरे पीढ़ी तक हस्तांतरित करता है और समाज को स्थायित्व प्रदान करता है। उसे सामाजीकरण कहते है।

समाजीकरण का अर्थ एवं परिभाषा (Meaning and Definition of Socialization)

समाजीकरण की प्रक्रिया सार्वभौमिक होते हुए भी इसकी प्रकृति एक जैसी नहीं है। इसका मुख्य कारण यह है कि समाज स्वयं भिन्न भिन्न

प्रकार के है और इन भिन्नताओं के चलते समाजीकरण की प्रक्रिया में भिन्नता नजर आती है।

वैयक्तिक स्तर पर भी इसमें भिन्नता देखने को मिलती है। जैसे एक शिशु को समाजीकृत करने के लिए हम जिस प्रक्रिया को अपनाते है, वही प्रक्रिया एक किशोर के लिए नहीं अपनाते। ऐसा इसलिए कि न तो बच्चों में ही वे सभी गुण होते है कि वे सभी प्रकार की भूमिकाओं को सीख सके और न ही एक प्रकार की अभिकरण (Agency) में वे सभी गुण होते है कि वे सभी भूमिकाओं को अदा करने के ढंग को सिखा सकें। इस प्रकार समाजीकरण की प्रक्रिया सार्वभौमिक होते हुए भी विभिन्न समाजों में भिन्नता पाई जाती है। विभिन्न विद्वानों ने समाजीकरण की निम्नलिखित परिभाषा दी है।

जॉनसन (Johnson) ने कहा कि "Socialization is learning that enables the learner to perform Social roles" समाजीकरण एक प्रकार का सीखना है जो सीखने वाले को सामाजिक भूमिका अदा करने के योग्य बनाता है।

बोगार्डस (Bogardus) के अनुसार "Socialization is the process of Working togather of developing group responsibility; of being guided by the welfare needs of other" समाजीकरण इकट्ठा मिलकर कार्य करने, समूह दायित्व की भावना विकसित होने तथा अन्य व्यक्तियों की कल्याणकारी आवश्यकताओं से मार्गदर्शन लेने की प्रक्रिया है।

लुंडबर्ग (Lundberg) के अनुसार "Socialization consists of the complex processes of interaction through which the indidiyual learns the habits Skills, beliefs and Standards of Judgement that are necessary for his effective participation in Social groups and Communities" समाजीकरण अन्तःक्रिया की जटिल प्रक्रियाओं का नाम है जिसके द्वारा व्यक्ति सामाजिक समूहों एवं समुदायों में प्रभावी भाग लेने हेतु आदनों, चतुराइयों, विश्वासों एवं निर्णय के मानकों को सीखता है।

हार्टन एवं हंट (Horton and Hunt) के अनुसार "Socialization is the process whereby one internalizes the norms of his group, so that a distinct 'Self' emerges, unique to this individual' "समाजीकरण वह प्रक्रिया है जिसके द्वारा कोई व्यक्ति अपने समूह के मानकों को आत्मसात कर लेता

है जिससे उनके आत्म का विकास होता है जो उस व्यक्ति की अपनी विशेषता है।''

स्टीवर्ट एवं ग्लिन (Stewart and Glynm) के अनुसार "Socialization is the process by which people aquire the beliefs, attitudes, values and customs of their culture" ''समाजीकरण वह प्रक्रिया है जिसके द्वारा लोग अपनी संस्कृति के विश्वासों अभिवृतियों, मूल्यों और प्रथाओं को ग्रहण करते है।''

टालकॉट पारसन्स (Talcott parsons) के अनुसार ''व्यक्ति द्वारा सामाजिक मूल्यों को सीखने और उन्हें आन्तरिकृत (Internalized) करने को ही समाजीकरण कहते है।''

हारालाम्बोस (M. Haralambos) के अनुसार "The Process by which individuals learn the culture of their Society is Known as Socialization" ' वह प्रक्रिया जिसके द्वारा व्यक्ति अपने समाज की संस्कृति को सीखते है, समाजीकरण के नाम से जानी जाती है।''

उपरोक्त परिभाषा से स्पष्ट होता है कि समाजीकरण एक सीखने की प्रक्रिया है जिसके द्वारा व्यक्ति आदतों एवं प्रतिमानित व्यवहार को सीखता है। यह उन तमाम सामाजिक प्रक्रियाओं एवं सामाजिक मानदंडों, आदर्शो को व्यक्ति अपने व्यवहार में ढलता है। जिससे व्यक्ति का व्यक्तित्व का विकास होता है और वह समाज का एक क्रियाशील सदस्य बनता है। इसके द्वारा समाज को स्थायित्व प्राप्त होता है तथा समाज में नियंत्रण बना रहता है।

समाजीकरण की विशेषताएं (Characteristics of Socialization)

समाजीकरण को और स्पष्ट रूप से समझने के लिए निम्नलिखित विशेषताओं की चर्चा आवश्यक हैं:—

1. सीखने की प्रक्रिया (Process of Learning)- समाजीकरण एक सीखने की प्रक्रिया है, परन्तु जॉनसन ने कहा कि सभी प्रकार की बातें सीखना समाजीकरण नहीं है बल्कि उन व्यवहारों को तथा प्रतिमानों एवं मूल्यों को सीखना है जो समाज के द्वारा स्वीकृत हैं,

को समाजीकरण कहते हैं। उदाहरण के लिए चोरी करना, डाका डालना, हत्या करना आदि सीखता है तो उसे समाजीकरण नहीं कहेंगे क्यों इससे व्यक्ति का प्रतिकूल प्रभाव समाज पर पड़ता है और वह सामाजिक सदस्य के रूप में नहीं जाना जाता है।

2. आजन्य प्रक्रिया (Life-Long process)- समाजीकरण की प्रक्रिया जन्य से लेकर मृत्यु तक चलने वाली प्रक्रिया है। कोई भी व्यक्ति यह नहीं कह सकता है कि मैं पूर्ण रूप से समाजीकृत हो चुके है बल्कि मरने के क्षण तक भी व्यक्ति कुछ न कुछ सीखता है। बच्चा जब जन्म लेता है और वृद्धावस्था तक उसे अनेक प्रकार की भूमिका निभाना होता है और उन भूमिका को निर्वाह करने में कुछ न कुछ सीखता ही है। इस प्रकार समाजीकरण जीवनपर्यन्त चलनेवाली प्रक्रिया है।

3. समय व स्थान सापेक्ष (Related to Time and Space)- समाजीकरण की प्रक्रिया व स्थान में भिन्नता होने से समाजीकरण की विषय–वस्तु में भी भिन्नता हो जाती है। प्राचीन काल में विद्यार्थी को गुरूकुल में शिक्षा दिया जाता था उसे बह्मचर्य पालन करने के साथ–साथ गुरू की सेवा करना भी सिखाया जाता था, परन्तु वर्तमान समय में ये व्यवहार अपेक्षित नहीं है। आज विद्यार्थी गुरू के प्रति आदर और श्रद्धा उतना नहीं रखते है।

   समाजीकरण स्थान के परिवर्तन से भी उसकी प्रक्रिया भिन्नता आ जाती है। एक स्थान में जो व्यवहार स्वीकृत है वह दूसरे समाज में अस्वीकृत है। पश्चिम देशों में खुले आम चुम्मन लेना स्वीकृत है परन्तु भारत जैसे देश में यह अस्वीकृत है।

4. समाज का प्रकार्यात्मक सदस्य बनने की प्रक्रिया (Process of becoming a functioning Member of Society)- समाजीकरण की प्रक्रिया के द्वारा व्यक्ति सामाजिक कार्यो को सुचारू रूप से करने के योग्य बनता है अर्थात प्रत्येक व्यक्ति को अलग–अलग पदों पर कैसे व्यवहार करना चाहिए, उसके संबंध में समाजीकरण के माध्यम से सीखता है और विभिन्न परिस्थिति में अनुरूप

व्यवहार करता है। इसके अभाव में व्यक्ति प्रकार्यात्मक कार्य नहीं सकता है।

5. आत्म का विकास (Development of the self)- समाजीकरण की प्रक्रिया के द्वारा व्यक्ति को स्व का विकास होता है। कूले के अनुसार व्यक्ति समाजीकरण के माध्यम से यह सीखता है कि उनके बारे दूसरे क्या सोचते है जिससे व्यक्ति अपने प्रति जागरूक होने लगता है तथा व्यक्तित्व का विकास होने लगता है।
6. सांस्कृतिक हस्तांतरण (Cultural Transmission)- ब्रूम तथा सेल्जनिक (Broom and Selznick) के अनुसार ''समाजीकरण वह प्रक्रिया है जिसके द्वारा व्यक्ति संस्कृति को सीखता है तथा नई पीढ़ी को हस्तांतरित करता है।'' जब एक व्यक्ति समाज की संस्कृति सीख लेता है तो वह अपने बच्चे को भी पुरानी पीढ़ी की संस्कृति को सीखाता है। इस प्रकार समाजीकरण की प्रक्रिया के द्वारा समाज की संस्कृति एक पीढ़ी से दूसरी पीढ़ी हस्तान्तरण होता है।
7. जैविकीय से सामाजिक (Biological to Social)- बच्चा जब जन्म लेता है तो वह मात्र एक जैविकीय प्राणी होता है परन्तु समाजीकरण की प्रक्रिया के द्वारा जैविकीय प्राणी से सामाजिक प्राणी में परिवर्तित हो जाता है। मीड ने इसे आई से मी में परिवर्तन होने की प्रक्रिया कहा है।

समाजीकरण के अभिकरण (संस्थाएं) (Agencies or Institutions of Socialization)

समाजीकरण की प्रक्रिया जन्म से लेकर मृत्यु के क्षण तक चलने वाली बड़ी लम्बी प्रक्रिया है। समय समय पर इस में परिवर्तन भी होता रहता है। समाजीकरण के अनेक अभिकरण है जिससे व्यक्ति समाजीकृत होता है परन्तु कुछ अभिकरण ऐसे होते है जो सार्वभौमिक होते हैं जो व्यक्ति के व्यक्तित्व को प्रभावित करते हैं समाजीकरण के निम्न लिखित अभिकरणों की चर्चा की जा रही हैं–

1. परिवार (Family)- बच्चा जब जन्म लेता है तो सर्वप्रथम उसका परिवार से सदस्यों के साथ ही सम्पर्क होता है। परिवार में ही वह

समाज के रीति रिवाज, लोकाचार, प्रथाओं एवं संस्कृति को सीखता है। बच्चा जैसे ही थोड़ा बड़ा होता है तो वह बोलना, खड़ा होना, चलना, कपड़ा पहनना, मल, मूत्र त्यागना, बड़ों के साथ व्यवहार करना, आदि परिवार से ही सीखता है। परिवार में अनेक सदस्य होते है परन्तु सबसे ज्यादा समय बच्चा माँ के साथ बीतता, है। इसलिए माँ से सबसे अधिक सीखता है। माँ की भूमिका उसके व्यक्तित्व को सबसे ज्यादा प्रभावित करती है।

मारग्रेड मीड (Margrate Mead) ने न्युग्याना के अध्ययन में पाया कि आरापेश, टेन्नाम्बूली, मन्डगुमार जनजातियों में माता–पिता का जैसा व्यवहार और विचार था ठीक उसी प्रकार के व्यवहार तथा विचार उनके बच्चों में पाया जाता था। माता–पिता के अलावा परिवार में अन्य सदस्यों एवं भाई–बहनों के भी बच्चों का समाजीकरण पर बहुत गहरा प्रभाव पड़ता है। परिवार में गलत कार्य करने पर दण्ड तथा अच्छा कार्य करने पर पुरस्कार देकर उचित और अनुचित में भेद करना बच्चा सीख लेता है। इसलिए कहा जाता है कि परिवार सामाजिक जीवन का सर्वोतम पाठशाला है।

2. मित्रों का समूह (Peer Group)- समाजीकरण का यह दूसरा महत्वपूर्ण अभिकरण है। बच्चा बड़ा होता है तो उसका सम्पर्क परिवार के अलावा अपने उम्र के मित्रों से होता है। धीरे–धीरे एक मित्र मंडली का निर्माण हो जाता है जहाँ वह विभिन्न प्रकार के मनोरंजन के लिए खेल खेलता है। इस खेल समूह में खेल के नियमों का पालन करने सीखता है। इस खेल समूह में नेतृत्व का गुण का विकास होता है और साथ ही साथ वह नियंत्रण तथा अनुशासन में रहना भी सीखता है। वास्तव में बच्चा जब घर में रहता है तो परिवार के द्वारा उसे स्नेह–प्यार ज्यादा पाता है परन्तु मित्र समूह में मित्रता के साथ साथ झगड़ा तथा प्रतियोगिता ही होता है। जिससे प्रत्येक दिन कुछ–न–कुछ नई बातों को सीखता है।

3. पड़ोस (Nighbourhood)- पड़ोस भी समाजीकरण का एक अभिकरण है। पड़ोस का व्यक्ति के जीवन पर महत्वपूर्ण प्रभाव पड़ते है।

षहरों की तुलना में गाँवों में पड़ोस का अधिक प्रभाव होता है। चूकि गाँव का आकार छोटा होता है समस्त गाँव एक पड़ोस के रूप में होता है। आस–पास के लोगों से तथा धार्मिक और सांस्कृतिक कार्यक्रमों में भाग लेकर अनेक बातों को सीखता है। कभी–कभी सुसंस्कृति परिवार के बच्चे पड़ोस से गलत–गलत बातों को सीख लेता है। इसलिए अमेरिका में गोरे लोग अपने बच्चे को पड़ोस के काले बच्चे के साथ खेलने नहीं देते है। इस बात को ध्यान में रख कर बहुत सारे माता–पिता अच्छे मोहल्ले में रहना पसन्द करते हैं ताकि उनका बच्चा का समाजीकरण ठीक से हो सके।

4. शिक्षा (Education)- शिक्षा का तात्पर्य शिक्षण संस्थानों से है। जिसमें स्कूल, कॉलेज एवं विश्वविद्यालय आदि सभी आते हैं। आज के आधुनिक समाज में औपचारिक शिक्षा का विशिष्ट महत्व है। शिक्षण संस्थानों में बच्चा मुख्य रूप से शिक्षक से पाठय–पुस्तक तथा साहित्य से तथा सहपाटियों से अनेक बातों को सीखता है जो परिवार तथा अन्य स्थानों में नहीं सीख पाता। शिक्षण संस्थानों में कई शिक्षक होते है परन्तु कोई न कोई शिक्षक ऐसे होते है, जो विद्यार्थी के लिए संदर्भ समूह का कार्य करते है अर्थात उस शिक्षक के आदर्श, विचार, आचरण तथा रहन–सहन के ढंग को अपने जीवन में आत्म साथ करता है। उनके सहपाठि अलग अलग धर्म तथा संस्कृति से आते है उनसे भी अनेक नवीन ज्ञान को अर्जित करता है। कहा जाता है कि शिक्षा अज्ञान से ज्ञान की ओर और अन्धकार से प्रकाश की ओर ले जाता है। जहाँ औपचारिक शिक्षा की व्यवस्था नहीं है वहाँ अनौपचारिक शिक्षा के द्वारा गुरू या वष्द्ध के द्वारा युवाओं को ज्ञान की रौशनी प्रदान की जाती है। इस प्रकार शिक्षा व्यक्ति के व्यक्तित्व के विकास में महत्वपूर्ण योगदान देता है।

5. नातेदारी समूह (King group)- परिवार का महत्वपूर्ण आधार नातेदारी होता है, जिसके अन्तर्गत रक्त एवं विवाह से सम्बन्धित सभी रिश्तेदार आते है। नातेदारी समूह के द्वारा व्यक्ति कुछ न कुछ नवीन ज्ञान को अर्जीत करता है। प्रत्येक नातेदारी में अलग

अलग भूमिका निभाना पड़ता है एक व्यक्ति पिता, साला, ष्वसुर, देवर, आदि रिश्तों से बन्धा होता है और उन्हें विभिन्न प्रकार की भूमिका निभाना पड़ता है उन रिश्तेदारों से भी बच्चा सीखता है और अपने व्यक्तित्व को विकसित करता है।

6. विवाह (Marriage)- विवाह समाजीकरण के एक साधन तथा साध्य के रूप में देखा जा सकता है जहाँ विवाह के द्वारा व्यक्ति के जीवन प्रभावित है वही विवाह के द्वारा उत्पन्न बच्चों को समाजीकृत किया जाता है। विवाह के बाद पति एवं पत्नी की एक अहम भूमिका निभानी पड़ती है और इसके साथ ही साथ दायित्वों का निर्वाह करना पड़ता है। इस प्रक्रिया में पति अपनी पत्नी से पत्नी अपने पति से समाजीक जीवन के बारे में सीखता है। पति पत्नी आगे चलकर माता–पिता, दादा–दादी, सास–ससुर आदि की भूमिका ग्रहण करते हैं और आने वाली नई पीढी को समाजीकृत करते है।

7. राजनीतिक संस्थाएं (Political Institutions)- राजनीतिक संस्थाएं भी व्यक्ति को समाजीकृत करने का एक साधन है। आज के आधुनिक युग में प्रत्येक व्यक्ति कोई न कोई राजनीतिक पार्टी से जुड़ा होता है उस राजनीतिक पार्टी का विचार, दृष्टिकोण, उद्देश्य आदि से व्यक्ति प्रभावित होता है और जीवन में आत्मसात करता है। मार्क्सवादी पार्टी के अनुआईयों का विचारधारा विशिष्ट प्रकार की होती है जिस देश में तानाशाही व्यवस्था है वहाँ के जनता में असुरक्षा की भावना पनपती है जहाँ लोकतंत्र व्यवस्था होती है वहाँ के नागरिकों में कल्याण करने की भावना पनपती है। इस प्रकार राजनीतिक संस्थाएं भी व्यक्ति के व्यक्तित्व को प्रभावित करती है।

8. आर्थिक संस्थाएं (Economic Institutions)- कार्ल मार्क्स के अनुसार आर्थिक संरचना ही समाज की सम्पूर्ण संरचना को निर्धारित करती है अर्थात जिस समाज का आर्थिक स्थिति अच्छा होगा, वहाँ के धर्म, शिक्षा तथा स्थिति भी उच्च होगा। आर्थिक संख्याएं के द्वारा व्यक्ति बाजार, बैंक, वाणिज्य, प्रतियोगिता प्रतिस्पर्द्धा आदि को

सीखता है। यदि किसी व्यक्ति को कोई व्यवसाय करना है तो उन्हें कौन सी बातों की सावधानी रखनी होगी उन्हें सीखना पड़ेगा।

9. धार्मिक संस्थाएं (Religious Institutions)- प्रत्येक समाज में धर्म का महत्वपूर्ण प्रभाव व्यक्ति के जीवन पर होता है नैतिकता, पवित्रता, अपवित्रता ईमानदारी, पाप–पुण्य, दया आदि गुणों का विकास धर्म से होता है। मन्दिर, मस्जिद, गुरूद्वारे तथा चर्च में धर्म गुरू अपने शिष्यों को प्रवचन के माध्यम से अनेक प्रकार के शिक्षा देते हैं तथा ज्ञान के दिप प्रज्वलित करते हैं जिससे अपराधी व्यक्ति भी सामाजिक व्यक्ति में परिवर्तित हो जाता है।

10. सांस्कृतिक संस्थाएं (Cultural Institutions)- सांस्कृतिक संस्थाएं के अन्तर्गत संगीत अकादमी, नाटक–मण्डली, कवि सम्मेलन एवं क्लब आदि आते है जो व्यक्ति के व्यक्तित्व को प्रभावित करते है। ये संस्थाएं व्यक्ति को संस्कृति से परिचित करते है। गाँवों में रामलीला का प्रयोजन किया जाता है जिससे व्यक्ति राम के युग की संस्कृति से अवगत होता है। इस प्रकार व्यक्ति प्रथा, परम्परा, वेश–भूषा, संगीत–कला आदि को संस्कृति संस्थाएं के द्वारा सीखता है।

11. व्यवसाय समूह (Occupational Group)- प्रत्येक व्यक्ति कोई न कोई व्यवसाय से जुड़ा होता है। जिससे उनका जीवन निर्वाह होता है। ग्रामीण सामाजिक व्यवस्था में जातिगत व्यवसाय का प्रचलन था परन्तु शहरों में इसका प्रचलन कम हो गया। व्यवसाय समूह से व्यक्ति अनेक प्रकार के व्यावसायिक ज्ञान, कौशल तथा प्रशासनिक तरिकों को सीखता है।

12. राज्य (State)- राज्य समाजीकरण का एक अभिकरण है। प्रत्येक राज्य का अलग–अलग नियम कानुन होता है। प्रत्येक राज्य यह चाहता है कि उसके नागरिक उसके नियम कानून का पालन करे। जो व्यक्ति नियमों कानूनों का पालन करता है उसे वह पुरूस्कृत करता है और जो उल्लंघन करता है उसे दण्डित करता

है। इस प्रकार राज्य के द्वारा व्यक्ति नियमों एवं कानून से परिचित होता है तथा एक अच्छा नागरिक बनता है।

13. जनसंचार के साधन (Mass Media)- उत्तरआधुनिकवाद के समाजशास्त्रियों का यह मानना है कि जनसंचार के माध्यम से समाज में बड़ी तीव्र गति से परिवर्तन हो रहा है। यह परिवर्तन समाज को गलत दिशा में ले जा रहा है।

परन्तु इस बात से इनकार नहीं किया जा सकता है कि रेडियो और दुरदर्शन के माध्यम से आधुनिक समाज प्रभावित हो रहा है एक ओर नई–नई खोजों की जानकारी मिल रही है दूसरी ओर परम्परागत सांस्कृतिक मुख्यों एवं मान्यताओं का प्रचार हो रहा है। इसके द्वारा शिक्षा भी प्राप्त किया जा रहा है। इस प्रकार आज के आधुनिक समाज को समाजीकृत करने का जनसंचार माध्यम का महत्वपूर्ण योगदान है।

समाजीकरण के स्तर एवं प्रक्रिया (Stages and Process of Socialization)

बच्चा को जन्म लेने के बाद से ही समाजीकरण की प्रक्रिया प्रारम्भ हो जाती है जो आजीवन चलती रहती है। बच्चों में शारीरिक, मानसिक, नैतिक गुणों के विकास का बीज जन्म से उपलब्ध रहता है जिसके कारण बड़ होकर समाजीकरण की प्रक्रिया के द्वारा एक सामाजिक व्यक्ति बन पाता है विभिन्न मनोवैज्ञानिकों एवं समाजशास्त्रियों ने समाजीकरण के स्तरों या प्रक्रिया को कई चरणों में विभक्त कर विशलेषण करने का प्रयास किया है।

मनोवैज्ञानिक पियाजे (Jean Piaget) ने समाजीकरण के छः चरणों की चर्चा की है। गिलिन एवं गिलिन (Gillin &Gillin) ने तीन चरणों में विभाजित किया है। पहला चरण को बाल्यावस्था, दूसरा चरण युवावस्था, तीसरा प्रौढ़ावस्था। इसे निम्नलिखित चार्ट के द्वारा समझा जा सकता है।

1. Other children-	Parents
बाल्यवस्था	
Teachars School chldren	other Adalts
	Reading Monies

2. युवावस्था

3. प्रौढ़ावस्था

ठीक उसी प्रकार फ्रायड ने सात एवं जॉनसन ने चार चरणों का उल्लेख किया है जो निम्नलिखित है।

1. मौखिक अवस्था (Oral Stage)- यह स्तर जन्म के साथ प्रारम्भ हो जाता है। इस स्तर में बालक अन्य लोगों पर मौखिक निर्भरता स्थापित करता है। जन्म के बाद उसे अनेक प्रकार के संकटों पूर्ण परिस्थितियों का सामना करना पड़ता है जैसे सांस लेना, पेट भरना, गर्मी और ठंढ से बचना आदि उसकी कुछ वर्तमान आवश्यकताएं है जिसके लिए वह रोता है। चिल्लाता है, वह इस समय संकेत देना सीखता है। जिससे उसकी आवश्यकताओं की पूर्ति हो सके। वह इस समय परिवार के सभी सदस्यों से संबंध स्थापित नहीं कर पाता, केवल वह माँ से ही अन्तःक्रिया करता है। परिवार के सभी सदस्य इस स्तर में बालक के साथ वही व्यवहार करता है। जो व्यवहार हर परिस्थिति में उसके लिए एक मां करती है। फ्रायड ने इस स्तर को प्राथमिक परिचय का स्तर कहा है। इस स्तर पर ऐसा लगता है कि मां और बच्चे की भूमिकाएं मिली हुई है। जॉनसन ने कहा कि इस स्तर में बच्चा भूख पर नियंत्रण करना सीख लेता है और शिशु को माता के शारीरिक सम्पर्क से आनन्द अनुभव करने लगता है। इस स्तर की अवधि एक डेढ़ वर्ष तक की होती है।

2. शौच अवस्था (The Anal Stage)- समाजीकरण का यह दूसरा चरण विभिन्न परिवार एवं समाज में भिन्न–भिन्न आयु से प्रारम्भ होता है। अमेरिका के समाजों में प्रथम वर्ष से प्रारम्भ हो कर तीसरे वर्षो में समाप्त हो जाती है। भारत वर्ष में यह चरण डेढ़–दो वर्षो की आयु से प्रारम्भ होकर तीन चार वर्ष की आयु तक समाप्त हो जाती है। इस स्तर में बच्चा अपनी नई प्रकार के मांग प्रारम्भ कर देते है। इस स्तर में बच्चों को सफाई करना, स्वयं शौच करना आदि सीखाया जाता है। इस स्तर पर विशेष रूप से बालक से यह अपेक्षा की जाने लगती है कि वह अपने आप को थोड़ा बहुत स्वयं संभाले। बच्चों को सही और गलत के बीच भेद करना सिखाया जाता है। सही कार्य के लिए बच्चों को पुरस्कृत एवं गलत कार्यो के लिए दण्ड देकर सीखलाया जाता है। बच्चा परिवार के अन्य सदस्यों के साथ

अन्तःक्रिया करना प्रारम्भ कर देता है और परिवार के व्यवहार प्रतिमान को स्वयं अपनाता है। उसके समाजीकरण में मां की महत्वपूर्ण भूमिका होती है। जॉनसन ने कहा कि इस स्तर में मां बालक के लिए एक साधक नेता (Instrumental leader) होती है। क्योंकि अभी भी वह अपनी विशिष्ट आवश्यकताओं की पूर्ति के लिए मुख्य रूप से मां पर निर्भर रहता है।

3. मातृरति या इंडिपल स्तर (The Oedipal or Identification Stage)- यह स्तर चार वर्ष से आरम्भ होकर 13–14 वर्षो तक होता है। बच्चों से यह आशा की जाती है कि वह चारों भूमिकाओं जैसे पति–पिता, पुत्र–भाई और पुत्री–बहन की भूमिका को सम्पादित करे। बालक इस स्तर पर अपनी माँ से एक से अधिक लगाव रखता है वह न केवल उससे प्रेम करता है बल्कि वह उसे प्रसन्न भी करना चाहता है और माँ के चले जाने पर वियोग करता है। इस स्तर में भी माँ के सम्पर्क में आने पर दैहिक सुख का अनुभव करता है। मां बालक के उचित व्यवहार के लिए दैहिक सम्पर्क का पुरस्कार दे सकती है और इस स्तर पर बच्चों का तादात्मीकरण की भावना विकसित होती है जिसके अन्तर्गत अपनी भूमिका को आन्तरीकृत करता है। या परिवार के आशाओं के अनुरूप भूमिका निभाना सीखता है। तथा अपने लिंग के मित्रों के साथ मित्रों के अनुरूप कार्य करता है। इस स्तर में बच्चों में यौन भावना विकसित हो जाता है। जिसके कारण पुत्र का माँ के प्रति प्यार जिसे फ्रायड ने इडिपस काम्पलेक्स (Oedipus Complex) कहा है। और पुत्री को पिता के प्रति प्यार होने को इलेक्ट्रा काम्पलेक्स (Electra Complex) कहा है। इस स्तर में मित्र मण्डल में नये–नये ढंग का कार्य करता है जिसमें परिवार का निर्देश भी नहीं मिलता है।

4. किशोरावस्था (Adolescence)- यह स्तर समाजीकरण की प्रक्रिया का अंतिम स्तर माना जाता है। इस स्तर में लड़का या लड़की माता–पिता के नियंत्रण से अत्यधिक मुक्त होने लगता है। उनकी यह आंतरिक इच्छा होती है कि वे स्वतंत्र रूप से व्यवहार करे। इस स्तर पर बालक या बालिकाओं में दो प्रकार की मनोदशा पायी जाती है।

1. प्रतिबंधों के प्रति धैर्यहीन होकर स्वतंत्र व्यवहार करना
2. अत्यधिक स्वतंत्रता से भयभीत रहना।

इस स्तर में किशोर से यह आशा की जाती है कि वह अपने बारे में स्वयं निर्णय ले, लेकिन साथ ही साथ यह भी अपेक्षा की जाती है कि उसका निर्णय परम्परागत हो तथा सामाजिक व्यवहार एवं प्रतिमान से मेल खाता हो साथ ही साथ सामाजिक सांस्कृतिक पर्यावरण के अनुरूप पुरी तरह व्यवहार करे। जॉनसन ने लिखा है कि समाजीकरण की प्रक्रिया निरंतरण चलने वाली प्रक्रिया है और मृत्यु के समय तक व्यक्ति का समाजीकरण होता रहता है।

26

जार्ज मीड का सिद्धांत

Theory of George H. Mead 1863-1931

समाजीकरण की प्रक्रिया समाजशास्त्रियों एवं समाज मनोवैज्ञानिकों के बीच इतनी महत्वपूर्ण अवधारणा है कि इसके संबंध में अनेक सिद्धांतों का प्रतिपादन दोनों ही क्षेत्रों से हुआ है। समाज मनोवैज्ञानिक दृष्टिकोण से मुख्य समाजशास्त्री सिगमण्ड फ्रायड, मीड, कूले है इन लोगों के अनुसार समाजीकरण कुछ मनोवैज्ञानिक प्रक्रियाओं द्वारा होता है। समाजशास्त्रीश्य दृष्टिकोण से सिद्धांतदाताओं में इमाइल दुर्खीम (Emile Durkhem) एवं पारसन्स (Parsons) का नाम लिया जा सकता है। इन लोगों के अनुसार व्यक्ति का समाजीकरण मूलतः समाज द्वारा होता है। मैलिनोवस्की (Malinowski) ही एक ऐसे विद्वान है जिन्होंने इस संदर्भ में सामाजिक मानवशास्त्र (Anthropalogy) का सहारा लिया है।

अमेरिका के समाज मनोवैज्ञानिक एवं समाज मनोविज्ञान में प्रचलित विचारधारा प्रतीकात्म अन्तक्रियावाद (Symbolic Interactionism) के महान स्तम्भ मीड (G. H. Mead) ने व्यवित के समाजीकरण में समाज को सर्वाधिक महत्व प्रदान किया है। मीड का समाजीकरण का सिद्धांत (Self) सेल्फ और (Social in teraction) पर आधारित है जिसका प्रतिपादन "Mind Seffand Society" में 1934 में किया।

मीड ने एक निश्चित प्रक्रिया के द्वारा बतलाया है कि मनुष्य के मस्तिष्क का विकास होता है और फिर उसमें स्वं (Self) का विकास हो

पाता है। स्वं के विकास के संबंध में मीड ने जो सिद्धांत दिया है, उसमें जैम्स (James) के 1890 में अपनी पुस्तक "The Principles of Psychology" का प्रभाव प्रतीत होता है। जिसमें उसने व्यक्ति और समाज के संबंधों की पूर्ण चर्चा कि पर यहाँ जेम्स ने यह कहा कि समाजीकरण की प्रक्रिया में सिर्फ समाज को ही, महता है और समाज के चलते ही व्यक्ति समाजीकृत होता है। वहीं मीड का कहना है कि सिर्फ दूसरों के व्यवहार का प्रभाव ही समाजीकरण के लिए पर्याप्त नहीं है बल्कि व्यक्ति के स्वयं के Imagination, Innovation, creation की भी समान महत्ता है।

मीड का कहना है कि व्यक्ति के दो पहलू है। एक जैवकीय व्यक्ति और दूसरा सामाजिक स्व–चेतना व्यक्ति। जैवकीय व्यक्ति विवेकहीनता होता हो उसे अपना पराया का कुछ भी ज्ञान नहीं होता है उसे यह भी मालूम नहीं रहता की कोई चीज स्वतंत्र रूप से अस्तित्व में रह सकती है वह तर्कहीन होता है और उसके सभी व्यवहार प्रेरक (Impalsive) होते है। वह हाड़–मांस से सुसज्जित एक जीव मात्र होता है। पर इसके विपरीत सामाजीक स्वचेतन मनुष्य भले बुरे को समझाता है। वह तर्क भी जानता है वह सिर्फ हाड़ मांस से सुसज्जित जीव मात्र ही नहीं होता बल्कि उसमें विवके का भी समाविष्ट हो जाता है। इस संदर्भ में यह समझना आवश्यक है। विवेक मनुष्य के दिमान में पले हुए संस्कृति के अंश के कारण रहते है इस अवस्था में व्यक्ति के व्यवहार प्रेरक (Impussive) न होकर विवेकशील (Rationas) हो जाते है।

मीड का कहना है कि इस जैवकीय व्यक्ति से सामाजिक स्व–चेतन व्यक्ति बनने की प्रक्रिया को ही सामाजीकरण की प्रक्रिया कहते है। यहाँ पर कूले के विचार से मीड के विचार मिलते–जुलते प्रतीक होते हैं। करण दोनों ने समाजीकरण की प्रक्रिया में स्व के विकास की महता को स्वीकार किया है। पर आधार स्वरूप कुछ अन्तर भी है। जहाँ कुले ने Self Feeling को व्यक्तित्व विकास (Personality development) का आधार माना है। वही मीड ने Self Consciousness को इसका आधार बताया है।

मीड ने जैवकीय व्यक्ति से समाजीक स्वचेतन व्यक्ति बनने के बिच तीन स्तरों की चर्चा की है। 1. Gestures, 2. Early means of Comnunication and 3. Language की प्रमुख भूमिका बतायी है।

मीड के अनुसार पहला स्तर अनुकरण का स्तर (Imitative Stage) है इस स्तर में बच्चा उन्हीं व्यवहारों की नकल करता है जो वह अपने माता–पिता या भाई बहन को करते देखता है जैसे एक बच्चा अपनी मां को या परिवार के अन्य किसी सदस्य को कार्य करते देखता है, उसी काम को करने की चेष्टा करता है।

1. इस स्तर के बच्चा के पास न तो कोई भाषा होती है और न ही वह दूसरे की भाषा का अर्थ समझ पाता है बल्कि इस स्तर में वह Physical Gestures के द्वारा ही समाजीकृत होता है। वह अपने माता पिता के Indicatione को समझता है कि कौन से व्यवहार करने से उसके माता–पिता खुश होते है, उसे वह बार–बार करने को चेष्टा करता है पर जिस व्यवहार से माता पिता बिगड़ जाते है, उसे वह नहीं करना चाहता है तात्पर्य यह कि इस अवस्था में बच्चे में स्वं की भावना का उदय नहीं होता है अर्थात उसे यह ज्ञान नहीं होता की वह एक अलग सामाजिक प्राणी है।

2. मीड के अनुसार दूसरा स्तर Play Stag है। इस स्तर में बच्चा खेलने के साथ ही साथ सामाजिक भूमिकाओं को अदा करने का तरीका भी सीखता है। वह कभी गुड्डा–गुड़ीया का विवाह रचाकर माता–पिता की भूमिका को निभाता है तो कभी आंख–मिचौली खेल कर चोर और सिपाही। लेकिन इस स्तर में भी बच्चा अपनी भूमिकाओं को obligation, Social necessity के रूप में नहीं लेता बल्कि वह जीवन के भूमिकाओं की नकल करता है। इस स्तर में आकर (Language) भाषा प्रमुख भूमिका निभाती है। इस स्तर में आकर जब बच्चा दूसरे के साथ अंतक्रिया करता है तो वह दूसरों की भाषा को समझता है। अंतः वह सिर्फ अपने भूमिका (Role) को ही नहीं जानता बल्कि दूसरे के भूमिका से भी परिचित होने लगता है। उसके अपने कोई तर्क या निर्णय नहीं होते बल्कि हमेशा वह अपना व्यवहार दूसरे को मद्दे नजर रखते हुए करता है। यानी इस स्थिति में आकर स्वयं का विकास होने लगता है। स्वयं को परिभाषित करते हुए मीड ने लिखा है The Self —— is essentially a Social Structure and it arises in Social experiences.

3. बच्चे के स्वयं के विकास का तीसरा स्तर वह है जिसमें स्वयं का विकास तीव्र गति से होने लगता है। बच्चा अपने भूमिका को सामाजिक

परिस्थित के अनुरूप और समूह में उसकी महत्ता को नजर में रखते हुए निभाने लगता है।

मीड का कहना है कि व्यक्ति के व्यक्तिगत सबंधियों के demand एवं Expectations तथा समाज के demand एवं expectation में अन्तर है। पहले प्रकार के demand को demand of Significant others कहा है। जिसके उदाहरण माता–पिता के demands एवं Expectations है जो वे अपने बच्चे से करते है। दूसरे प्रकार के demand को उसने Generalized others कहा है। मीड के अनुसार पहले बच्चा demand of Significant otherd को respon करता है फिर छोटे–छोटे genaralized others को।

मीड ने स्व को दो भागों में बांटा है। 'आई' (I) और 'मी' (Me) इनके अनुसार आई व्यक्ति के Spontaneous unigue और Natural Characteristics को बताता है जैसे नवजात शीशु में स्वतंत्र प्रेरणाएं और इच्छायें। यानी 'आई' स्वं के Subjective aspect को बतलाता है जबकि 'मी' स्वं के समाजीकता को प्रतिनिधित्व करता है। जैसे समाज का Internalizedemands एवं इन मांगों के प्रति जाग सकता है। आई का विकास पहले होता है और 'मी' बाद में विकसित होता है 'मी' के विकास में ज्यादा समय लगता है। 'मी' पहले माता पिता के demands एवं Expectations पर निर्भर करती है एवं बाद में विस्तृत समाज के demands एवं Expectations पर मीड का कहना है कि स्वयं का विकास 'मी' और 'आई' के सतत् अंतक्रिया में निहित है जिसे उन्होंने Minding कहा है। अतः जैसे–जैसे 'आई' 'मी' को समझने लगता है। वैसे वैसे स्व का विकास होने लगता है। अतः मीड के अनुसार I –Me- Socialization इसे चित्र के द्वारा समझा जा सकता है।

इस प्रकार मीड के अनुसार आरम्भ में बच्चा न तो अपने को एक पृथक इकाई के रूप में देखता है और न ही अपने बारे में उसे कोई चेतना रहती है। तात्पर्य यह कि आरम्भ में 'आई' और 'मी' बिल्कुल भिन्न चीजे होती है। पर धीरे–धीरे परिवार के सदस्यों के बीच अंतक्रिया करने से बच्चा अन्य सदस्यों से अपनी समानता स्थापित करने लगता है। वही से 'आई' एवं 'मी' करीब आने लगती है, क्योंकि स्व Conscionsness का यह आरम्भिक स्तर होता है। मीड के अनुसार बच्चों की स्वयं के बारे में यही चेतना उसके

स्व का निर्माण करती है, और इस स्व का विकास करना ही समाजीकरण की प्रक्रिया का मुख्य उद्देश्य है जिसे समाज की विभिन्न Agencies पुरा करती है।

आलोचना (Criticism)

आलोचकों का कहना है कि मीड का सिद्धांत कल्पना से ओत–प्रोत है। मीड की पूरी कल्पना उसके अपने बच्चे के व्यवहारों एवं आस–पास के व्यक्तियों के व्यवहारों का ही फल है।

कुछ आलोचको का कहना है कि मीड का सिद्धांत ऐसा है जिसमें वैज्ञानिकता का अभाव है। अतः इसे न तो प्रमाणित किया जा सकता है और न अप्रमाणित।

मीड ने स्व के विकास में तीन स्तरों की चर्चा की है जो किसी वैज्ञानिक आधार पर आधारित नहीं है। तीन से कम या अधिक स्तरों की भी चर्चा कि जा सकती है।

एन. भी. सवनचर (N. V. Subbannachar) ने अपनी पुस्तक "Social Psychology The integral approch में मीड द्वारा दिये गये सिद्धांत का विश्लेषण कर इस सिद्धांत की कुछ त्रुटियों की ओर हमारा ध्यान आकृष्ट किया है। मीड ने अपने सिद्धांत में यह स्पष्ट रूप से कहा है कि स्व का Emergence सामाजिक वातावरण के संदर्भ में होता है इसी चलते उसके वातावरण के संदर्भ में होता है। उसके सिद्धांत को Behaviouristic opproach कहा जाता है। मीड ने सामाजिक वातावरण में उपस्थित उन निर्धारकों पर विशेष बल दिया है जो सामाजीकरण में सहायक होते है। दूसरी ओर मीड ने 'आई' का अवधारणा (Concept) दिया है। जिसके बारे में वह कहते है। कि 'आई' बिल्कुल Biological होता है। यहि कारण है कि जिस समय 'आई' बच्चों पर हावी रहता है उस समय उसके व्यवहार Purely Biological होते है। लेखक के अनुसार 'आई' का अवधारणा (Concept) ही जिसे मीड ने दिया है, उसके सिद्धांत के विरूद्ध कहा जा सकता है। दूसरे शब्दों में मीड के सिद्धांत में यह विरोधाभाष है कि समाजीकरण में जब सामाजिक वातावरण इतना महत्वपूर्ण है तो 'आई' के

स्तर (Stage) से Biological aspect या "Spontaneous impredicatable Movement" Child को किस प्रकार Explain करेगा।

आगे मीड के सिद्धांत की दुसरी मुख्य कमजोरी की चर्चा करते हुए N. V. Subbannachar ने लिखा है कि मीड ने अपने सिद्धांत में इस बात की चर्चा की है कि समाजीकरण के स्तर पर 'आई' हम पर हावी रहता है और उस समय हमारे व्यवहार Biological प्रवृतियों से निर्धारीत होते है। तत्पश्चात जब बच्चा दूसरे के व्यवहार को समझने लगता है तब उसमें 'मी' का विकास होती है। और अन्ततः स्व विकसित होता है। स्व जब विकसित हो जाता है तो हम अपने व्यवहारों में सामाजिक वातावरण को ही अधिक संदर्भित करते है। और इस स्तर Stage में 'आई' हमारे व्यवहारों को निर्धारित नहीं करता है।

परन्तु लेखक का कहना है कि इस सिद्धांत की गहराई में जब हम जाते है तो हमें लगता है कि स्व के estalishment के बाद भी 'आई' कभी–कभी हम पर हावी रहता है। इसी 'आई' के प्रभाव में एक कलाकार अपने अन्दर के मनोभावों को चित्रित करता है। या एक लेखक अपने लेखों में Express करता है। समाज में जब कुछ Innovations आते है। या समाज की प्रचलित प्रथाओं के विरूद्ध जब हम जाते है तो उस समय स्पष्ट रूप से हम पर 'आई' ही प्रभावशाली रहता है। कुछ समयों के लिए हमारा स्व जो कि सामाजिक वातावरण की उपज है, लुप्त हो जाता है। साराशतः समाज के Creative actions में परिवर्तन के अंदर मनोभावों को किसी रूप से Express करना आदि ये सब 'आई' की उपज है जो कि स्वयं के Establishment के बाद भी प्रभावकारी होते है।

कूले का सिद्धांत (Theory of charles Horton Cooley 1864-1929)

अमेरिकन समाजशास्त्री कूले ने अपनी पुस्तक Social orgnization एवं Human Nature and the Social order में अपने समाजीकरण के सिद्धांत को प्रस्तुत किया है। इनके सिद्धांत का नाम 'आत्म दर्पण दर्शन सिद्धांत (Looking-glass self theory) के नाम से जाना जाता है। कूले के सामाजिक चिन्तन एवं विचारों पर डार्विन (Charles Darwin) एवं स्पेंसर (Spencer) के उद्‌विकासवाद, गोथ (Goeth) का दर्शन, इमरशन का Romanticism जॉन

डेवी एवं विलीयम जेम्स (Williom James) के विचारों का विशेष रूप से प्रभाव पड़ा।

कूले प्रतीकात्मक अन्तः क्रियावाद सम्प्रदाय (Symbalic Interactionism School) के महत्वपूर्ण नेता रहे हैं। 19वीं शताब्दी के अंत तथा 20 वीं शताब्दी के प्रारम्भ में समाजशास्त्रिये दृष्टिकोण में परिवर्तन आया। प्रारम्भिक दृष्टिकोण जैसे उद्विकासीय, मार्क्सवादी या प्रकार्यवादी को वृहत सामाजिक संरचना तथा अंतः क्रियाओं को समझने में सक्षम नहीं माना जाने लगा, इसलिए प्रतीकात्मक अन्तःक्रियावाद का विकास हुआ जिसे मनोवैज्ञानिक समाजशास्त्रि सम्प्रदाय (Psy-Socialogical School) कहा जाता है। यह एक ओर जहाँ समाज एवं व्यक्ति के बीच का संबंध, दूसरी ओर समाज के विभिन्न व्यक्तियों के बीच अंतः संबंधों को स्पष्ट करने की कोशिश करता है। इसके अन्तर्गत दो शब्द प्रतीकात्मक (Symbalic) और अन्तः क्रियावाद (Interactionism) महत्वपूर्ण है। अन्तःक्रिया का संबंध दो या दो से अधिक व्यक्तियों के बीच होने वाली क्रिया से है। जिसका प्रभाव दोनो पर पड़ता है। एक व्यक्ति दूसरे व्यक्ति के साथ या फिर एक समूह दूसरे समूह के साथ बराबर अन्तः क्रिया करते रहते हैं और इसी क्रम में इनके बीच कुछ प्रतीक (Symbal) विकसित हो जाता है। जिसका अर्थ दोनों को मालूम होता है। जैसे हाथ जोड़ने का अर्थ।

कूले ने अपने अध्ययन में सम्पूर्ण समाज या समूहों के अध्ययन के स्थान पर व्यक्ति और समाज के बीच पाये जाने वाले जटिल संबंधों पर अपना ध्यान केन्द्रित किया है। इनके अनुसार समाज विभिन्न व्यक्तियों के बीच अन्तः संबंध एवं अन्तः क्रियाओं का परिणाम है। अन्तः क्रिया के प्रक्रिया के अन्तर्गत एक व्यक्ति दूसरे व्यक्ति के विचारों से अपने आप को समझने की कोशिश करता है और इसी के माध्यम से व्यक्ति का व्यक्तित्व का विकास होता है।

कूले ने सामूहिक जीवन तथा व्यक्तित्व के विश्लेषण में व्यक्ति के कल्पना (Imagination) या विचार के आधार पर समझने की चेष्टा की है। इनके अनुसार एक व्यक्ति का दूसरे व्यक्ति के प्रति जो कल्पना होता है वहीं वस्तुतः समाज का वास्तविक तथ्य या आधार है। एक व्यक्ति अपने

मित्र के संबंध में जो धारणा या कल्पना करता है तथा जो प्रतीक उसे प्रदान करता है वही वस्तुतः उसके मित्र का व्यक्तित्व होता है।

कुले ने अपने इस सिद्धांत में जैविक प्राणी से सामाजिक प्राणी में रूपान्तरण की प्रक्रिया को मुख्य केंद्र बिन्दु बनाया है। कुले का यह मानना है कि व्यक्ति का आत्म (Self) का विकास समाज में होता है बच्चों में लगभग दो वर्ष की उम्र से ही आत्म चेतन (Self Consciousness) का विकास होने लगता है।

हारटन एवं हण्ट (Horton and Hant) के अनुसार कूले ने 'Looking glass self शब्द थेकरे (Thackery) की वेनिटी फ्रेयर (Vanity fair) नामक कृति से लिया है थेकरे कहते है कि संसार एक दर्पण है।

कूले ने अपने 'आत्म दर्पण दर्शन' सिद्धांत में समाज को व्यक्ति के लिए दर्पण माना है। इस समाज रूपी दर्पण में व्यक्ति अपनी छवि को देखता है। समाज के लोग उसके बारे क्या कहते हैं। या विचार रखते है उसी आधार पर वह अपने बारे में अपनी धारणा बनाता है जिस प्रकार कोई महिला आइना में अपना चेहरा देख कर सुन्दर दिखने के लिए बाल संवारती है। सिंगार करती है और मेक अप करती है ठीक उसी प्रकार बालक भी समाज रूपी आइने में अपने आपको देखता है। समाज के लोग उस बालक के बारे में क्या कहते हैं उसी आधार पर बालक अपने बारे राय बनाता है उसी राय या धारणा के आधार पर अपने आप को समाजीकृत करता है। उदाहरण के लिए जब मां, मित्र या अन्य लोग किसी बच्चा के संबंध में यह कहते हैं कि वह बुद्धिमान है, आकर्षण है, गन्दा है, या मूर्ख है। तो बच्चा अपने बारे उसी तरह सोचने लगता है और अपनी कमजोरियों को दूर करने लगता है। इस प्रकार अपने बारे में दूसरों की प्रतिक्रिया से ही व्यक्ति के स्वं का विकास होता है।

कूले ने 'आत्म दपर्ण दर्शन' सिद्धांत के अन्तर्गत मुख्यतः तीन चरणों का उल्लेख किया है। 1. व्यक्ति प्रथम चरण में यह सोचता है कि दूसरे उसके बारे में क्या सोचते हैं? 2. दूसरे चरण में दूसरों के प्रतिक्रिया के आधार पर वह स्वयं अपने बारे में क्या सोचता है। 3. तीसरे चरण में व्यक्ति अपने बारे में सोचकर अपने को कैसा मानता है, गर्व महसूस करता है या ग्लानि।

यदि ग्लानि या कोई कमी महसूस करता है। तो व्यक्ति अपने आप में उस कमी को दूर करने का प्रयास करता है। उदाहरण के लिए कोई व्यक्ति किसी समूह में जाता है तो समूह के सारे सदस्य उससे बात करने लगता है या उसकी चर्चा होने लगती है तो व्यक्ति को गर्व महशुश होने लगता है, परन्तु जब कभी किसी व्यक्ति के आने के बाद उसकी निन्दा होने लगता है और समूह के लोग बहाना बना कर वहाँ से चले जाने लगते है तो वह व्यक्ति अपने आप को ग्लानि महसूस करने लगता है। इस प्रकार समाज के व्यक्तियों की प्रतिक्रिया के द्वारा एक व्यक्ति में स्व का निर्माण होता है जो समाजीकरण का प्रमुख आधार है।

आलोचना (Criticism)

1. कूले का समाजीकरण का सिद्धांत अन्तःक्रिया पर आधारित है। वास्तव में प्रतीकात्मक अन्तःक्रियावाद का उपागम मनोवैज्ञानिक अधिक है और समाजशास्त्रियें कम है।
2. टीमासेफ (Timasheff) के अनुसार कूले का यह कल्पना (Imagination) किसी प्रयोग पर आधारित नहीं है बल्कि सम्पूर्ण विचार उसके अपने और आस–पास के बच्चों के व्यवहार के अवलोकन पर आधारित है।
3. कुले का समाजीकरण का यह सिद्धांत बाल्यवस्था में किस प्रक्रिया से होती है इसकी व्याख्या करने में असमर्थ रहा है क्योंकि बच्चा अपने बारे में दूसरे विचारों की कल्पना चार–पांच वर्षो के बाद ही प्रायः कर पाता है। इसलिए बच्चा आत्मग्लानि या आत्म संतुष्टि कैसे महसूस करेगा, इस बात की चर्चा उन्होंने अपने सिद्धांत में नहीं की है।
4. कभी–कभी एक व्यक्ति का दूसरे व्यक्ति के प्रति धारणा गलत हो जाती है क्योंकि व्यक्ति के मन में समूह के प्रति जो धारणा होती है वहीं धारणा व्यक्ति के प्रति हो जाती है। उदाहरण के लिए निम्न जाति के सदस्यों के प्रति धारणा या काले लोगों के प्रति धारणा मन में पूर्व निर्धारित होती है। जिसके कारण कूले का समाजीकरण का यह सिद्धांत व्यवहारिक नहीं लगता है।

5. आज के आधुनिक युग में प्रत्येक क्षेत्र में प्रतियोगिता देखने को मिलता है। इस प्रतियोगिता के क्रम में व्यक्ति दूसरे को नीचा दिखाने के लिए हमेशा एक व्यक्ति दूसरे व्यक्ति की आलोचना करता रहता है। इसलिए कूले का समाजीकरण का सिद्धांत जो प्रतिक्रिया पर आधारित है तर्क संगत प्रतीत नहीं होता है।

सिगमन फ्रायड का सिद्धांत(Theory of sigmund Freud 1856-1939)

मीड (Mead) और फ्रायड (Freud) दोनो समकालीन विचारक थे। मीड शिकागों (Chicago) विश्वविद्यालय में दर्शनशास्त्र एवं समाज मनोविज्ञान के प्रोफेसर थे और फ्रायड वियेना (Vienna) में मनश्चिकित्सा (psychotherapy) के नये प्रकार की खोज कर रहे थे। मीड मानव के सकारात्मक भूमिका (Positive role) की खोज कर रहा था वही फ्रायड मानसिक विकास एवं संवेगत्म अव्यवस्था में समाज की भूमिका पर बल दे रहा था। मीड ने समाजीकरण की प्रक्रिया में "I" और "Me" के बीच सहयोग (cooperation) की चर्चा है। जबकि फ्रायड ने समाजीकरण की प्रक्रिया में "Id", Ego" और 'Super ego' की बीच संघर्ष (conflict) की चर्चा की है।

फ्रायड ने मानव मन के तीन पक्षों को स्पष्ट किया

1. अचेतन मन (Unconslious mind)
2. चेतन मन (Conscious mind)
3. उपचेतन मन (Subconscious mind)

अचेतन मन में व्यक्ति की उन इच्छाओं का निवास होता है जिन्हें वह समाज के नियमों के कारण पूरा नहीं कर पाता अर्थात व्यक्ति जिनका दमन कर लेता है।

चेतन मन व्यक्ति के मन का वह पक्ष है जो तात्कालिक परिस्थितियों से सम्बन्धित होता है। यह किसी भी व्यवहार को करते समय व्यक्ति को जाग्रित अवस्था में रखता है तथा उसे तर्क बुद्धि प्रदान करता है। उसकी एक स्पष्ट प्रतिमान व्यक्ति के मन में बना रहता है।

उपअचेतन मन पूर्णतया सुप्तावस्था में नहीं होता क्यों कि व्यक्ति पुनः कभी भी अचेतन मन में स्थित प्रतिमानों को सरलता से स्मृति में ला सकता है।

फ्रायड ने स्व (Self) को तीन भागों में बांटा है 'इड', 'अहम' और पराअहम के नाम से संगोधित किया है जिसे (Instinctual gratification, Rational Self preserving action और Social Conformity कहा है। इरीच फ्रोम (Erich Fromm) ने फ्रायड के स्व को तीन भागों में इस प्रकार विभाजित किया–

1. इड (Id) Unconscious
2. अहम (Ego) Pre- conscious
3. पराअहम (Super Ego) Conscious

फ्रायड ने 'इड' की चर्चा करते हुये बताया कि यह व्यक्ति के व्यक्तित्व का एक ऐसा भाग है जहाँ किसी की पहुँच नहीं होती है। इसके विषय में व्यक्ति को कोई जानकारी नहीं होती है। फ्रायड के अनुसार इसमें आरजकता और अव्यवस्था के अतिरिक्त कुछ नहीं है। दरअसल व्यक्ति के मूल भूत प्रवृतियां (Basic instincts) नग्न अवस्था में रहती है। मनुष्य की ये मूल–भूत प्रवृतियां (Pleasant desires) होती है जो किसी तरह अपने आप को संतुष्ट करना चाहती है। भूख, प्यास, नींद, यौन, आन्नद आदि मनुष्य के मूल–भूत प्रवृतियां है। इनकी पूर्ति के लिए 'इड' कोई नियम या उपनियम नहीं मानता है। वह तो किसी भी स्थिति में इन प्रवृतियों की संतुष्टि करना चाहता है।

गिलिन और गिलिन (Gillin and Glillin) ने इस संदर्भ में कहा कि 'इड' के पास कोई मूल्य नहीं होता, वह भला बुरा नहीं जानता, वह नैतिक बंधन से भी बंधा नहीं रहता है, वह तो केवल जैविकीय अवयव की मूल–भूत प्रवृतियों को संतुष्ट करना चाहता है अर्थात इस स्तर में व्यक्ति पशु के समान स्वभाव रखता है।

फ्रायड के अनुसार 'अहम' (Ego) का संबंध बाहरी दुनिया की ओर रहता है। यह व्यक्ति का एक ऐसा भाग है जो बाहरी दुनिया और आंतरिक दुनिया दोनों पक्षों को देखता है। बाहरी दुनियां की बातों को 'अहम' (Ego) 'इड' (Id) से करता है। इड की इच्छा पूर्ति में अहम (Ego) का महत्वपूर्ण भूमिका होता है तथा इड की इच्छा पर नियंत्रण करने का भी कार्य करता

है। 'अहम' स्व का चेतन एवं तार्किक पक्ष है जो व्यक्ति को सामाजिक परिस्थितियों के अनुकूल व्यवहार करने का निर्देश देता है। 'अहम' 'इड' की इच्छा की पूर्ति के लिए परिस्थितियों के अनुकूल होने पर ही स्वीकृति प्रदान करता है।

'इड' और अहम का संबंध घोड़े और सवार की तरह होता है। अहम सवार की तरह है जो इड को मंजिल तक ले जाता है। वास्तव में देख जाये तो अहम का बहुत कठिन काम है वह एक–साथ इड तथा पराअहम को खुश करना पड़ता है।

अहम के स्तर में बच्चों में नैतिकता (Moral) का विकास होने लगता है और साथ ही साथ इसी के कारण परिपक्वता (Maturity) निर्भर करती है।

फ्रायड के अनुसार स्व का तीसरा भाग 'पराअहम' है। जिसे मीड ने मुझे (Me) कहा है। पराअहम सामाजिक मूल्यों और आदर्शों का योग है जिसे व्यक्ति आत्मसात करता है। जिससे व्यक्ति की अन्तरात्मा का निर्माण होता है वह इसे समाज से सीखता है। फ्रायड ने कहा कि इड और पराअहम के बीच हमेशा संघर्ष होता रहता है। इड हमेशा अपनी इच्छा की पूर्ति के लिए प्रेरित करती है। परन्तु पराअहम उंची नैतिकता एवं सामाजिक मूल्यों की ओर ध्यान आकृष्ट करता है। इस स्थिति में अहम दोनों के बीच संतुलन बनाये रखने की कोशिश करता है। अहम का मुख्य कार्य यह है कि बीच का रास्ता खोजकर इच्छा की पूर्ति करना है। जब इड की बातों को अहम पराअहम तक पहुँचाता है और पराअहम की बातों से इड संतुष्ट हो जाता है तो समाजीकरण सफल माना जाता है।

इसे हम एक उदाहरण के द्वारा समझ सकते हैं। कामवासना व्यक्ति की मूल प्रवृति है जिसे इड कहते हैं। इड कहता है किसी प्रकार कामवासना की पूर्ति होना चाहिए। अहम कहता है कि अभी कामवासना शांत करो, या चोरी चुपके इसकी पूर्ति की जा सकती है, परिस्थिति अनुकूल हो तो कामवासना शांत कर सकते हो। इस प्रकार 'अहम' 'इड' को सामाजिक परिस्थितियों से सांजस्य स्थापित करने का प्रयत्न करता है। परन्तु पराअहम कहेगा बलात्कार करना पाप है, अवैध संबंध स्थापित करना

नहीं चाहिए, यह अनैतिक है, तथा सामाजिक मूल्यों के विपरीत है। इसलिए ऐसा नहीं करना चाहिए। यदि कामवासना की पूर्ति करना है तो विवाह कर लो। इस प्रकार पराअहम विवेक और सामाजिक मूल्यों को प्रकट करता है। जिस व्यक्ति में जितना पराअहम विकसित होगा उतना ही उनका व्यवहार सामाजिक होगा। अर्थात पराअहम के विकास के कारण व्यक्ति में समाजीकरण होता है।

फ्रयड के अनुसार एक शिशु के जीवन में बहुत सारी इच्छाएँ एवं आवश्यकताएँ होती है केवल खाना पिना ही उनकी मात्र आवश्यकता नहीं है बल्कि उनके अन्तर्गत काम भावना भी पायी जाती है। उसका स्वरूप युवकों की तरह नहीं होती है। शिशु में इस काम भावना की संतुष्टि किसी वस्तु को पकड़ने से, मां की गोद में जाने से तथा अन्य व्यक्तियों के द्वारा प्यार और आलिंगन से भी होता है। परन्तु बच्चा जैसे–जैसे बड़ा होने लगता है वैसे वैसे वह इस भावना पर नियंत्रण पाने की कोशिश करने लगता है जो मस्तिष्क के किसी एक भाग में दमित रहता है। इस प्रवृति को फ्रायड ने कामलित्सा की संज्ञा दी है और यह दमित काम वासना का उर्धगमन या रूपान्तरण है जिससे व्यक्ति समाज में सृजनात्मक कार्य करने के लिए प्रेरित होता है। जिससे विभिन्न प्रकार के कलाओं, वैज्ञानिक खोजों, विद्याओं एवं साहित्य का विकास होता है।

फ्रायड का कहना है कि समाजीकरण के तृतीय स्तर में जब बच्चा करीब चार पांच साल का होता है तो एक नये सामाजिक परिवेश में धीरे–धीरे पहुँचता है जहाँ माता–पिता के अलावा मित्र मण्डल, सहपाठी एवं पड़ोस के बच्चों के साथ अन्तःक्रिया करता है। इस स्तर में बच्चों को चैन इच्छा (Sexual desire) के प्रति पनपने लगता है। जिसे मातृरति मनोग्रन्थि कहा है। इस भावना को यथासंभव दबाने की कोशिश भी करता है और इसे दबाने के क्रम में अपने से विपरीत लिंग के लोगों के प्रति बच्चों में धीरे–धीरे प्यार या लगाव बढ़ने लगता है। लड़कियों में इस प्रकार की इच्छा पिता के सन्दर्भ में देखने को मिलती है। परन्तु माता को अपने पिता के बहुत निकट संबंधों के कारण यह भावना को दब जाती है। इसे–पितृ रति मनोग्रंथि (Electra complex) के नाम से जाना जाता है।

आलोचना (Criticism)

फ्रायड का समाजीकरण की सिद्धांत को निम्नलिखित आधार पर आलोचना किया जाता है।

1. मानवशास्त्री मैलिनोवस्की (Molinowaski) ने फ्रायड के इस कथन को सार्वभौमिक नहीं मानते है कि मातृरति मनोग्रन्थि (Oedipus Complex) और पितष्रति मनोग्रन्थि (Electra Complex) बच्चों में सामान्य रूप से पाई जाती है। मैलिनोवस्की ने मलेशिया की एक जनजाति का अध्ययन किया तथा अध्ययन में पाया कि वह जनजाति पितष्सतात्मक था। परन्तु मातृसतात्मक परम्परा प्रचलित थी। इसलिए जन्म के बाद बच्चा जब बड़ा हो जाता था तब उसे अपने मामा–मामी के घर भेज दिया जाता है इसलिए ऐसे परिवार में मातृरति मनोग्रन्थि की भावना मां के प्रति न होकर मामी के प्रति और पितृरति मनोग्रंन्थि की भावना पिता के प्रति न हो कर मामा के प्रति होता है।
2. फ्रायड के इस सिद्धांत को कर्डीनर ने आलोचना करते हुए कहा कि मुल व्यक्तित्व संरचना (Basic Personality Structure) में बहुत सारे सामाजिक–संस्कृति कारक (Socio- Culture factors) भी शामिल रहते है, जिसको हम नजरअंदाज नहीं कर सकते है, परन्तु फ्रायड ने व्यक्तित्व के निर्माण में समाजिक कारकों को बिल्कुल नकार दिया है जो फ्रायड के सिद्धांत की सबसे बड़ी कमजोरी है।
3. इरीक फ्रोम (Erik Fromm) ने फ्रायड के अनेक मान्यताओं को बिल्कुल अतर्किक घोषित किया है। मातृरति मनोग्रंन्थि (Oedipus Complex) की अवधारणा को विशलेषित करते हुए, उन्होने कहा है कि यह एक ऐसा घटना (Phenomena) है जिसके बारे में हम सार्वभौमिक (Universally) कोई निष्कर्ष नहीं निकाल सकते है। फ्रायड अपने मान्यता (Assumptions) में यह भी माना है कि एक व्यक्ति का व्यक्तित्व इड प्रेरणा का एक निकट व्यवस्था (Close System) है, समयानुसार वह अपने कामलिप्सा अनुभूति और

संतुष्टि के लिए प्रेरित होती है। इस संबंध में भी फ्रोम का कहना है कि फ्रायड ने इस बात की चर्चा बिल्कुल ही नहीं की है कि किस प्रकार सामाजिक और संस्कृतिक वातावरण हमारे प्रेरणा या आवेगों के भागों को प्रभावित करते है। फ्रायड ने यह भी कहा है कि अहम एवं पराअहम व्यक्ति के स्वभाव का देन है। पर फ्रायड का इस संदर्भ में कहना है कि अहम और पराअहम एकाएक किस प्रकार हमारे सामाजिक वातावरण की देन होगी, जबकि इड को हम अपने स्वभाव से प्राप्त करते हैं अर्थात जन्म से ही।

27

सामाजिक नियंत्रण

Social control

समाजशास्त्र में सामाजिक नियंत्रण एक महत्वपूर्ण विषय वस्तु है क्योंकि सामाजिक व्यवस्था को बनाये रखने के लिए सामाजिक नियंत्रण आवश्यक है। अन्यथा समाज अव्यवस्थित हो जाता है। प्रत्येक व्यक्ति की आवश्यकतायें और इच्छायें अनन्त है और उन आवश्यकताओं की पूर्ति मनमाने ढंग से करना चाहता है। यदि उन्हें छूट दे दी जाये तो पता नहीं किस हद तक अपनी इच्छाओं की पूर्ति कर ले। परन्तु मनमाने ढंग से अपनी इच्छाओं की पूर्ति कोई व्यक्ति नहीं कर सकता है उन पर किसी न किसी प्रकार का बंदिश, पाबंदी या रोक लगा होता है उसी बंदिश, पाबंदी या रोक को समाजशास्त्र की भाषा में सामाजिक नियंत्रण कहते है। सामाजिक संगठन को व्यवस्थित तथा प्रभावी ढंग से स्थिर रखने के लिए सामाजिक नियंत्रण आवश्यक हो जाता है। अर्थात समाज को अपना अस्तित्व बनाए रखने के लिए तथा उसमें प्रगति के लिए उनके सदस्यों के व्यवहार पर नियंत्रण करना आवश्यक होता है व्यक्ति के व्यवहारों पर नियंत्रण दो तरीके से किया जाता है। एक तरीका तो यह है कि उस पर बल का प्रयोग करें, दूसरा तरीका यह है कि मानदण्डों और मूल्यों से, जिसे समाज के अधिकांश सदस्य स्वीकार करते हैं। अर्थात कोई व्यक्ति सामाजिक नियम कानून को तोड़ता है तो उसे दण्ड दिया जाता है।

समाजशास्त्र में सामाजिक नियंत्रण की अवधारणा का विशलेषण आधुनिक समय में हुआ है। परन्तु इसका अर्थ यह नही है कि सामाजिक नियंत्रण की समस्या आधुनिक समाज की है बल्कि सामाजिक नियंत्रण का संबंध समाज के अस्तित्व से जुड़ा हुआ है। जब से समाज का अस्तित्व है तब से सामाजिक नियंत्रण का किसी न किसी रूप में अस्तित्व रहा। जैसे–जैसे समाज में परिवर्तन होता रहा वैसे–वैसे व्यक्ति के व्यवहार में भी परिवर्तन होता रहा और साथ–साथ उनके विचलित व्यवहार भी बदलते रहे जिसके कारण नियंत्रण का स्वरूप भी बदलता रहा। आज साइवर अपराध हो रहे है। जिसे पुराने युगों में कोई इसका नाम भी नहीं जानता था। इस प्रकार सामाजिक नियंत्रण के साधनों में समय और परिस्थितियों के अनुसार परिवर्तन होता रहा है।

प्रारंभ से ही कई विद्वानों ने किसी न किसी रूप में सामाजिक नियंत्रण की चर्चा की है। प्लेटो (Plato) की पुस्तक रिपब्लिक (Republic) जो 369 ई. पू. की है तथा कॉम्ट (Comte) की पुस्तक Positive Philosophy जो 1830–42 में लिखी गई है उसमें सामाजिक नियंत्रण का उल्लेख मिलता है। लैस्टर एफ. वार्ड ने (Lester F. ward) अपनी पुस्तक Dynamic Sociology जो 1883 में लिखी गई, में इस अवधारणा का उल्लेख मिलता है। 1894 में शब्द सामाजिक नियंत्रण का सर्वप्रथम प्रयोग स्माल एवं विंसेंट (Small and vincent) द्वारा किया गया था। उसके बाद सर्वप्रथम इ. ए. (E. A.Rass) रास ने 1901 में Social control नामक पुस्तक प्रकाशित किया। यह पुस्तक सामाजिक नियंत्रण के क्षेत्र में प्रथम पुस्तक था जिसमें सामाजिक नियंत्रण की विस्तृत अवधारणा का विशलेषण किया गया।

1902 में कूले (Coaley) की अपनी पुस्तक 'Human Nature and The Social order' प्रकाशित हुआ इस पुस्तक में आत्म दर्पण दर्शन (Looking Glass Self) सिद्धांत प्रस्तुत किया गया जिसमें सामाजीकरण की प्रक्रिया में व्यक्ति तथा समाज के बीच अन्तः क्रिया के अध्ययन पर बल दिया गया तथा सामाजिक नियंत्रण के प्रभावों का अध्ययन किया।

1906 में समनर (W. G. Sumner) की पुस्तक Folkways प्रकाशित हुई। समनर ने उस पुस्तक के माध्यम से यह बतलाया कि किस प्रकार

लोकरीतियां एवं लोकाचार व्यक्तियों के व्यवहारों को नियंत्रित करती है। उनके अनुसार सामाजिक व्यवहार को लोकरीतियाँ एवं लोकाचार निर्धारित करती है कि कौन सा व्यवहार स्वीकृत है अथवा अस्वीकृत।

इस प्रकार उपरोक्त तीन विचारक रांस, कूल और समनर ने सामाजिक नियंत्रण की अवधारणा को विकसित करने तथा इसके स्वरूपों एवं प्रभावों को समझने में महत्वपूर्ण योगदान दिया। इसके बाद कई विचारक हॉब्स, टॉनीज, पारेटो, दुर्खीम, पारसन्स एवं मर्टन ने अपना ध्यान सामाजिक नियंत्रण जैसे विषय वस्तु पर केन्द्रित किया।

सामाजिक नियंत्रण का अर्थ एवं परिभाषा (Meaning and Definition of Social Control)

सामाजिक नियंत्रण शब्द का प्रयोग विभिन्न अर्थो में किया जाता रहा है। संकीर्ण अर्थ में सामाजिक नियंत्रण व्यक्ति को समाज द्वारा स्वीकृत नियमों के अनुसार आचरण करने के लिए बाध्य किया जाता है। प्रारम्भ में इसका अर्थ केवल समूहों की रक्षा तथा मुखिया के आदर्शो का पालन करना मात्र था। बाद में धार्मिक और नैतिक नियमों के अनुसार व्यवहार करने को सामाजिक नियंत्रण माना गया। परन्तु वर्तमान समय में सामाजिक नियंत्रण का अर्थ सम्पूर्ण सामाजिक व्यवस्था को बनाये रखने में प्रयोग किया जाता है। इसे विभिन्न विद्वानों ने निम्नलिखित ढंग से परिभाषित किया है:–

ई. ए. रस. (E. A. Ross) के अनुसार "Social control is a System of devices Whereby Society brings its members into Conformity with the accepted Standards of behaviour" "सामाजिक नियंत्रण विधियों की प्रणाली है, जिसके प्रयोग द्वारा समाज अपने सदस्यों के आचरण को व्यवहार के स्वीकृत मानकों के समरूप बनाता है।"

मैकाइवर एवं पेज (MacIver and page) के अनुसार "By Social control is meant the way in whion the entire Social order adheres and maintains itself-now it operates as a whole asa, changing equilibrium" "सामाजिक नियंत्रण का अर्थ उस तरीके से है जिससे सम्पूर्ण सामाजिक व्यवस्था की एकता और उसका स्थायित्व बना रहता है। इसके द्वारा यह समस्त व्यवस्था एक परिवर्तनशील संतुलन के रूप में क्रियाशील रहती है।"

ऑगबर्न तथा निमकॉफ (Ogburn and Nimkoff) के अनुसार “The Pattern of Pressure which a Society exerts to maintain order and established rules, is known as its system of Social control" ''दबाब का वह प्रतिमान, जिसे समाज के द्वारा व्यवस्था बनाये रखने और नियमों को स्थापित रखने के उपयोग में लाया जाता है सामाजिक नियंत्रण कहा जाता है''

पी. एच. लैण्डिस (P. H. Landis) के अनुसार “Social control is the Social Proess by which the individual is made group-responsie and by which Social organisation is built and Maintained" ''सामाजिक नियंत्रण एक सामाजिक प्रक्रिया है जिसके द्वारा व्यक्ति को समाज के प्रति उत्तरदायी बनाया जाता है एवं सामाजिक संगठन को निर्मित एवं संरक्षित किया जाता है''

लुम्बे (Lumley) के अनुसार “Social control is the Practice of Putting forth directive Stimuli or wish-patterns, their accurate transmission to and adoption by others, whether voluntarily or involuntarily In Short, it is effective will transference" ''सामाजिक नियंत्रण निदेशात्मक उद्दीपन अथवा इच्छा–प्रतिमानों को लागू करने, इनका दूसरे व्यक्तियों को निश्चित हस्तांतरण एवं उनके द्वारा ऐच्छिक अथवा अनैच्छिक रूप से अंगीकरण की कार्य प्रणाली है। संक्षेप में, यह प्रभावी इच्छा हस्तांतरण हैं''

पारसन्स (T. Parsons) के अनुसार ''सामाजिक नियंत्रण वह सामान्य प्रक्रिया है जिसके द्वारा अपेक्षित व्यवहार एवं किये गये व्यवहार के बीच अन्तर को–कम से–कम किया जाता है'' इन्होंने यह भी कहा कि 'विपथगामी प्रवृतियों की कली को फूल बनने से पहले कुचल देना सामाजिक नियंत्रण है'' (Nipping deviant tendencies in the bud)

उपरोक्त विभिन्न परिभाषाओं के आधार पर कहा जा सकता है कि सामाजिक नियंत्र.ण समाज द्वारा समग्र रूप से समूह कल्याण के लिए अपने सदस्यों के उपर आरोपित प्रभाव है। इस प्रक्रिया के द्वारा परिवर्तनशीलता को संतुलित बनाये रखता है। सम्पूर्ण समाज में एकता एवं व्यवस्था बनाये रखने के लिए लोगों के व्यवहारों का नियमन करना ही सामाजिक नियंत्रण है।

सामाजिक नियंत्रण की विशेषताएं Characteristics of Social controll

उपरोक्त परिभाषा के आधार पर सामाजिक नियंत्रण के निम्नलिखित विशेषताओं का विवेचना की जा सकती है–

1. सामाजिक नियंत्रण के द्वारा व्यक्ति से यह उम्मिद की जाती है कि वह सामाजिक नियमों के अनुख्य आचरण करे।
2. सामाजिक नियंत्रण व्यक्ति के विचलन पर अंकुश लगाने के लिये और अनुरूपता लाने के लिए प्रयोग किया जाता है।
3. सामाजिक नियंत्रण के अन्तर्गत बल या शक्ति का प्रयोग और मानदंड तथा मूल्यों का प्रयोग किया जाता है।
4. सामाजिक नियंत्रण समाज को संगठित एवं समरूपता पैदा करता है।
5. सामाजिक नियंत्रण द्वारा तनाव एवं संघर्षो को कम किया जाता है तथा सहयोग स्थापित किया जाता है
6. सामाजिक नियंत्रण में दण्ड और पुरस्कार दोनों विधियों का प्रयोग किया जाता है।
7. सामाजिक नियंत्रण में समाज के सदस्यों को समाज द्वारा स्वीकृत मूल्यों, विचारों और आदर्शो को व्यवहार में लाने के लिए प्रेरणा देता है।
8. सामाजिक नियंत्रण विचलन तथा विघटन को रोकता है।
9. सामाजिक नियंत्रण प्रत्येक समाज में सामाजिक व्यवस्था में पाया जाता है।

सामाजिक नियंत्रण के साधन (Means of Social Control)

जिन इकाइयों के द्वारा व्यक्तियों को समूहों को नियमों एवं रीति–रिवाजों का पालन करने के लिए बाध्य किया जाता है उसे सामाजिक नियंत्रण के साधन कहते है। सामाजिक नियंत्रण के अनेक साधन है जिन्हें वर्गीकरण करना सम्भव नहीं है। ई. ए. रास (E.A. Ross) ने अपनी पुस्तक में अनेक साधनों का उल्लेख किया जिसमें जनमत, कानून, प्रथा, धर्म, नैतिकता,

सामाजिक सुझाव, व्यक्तित्व, लोकरीतियाँ एवं लोकाचार आदि महत्वपूर्ण हैं। ई. सी. हेज (E. C. Hayes) के अनुसार सामाजिक नियंत्रण पुरस्कार एवं दण्ड एक प्रणाली है। शिक्षा सामाजिक नियंत्रण का साधन है तथा परिवार सामाजिक नियंत्रण का अभिकरण है। कार्ल मानहीम (Karl Mannheim) ने सामाजिक नियंत्रण के साधन की चर्चा करते हुये कहा कि प्रत्यक्ष साधनों एवं अप्रत्यक्ष साधनों के बीच भेद है। किम्बल यंग (Kimboll young) ने सामाजिक नियंत्रण के साधनों को सकारात्मक और नकारात्मक साधनों का श्रेणीबद्ध किया है। एफ. ई. लुम्ले (F. E. Lumley) के अनुसार सामाजिक नियंत्रण को मुख्य दो वर्गो में विभक्त किया जा सकता है एक बल या शक्ति पर आधारित दूसरा प्रतीकों पर आधारित। लूथर एल. बर्नार्ड (Luther L. Bernard) ने सामाजिक नियंत्रण के अचेतन एवं चेतन साधनों के बीच भेद प्रस्तुत किया है। अचेतन साधन के अन्तर्गत प्रथा, रीति–रिवाज एवं परम्परा आता है जबकि चेतन साधन के अन्तर्गत सभी प्रकार के नेताओं द्वारा प्रयोग एवं विकसित साधन आते है। कुछ समाजशास्त्रियों ने सामाजिक नियंत्रण के साधनों को अनौपचारिक एवं औपचारिक श्रेणियों में विभक्त किया है।

औपचारिक नियंत्रण के साधन (Means of Formal control)

सामाजिक नियंत्रण के औपचारिक साधन समाज में स्वतः विकसित हो जाते है। इसमें व्यक्तियों एवं समूहों के व्यवहारों को नियंत्रित करने के लिए राज्य सरकार या संस्था द्वारा कानून एवं नियम नहीं बनाये जाते है। बल्कि यदि कोई व्यक्ति किसी जनरीति, प्रथा, रूढ़ि या परम्परा का उल्लंघन करना है तो इनका निन्दा किया जाता है। इस प्रकार के नियंत्रण को आत्म नियंत्रण (Self-Control) के नाम भी जाना जाता है। यह औपचारिक नियंत्रण समय के साथ–साथ सामाजिक अन्तःक्रियाओं के परिणामस्वरूप स्वयं विकसित होता है। इसके लिए कोई किसी विशेष अभिकरण की आवश्यकता नहीं होती है। उदाहरण के लिए भारतीय समाज में ब्राह्मण मांसाहारी भोजन नहीं खाते, जैन धर्म के लोग सूर्यास्त के पूर्व भोजन कर लेते हैं। इसमें जनरीतियां रूढ़ियां, प्रथाएं, विश्वास, धर्म और नैतिकता आदि के द्वारा व्यक्ति का व्यवहार नियंत्रित होता है। कोई भी व्यक्ति

समाज में अपमानित होना नहीं चाहता है क्यों कि उनका समाज में मान–सम्मान है।

कोई भी व्यक्ति यह नहीं चाहता है कि लोग उन पर हंसे या उनकी निन्दा करे या उन्हें सामाजिक रूप से बहिष्कार करें। दूसरी ओर व्यक्ति यह चाहता है कि उनकी प्रशंसा हो, सम्मान मिले और इन्हीं कारणों से व्यक्ति विचलित व्यवहार नहीं करता है ये सभी अनौपचारिक साधन के अन्तर्गत आते है। अर्थात नियंत्रण का वह साधन जिसका स्रोत स्वयं समाज है। यह स्वतः विकसित होती है। तथा अलिखित होती है। इसका संबंध व्यक्ति के आन्तरिक पक्ष से होता है। इसके के द्वारा समूह कल्याण की भावना जुड़ी होती है। यह सामाजिक मूल्यों एवं आदर्शो पर आधारित होती है।

अनौपचारिक सामाजिक नियंत्रण के निम्नलिखित महत्वपूर्ण साधन है–

1. विश्वास (Belief)- विश्वास किसी व्यक्ति के व्यवहार का महत्वपूर्ण आधार होता है। सामान्यतः व्यक्ति निम्न बातों पर विश्वास करता है।

(क) अलौकिक शक्ति में विश्वास

(ख) पुनर्जन्म के सिद्धांत पर विश्वास

(ग) स्वर्ग या परक में विश्वास

(घ) देवी देवता में विश्वास

(ड़) आत्मा में विश्वास

उपरोक्त सभी विश्वास व्यक्ति के व्यवहार को गहराई से प्रभावित करता है। अलौकिक शक्ति में विश्वास के कारण व्यक्ति कोई अपराधी व्यवहार नहीं करता है क्यों कि उसका विश्वास होता है कि कोई शक्ति उनके कार्यो को देख रहा है। पुनर्जन्म में विश्वास के कारण व्यक्ति कोई गलत कार्य नहीं करता है क्यों कि उनका विश्वास है कि इस जन्म में अच्छा कार्य करेगे तो दूसरे जन्म में उच्चतर जीवन प्राप्त होगा। देवी–देवता में विश्वास के कारण व्यक्ति यह सोचता है कि पाप करने पर उसका दण्ड देवी–देवता देते है। स्वर्ग एवं नरक में विश्वास करने पर व्यक्ति यह सोचता है कि अगर कोई गलत काम करेगे तो नरक जाना होगा और अच्छा कार्य

करेगे तो स्वर्ग जायेगे इसलिए व्यक्ति सत्कर्मो की ओर प्रेरित होता है। इस प्रकार, विश्वास व्यक्ति के व्यवहार को नियंत्रित एवं निर्देशित करता है।

2. सामाजिक सुझाव (Social Suggestions)- सामाजिक सुझाव या परामर्श भी सामाजिक नियंत्रण के महत्वपूर्ण साधन है। सामाजिक सुझाव अनेक माध्यमों द्वारा व्यक्ति के पास पहुँचता है। दुरदर्शन, रेडियो, पुस्तकों, पत्रिकाएं, समाचार पत्रों द्वारा आदर्श पुरूषों के कार्यो का उल्लेख मिलता हैं जिससे व्यक्ति अपना व्यवहार उसी अनुरूप ढालने का कोशिश करता है। उदाहरण के लिए महात्मा गांधी, जवाहरलाल नेहरू एवं लाल बहादुर शास्त्री के जीवन के महत्वपूर्ण कार्यो से व्यक्ति को प्रेरणा मिलता है। दूरदर्शन में कई ऐसे धारावाहिक दिखाये जाते हैं जिसमें आदर्श पुरूषों के जीवन की उपलब्धियों को दर्शाया जाता है। और उन उपलब्धियों से समाज के लोगों को मार्ग दर्शन मिलता है। सामाजिक सुझाव पुस्तकों और साहित्यों के माध्यम से भी हम तक पहुँचता है।

3. विचारधारायें (Ideologies)- विचारधारा सामाजिक जीवन को निर्देशित करती है। विचारधारा का अर्थ है कि किसी खास प्रकार का दृष्टिकोण या नजरीया उदाहरण के लिए लेनिनवाद, गांधीवाद एवं फासिज्म एक विचारधारा है जिससे समाज प्रभावित होता है। गांधीवाद एक विचारधारा है। जिससे भारतीय सामाजिक जीवन प्रभावित हुआ है। इस विचार से प्रभावित लोग खादी पहनने के साथ साथ सादगी और ईमानदारी से कार्य करते है। समाजशास्त्र में प्रकार्यवाद और साम्यवाद विचारधाराओं के बीच संघर्ष चलता रहा है। प्रकार्यावाद जहाँ एक ओर पूंजीवाद का समर्थक है तो साम्यवाद सर्वहारा का समर्थक है। समाज के प्रत्येक व्यक्ति कोई न कोई विचारधारा से प्रभावित होता ही है जो उसे आदर्श लगता है उसे आत्मसात करता है उसमें उनको संतोष मिलता है। इस प्रकार विचारधारा सामाजिक नियंत्रण का महत्वपूर्ण साधन है।

4. जनरीतियाँ (Folkways)- जनरीतियाँ दैनिक जीवन के व्यवहार प्रतिमान है जो समाज में स्वतः एवं अचेत रूप से विकसित हो जाती है। जनरीतियाँ सामान्यतः समाज के व्यक्तियों की आदतें हैं एवं समाज के लिए सामान्य हैं। उन्हें सामाजिक स्वीकृति प्राप्त होती है उदाहरण के लिए हिन्दू

स्त्रियाँ धूम्रपान नहीं करती, विशेष अवसर पर विशेष वस्त्र पहना, विशेष प्रस्थिति में व्यक्ति का विशेष व्यवहार जनरीतियों के अन्तर्गत आता है। समाज के सदस्यों के लिए इन जनरीतियों का उल्लंघन करना सरल नहीं होता है। यह समाज के संस्कृति पर आधारित होता है अलग–अलग समाजों में अलग जनरीतियों का प्रचलन होता है। यदि कोई व्यक्ति उनका उल्लंघन करता है तो उसे सामाजिक रूप से बहिष्कार किया जा सकता है। चूंकि जनरीतियाँ दैनिक जीवन से सम्बन्धित है इसलिए व्यक्ति के लिए यह स्वभाव बन जाती है और अचेत रूप में ही इनका पालन करने लगता है। जनरीतियों का व्यक्ति के व्यवहार पर शक्तिशाली प्रभाव डालती है।

5. लोकाचार (Mores)- लोकाचार वे जनरीतियाँ है जो समाज के लिए अधिक महत्वपूर्ण ही नहीं होता बल्कि समाज कल्याण के लिए आवश्यक समझा जाता है। लोकाचार जनरीतियों की तुलना में समाज के लिए मौलिक आवश्यकताओं से अधिक सम्बन्धित होते हैं। लोकाचार सामाजिक कल्याण के लिए क्या सही है क्या गलत है उसका निर्धारण करता है। लोकाचार व्यक्ति व्यवहार को हमेश प्रभावित करती है। क्यों कि कोई गलत कार्यो को करने से रोकती है। एकपत्नीत्व, मद्यनिषेद्य, अंतर्विवाह आदि लोकाचार के उदाहरण है। यदि कोई व्यक्ति एक से अधिक पत्नी से विवाह करता है तो समाज उसे अनुचित मानता है ठीक उसी प्रकार कोई व्यक्ति मद्यपान करता है तो उसकी निन्दा की जाती है लोकाचारों का पालन करना आवश्यक समझा जाता है। इस प्रकार लोकाचार समाज के व्यक्ति के व्यवहार को प्रभावित तथा नियंत्रित करता है।

6. प्रथायें (Customs)- प्रथा उसे कहते हैं जो समाज में दीर्घकाल से चली आ रही है अर्थात जब जनरीतियाँ एवं लोकाचार प्राचीनकाल से चली आ रही है तथा एक पीढ़ी से दूसरी पीढ़ी तक हस्तांतरित हो रही है तो उसे प्रर्था कहते है। जिन आदतों एवं रीतियों को पालन राम के जमाने में होता हे। और वह आज भी हो रहा है तो प्रर्था कहेंगे। यह प्रर्था समाज में सहज एवं धीरे–धीरे विकसित होती है और समाज के द्वारा स्वीकृत होता है यह प्रर्था सामाजिक नियंत्रण का महत्वपूर्ण साधन है प्राचीन काल में प्रथा का उल्लंघन करना बड़ा कठिन काम था और जो उल्लंघन करते थे उनको समाज से बहिष्कार किया जाता था। जनजातिय समाज में प्रथायें

सामाजिक नियंत्रण का शक्तिशाली साधन थी, परन्तु आज आधुनिक समय में उनकी शक्ति कम हो गई है।

7. धर्म (Religion)- धर्म व्यक्ति के व्यवहार पर शक्तिशाली प्रभाव डालता है। जेम्स, फ्रेजर, टायलर, दुर्खीम आदि विद्वानों ने धर्म की परिभाषा दी है। परन्तु साधारण अर्थ में धर्म परलौकिक शक्तियों में विश्वास या व्यक्ति से श्रेष्ठ शक्तियों में विश्वास को कहते है। इसकी अभिव्यक्ति अनेक रूपों में आत्मवाद, टोटमवाद, अंधविश्वास, ईश्वरवाद आदि में होता में होता हे। धर्म सभी समाजों में प्रचलित है परन्तु धार्मिक विश्वास एवं क्रियाकलाप का रूप अलग अलग हो सकता है। बच्चों को माता–पिता का आज्ञापालन करना, असत्य नहीं बोलना, धोखा नहीं देना, स्त्रियों के प्रति श्रद्धावान होना आदि धार्मिक शिक्षाएं है जो व्यक्ति के व्यवहार को प्रभावित करती है। सभी धर्मो में परोपकारी, दयाशील, सत्यवान एवं धैर्यवान पर बल दिया जाता है। इस प्रकार धर्म समाज में व्यक्तियों के व्यवहार पर शक्तिशाली प्रभाव डालता है।

8. कला एवं साहित्य (Art and literature)- कला के अन्तर्गत चित्र कला, संगीत, नृत्य, वास्तु निर्माण एवं मूर्तिकरण आदि आते है। साहित्य के अन्तर्गत कविता, नाटक एवं उपन्यास आदि आते है। कला एवं साहित्य दोनों मानव व्यवहार को प्रभावित करते है। चित्रकला के द्वारा पारम्परिक संस्कृति की जानकारी मिलती है। शास्त्रीय नष्त्य के द्वारा हमारे अन्दर अपनी संस्कृति की प्रेरणा मिलता है। किसी युग की कला एवं राष्ट्रीय जीवन के बीच अटूट संबंध होता है। उदाहरण के लिए भारत के राष्ट्रीय झण्डा में अशोक स्तम्भ का चित्र अशोक युग की कला थी। चित्रकला संगीत, वास्तुकला आदि प्रचलित संस्कृति तथा आदर्शो की अभिव्यक्ति है जिससे व्यक्ति के व्यवहार पर प्रभाव पड़ता है।

साहित्य मानव व्यवहार को प्रभावित करता है। रामायण, महाभारत, वेद–पुराण, भगवतगीता आदि शास्त्रीय ग्रंथ हैं जिसमें आदर्श, परम्परा, रीति–रिवाज आदि की विस्तृत जानकारी मिलती है जिससे व्यक्ति का व्यवहार प्रभावित होता है। दूसरी ओर कुछ ऐसे साहित्य भी है जैसे जासूसी साहित्य या रूमानी साहित्य व्यक्ति को विचलित व्यवहार कराता है।

9. हास्य एवं उपहास (Hummour and Satire)- हास्य साधारणतया मनोरंजन के लिए आवश्यक है जब कभी किसी समाज में गंभीर प्रस्थिति पैदा हो जाती है तो हास्य उस स्थिति को हल्का कर देता है। कभी–कभी कोई व्यक्ति समाज के नियम के अनुरूप नहीं चलता है तो वह हांसी का पात्र बनता है जिससे दूसरे व्यक्ति उस प्रकार का कार्य करने से डरता है। इस प्रकार व्यवहार को नियंत्रण करता है।

उपहास के द्वारा भी व्यक्ति के व्यवहार का नियंत्रण होता है कोई व्यक्ति विचलित व्यवहार हानिप्रद व्यवहार या दूषित कार्य करता है तो उस व्यक्ति की आलोचना की जाती है। उनका मजाक उड़ाया जाता है। इस आलोचना से बचने के लिए कोई दूसरा व्यक्ति उस प्रकार के कार्य को करने से डरता है।

10. जनमत (Public Opinion)- जनमत का अर्थ है कि समाज के बहु संख्यक लोगों का किसी खास विषय वस्तु पर मत या राय। यदि कोई व्यक्ति का कार्य जनमत के नजर में गलत है तो उनकी आलोचना की जायेगी। इस प्रकार सार्वजनिक उपहास एवं आलोचना के भय से कोई व्यक्ति अनैतिक एवं समाज विरोधी कार्य नहीं करते है। प्रत्येक व्यक्ति यह चाहता है। कि उनकी प्रशंसा की जाये और सार्वजनिक आलोचना से बचे। ग्रामीण समाज में प्रत्यक्ष संबंध पाया जाता है वहाँ सामाजिक नियंत्रण के रूप में जनमत का अत्यधिक महत्व है क्यों कि प्रत्येक व्यक्ति एक दूसरे से परिचय होता है। इसलिए वहाँ जनमत के विरूद्ध कार्य करना कठिन होता है।

औपचारिक साधन (Formal Means)

औपचारिक नियंत्रण सामाजिक नियंत्रण का वह प्रकार है जिसका निर्माण राज्य सरकार एवं किसी औपचारिक संस्था के द्वारा निश्चित नियमों के द्वारा व्यक्ति के व्यवहार को नियंत्रित किया जाता है। सरकारी तथा औपचारिक संगठनों के द्वारा जानकर बूझकर कुछ ऐसे नियम या कानून बनाये जाते है। जिसका पालन करना प्रत्येक सम्बन्धित व्यक्ति को अनिवार्य है। इनका उल्लंघन करने पर दण्ड भी दिया जाता है। उदाहरण के लिए कोई व्यक्ति किसी व्यक्ति की हत्या करता है तो उसे 302 के धारा

के तहत कानून की कार्यवाही की जाती है और दोषी पाये जाने पर सजा भी सुनायी जाती है। ठीक उसी प्रकार कोई विद्यार्थी परीक्षा में कदाचार करता है तो उसे परीक्षा से निकाल दिया जाता है। अर्थात राज्य सरकार,केन्द्र सरकार या औपचारिक संस्थाओं के द्वारा बनाये गये नियमों, कानूनों को सदस्य बाध्यतापूर्वक पालन करता है तो उसे औपचारिक सामाजिक नियंत्रण कहा जाता है।

औपचारिक नियंत्रण सरकार एवं किसी संस्था द्वारा लागू होता है इनके नियम लिखित होते हैं तथा पालन करने के लिए व्यक्ति बाध्य होता है यदि उल्लंघन करता है तो दण्ड दिया जाता है तथा इन नियमों में अनुकूलनशीलता या परिवर्तनशीलता का गुण पाया जाता है। इनके निम्नलिखित साधन है–

1. कानून (Law)- प्रारम्भिक समाज सामाजिक नियंत्रण के अनौपचारिक साधनों का ही प्रयोग करता था, परन्तु जैसे–जैसे समाज जटिल होता गया वैसे वैसे नियमों और कानून में भी परिवर्तन होता गया। विभिन्न औपचारिक संगठनों के द्वारा समय–समय पर अनेक कानून बनाये गये जिसमें अधिकारों कर्तव्यों एवं उनके उल्लंघन पर दण्ड को स्पष्ट रूप से परिभाषित किया गया। प्रत्येक व्यक्ति कानून के समक्ष बराबर है चाहे वह राजा हो या रंक। प्रत्येक व्यक्ति को स्वतंत्र रूप से जीने के लिए एवं सम्पति की सुरक्षा के लिए नागरिक कल्याण के लिए सरकार के द्वारा कई कानून बनाये गये। दिन–प्रतिदिन कानून का आकार बढ़ता जा रहा है। जैसे ट्रैफिक नियंत्रण के कानून, सार्वजनिक स्थानों पर धूम्रपान के कानून इत्यादि। इन कानूनों का उल्लंघन करने पर दण्ड दिया जाता है। इस प्रकार कानून आधुनिक समाजों में लोगों के व्यवहार पर शक्तिशाली प्रभाव डालता है।

2. राज्य (State)- भारतीय संविधान में राज्य को कुछ क्षेत्रों में नियंत्रण करने तथा कानून बनाने का अधिकार दिया गया है। कभी–कभी कई कानून केंद्र सरकार के द्वारा पारित किये जाते है परन्तु लागू करने की जिम्मेवारी राज्य सरकार को दिया जाता है अर्थात कानून का उल्लंघन करने पर राज्य आवश्यक कार्यवाही करता है।

3. पुलिस व अदालत (Policy and Court)- औपचारिक नियंत्रण का महत्वपूर्ण साधन पुलिस व अदालत है। अपराध करने वालों को पुलिस कभी भी पकड़ सकता है तथा उस पर अदालत में मुकदमा चलाया जाता है और दोषी पाये जाने पर उन्हें दण्डित किया जाता है। अदालत किसी अपराध का फैसला दण्ड, जुर्माना कैद और मृत्युदण्ड तक के रूप से सुनाता है। दण्ड के इस भय से समाज का सदस्य कानूनों को तोड़ने से घबराता है।
4. जेल या बन्दीगृह (Jail)- अदालत के द्वारा सुनाये गये दण्ड के द्वारा अपराधी को जेल या बन्दीगष्ह में रखा जाता है। जिसमें व्यक्तिगत स्वतंत्रता समाप्त हो जाती ह। जेल में व्यक्ति अपने परिवार, रिश्तेदारों, मित्रों पड़ोसी आदि के साथ का अवसर नहीं मिलता है साथ ही साथ अपनी इच्छा का खाना भी उसे नहीं मिलता है उसे इन सबसे अलग कर दिया जाता है चूंकि मनुष्य एक़ सामाजिक प्राणी है इसलिए अलग रहना उसके लिए काफी कष्टदायक होता है। जेल में उसे शारीरिक और मानसिक कष्ट झेलने पड़ते हैं। इस कष्ट के भय से व्यक्ति कानून के विरूद्ध आचरण करने से डरता है।
5. स्कूल, कालेज तथा विश्वविद्यालय (School, College and University)- ये सभी औपचारिक नियंत्रण के साधन है तथा साध्य भी है। स्कूल, कॉलेज तथा विश्वविद्यालय में नियम पालन करने की शिक्षा दी जाती है। इसके अलावा शिक्षण संस्था के भी कुछ नियम होते है जिनका पालन करना प्रत्येक विद्यार्थियों के लिए आवश्यक होता है यदि विद्यार्थी इस नियम का उल्लंघन करता है तो शिक्षण संस्था के द्वारा दण्डित किया जाता है। इस प्रकार शिक्षण संस्था अनुशासन के पालन करने के लिए प्रोत्साहित करती है तथा बाध्य भी करती है।
6. पुरस्कार (Reward)- विभिन्न सरकारी और गैर सरकारी संगठनों के द्वारा अच्छे कार्यो के लिए व्यक्तियों को समय–समय पर अनेक पुरस्कार भी देती है। इन पुरस्कारों से व्यक्ति अच्छे कार्यो को

करने के लिए प्रेरित होता है। पुरस्कार पाने की इच्छा रखने वाले व्यक्ति नियम विरूद्ध कार्य करने से डरता है और साथ ही साथ अनुशासन का पालन करता है।

उपरोक्त साधन के अलावा गुप्तचर व्यवस्था भी सामाजिक नियंत्रण का एक साधन है। गुप्तचर का प्रयोग भारत में प्राचीन काल से हो रहा है। आज देश में सरकारी और गैर सरकारी दोनों इस प्रकार का संस्था अपराध नियंत्रण के लिए चला रहा है। सरकारी संस्था के रूप में सी. आई. डी. तथा सी. बी. आई. इत्यादि अपराध के षड़यंत्रों पर निगरानी रखते हैं। इसके भय से भी व्यक्ति अपराध करने से डरता है।

सामाजिक नियंत्रण के अभिकरण (Agencies of Social Control)

सामाजिक नियंत्रण में साधन और अभिकरण के बीच कुछ विद्वानों ने भेद करने का प्रयास किया है जिससे भ्रम पैदा हो गया है। वास्तव में अभिकरण और साधन में भेद नहीं है। पश्चिम के देशों में विद्वानों ने अभिकरण एवं साधन को पर्यायवाची के रूप में इस्तेमाल किया है। अभिकरण का संबंध उन समूहों, संगठनों एवं सत्ता से है जो नियंत्रण को समाज पर लागू करते है। साधन का तात्पर्य उस विधि या तरीके से है जिसके द्वारा कोई भी अभिकरण अपनी नीतियों और आदेशों को लागू करती है। वास्तव में जिन चीजों से व्यक्तियों का व्यवहार समाज में नियंत्रण होता है वे सभी सामाजिक नियंत्रण के साधन है। सामाजिक नियंत्रण के प्रमुख अभिकरणों का उल्लेख करेगे जिनका पूर्व में उल्लेख नहीं किया गया।

1. परिवार (Family)- सामाजिक नियंत्रण में परिवार का महत्वपूर्ण योगदान है क्यों कि बच्चा जब जन्म लेता है तो उसका पहला सम्पर्क परिवार से होता है और समाजीकरण की प्रक्रिया में परिवार की भूमिका काफी महत्वपूर्ण होती है। माता–पिता अपने बच्चों को सामाजिक विश्वासों, मूल्यों, आदर्शो प्रथाओं एवं नियमों से परिचित कराता है। कौन सा व्यवहार उचित है और कौन सा व्यवहार अनुचित है उसकी जानकारी दी जाती है। परिवार में सदस्यों को

स्नेह से, डांट फटकार कर नियमों के अनुसार व्यवहार करने के प्रेरित किया जाता है।

2. प्राथमिक समूह (Primary Group)- सामाजिक नियंत्रण में प्राथमिक समूहों का महत्वपूर्ण योगदान होता है। प्राथमिक समूह का तात्पर्य यह है कि व्यक्ति समूह के सदस्यों के साथ ज्यादा घूल मिल जाता है। प्राथमिक समूह के अन्तर्गत परिवार, मित्र–मंडली, पड़ोसी इत्यादि आते है। सामाजीकरण की प्रक्रिया में बच्चा जब बड़ा होता है तो परिवार से निकल कर मित्र–मंडली तथा पड़ोसियों से सम्पर्क में आता है। वहाँ भी परस्पर अन्तः क्रिया के दौरान जीवन की बुनियादी बातों की जानकारी दी जाती है। यदि कोई समूह के नियमों का उल्लंघन करता है तो उस समूह से निकाल दिया जाता है। पड़ोसियों से निन्दा का पात्र बनता है। जिसके कारण सामाजिक नियंत्रण होता है।

3. दण्ड एवं पुरस्कार (Punishment and Rewrad)- दण्ड एवं पुरस्कार दो महत्वपूर्ण अभिकरण है जिससे व्यक्ति का व्यवहार नियंत्रित होता है। यह दोनों प्राचीन काल से प्रचलित है। जो व्यक्ति सामाजिक नियमों का उल्लंघन करता है उसे दण्ड दिया जाता है। यह दण्ड डराने, धमकाने, मार–पीट करने तथा जुर्मना से लेकर मृत्यु–दण्ड तक हो सकता है। अनेक प्रकार के दण्ड के भय से व्यक्ति भविष्य में कोई गलती नहीं करता है।

   दूसरी ओर जब कोई व्यक्ति अच्छा कार्य करता है तो उसे इज्जत, सम्मान, प्रतिष्ठा और पुरस्कार दिया जाता है। पुरस्कार भौतिक वस्तु व सम्पति पदक तथा पद के रूप में भी हो सकता है। कई बार व्यक्ति पुरस्कार पाने के लिए सामाजिक नियमों का पालन करते रहे है।

4. नेता (Leader)- नेता भी सामाजिक नियंत्रण के अभिकरण हैं। नेता का अर्थ है जो व्यक्ति अपने अनुयाइयों का मार्ग दर्शन या नेतृत्व प्रदान करता है। समाज में हर क्षेत्र के लिए अलग–अलग नेता होता है जैसे राजनीतिक, सामाजिक, धार्मिक प्रशासनिक आदि। नेता अपने आचरण, चरित्र, आदर्श बुद्धि परिश्रम के द्वारा

लोगों के व्यवहारों को प्रभावित करते है तथा एक निश्चित दिशा प्रदान करते हैं जिससे अनुआइयों के व्यवहार पर महत्वपूर्ण प्रभाव पड़ता है। उदाहरण के लिए महात्मा गांधी, जवाहरलाल नेहरू, आदि ऐसे नेता थे जिनके आदेशों तथा सुझावों का लोग पालन करते थे।

5. नैतिकता (Morality)- नैतिकता व्यक्ति का सांस्कृतिक तत्व है जो व्यक्ति के व्यवहार को हमेशा नियंत्रित करता है नैतिकता का संबंध व्यक्ति के विवेक से है। नैतिकता हमें यह बतलाता है कि कौन सा व्यवहार उचित है या कौन सा व्यवहार अनुचित है। नैतिकता व्यक्ति के अंतरआत्मा की आवाज है। उदाहरण के लिए चोरी नहीं करना चाहिए, असत्य नहीं बोलना चाहिए, रिश्वत नहीं लेना चाहिए, कमजोर पर शोषण नहीं करना चाहिए इत्यादि। नैतिकता से समाज के जन कल्याण की भावना जुड़ी होती है। जिस समाज में नैतिक मूल्य मानने वाले व्यक्ति होगे वहाँ व्यक्ति के व्यवहार नियंत्रित होगा।

6. स्वस्थ मनोरंजन (Healthy Recreation)- टी. पारसन्स मनोरंजन को तनाव प्रबंधन का एक महत्वपूर्ण इकाई मानते है। वास्तव में जिस समाज में स्वस्थ्य मनोरंजन का साधन प्रर्याप्त रहता है वहाँ व्यक्ति तनाव में या खाली समय में मनोरंजन कर लेते है। परन्तु मनोरंजन के अभाव में व्यक्ति के पास खाली समय को गलत कार्यो में लगाने की उम्मीद रहता है। स्वस्थ्य मनोरंजन के अन्तर्गत रामलीली, तीर्थयात्रा, नाटक, खेल–कूद, सिनेमा, भजन कीर्तन, पूजा पाठ आदि। मनोरंजन से व्यक्ति को षान्ति भी प्राप्त होती है साथ–साथ नैतिक मूल्यों की शिक्षा भी मिलती है।

7. धार्मिक संस्कार (Religious Sanskar) धार्मिक संस्कार व्यक्ति के अधिकार कर्तव्य तथा उनके दायित्वों का ज्ञान कराता है। प्रारम्भिक कालों में उपनयन संस्कार कराया जाता था और उन्हें कर्तव्यों तथा दायित्वों के बोध कराने के लिए गुरूकुल भेज दिया जाता था हिन्दुओं में विवाह एक पवित्र संस्कार है, विवाह से सम्बन्धित

नियमों का पालन कर व्यक्ति सामाजिक नियंत्रण को स्वीकार करता है।

8. जनसंचार का माध्यम (Means of Communication)- आधुनिक समाज में जनसंचार केवल समाचारों या घटनाओं की जानकारी नहीं देती बल्कि जनसंचार के माध्यम रेडियो, टेलीविजन, पत्र–पत्रिका, समाचार पत्र इत्यादि नियमों कानूनों की जानकारी देती है। इन साधनों के द्वारा जनता के व्यवहार को बदलने या नियंत्रित करने के लिए भी उपयोग किया जाता है। एक खास दिशा में व्यक्ति के व्यवहार को नियंत्रित तथा निदेर्शित जनसंचार के माध्यम से किया जाता है इसलिए जनसंचार सामाजिक नियंत्रण का एक महत्वपूर्ण अभिकरण है।

अनुरूपता एवं विचलन (Conformity and Deviance)

सामाजिक अनुरूपता एवं सामाजिक विचलन समाजशास्त्र के महत्वपूर्ण विषय वस्तु रहे है। इन दोनों का अध्ययन सामाजिक आदर्श मूल्य एवं समाजिक प्रक्रिया के संदर्भ में किया जाता है। किसी भी सामाजिक व्यवस्था के रचनात्मक इकाइयों में आदर्श मूल्य का प्रमुख स्थान होता है। सामाजिक जीवन के हर क्षेत्र चाहे, वह खेल का मैदान हो, या स्कूल कॉलेज हो, दफ्तर हो, या परिवार, हर स्थिति में सामाजिक प्रक्रिया को सही रूप से चलाने के लिए आदर्श एवं मूल्य की अत्यन्त अवश्यकता होती है। बिना आदर्श के किसी समाज की कल्पना नही की जा सकती है क्योंकि इसके अभव में समाज व्यवस्था का बना रहना बिल्कुल असम्भव है। आदर्श एक प्रकार के सामाजिक नियम है जो सदस्यों के व्यवहार को नियंत्रित एवं निर्देशित करते हैं। आदर्श अमूर्त होते है। अमूर्त होते हुए भी यह विभिन्न प्रस्थितियों में व्यवहार को निर्देशित करती है।

किसी भी समाज के प्रत्येक व्यक्ति से यह आशा की जाती है कि वह नियमों का पालन करे और समाज के द्वारा स्वीकृत तरीकों के अनुरूप अपनी भूमिका अदा करें। समाज के नियम आदर्श या मूल्य जिस कार्य को करने के लिए माना करे उसे नहीं करें। परन्तु सभी समाजों में प्रत्येक व्यक्ति प्रत्येक आदर्श और मूल्यों को स्वीकार नहीं करता है। कुछ व्यक्ति

ऐसे भी होते है जो आदर्श या मूल्यों का उल्लंघन करते है परन्तु अधिकांश व्यक्ति ऐसे होते हैं जो नियमों के अनुरूप व्यवहार करते हैं। जो नियमों के अनुरूप व्यवहार करते हैं उसे अनुरूपता (Conformity) कहा जाता है जो नियमों के विपरीत होकर इसका उल्लंघन करते हैं उसे विचलन (Deviance) कहा जाता है स्पष्टतः अनुरूपता एवं विचलन की समस्या सामाजिक नियंत्रण की समस्या से सम्बन्धित है जो प्रत्येक समाज में पाई जाती है चाहे वह समाज ग्रामीण हो या नगरीय सरल हो या आधुनिक। अधिकांश समाज यह चाहता है कि प्रत्येक सदस्य अधिक से अधिक नियमों का पालन करे और कम से कम विचलन हो, परन्तु कोई भी ऐसा समाज नहीं है जहाँ विचलन नहीं पाई जाती हो।

अनुरूपता का अर्थ एवं परिभाषा (Meaning and Definition of Conformity)

अनुरूपता का अर्थ नियमों के पालन से है। किसी भी समाज को सुचारू रूप से क्रियाशील रहने के लिए यह आवश्यक है कि समाज के सदस्य समाज के नियमों का पालन करे। वस्तुतः समाज की सफलता इसके सदस्यों की क्रिया पर निर्भर करती है और यह क्रिया अन्तः अनुरूपता पर आधारित होती है। व्यक्तियों के अनुरूपता से समाज व्यवस्था को स्थायित्व मिलता है और समाज विधिवत रूप से प्रगति के पथ पर अग्रसर होता है विभिन्न विद्वानों ने इसे निम्नलिखित रूप में परिभाषित करने की कोशिश किया है।

थियोडोरसन एवं थियोडोरसन (Theodorson and Theodorson) के अनुसार " Conformity is behaviour that is in accord with the expectation of a Social group" ''सामाजिक समूह की प्रत्याशाओं के अनुसार व्यवहार करना ही अनुरूपता है।''

कुले (C. H. Cooley)- के अनुसार "Conformity may be defined as the endeavour to maintain a Standard set by a group. It is a voluntary imitation of prevalent modes of action" ''अनुरूपता एक समूह द्वारा निर्धारित मानकों को बनाये रखने का प्रयत्न है। यह क्रिया के रूपों का एक स्वेच्छ अनुकरण है''

ऐलन (Allen) के अनुसार ''यह समूह प्रभाव के कारण किसी व्यक्ति के व्यवहार में आने वाला ऐसा परिवर्तन है जिसके फलस्वरूप व्यक्ति और समूह के मध्य मतैक्य में वृद्धि होती है।''

मर्टन (R. K. Merton)- के अनुसार "The term usually denotes conformity to the norms and expectations, current in the individual own membership group" ''इस शब्द का सामान्य अर्थ यह है कि व्यक्ति जिस समूह का सदस्य है, उसमें प्रचलित मानदण्डों एवं प्रत्याशाओं के अनुरूप व्यवहार करें।''

जॉनसन (Jonnson) के अनुसार "Conformity is action that (1) is oriented to a Social norm or norms and (2) Falls within the band of behaviour permitted by the norm" ''अनुरूपता की दो विशेषताएँ है। यह एक क्रिया हैं (1) जो सामाजिक मानदण्डों की ओर अभिमुख होती है तथा (2) सामाजिक मानदण्डों द्वारा स्वीकृत होती है।''

जॉनसन ने इसे और स्पष्ट करते हुये इसके दो पक्षों की चर्चा की है। प्रथम नियमों के अनुकूल व्यवहार करना अनुरूपता कहलाता है एवं द्वितीय वे समस्त व्यवहार जो नियम (Norms) के सीमा क्षेत्र के अन्तर्गत आते है वे अनुरूपता कहलाते है। उदाहरण के लिए कक्षा में शांति पूर्वक शिक्षक की बातों को सुनना नियमों की अनुरूपता कहलाता है। दूसरी ओर खेल में दूसरे दल को नुकसान पहुचाकर विजयी होना भी अनुरूपतों कहलाता है।

पारसन्स (Parson) के अनुसार 'किसी व्यक्ति के व्यवहार में तब अनुरूपता (Conformity) आती है जब वह नियमों का व्यक्तित्व में आत्मसात (Internalization) ठीक से करता है।''

उपरोक्त परिभाषाओं से स्पष्ट होता है कि समाज के द्वारा स्वीकृत आदर्श प्रतिमान एवं प्रत्याशाओं के अनुसार व्यक्ति व्यवहार करता है तो उसे अनुरूपता कहते है। कभी–कभी कुछ आदर्श एवं मूल्य की जानकारी व्यक्ति को नहीं होता है। परन्तु प्रचलित आदर्श एवं मूल्यों की जानकारी प्रत्येक व्यक्ति को होती है और व्यवहार के दौरान उनका पालन किया जाता है।

विचलन (Deviance)

सामान्यतः आये दिन यह सुनने को मिलता है कि अमुक व्यक्ति पथ भ्रष्ट है वह व्यक्ति गलत कार्य करता है पापी है। इन सभी बातों का मतलब यह है व्यक्ति समाज के स्वीकृत मार्ग से हटकर अपना व्यवहार कर रहा है जिसे समाजशास्त्र में विचलन कहते है। विचलन अनुरूपता के विपरीत माना जाता है अर्थात जब व्यक्ति समाज के स्वीकृत तरीकों से अलग हट कर व्यवहार करता है। प्रत्येक समाज में कुछ ऐसे व्यक्ति होते है जो नियमों को अपनी आवश्यकता की पूर्ति में सहायक नहीं पाते है। कभी–कभी कोई समूह क्लब या संघ भी विचलनकारी व्यवहार कर डालता है। अतः विचलन कर्ता एक व्यक्ति भी हो सकता है और एक समूह भी। पर दोनों स्थितियों में दण्ड के स्वरूप एक समान नहीं होते है। विचलन की अवधारणा सापेक्षिक है क्योंकि प्रत्येक समाज के अलग–अलग आदर्श मूल्य पाये जाये जाते है। कोई मूल्य किसी समाज के लिए अनुरूपता के अन्तर्गत आता है तो वहीं मूल्य दूसरे समाज में विचलन के अन्तर्गत आता है। उदाहरण के लिए गाँजा और भांग का सेवन करना भारत में कोई विचलित व्यवहार नहीं माना जाता है, परन्तु पश्चिम देशों में इसका सेवन पूरी तरह से वर्जित है। जो लोग सेवन करते है उन्हें उनका यह व्यवहार विचलित व्यवहार कहलाता है। दूसरी ओर पश्चिम समाजों में शराब पीना एक सामान्य व्यवहार है परन्तु भारत में यह विचलित व्यवहार के अन्तर्गत आता है। कुछ लोग विचलन (Deviation) और ऐनोमी (Anomie) को एक ही मान कर भूल करते है, दरअसल इन दोनों में अन्तर है। ऐनोमी नियमविहीनता से सम्बन्धित है, परन्तु यह सत्य है कि दोनों काफी हद तक जुड़े हुये है क्यों कि ऐनोमी परिस्थितियाँ विचलन को बढ़ावा देती है।

विचलन का अर्थ एवं परिभाषा (Meaning and Definition of Deviance)

विचलन की परिभाषित करना एक मुश्किल काम है क्यों कि हरलम बॉश (Haralambos) कहते हैं कि विचलन सापेक्षिक (Relative) है। इसकी परिभाषा खास स्तर या कोटि से की जाती है और यह स्तर या कोटि (Standards) निर्धारित नहीं है। यह विचलन समय और स्थान के अन्तर

होने से इसमें भिन्नता आ जाती है। उदाहरण के लिए राम के युग में दहेज लेना विचलन व्यवहार नहीं था परन्तु आज दहेज लेना विचलन व्यवहार है। उसी प्रकार इंग्लैंड ने 1969 तक समलैंगिक सेक्स विचलित व्यवहार था परन्तु यह आज विचलित व्यवहार नहीं है। विभिन्न विद्वानों ने विचलन की परिभाषा दी है जो निम्नलिखित है।

जॉनसन (Johnson) के अनुसार "Deviant behaviour is not merely behaviour that happens to violate a norm; it is behaviour that violates a norm to which the actor is oriented at the time; it is motivated violation" 'विचलित व्यवहार केवल ऐसा व्यवहार नहीं है जिसमें किसी आदर्श का उल्लंघन होता है। यह ऐसा व्यवहार है जो उस मानदण्ड का उल्लंघन करता है जिसकी ओर कर्ता उस समय अभिमुख हो, यह जानबूझकर किया गया उल्लंघन है।

मेटा स्पेंसर (Metta Spencer) के अनुसार "Deviance as any form of behaviour that violates the norms of a Social group or of Society" ''विचलन व्यवहार का वह कोई भी स्वरूप है जो समाज या समूह के मानदण्डों का उल्लंघन करता हो।''

हरलम बॉश (Haralam bos) के अनुसार " Deviance refers to those activities which do not conform to the norms and expectations of members of a partic cular Society" ''विचलन उस व्यवहार को संदर्भित करता है जो मानदण्डों और खास समाज के सदस्यों के प्रत्याशाओं के अनुरूप नहीं करता है।''

रोबर्ट बेल (Robert R. Bell) के अनुसार "Any thing is deviant that varies too far from the average in Society" ''समाज में औसत व्यवहार से बहुत अधिक भिन्नता प्रकट करना ही विचलन है।''

कोहन (Cohen) के अनुसार ''विचलन से मेरा तात्पर्य अपराध व बाल अपराध से ही नहीं वरन उस प्रत्येक व्यवहार से है जो सामान्य रूप से स्वीकृत आचरण का उल्लंघन है।''

उपरोक्त परिभाषाओं के आधार पर कहा जा सकता है कि विचलन मानदण्डों का उल्लंघन है। परन्तु कभी–कभी मानदण्डों के ज्ञान के अभाव

में व्यक्ति मानदण्डों का उल्लंघन कर देता है तो क्या इसे विचलन कहेंगे या नहीं? वास्तव में जान–बूझकर किया गया उल्लंघन विचलन है, अज्ञानता में किया गया सामाजिक मानदण्डों के उल्लंघन को कभी–कभी माफ कर देते हैं परन्तु कानून के ज्ञान के अभाव में किया गया उल्लंघन विचलन ही कहलाता है। यह एक सापेक्षिक अवधारणा है। जो व्यवहार किसी समाज के एक हिस्से में अनुरूपता है तो दूसरे हिस्से में वह विचलन है। इसलिए विचलन की व्याख्या हमेशा समाज या वर्ग विशेष में तथा समय स्थान के संदर्भ में ही किया जाना चाहिए।

आधुनिक जटिल समाजों में विचलनकारी व्यवहार का एक बड़ा कारण भूमिका द्वंद्व है। यदि फ्रायड (Fread) की बातों पर ध्यान दे तो कह सकते है कि विचलन का मुख्य कारण Id. है। Id मनुष्य की मौलिक आवश्यकताएं है जैसे भूख, प्यास, नींद और सेक्स है जो नग्नावस्था में मानव मस्तिष्क में निवास करती है तथा उसकी पूर्ति किसी भी अवस्था में चाहती है।

विचलन हमेशा किसी समाज या समूह के लिए अप्रकार्य (Disfunctionel) नहीं होता है। यह अनेक परिस्थितियों में अनेक तरह से समाज या समूह के लिए प्रकार्यात्मक (Functional) भी होता है। अप्रकार्य से तात्पर्य विघटनकारी प्रभाव से है तथा प्रकार्यात्मक से तात्पर्य व्यवस्था को बनाये रखने में मदद करने से है। अलबर्ट कोहेन (Albert K. cohen) ने इसकी विस्तष्त चर्चा की है।

उन्होंने विचलन के अप्रकार्य (Disfun ctions) की चर्चा करते हुए कहा कि चूकि समूह या समाज में सभी व्यक्तियों की क्रियाएं अन्तः सम्बन्धित (Interrelated) होती है अतः एक आदमी अपने पथ से विचलित हो जाता है तो उसका प्रभाव पुरे समाज या समूह पर पड़ता है। उदाहरण के लिए लड़ाई के समय एक कमण्डिंग अधिकारी अपने मानदण्डों से विचलित हो जाए तो उसका प्रभाव पूरे समूह पर पड़ सकता है तथा समूह हार भी सकता है।

समाज में विचलनकारी व्यवहार बढ़ जाने से लोगों में कार्य करने की इच्छा समाप्त होने लगती है।

विचलन के प्रकार्यो की चर्चा करते हुये कोहेन का कहना है कि विचलन समाज या समूहों में एक सुरक्षा मूल्य (Safety valve) की तरह काम करता है। उदाहरण के लिए वेश्यावृति भारत देश के लिए विचलनकारी व्यवहार माना जाता है। पर यह समाज के लिए कुछ हद तक प्रकार्यात्मक भूमिका भी अदा करती है। वेश्यावृति के चलते समाज में अनेक सदस्यों के अतृप्त यौन आवश्यकताओं की तृष्ति हो जाती है यदि वेश्यावृति के प्रचलन न हो तो, हो सकता है कि समाज में (Extramarital sex, Premarital sex) अतिरिक्त वैवाहिक दाम्पत्य पूर्व वैवाहिक दाम्पत्य का प्रचलन बढ़ जाये या खुले आम गुण्डागर्दी बढ़ जाये जिससे समाज व्यवस्था को विघटित करने में मदद मिले।

कोहेन (Cohen) के अनुसार बार–बार नियमों के उल्लंघन होने से नियमों की सीमा स्पष्ट हो जाती है। वास्तव में नव निर्मित नियमों की सीमा लोगों को मालूम नहीं होती है, पर बार–बार उल्लंघन होने से लोगों को दएड दिया जाता है। इस प्रकार नियम की सीमा स्पष्ट हो जाती है।

बार–बार विचलन संगठन की संकेत सूचक बन जाती है। बार–बार के नियमों के उल्लंघन से लोग वर्तमान नियमों एवं प्रक्रियाओं की पुर्नपरीक्षा करते है। इस प्रकार विचलन संगठन के लिए सूचक का काम करता है। दूसरी ओर यदि कोई विचलन हो जाता है तो समूह या समाज के सभी लोग मिलकर उसे अनुरूप (Canform) करना चाहते हैं जिससे समूह में एकता का विकास होता है।

अनुरूपता के कारण/कारक (CausesèFactors of Conformity)

समाज में व्यक्तियों के व्यवहार सामाजिक मानदण्डों के अनुरूप क्यों होता है इसके अनेक कारण है जिसे एच. एम. जॉनसन (Johnson) ने निम्नलिखित ढंग से बताने का प्रयास कियाः–

1. समाजीकरण (Socialization)- समाजीकरण की प्रक्रिया वह प्रक्रिया है जिसके अन्तर्गत एक नवजात शिशु यह सीखता है कि उसके समाज की संस्कृति क्या है? उसके समाज के मानदण्ड और मूल्य क्या हैं? इस प्रक्रिया के द्वारा यह भी सिखाया जाता है कि उसे

किन–किन मूल्यों एवं मानदण्डों का पालन करना चाहिए और किन से दूर रहना चाहिए। मूल्यों एवं मानदण्डों के अनुरूप व्यवहार करने पर उसे पुरस्कृत किया जाता है और उसके विरूद्ध व्यवहार करने पर दण्ड दिया जाता है। इस प्रकार सामाजीकरण की प्रक्रिया द्वारा नियमों को अनुरूप (Conform) करना जान लिया जाता है। इससे स्पष्ट होता है कि इस प्रक्रिया के द्वारा जैवकीय प्राणी एक सामाजीक प्राणी बनता है। समाजीकरण की प्रक्रिया मृत्युपर्यन्त चलने वाली प्रक्रिया है जिसमें समय–समय पर अनेक प्रकार की अपनी भूमिका निभाते है।

2. पृथक्करण (Insulation)- जॉनसन के अनुसार पृथक्करण एक ऐसी व्यवस्था है जो भूमिका के द्वन्द्व को समाप्त करती है। जब एक व्यक्ति से एक समय में एक से अधिक भूमिका की उम्मीद की जाती है तो व्यक्ति के भूमिका में द्वंद्व उत्पन्न होती है। जिससे विचलन होता है। जॉनसन के अनुसार भूमिका द्वन्द्व की स्थिति को दूर करने के लिए समय और स्थान का निर्धारण आवश्यक है। यदि ऐसा निर्धारित कर दिया जाए कि आमुक कार्य, अमूक समय में और अमुख स्थान पर ही किया जा सकता है तो भूमिका द्वन्द्व की स्थिति समाप्त हो जायेगी। फलतः लोगों के व्यवहार में अनुरूपता आ जायेगी औपचारिक संगठनों में विभिन्न विभागों के बीच कार्यो का बटवारा के पीछे यही सिद्धांत काम करता है।

3. संस्तरण (Hierarchy)- समाज में सदस्यों का भिन्न–भिन्न अधिकारों एवं कर्तव्यों का एक श्रेणीक्रम होता है जिससे एक व्यक्ति के भूमिकाओं से दूसरे व्यक्ति भूमिकाओं के बीच टकराहट नहीं होता है। उदाहरण के लिए भारतीय समाज में विभिन्न जातियों का एक श्रेणीक्रम बना हुआ है जिसके कारण विभिन्न जाति अपने–अपने नियम के अनुसार ही व्यवहार करता है विश्वविद्यालय में एक आदेशपाल से लेकर कुलपति तक का एक संस्तरण बनाया गया है जिसमें सभी अधिकारी अपने पद के अनुसार भूमिका करता है और व्यवस्था सुचारू रूप से चलता है। इस प्रकार संस्तरण विचलन को कम करता है तथा अनुरूपता लाता है।

4. सामाजिक नियंत्रण (Social Control)- समाज में सदस्यों के व्यवहार में अनुरूपता हो इसके लिए सामाजिक नियंत्रण महत्वपूर्ण भूमिका निभती है। सामाजिक नियंत्रण वह प्रक्रिया है जिसमें सदस्यों के व्यवहार को नियंत्रित एवं निर्देशित किया जाता है ताकि सामाजिक व्यवस्था को बनाये रखा जाये। यह समाज द्वारा स्वीकृत अधिकार के बल पर सदस्यों को नियम पालन करने के लिए बाध्य करती है। यदि कोई व्यक्ति विचलित व्यवहार करता हैं तो उसे दण्ड दिया जाता है और अच्छा व्यवहार करता है तो उसकी प्रशंसा या पारितोषिक दिया जाता है। जिस समाज में नियंत्रण का विधि जितना मजबूत होगा वहाँ विचलन कम होगा तथा व्यक्ति के व्यवहार में अनुरूपता होगा। इससे सामाजिक संगठन को एकता एवं स्थायित्व मिलता है। इससे स्पष्ट होता है कि सामाजिक नियंत्रण एक ऐसी प्रक्रिया है जो सदस्या के विचलनकारी भावनाएँ एवं विचलनकारी व्यवहार को रोकता है।

5. विचारधारा (Ideology)- विचारधारा को परिभाषित करते हुए जॉनसन ने लिखा है कि "——the ideology of Society Consists of————

   1- Popularly accepted ideas about the structure, the internal Process (including the changes World taking Place) & the World situation of Society

   2- Populerly accepted ideas about its history.

   3- Popularley opproved value and goals for the Society.

   उपरोक्त परिभाषा से स्पष्ट है कि विचारधारा उस समाज की संरचना एवं अंतरिक प्रक्रियाओं को बताती है। साथ ही साथ यह भी स्पष्ट करती है कि उस विशेष समाज का विश्व समाज के संदर्भ में क्या दृष्टिकोण है। साथ ही किसी समाज में विचारधारा उस समाज विशेष का ऐतिहासिक स्वरूप स्पष्ट करती है। तथा समाज के विचारधारा में उस समाज द्वारा स्वीकृत मूल्य एवं उद्देश्य भी सम्मिलित रहते हैं।

प्रत्येक समाज में किसी–न–किसी प्रकार की विचारधारा अवश्य होती है जो समाज व्यवस्था को प्रभावित करती है। विचारधारा चाहे किसी भी प्रकार की क्यों न हो वह बराबर अनुरूपता के समर्थक के रूप होती है। यह सही है कि किसी भी समाज में एक समय में एक से अधिक मत या विचार होता है। उसमें से कोई एक प्रभावशाली होता है तो समाज के प्रचलित नियमों के अनुरूप होता है। इस विचारधारा के फलस्वरूप नियमों को बल मिलता है। विचारधारा बहुत हद तक हमारे व्यवहार को नियंत्रित करती है तथा वर्तमान समाज व्यवस्था के प्रति विश्वास पैदा करती है। जब व्यक्ति अपनी विचारधारा को बताता (Identity) करता है तो विचारधारा को एकीकरण में बल मिलता है। जिस समाज में विचारधारा में जितना मतभेद होगा वहाँ लोगों के व्यवहार में विचलन ज्यादा होगा।

6. निहित स्वार्थ (Vested Interest)- निहित स्वार्थ समाज में अनुरूपता लाती है। प्रत्येक सामाजिक व्यवस्था में कुछ खास लोगों का निहित स्वार्थ होता है और जिनका निहित स्वार्थ उस व्यवस्था में होता है वे लोग नियम का निष्ठा से पालन करते हैं और दूसरों से भी पालन करने की उम्मिद रखते है। उदाहरण के लिए भारतीय समाज में जाति व्यवस्था प्रचलित है इसमें ब्राह्मणों का विशेष अधिकार, और प्रतिष्ठा प्राप्त है इसलिए कोई निम्न जाति के लोग जाति के अनुरूप व्यवहार नहीं करते है तो उनकी निन्दा ब्राह्मणों के द्वारा की जाती है क्यों कि ब्राह्मण चाहते है कि जाति व्यवस्था बनी रहे और उनका सर्वोच्च स्थान भी बना रहे, जिससे अपना उनका निहित स्वार्थो की पूर्ति होते रहे। दूसरा उदाहरण निजी सम्पति के नियम को ऐसे क्षेत्र में ज्यादा समर्थन मिलता है जिसके पास अधिक सम्पति रहती है। समाज नहीं चाहता है कि सामाजिक नियम बार–बार बदल दियें जाये वह हमेशा यह चाहता है कि सामाजिक नियमों का लोग पालन करते रहें और जिन लोगों का स्वार्थ निहित होता वे पालन करते है और कराने की कोशिश करते हैं।

विचलन के कारण/कारक (Causes/Factors of Deviation)

विचलनकारी व्यवहार होता क्यों हैं? दूसरे शब्दों में सामाजिक नियंत्रण की क्यों आवश्यकता होती है इसके कारणों की चर्चा करते हुए जॉनसन ने निम्नलिखित कारकों की चर्चा की है–

1. दोषपूर्ण समाजीकरण या समाजीकरण का अभाव (Faulty or Lack of Socialization)- यह एक महत्वपूर्ण कारक है। जिसके चलते व्यक्ति विचलित व्यवहार करता है। दोषपूर्ण समाजीकरण का अर्थ यह है कि बच्चा अपने माता–पिता से तथा समाज से स्वीकृत मानदण्ड और सामाजिक मूल्य सीख नहीं पाया, ऐसा हो सकता है कि उनके माता–पिता भी विचलित व्यवहार करते हो और अपने बच्चों को सुधारने की कोशिश नहीं की। दूसरी ओर कभी–कभी ऐसा होता है कि माता–पिता दोनों व्यवसाय या नौकरी करते हैं जिसके कारण उनके बच्चों का आया या नौकरानी के द्वारा पालन पोषण होता हो। उनके बच्चों का भी समाजीकरण ठीक से नहीं हो पाता है। ऐसे परिवार के बच्चे विचलित व्यवहार करते है।
2. कमजोर दंड–विधान (Weak sanctions)- समाज में व्यक्ति के व्यवहार का नियंत्रित करने के लिए दंड विधान की व्यवस्था रखते है। इसके अन्तर्गत अगर कोई व्यक्ति समाज के नियम के अनुरूप व्यवहार करता है तो उसे पुरस्कार देते हैं या प्रशंसा करते हैं और यदि विचलित व्यवहार करता है तो उसे दण्ड या निन्दा किया जाता है। परन्तु जब समाज का दण्ड विधान कमजोर हो जाता है अर्थात अनुरूप व्यवहार करने पर कोई पुरस्कार नहीं और विचलित व्यवहार करने पर कोई दण्ड नहीं तो ऐसी स्थिति में व्यक्ति का व्यवहार ज्यादा विचलित होने लगता है।
3. कमजोर प्रवर्तन (Poor Enforcement)- यदि किसी समाज या समूह के कानून काफी अच्छा हो परन्तु वह ठीक ढंग से लागू नहीं किया जाता हो तो उस नियम की वैधता पर ऑच आ जाती है और फलस्वरूप नियम कमजोर पड़ने लगते है और लोग विचलित व्यवहार करने लगते हैं। उदाहरण के लिए व्यापारी अपने उत्पाद

को बेचने के लिए गलत विज्ञापन देते हैं जिससे उनका उत्पाद और व्यापार फलता–फूलता है और पकड़े जाने पर पैसा देकर छूट जाते है जिससे विचलन निरंतर होता रहता है।

4. तार्किकीकरण की सरलता (Ease of Rationalization)- समाज में कभी–कभी विचलित व्यवहारों में वृद्धि तब ज्यादा हो जाता है जब विचलित व्यवहार करने के बाद भी अपने तर्क के द्वारा गलत को सही ठहराते है। उदाहरण के लिए डाकू यह कह कर डकैती करता है कि लूट का यह सामान गरीबों में बाटेंगे। द्वितीय विश्वयुद्ध में महिलायें यह कहती थीं कि योद्धाओं को शारीरिक आराम देने के लिए वेश्यावृति करती हैं।

5. मानदंडों की अनिश्चित सीमा (Indefinite Range of the Norms)- जब मानदंड की सीमा सुस्पष्ट रूप से निर्धारित नहीं होती है तब विचलनकारी व्यवहार की मात्रा बढ़ जाती है। इस कारण लोगों को पता ही नहीं चलता कि क्या गलत है और क्या सही है। इन अज्ञानता के कारणवश वे नियमों का उल्लंघन करते है। जैसे देश प्रेम या स्वतंत्रता की सीमा निर्धारित नहीं है। स्वतंत्रता आंदोलन के समय लोग रेल का लाईन उखाड़ देते थे, रोड काट देते थे और ये सभी कार्य उन्हें गलत नहीं लगता था।

6. उल्लंघनकारी व्यवहार की गोपनीयता (Secrecy of Violations)- जब किसी सामाजिक मानदण्ड का उल्लंघन हो रहा हो और उनका व्यवहार समाज के सामने स्पष्ट नहीं हो रहा हो तो वह विचलित व्यवहार अन्दर ही अन्दर बढ़ता चला जाता है। कुछ लोग रात को चोरी करते है, शराब पीते है, जुआ खेलते तथा वेश्यावृति करते हैं और यह सोचते है कि इन सारे व्यवहारों की जानकारी किसी को नहीं होगा। इस प्रकार व्यवहारों की गोपनीयता विचलन को बढ़ावा देता है।

7. अनुचित या भ्रष्ट प्रवर्तन (Unjust or Corrupt Enforcement)- जिस समाज में नियम तो बनाये जाये हैं परन्तु ठीक ढंग से लागू नहीं हो पाता है वहाँ विचलन बढ़ जाता है। पुलिस का मुख्य कार्य है

अपराधियों को पकड़ना परन्तु जब पुलिस अपराधियों से साठ–गांठ कर लेता है तो अपराध बढ़ जाता है। लोगों का कानून में विश्वास घटने लगता है और अपराधी व्यवहार बढ़ने लगता है।

8. अपराध पीड़ितों का सहयोग (Co-operation of the victim)- जब कोई अपराध से किसी व्यक्ति को किसी प्रकार की हानि होती है और वह व्यक्ति उस अपराध के लिए कुछ नहीं करता है तो अपराधी का मनोबल बढ़ जाता है और निरन्तर अपराध करता रहता है। जमींदारी और समान्ति व्यवस्था में कामगार महिलाओं का शरीरिक शोषण करता था परन्तु वे महिला मजबूर होकर आवाज भी नहीं उठाती थी, जिससे विचलित व्यवहार को बढ़ावा मिलता था।

9. सामाजिक नियंत्रण के अभिकर्ताओं की उदासीनता (Ambivalence of the Agent of Social Control)- जिस समाज में जिन लोगों पर सामाजिक नियंत्रण का दायित्व है और वे अपने कर्तव्यों को सही ढंग से निर्वाह नहीं करते है तो विचलन का बढ़ावा मिलता है। उदाहरण के लिए माता–पिता अध्यापक पुलिस आदि अपराध को देखते रह जाते हैं उसे रोकने का प्रयास नहीं करते है तो विचलनकारी व्यवहार बढ़ता चला जाता है।

10. उपसंस्कृति द्वारा विचलन का वैद्यीकरण (Sub- Culture Legitimation of Deviation)- समाज में प्रत्येक संस्कृति के अन्तर्गत छोटी–छोटी उप संस्कृति होती है। उप संस्कृति के अन्तर्गत यदि विचलित व्यवहार स्वीकृत हो जाता है तो विचलन का बढ़ावा मिलता रहता है। अपराधी समूह के सदस्यों का व्यवहार अपने समूह के प्रति अनुरूपता का सूचक होता है। परन्तु सारे समाज के लिए उनका व्यवहार विचलनकारी माना जाता है। जैसे हत्या, चोरी इत्यादि।

11. विचलित समूहों के प्रति वफादारी भी भावना (Sentiments of Loyalty to Deviant Groups)- जब किसी विचलनकारी समूह के प्रति उसके सदस्य अधिक वफादार हो जाता है तो वैसी परिस्थिति में भी विचलित व्यवहार बढ़ने लगता है। अपराधी गिरोह के सदस्य

अपने समूह की एकता बनाए रखने के लिए समूह के नियम के अनुरूप व्यवहार करते हैं जो वृहत समाज के लिए उनका व्यवहार विचलित होती है। जब अपराधी समूह के सदस्य समूह के नियम के विरूद्ध व्यवहार करता है तो समूह के द्वारा कड़ी से कड़ी सजा दी जाती है। इसका एक कारण यह है कि समूह का रहस्य खुल न जाये। दूसरा कारण यह है कि समूह की एकता भंग न हो। इस प्रकार विचलित समूहों के प्रति वफादारी भी विचलन को बढ़ावा देता है।

उपरोक्त विश्लेषण से स्पष्ट होता है कि विचलन के कई कारण है परन्तु इसके अतिरिक्त कई अनगिनत और भी कारण है जो व्यक्ति के व्यवहार को विचलित करती है। वास्तव में समय स्थान और परिस्थिति के अनुसार इसमें परिवर्तन होता है। जो व्यवहार एक समय में अनुरूपता है और दूसरे समय या स्थान में वह विचलन के अन्तर्गत आता है। विचलन का सकारात्मक और नकारात्मक दोनों प्रकार के प्रभाव समाज में होता है।

28

सामाजिक परिवर्तन के प्रकार

Types of Social Change

सामाजिक परिवर्तन के प्रकार के रूप को भिन्न–भिन्न समाजशास्त्रियों ने अलग–अलग ढंग से विश्लेषित किया है। किसी ने प्रतिरूप (Patterns) की चर्चा की है तो किसी ने प्रारूप (Models) की।

सामाजिक परिवर्तन के प्रकार के रूप में मेकाइवर एवं पेज (MacIver-Page) ने अपनी पुस्तक Society Pp. 19-21 "सोसाइटी" में तीन प्रतिरूप (Patterns) की चर्चा की है जो निम्नलिखित है–

रेखीय प्रतिरूप (Linear):– सामाजिक परिवर्तन कभी–कभी क्रमबद्ध तरीके से एक ही दिशा में निरंतर आगे चलता रहता है। सरल सीधी रेखा में निम्न से उच्च, सरल से जटिल की ओर जाती है। जिस प्रकार औद्योगीकरण, नगरीकरण हमेशा आगे की ओर बढ़ती जाती है। उदाहरण के लिए विज्ञान में अविष्कार को ले सकते है, विद्युत के आविष्कार के बाद, बल्व, पंखा, रेडियों, टेलिविजन और कम्प्यूटर यह क्रम निरंतर आगे की ओर बढ़ना इंगित करता है। इसलिए इस परिवर्तन को रेखीय परिवर्तन कहते हैं।

आदिम युग––––––मध्य युग––––––सभ्य युग

समाजशास्त्र में अधिकांश उद्विकासीय सिद्धांतकारों ने जैसे अगस्त कॉम्ट, हरबर्ट स्पेंसर, एल. एच. मारर्गन, कार्लमार्क्स आदि ने समाज के

परिवर्तन को सरल से जटिल की ओर दर्शाया है। उद्विकास, उन्नति और प्रगति कभी पीछे की ओर नहीं मुड़ती है।

2. तरंगीय प्रतिरूप (Wave) :– परिवर्तन का दूसरा प्रतिमान के अन्तर्गत वह परिवर्तन आता है जिसमें कुछ समय तक तो परिवर्तन ऊपर की ओर अथवा प्रगति की ओर होती है, किन्तु थोड़े समय बाद वह पुनः ह्रास अथवा नीचे की ओर होने लगती है।

आर्थिक विकास————आर्थिक मंदी———विकास

अर्थात परिवर्तन की स्थिति लहरों अथवा तरंगों की तरह होती है। जिस प्रकार समुद्र में लहरें उठती है गिरती है फिर उठती है। कुछ विद्वानों ने इस प्रकार के परिवर्तन को उतार–चढ़ाव (Fluctuating Change) कहा है। इस प्रकार का परिवर्तन विशेष रूप में कृषि, आर्थिक क्रिया, औद्योगिक उत्पादन और फैशन आदि में दिखाई पड़ता है। प्रथम प्रकार के परिवर्तन में जहाँ इस बात की निश्चितता होती है कि परिवर्तन की दिशा एक होगी, वहीं दूसरी प्रकार के परिवर्तन में इस प्रकार की निश्चतता नहीं होती है। सोरोकिन (Sorokin) का मानना है कि सामाजिक परिवर्तन संस्कृति में उतार–चढ़ाव आने के कारण होता है।

3. चक्रीय प्रतिरूप (Cycle Change):– इस प्रकार के परिवर्तन के प्रतिरूप में परिवर्तन का एक चक्र चलता रहता है अर्थात परिवर्तन एक स्थान से प्रारम्भ हो कर, घूमफिरकर पुनः वहीं लौट आता है। उदाहरण के लिए ऋतु में परिवर्तन शीत के बाद गर्मी, उसके बाद वर्षा एवं पुनः शीत ऋतु आ जाती है।

सुबह के बाद शाम और उसके बाद रात फिर सुबह चक्रीय परिवर्तन को स्पष्ट करती है। यह कथन भी सर्वविदित है कि इतिहास अपनी पुनर्रावृति करती है। समाजशास्त्र में विभिन्न समाजशास्त्री जैसे टायनवी, स्पेगलर, लेविस, ममफोंड, परेटो आदि ने सामाजिक सांस्कृतिक परिवर्तन का विश्लेषण चक्र के आधार पर करने की कोशिश की है। किन्तु आज कई समाजशास्त्री चक्रीय परिवर्तन की बात को स्वीकार नहीं करते है क्यों कि चक्रीय का तात्पर्य यह है कि हम जहाँ से प्रारम्भ होते है घूम–फिरकर पुनः

वहीं लौट आते हैं, लेकिन वास्तविकता यह है कि पुनः हम उसी स्थिति में कभी नहीं लौटते, उसमें संशोधन अवश्य हो जाता है।

विलबर्ट मोरे (Wilbert E. Moore):– विलवर्ट मोरे ने सामाजिक परिवर्तन के प्रारूप (Models of Social change) की व्याख्या किया है। उन्होंने सामाजिक परिवर्तन के जितने भी स्वरूप हो सकते है उन्हें मुख्यतः 10 भागों में बांटकर विश्लेषित किया है जो निम्नलिखित है।

1. सरल रेखीय उद्‌विकास (Simple Rectilinear Evolution):– यह परिवर्तन निरंतर विकास की प्रक्रिया है जो बिना किसी बाधा या उतार–चढ़ाव के उपर की दिशा में चलती रहती है। उदाहरण के लिए ऊपर की ओर गतिशीलता (Upward Mobility)
2. चरणक्रम उद्‌विकास (Evolution by Stages):– सामाजिक परिवर्तन का एक प्रकार यह है कि इसमें चरण क्रम या उद्‌विकासीय तरीके से परिवर्तन होता है। उदाहरण के लिए एल. एच. मार्गन (L. H. Morgan) । अगस्त काम्ट ने विभिन्न चरणों के माध्यम से सामाजिक उद्‌विकास का सिद्धांत प्रस्तुत किया है।
3. असमान गति का उद्‌विकास (Evolution of UnequalRotes):– इस प्रकार्य के अनुसार सामाजिक उद्‌विकास हमेशा समान गति से नहीं होता है कभी उसमें परिवर्तन की गति तेज हो जाती है तो कभी धीमी उदाहरण के लिए जनसंख्या में वृद्धि कभी तीव्र गति से होती है तो कभी धीमी गति से।
4. चक्रीय उद्‌विकास (Evolution by Cycles):– इस में परिवर्तन का एक चक्र चलता है। अर्थात परिवर्तन एक स्थान से प्रारम्भ हो कर पुनः वही लौट जाता है। इस परिवर्तन में भी कभी चढ़ाव या उतार चलता रहता है। इस प्रकार के परिवर्तन की व्याख्या टायनवी, और पैरेटो ने भी अपने सिद्धांत में की है।
5. बहुरेखीय उद्‌विकास (Branching Evolution Representing both Growth and Diversity):– इस मॉडल प्रारूप में परिवर्तन एक साथ एक से अधिक दिशाओं में चलता रहता है। कभी ये परिवर्तन ऊपर जाता है, तो कभी नीचे या कभी–कभी धीमी तो कभी तेज

या कभी वहीं स्थिर रह जाते हैं। उदाहरण के लिए बड़े पेड़ या वृक्षों में विभिन्न प्रकार की शाखा निकलती है और उसके उपशाखा का विकास अनेक दिशाओं में होता है।

6. दिशाहीन चक्रीय उद्विकास (Trendless cyeles):– परिवर्तन के इस प्रारूप में कोई निश्चित दिशा में परिवर्तन नहीं होता है। अर्थात परिवर्तन की कोई एक निश्चित दिशा नहीं होती है। किसी भी दिशा में परिवर्तन हो सकती है। स्पेंगलर (Oswald Spengler) एवं सोरोकिन (P. Sorokin) का सिद्धांत इसी प्रकार के परिवर्तन की चर्चा अपने सिद्धांतों में की है।

7. लॉजिस्टक वक्र रेखीय उद्विकास (Logistic Curve):– मोरे ने इस प्रारूप में कहा कि परिवर्तन कभी–कभी घुमाव रेखीय जैसा होता है। अर्थात सर्पिल गति से चलता रहता है जैसे जनसंख्या में वृद्धि वक्र रेखीय ढंग से होता है। कुछ विद्वानों के द्वारा दिया गया जनसंख्या का वृद्धि का सिद्धांत इसी प्रकार के परिवर्तन को इंगित करता है।

8. विपरीत लॉजिस्टक बहुरेखीय उद्विकास (Reverse Logistic Curve):– परिवर्तन के इस प्रारूप में परिवर्तन ऊपर से नीचे और नीचे से ऊपर होता है। परन्तु विपरीत लॉजिस्टिक वक्ररेखीय उद्विकास के अन्तर्गत परिवर्तन सर्वप्रथम नीचे से ऊपर की ओर, और फिर ऊपर से वक्र रेखा की तरह होती है।

9. घातांकी विकास (Exponential Growth):– इस प्रकार के परिवर्तन के प्रारूप में मोरे ने कहा कि कभी–कभी परिवर्तन काफी तेजी से होता है। सूचना क्रांति के होने से समाज में जो परिवर्तन हुआ है उसे घातांकी विकास का परिवर्तन कह सकते है।

10. आदिमवादी उद्विकास (Primitivsm):– उपरोक्त परिवर्तन के प्रारूप में मोरे ने किसी न किसी विकास की बात कही है, परन्तु इस प्रारूप में कहा कि कभी–कभी सामाजिक परिवर्तन बिल्कुल पतन या अवनति की ओर जाता है। उदाहरण के लिए सामाजिक पतन भी एक प्रकार का सामाजिक परिवर्तन है।

टी. वी. बॉटोमोर (T. B Bottomore):– बॉटोमोर ने अपनी पुस्तक ''समाजशास्त्र'' (Socialogy- 1972) में सामाजिक परिवर्तन के प्रकार (Types of S. change) की चर्चा की है। उन्होंने कहा कि सामाजिक परिवर्तन के वर्गीकरण का आज के वर्तमान समय में विशेष महत्व है। 20 वीं शताब्दी में सा. परिवर्तन की प्रक्रिया पहले से काफी तीव्र हो गयी है। सा. परिवर्तन की गति के संबंध में विकसित और विकासशील देशों के बीच काफी अन्तर है।

तुलना तथा सामान्यीकरण के आधार पर पूर्व तथा वर्तमान के सामाजिक परिवर्तन का वर्गीकरण किया जा सकता है। और इसको ऐतिहासिक जानकारी के द्वारा समझा जा सकता है। वर्तमान समय में अधिकांश बहुसंख्यक लोग परिवर्तन की क्षमता के बारे में अधिक जानते हैं और जब युवा उग्र सुधारवादी विचारों से प्रभावित हो तो संस्कृति और सामाजिक संरचना प्रभावित होती है। इन्होंने कहा कि इस वर्गीकरण के द्वारा सा. परिवर्तन के कुछ कारणों सीमाओं और परिणामों को जान सकते है। निम्नलिखित चार आधारों पर सा. परिवर्तन के वर्गीकरण की व्याख्या की है।

1. आन्तरिक एवं बाह्य परिवर्तन (Endogen ous and Exogenous):– कहाँ से समाजिक परिवर्तन का शुरूआत होती है। आन्तरिक और बाह्य परिवर्तन के बीच अंतर किया जा सकता है। परिवर्तन की शुरूआत समाज के अन्दर और बाहर होती है। व्यवहार में परिवर्तन का जन्म एक भाग या दूसरे भाग में पूर्ण रूप से हमेशा दृष्टिगोचर नहीं होता। “It is evident that the Changes now Occuring in Under- developed Societies have Originated very largely Outside these Societies"

   पश्चिमी तकनीक किसी–न–किसी रूप में अविकसित समाज में प्रारम्भ हो चुका है जिसके कारण आज अविकसित समाज में बाह्य परिवर्तन की शुरूआत हो चुकी है। वास्तव में आन्तरिक या बाह्य सामाजिक परिवर्तन की प्रक्रिया एक महत्वपूर्ण प्रश्न है। आन्तरिक परिवर्तन में सर्वप्रथम संस्था में परिवर्तन होता है उसके बाद समूहों में परिवर्तन प्रारम्भ हो जाता है। ऐतिहासिक घटना के आधार पर

सामाजिक परिवर्तन का वर्गीकरण किया जा सकता है। समूहों में आर्थिक, राजनीतिक, धार्मिक इत्यादि क्षेत्रों में जब परिवर्तन होता है तब यह परिवर्तन दूसरे क्षेत्र में भी फैलने लगता है।

2. वृहत पैमाने पर सामाजिक परिवर्तन (Large Scale changes):– सामाजिक परिवर्तन के वर्गीकरण का दूसरा आधार यह भी हो सकता है कि वृहत पैमाने पर सामाजिक परिवर्तन होने की पूर्ववस्था क्या थी। पूर्वावस्था सामाजिक परिवर्तन के दिशा को प्रभावित कर सकती है। यह कभी भी माना नहीं जा सकता है कि प्राचीन साम्राज्य, सामन्ती व्यवस्था और आधुनिक पूंजीवादी समाज का उदय एक तरह या दिशा में हुआ। समकालीन विश्व में औद्योगिकरण के द्वारा विभिन्न समाजों में विभिन्न प्रकार का परिवर्तन हुआ है। "In Contemporary World, Indus trialization is a very difterent process in tribal Societies" जो परिवर्तन भारतीय और चीनी समाज में आया, ठीक वही परिवर्तन अफ्रीका की आदिम जाति में नहीं हुआ। यह अन्तर निर्भर करता है समाज के आकार तथा जटिलता पर। औद्योगिकरण के कारण सामाजिक परिवर्तन की गति कहीं धीमी तो कहीं तीव्र भी हो सकती है।

3. परिवर्तन की गति (Rate of change):– कुछ समय के लिए सा. परिवर्तन समाज के कुछ क्षेत्रों में तेज हो सकती है और धीमी भी हो सकती है। जिसका भविष्यवाणी करना मुश्किल है। परिवर्तन की गति में भी तेजी और धीमी हो सकती है। "The rate of change may also be accelerating or decelerating" ऑगबर्न और गिलिफिल्न (Ogburn and Gilfillan) के अध्ययन को संदर्भित किया जा सकता है। इनके अध्ययन से यह पता चलता है कि औद्योगिक समाज में तकनिकी परिवर्तन की गति को मापा जा सकता है। क्रमिक परिवर्तन की प्रक्रिया और क्रांतिकारी परिवर्तन की प्रक्रिया के बीच महत्वपूर्ण अन्तर स्थापित किया जा सकता है। आर्थिक और तकनीकी क्षेत्रों में परिवर्तनों को क्रांतिकारी परिवर्तन बताने में और परिणाम बनाने में भी कठिनाई नहीं होगी। यदि

सामाजिक परिवर्तन का आधार कोई जन आन्दोलन या क्रांति है तो भी परिवर्तन की गति ही तेज नहीं होगा बल्कि उसका स्वरूप भी बुनियादी होगा।

4. आकस्मिक और उद्देश्यपूर्ण परिवर्तन (Fortuitous or Purposive change):– टी. बी. बाटमोर ने सा. परिवर्तन के चौथे प्रकार में कहा कि आकस्मिक परिवर्तन और उद्देश्यपूर्ण परिवर्तन में अन्तर है, क्योंकि उद्देश्यपूर्ण परिवर्तन योजनाबद्ध तरीके से होता है। उन्होंने कहा कि सभी परिवर्तन उद्देश्यपूर्ण होते है, परन्तु सभी परिवर्तन में सभी व्यक्तियों के बीच समन्वय स्थापित नहीं किया जाता है। और आकस्मिक परिवर्तन में सभीउद्देश्यों को प्राप्त नहीं किया जा सकता है और सभी व्यक्ति उसमें भाग नहीं लेते है। जिन्सवर्ग (Ginsberg) के सुझाव के अनुसार सामान्य उद्देश्य को नियोजित परिवर्तन की प्रक्रिया में सम्मिलित किया जा सकता है। "Ginsberg Suggests a common purpose emerges and may be realized by degrees through a process of planned social change" आज समाज में अधिकांश परिवर्तन योजनावद्ध तरीके से हो रहा है जबकि आदिकाल में सभी परिवर्तन आकस्मिक हुआ था। आकस्मिक परिवर्तन की गति योजनाबद्ध परिवर्तन की तुलना में साधारण तौर पर धीमी होती है।

हेरी एम. जॉनसन (H. M. Johnson):– के विचार में परिवर्तन को संरचना और प्रकार्य से जोड़ा है। उनका मानना है कि संरचना किसी संदर्भ विन्दु के संबंध में स्थायी होता है। उदाहरण के लिए बच्चों की माता का व्यवहार दिनों दिन थोड़ा निम्न होता जाता है परन्तु वह बच्चों के साथ खास प्रकार का संबंध निभाती है। वह उसकी रक्षा करती है, उसे निर्देश देती है, देखभाल करती है। माता की भूमिका निश्चित होती है उसे संरचना का अंग माना है। इस संरचना को प्रकार्य से जोड़ा है। उदाहरण के लिए माता भूमिका का कुछ प्रकार्य होता है, जैसे बच्चों का समाजीकरण प्रोत्साहित करना, मनोबल को बनाए रखना। माता की यह भूमिका परिवार की उद्देश्य की पूर्ति एकता तथा तनाव मुक्ति का प्रकार्य करती है। सा. परिवर्तन का अर्थ सामाजिक संरचना में परिवर्तन है। उन संभावित

परिवर्तनों की एक सूची बनायी जा सकती है जिसे संरचनात्मक परिवर्तन कहा जायेगा और यह सूची सा. परिवर्तन के प्रकारों को स्पष्ट करेगी।

1. सा. मूल्यों में परिवर्तन (Change in Social value):– सबसे अधिक महत्वपूर्ण परिवर्तन संरचना के मूल्य में परिवर्तन है। ईमानदारी से काम करना एक मूल्य है, जो बहुसंख्यक के द्वारा स्वीकार कर लिया गया है। यह मूल्य प्रत्यक्ष रूप से सा. भूमिकाओं और सा. अन्तःक्रियाओं को प्रभावित करती है।

   मूल्यों में परिवर्तन विभिन्न प्रकार के समस्याओं को बढ़ावा देता है। तथा प्रकार्यात्मक उप प्रणालियों पर भी परिवर्तन देखा जा सकता है। उदाहरण के लिए सामन्तवादी समाज में योद्धा और पुरोहित को समाज का सर्वोच्च स्थान प्राप्त था आर्थिक प्रकार्य समय महत्वपूर्ण होते हुए भी उसका स्थान उच्च नहीं था, परन्तु आधुनिक औद्योगिक समाज में आर्थिक उत्पादन अधिक मूल्यवान है, और नेताओं को अधिक प्रतिष्ठा प्राप्त है।

2. संस्थात्मक परिवर्तन (Institutional change):– संस्थात्मक परिवर्तन को निश्चित संरचना में परिवर्तन कहेंगे इसके अन्तर्गत विभिन्न संगठनों और भूमिकाओं में परिवर्तन आता है। उदाहरण के लिए बहुपत्नी प्रथा से एक विवाही प्रर्था की ओर परिवर्तन, राजतंत्र से प्रजातंत्र नीजी उद्योगों से समाजवाद की ओर परिवर्तन संस्थात्मक परिवर्तन है। इस परिवर्तन में कई नई चीज प्रारम्भ हो जाती है जिसे गिना भी जा सकता हैं जिसमें प्राचीन स्वरूप का अस्तित्व लुप्त हो जाता है। जो समाज के भीतर ही कई समूहों को प्रभावित करती है जो कि प्रारम्भ में सारे समाज के लिए महत्वपूर्ण न होने के बावजूद धीरे–धीरे समूहों में स्थापित होते है और फैलते–फैलते महत्वपूर्ण हो जाते है।

3. संपति और पुरस्कारों–पारितोषिकों के वितरण में परिवर्तन (Change in distribution in property and reward):– कभी–कभी संपति की संस्था में परिवर्तन आए बिना संपति के अधिकारों के वितरण में परिवर्तन आ सकता है। पूर्व में पुत्र, पिता के अधिकारों को ले लेता

था परन्तु भारत में नये कानून के द्वारा लड़कियों को भी पिता के सम्पति में कुछ प्रतिशत का अधिकार दिया गया।

सम्पति और पारितोषिक के बीच गहरा संबंध है। सम्पति के अधिकारों की भांति पारितोषिक भी कालान्तर में परिवर्तन हो सकते है। पारितोषिक के साथ प्रतिष्ठा भी जुड़ा होता है जो स्पष्ट रूप से दिखाई नहीं पड़ता है।

4. कार्मिको में परिवर्तन (Change in Employmeent):– कार्मिको के इधर–उधर होने से घटने वाला परिवर्तन साधारणतया उतना भारी नहीं होता कि उसे संरचनात्मक परिवर्तन माना जाए। परन्तु इससे कार्मिको की श्रेष्ठता पर तथा चलन की षर्तो में अवश्य परिवर्तन होगा। नियुक्ति के नियमों अथवा स्रोतो में परिवर्तन से भरे जाने वाले पद विशेष की मांग औसत योग्यता प्रदत न होकर अर्जित हो जाता है। इस प्रकार कर्मिकों में होने वाला मात्र हेर–फेर अपने आप में ढांचीय परिवर्तन स्पष्ट रूप से वहीं लाता है, परन्तु कुछ परिस्थितियों में ढांचीय परिवर्तन भी लाता है, इससे इन्कार भी नहीं किया जा सकता।

5. कार्मिक की मनोवृति अथवा योग्यताओं में परिवर्तन (Change in Attitude and qualification of employee):– कार्मिकों के हेरफेर से संरचना परिवर्तन नहीं होता, किन्तु संरचना में परिवर्तन का कारण हो सकता है।

जब व्यवस्था में कोई संरचनात्मक दृष्टि से नई चीज जोड़ी जाती है तो परिवर्तन न गुणात्मक होता है और इस कारण प्रणाली के अन्य भागों में सामंजस्य की स्थिति पैदा हो जाती है। परिवर्तन संरचनात्मक तब होता है जब कि कुछ नये तत्व अन्य तत्वों की अपेक्षा अधिक संरचनात्मक समंजस्य लाते है और इस अर्थ में भी कि नया प्रतिमान पुराने प्रतिमान का थोड़े या बहुत अंशों में स्थान ले लेता है।

ठीक उसी प्रकार कार्मिकों की मनोवृति अथवा योग्यता में परिवर्तन होने से समाज की संरचना में भी परिवर्तन होने लगता है।

किंग्सले डेविस के विचार (Kingsley Davis):– डेविस ने सा. परिवर्तन की व्याख्या पूर्णतः समाजशास्त्री ढंग से की है। "By Social change is meant only such alteration as occur in Social organization that is the structure and functions of Society" इनके अनुसार ''सामाजिक परिवर्तन से हम केवल उन्हीं परिवर्तनों को समझते हैं जो सामाजिक संगठन अर्थात समाज के ढांचे और प्रकार्यो में घटित होते हैं।''

परिवर्तन बनाम अन्तः क्रिया (Change versus Interaction):–परिवर्तन और अन्तः क्रिया के बीच गहरा संबंध है। अन्तःक्रिया के द्वारा सामाजिक परिवर्तन होता है। संगठित मजदूर का विकास होने से मजदूर और प्रबंधक के बीच तनावपूर्ण अन्तक्रिया होता था अर्थात अन्तःक्रिया संभव है क्योंकि संरचना है और परिवर्तन संभव है क्योंकि अन्तः क्रिया है। प्रारम्भिक रूप से अन्तःक्रिया और परिवर्तन में अन्तर देखा जा सकता है, परन्तु व्यवहार में हमेशा स्पष्ट रूप देखने को नहीं मिलता है।

2. अल्प अवधि बनाम लम्बी अवधि की परिवर्तन (Short versus long-Run changes) :– लम्बी अवधि का परिवर्तन एक पीढ़ी या कम से कम एक शताब्दी तक परिवर्तन होंगे। उसमें महत्वपूर्ण दिन और महत्वपूर्ण परिवर्तनों को लम्बी अवधि के परिवर्तनों में उल्लेख किया जाता है। इतिहासकार परिवर्तन के उन दिनों तथा स्थानों का उल्लेख करता है। अल्प अवधि का परिवर्तन दिन प्रतिदिन के परिवर्तन को कहेंगे।

3. सम्पूर्ण समाज बनाम एक भाग (Whole Societies Versusparts):– कभी–कभी समाज का कुछ भाग यथावत रहता है जबकि पूरा समाज परिवर्तित हो जाता है। इन्होंने कहा कि समाज की कुछ विशेषता पूरी परिवर्तन के बावजूद भी कायम रहती है। उदाहरण के लिए भारतीय औद्योगिक समाज में मूलभूत परिवर्तन आये है परन्तु धार्मिक पहलू पूर्व के रूप में यथावत् है।

4. परिवर्तन की गति (The Rate of change):– परिवर्तन की गति को दो विभिन्न अर्थो में समझा जा सकता है एक तो समाज के एक भाग में। दूसरा पूरे समाज में। पहला अर्थ में विभिन्न समाजों में तेजी से परिवर्तन और एक ही समाज में विभिन्न कालों में परिवर्तन। आधुनिक यूरोप सामान्य

रूप से विश्वास करते हैं कि मध्यकालिन यूरोप में 13वीं शताब्दी के तुलना में तेजी से परिवर्तन हुआ। लेटिन अमेरिका की तुलना में संयुक्त राज्य में तेजी से परिवर्तन हुआ।

दूसरे गति के अर्थो में एक ही समाज में एक ही समय के विभिन्न भागों में तेजी से परिवर्तन। उदाहरण के लिए पश्चिमी सभ्यता में तीन शताब्दी में आर्थिक और राजनीतिक संस्थाओं में परिवार और धार्मिक संस्था के तुलना में तेजी से परिवर्तन हुआ।

5. परिवर्तन की दिशा (The Direction of change):– एक समाज के अर्न्तगत ईश्वर में विश्वास के स्थान पर एक ईश्वर में विश्वास का परिवर्तन या घोड़ागाड़ी से मोटर गाड़ी में परिवर्तन एक दिशा में परिवर्तन को इंगित करती है।

आधुनिक तकनीक उत्पादकता को बढ़ाता है, परन्तु यह स्थिति हमेशा नहीं रहती है।

6. सामाजिक परिवर्तन के प्रकार (The Forms of S. Change):– सामाजिक परिवर्तन के दिशा का सीधा संबंध सामाजिक परिवर्तन के प्रकार से है। केवल एक उदाहरण है कि परिवर्तन चक्रिय है या रेखीय–चक्रिय परिवर्तन में घटना। दोबारा घटती है। रेखीय में एक निश्चित दिशा में निरंतर परिवर्तन होता है। कभी डगमगाता (लड़खराता) या पूर्ववृति नहीं करता है।

डेविस का कहना है कि हम सभी सामाजिक परिवर्तनों के बारे नहीं जानते, हम लोग केवल उसी प्रकार के परिवर्तनों को जानते हैं जिसका अवलोकन किया जा सकता है। वर्षो तक सामाजिक परिवर्तन के स्वरूप का प्रश्न मात्र एक दार्शनिक पहेली है जिसका सामाजिक विज्ञान में कोई स्थान नहीं है। वास्तव में कौन सामाजिक परिवर्तन चक्रिय है या रेखिय यह निर्भर करता है समय की अवधि पर।

सामाजिक परिवर्तन के प्रकारों का उपागम (Approaches of types of Social change)

समाजशास्त्र में विभिन्न समाजशास्त्रियों ने सामाजिक परिवर्तन की

व्याख्या की है। उनका दृष्टिकोण या देखने का ढंग एक दूसरे से भिन्न है, दूसरी ओर अनेक ऐसे शब्द या अवधारणा है जो सामाजिक परिवर्तन को स्पष्ट करती है, जिसे सामाजिक परिवर्तन के प्रकार भी कह सकते है। जिसे निम्नलिखित आधार पर विश्लेषित किया जा सकता है।

1. कार्ल मार्क्स (Karl Marx):– सम्भवतः कार्ल मार्क्स ने सबसे पहले संख्यात्मक परिवर्तन (Quan titative change) एवं गुणात्मक परिवर्तन की चर्चा परिवर्तन के प्रकारों के रूप में की। संख्यात्मक परिवर्तन साधारणतया नियमित सामान्य प्रतिदिन होने वाले परिवर्तनों को कहते हैं। गुणात्मक परिवर्तन उसे कहा जाता है जब समाज की संरचना में होने वाले परिवर्तनों में महत्वपूर्ण फेर बदल होता है। गुणात्मक परिवर्तन का सार्वोत्म उदाहरण सामाजिक क्रांति के फलस्वरूप समाज में मूलभूत परिवर्तन होता है एवं उसके स्थान पर एक नये प्रकार के समाज का उदय हो जाता है। इस विचारधारा को मानने वाले को मार्क्सवादी कहा जाता है।

2. प्रकार्यवादी (Functionalist):– इस विचारघारा मे पारसन्स मर्टन (T. parsons, R. K. Merton) नेता है। प्रकार्यवादियों ने आम तौर पर गुणात्मक परिवर्तनों की सम्भावना से ही इन्कार किया है। इसलिए वे कौंत के द्वारा प्रस्तावित निरंतरता एवं परिवर्तन के प्रकारों को अधिक स्वीकार करते हैं। ये लोग परिवर्तन, किसी संरचना अथवा संस्कृति के तत्व में और स्वरूप में मामूली परिवर्तन की बात कहते हैं। इस विचारधारा के अनुसार अगर परिवर्तन होता हैं तो सामाजिक व्यवस्था (Social system) को पूर्व के स्थिति में लाने का काम करता है।

3. संरचना में परिवर्तन और संरचनात्मक परिवर्तन (Change in Struefure and structural change):– इन दोनों प्रकार के परिवर्तनों पर समाजशास्त्र में अनेक बार विवाद हुये है। संरचना में परिवर्तन का अर्थ केवल स्वरूप में परिवर्तन से है जैसे संस्कृतिकरण की प्रक्रिया के कारण परिवार का एक समूह अथवा कोई जाति समूह जब तुलनात्मक रूप से ऊंची जाति में पहुँच जाती है तब जाति व्यवस्था की मूल बनावट अथवा संरचना में परिवर्तन नहीं होता बल्कि केवल पद या परिस्थिति में परिवर्तन होता है। दूसरी ओर हाल के दशको में जाति व्यवस्था वर्ण स्तरीकरण अथवा पांच स्तरों से घटकर

तीन स्तरों की व्यवस्था का प्रचलन हो गया है अर्थात ऊंची जातियां, पिछड़ी जातियां एवं निचली जातियां ये तीन स्तर भेद है। यह परिवर्तन जाति व्यवस्था के बनावट में है। इसलिए यह संरचनात्मक परिवर्तन है।

4. एकूमूलेटिव, अल्टरनेटिव ट्रांसफोरमेटिव परिवर्तन (Accumulative Alternative, Transformative change):— समाजशास्त्र में सर्वप्रथम उद्‌विकास के आधार पर परिवर्तन की व्याख्या की गई उसके बाद प्रगति और विकास के अलावा भी अन्य शब्दों का प्रयोग परिवर्तन के प्रकार के सन्दर्भ में किया जाता रहा। अल्टेरेशन, ट्रांसफोरमेशन एकूमूलेटिव आदि शब्दों का भी प्रयत्न परिवर्तन को दर्शने में किया जाता रहा है। हाल के वर्षो में कुछ विद्वानों ने सामाजिक आन्दोलन की चर्चा करते समय इन्हीं के आधार पर परिवर्तन के प्रकारों की चर्चा की जैसा कि पी. एन. मुखर्जी ने की है।

जब एक संरचना के स्वरूप एवं तत्व दोनों में परिवर्तन हो तब उन्हें एकूमूलेटिव कहते हैं, जब संरचना के कुछ तत्व समाप्त हों जाएं तब वे अल्टरनेटिव होते हैं एवं जब संरचना के उपस्थित तत्वों के स्थान पर नये तत्व आजाएं तब उन्हें ट्रांसफोर मेंटिव कहते है।

5. आधुनिकीकरण (Modernization):— यह अवधारणा सामाजिक परिवर्तन की विश्लेषण में सहायक एवं उपयोगी है। इसके अर्थ और प्रयोग के संबंध में समाजशास्त्र में विद्वानों के बीच मतभेद रहा है। इसका सामान्य अर्थ नवीन या नया है। जो आज आधुनिक है वह कल आधुनिक नहीं रहेगा। यह अवधारणा समय सापेक्ष है।

आधुनिकीकरण की प्रक्रिया एवं आधुनिकता की प्रवृति यूरोप से जुड़ी हुई है। इसे डेनियल लर्नर (Daniel Lerner):— "The passing of Traditional Society 1962" ने एक ऐतिहासिक संयोग कहा है। अर्थात यह एक संयोग है कि औद्योगिक क्रांति का प्रारम्भ सबसे पहले यूरोप में हुआ। वास्तव में आधुनिकता और आधुनिकीकरण को परिभाषाओं से अधिक सामाजिक आर्थिक लक्षणों एवं मानसिक अवस्थाओं से समझा जा सकता है।

आधुनिकीकरण के संबंध में कहा जाता है कि यह मूल्यों से प्रभावित (Value Loaded) अवधारणा है। परन्तु प्रो. योगेन्द्र सिंह (Modernization of Indian) Tradition- 1973) ने कहा कि यदि इसमें मूल्य जुड़ते भी हैं तो

वास्तविक ऐतिहासिक एवं सामाजिक परिप्रेक्ष्यों में ही जुड़ते हैं। उन्होंने आगे कहा कि आधुनिकीकरण में ऐसे लक्षण सम्मिलित हैं जो मूलतः सार्वभौमिक और उद्‌विकासवादी हैं, वे मानवतावादी हैं, वे सर्वदेशीय हैं एवं विचारधारा से जुड़े नहीं हैं। इस अर्थ में आधुनिकीकरण में वैज्ञानिक विश्व दृष्टिकोण, विज्ञान के प्रति लगाव, सार्वभौमिक मूल्यांकन के पैमाने एवं मानव के समान होने की बाते जुड़ी हैं।

आधुनिकीकरण के अनेक आयाम हो सकते हैं। उसमें मुख्य रूप से आर्थिक, राजनैतिक सामाजिक–संरचनात्मक एवं सांस्कृतिक आयाम है। एस. सी. वर्मा ने कहा कि इन सभी क्षेत्रों में आधुनिकता के लक्षण देखे जा सकते हैं। ये लक्षण सामान्यतः परन्तु अनिवार्य रूप से नहीं वरन एक ही साथ प्रसारित होते हैं।

आधुनिकीकरण के ये आयाम साधारणतः सामूहिक आधार पर लागू होते है अर्थात कोई समूह अथवा समाज आधुनिक हो सकता है। परन्तु विकासशील देशों में इसे व्यक्तिगत स्तर पर देखा जा सकता है। आधुनिकता का तात्पर्य मात्र ऊपरी पोशाक, मेकअप, बोलने–चलने में निहित नहीं है बल्कि यह मानसिकता और विचार से जुड़ी है।

29

उद्विकास और सामाजिक परिवर्तन

Evolution and Social change

उद्विकास का अर्थ (Meaning of Evolution)

उद्विकास अंग्रेजी भाषा का शब्द 'Evolution' लैटिन शब्द 'evolvere से बना है, जिसका अर्थ है विकसित होना (To develop) अथवा प्रकट करना (To Unfold) यह शब्द संस्कृत शब्द विकास के समान है। विकास वृद्धि (Growth) को स्पष्ट करती है। वृद्धि परिवर्तन की दिशा को बतलाती है, उदाहरण के लिए जनसंख्या में वृद्धि। परन्तु उद्विकास में कुछ अधिक आंतरिक भाव निहित होते हैं, केवल आकार संबंधी परिवर्तन ही नहीं बल्कि संरचना संबंधी परिवर्तन भी सम्मिलित होते हैं।

इस विचार का प्रतिपादन सर्व प्रथम जर्मन समाजशास्त्री वानबेचर (Von Baer) ने किया उसके बाद डार्विन (Darwin) स्पेंसर (Spencer) तथा अन्य विद्वानों ने इसे विकसित किया। डार्विन के अनुसार प्रारम्भ में प्रत्येक जीव सरल होता है और उसके विभिन्न अंग इस तरह से घुले–मिले होते हैं कि, उन्हें अलग नहीं किया जा सकता है, और न ही उसका कोई निश्चित रूप होता है। जैसे एक बीज बहुत सरल होता है, उनके विभिन्न अंग अलग–अलग नहीं होतें परन्तु धीरे–धीरे उसके सभी अंग स्पष्ट होने लगते हैं और उनमें भिन्नता आ जाती है। इन सभी अंगों का अलग–अलग

कार्य भी बंट जाता है, परन्तु सभी अंगों के बीच अन्तःसंबंध पाया जाता है। इस प्रकार विकास की यह प्रक्रिया हमेशा जारी रहती है।

परन्तु उद्‌विकास अपने आप में आंतरिक शक्ति के कारण धीरे–धीरे विकसित होता है। इसमें यह विश्वास किया जाता है कि समाज सरल से जटिल की ओर प्रगति करता है जिससे सामाजिक और संस्कृतिक विभिन्नता भी बढ़ती है। "Believed that all Societies Progress from the Simple to the Complex, Which increas in Social and Cultural differentiation.'

मैकाइवर एवं पेज (MacIver and Page) के अनुसार "जब परिवर्तन में निरन्तरता ही नहीं होती वरन् परिवर्तन की एक दिशा भी होती है, तो ऐसे परिवर्तन से हमारा तात्पर्य उद्‌विकास से होता है।" मैकाइवर में उद्‌विकास को एक निश्चित दिशा में परिवर्तन को बतलाता है।

एल. टी. हॉबहाउस (L. T. Hobhouse) के अनुसार "सामाजिक उद्‌विकास, नियोजित अथवा अनियोजित संबंधों के स्वरूपों अथवा सामाजिक अन्तःक्रियाओं के स्वरूपों का होता है"

मेटा स्पेंसर (Metta Spencer) के अनुसार "Evolution's is the belief that every Society Progress toward Perfection through Stages to increasing Complexity" अर्थात "उद्‌विकास प्रत्येक समाज की पूर्णता है जो एक चरण से दूसरे चरण की ओर जटिल होता जाता है।"

जिन्सवर्ग (Ginsberg) ने कहा कि "यह विचार सर्वथा विवादास्पद है कि विकास सरल से जटिल की ओर होती है।"

उपरोक्त विश्लेषण के आधार पर कहा जा सकता है कि उद्‌विकास सदैव सरलता से जटिलता की ओर निरन्तर निश्चित दिशा में परिवर्तन को कहते हैं। इस परिवर्तन के दौरान समाज के विभिन्न अंगों में विभिन्नता पैदा करती है। उद्‌विकास समाज की आन्तरिक वृद्धि है। विकास के दौरान समाज में संख्यात्मक वृद्धि न होकर गुणात्मक परिवर्तन होता है। यह एक मूल्य रहित प्रक्रिया है और जिसमें विकसित चरणों की पुनरावृति नहीं होती है।

समाजशास्त्र और मानवशास्त्र में विभिन्न विद्वानों ने अपने–अपने ढंग से उद्‌विकास के द्वारा सामाजिक परिवर्तन का विश्लेषण किया है जिसमें अगस्त कॉम्ट (August Comte), स्पेंसर (Spencer) एल. एच. मार्गन (L. H. Morgan) कार्ल मार्क्स (Karl Marks) तथा एल. टी. हॉबहाउस (L. T. Hobhouse) इत्यादि प्रमुख हैं।

अगस्त कॉम्ट (Auguste Comte, 1798-1857) अगस्त कॉम्ट समाजशास्त्र के जनक के रूप में जाने जाते हैं। उन्होंने अनेक समाजशास्त्रीय सिद्धांत का प्रतिपादन किया है जिसमें उद्‌विकास का सिद्धांत अर्थात् "तीन स्तरों का नियम" महत्वपूर्ण है।

1. तीन स्तरों का नियम (Law of three Stages)- एक नये सामाजिक विज्ञान की स्थापना में कॉम्ट ने मनुष्य के चिन्तन के प्रकारों एवं उसकी अवस्थाओं की चर्चा की है। काम्ट ने इस सिद्धांत में मनुष्य के मस्तिष्क के विकास की अवस्थाओं को स्पष्ट किया है। उनका कहना है कि प्रत्यक्षवादी ज्ञान की प्राप्ति वस्तुतः मानव ज्ञान के विकास के तीन चरणों के अंतिम चरण में होता है। तीन स्तरीय नियम का उल्लेख करते हुए कॉम्ट का कहना है कि 'हमारी प्रत्येक प्रमुख विचारधाराएं, हमारे ज्ञान की प्रत्येक शाखा एक के बाद एक, तीन विभिन्न सैद्धांन्तिक अवस्थाओं से होकर गुजरती है, आध्यात्मिक या काल्पनिक, तात्विक या गुणात्मक तथा वैज्ञानिक अथवा प्रत्यक्ष। (Each of Our leading Conceptions, each branch of our Knowledge, Passes sucessively through three different the theoretical Condition: the theological or Fictitious; the Metaphysical or abstract and the Scientific or positive.)

बाल अवस्था में बच्चा अंधविश्वास से प्रभावित रहता है परन्तु धीरे–धीरे प्रयोगात्मक या क्रियात्मक ज्ञान के द्वारा चिंतन (बुद्धि) का विकास करता है।

कॉम्ट के अनुसार मानवीय मस्तिष्क का विकास तीन विभिन्न स्तरों से होकर गुजरता है ये स्तर निम्न हैं–

1. धार्मिक या काल्पनिक अवस्था (Theological or Fictitious Stages)- मानव चिन्तन की यह प्रारम्भिक अवस्था है, इस अवस्था में मानव के विचार

संकुचित रहता है। मनुष्य प्रत्येक भौतिक घटनाओं के कारण काल्पनिक देवी शक्ति अथवा अलौकिक तत्वों को मानता है। उदाहरण के लिए वर्षा, भूकम्प, गर्मी, बीमारी आदि घटनाओं के घटित होने का कारण कोई इसे देवी शक्ति मानता है। जब वे किसी बात को समझाने में अक्षम होते हैं तो इस प्रकार के कल्पनाओं का उन्हें सहारा लेना पड़ता है। अर्थात चिन्तन के इस स्तर पर मानव प्रत्येक घटना के पीछे किसी न किसी अदृश्य अथवा दैवीय शक्ति के होने की बात सोचता है।

काम्ट के अनुसार यह अवस्था भी तीन उप अवस्थाओं से होकर गुजरती हैः–

(क) प्रेतवाद (Fetishism) - इस अवस्था में प्रकृति की प्रत्येक वस्तुओं में जीव या आत्मा की कल्पना करता है। आदिवासयों में प्रत्येक निर्जीव वस्तु में अलौकिक शक्ति का निवास समझता है जिसे 'माना' कह कर पुकारा जाता है। यहाँ तक कि नदी पर्वत, पक्षी आदि में भी आत्मा या चेतना मानता है और जादू–टोना आदि में विश्वास करता है। इसलिए इस अवस्था में शक्ति का एक प्रतीक न होकर उठने ही असंख्य प्रतीक बन जाते हैं जितनी कि वस्तुएं होती हैं।

(ख) बहु–देवत्ववाद (Polytheism)- इस उप स्तर पर मनुष्यों का मस्तिष्क अधिक सुसंगठित होता है वे इन असंख्य शक्तियों या धार्मिक प्रतीकों से छूटकारा पाने का उपाय सोचने लगता है। तथा जीवन विभिन्न पक्षों से संबन्धित, विशिष्ट देवी देवताओं वर्गो में विभाजित कर दिया जाता है। इस प्रकार देवी देवताओं के कुछ वर्ग बन जाते है।

(ग) एकेश्वरवाद (Monotheism)- जैसे जैसे मनुष्य का मस्तिष्क विकसित होता जाता है उसकी चिन्तन शक्ति गहन और गम्भीर होती जाती है वह अनेक देवताओं में विश्वास न करके एक ही देवता में विश्वास करने लगता है और प्रत्येक प्रकृतिक घटनाओं या वस्तु का कारण किसी एक देवता का कार्य समझने लगता है अर्थात मनुष्य में यह विश्वास हो जाता है कि ईश्वर केवल एक है और

समस्त वस्तु या प्राकृतिक घटना चिन्तन की अवस्था का अन्तिम चरण है।

2. तात्विक अवस्था (Metaphysical Stage)- मानव ज्ञान के विकास की दूसरी अवस्था तात्विक अवस्था है, जिसे काल्पनिक (धार्मिक) तथा वैज्ञानिक (प्रत्यक्षवादी) अवस्थाओं को मिलाने वाली श्रष्खंला के रूप में समझा जाता है। तात्विक अवस्था का उल्लेख करते हुए कॉम्ट का कहना है कि "भावनात्मक अवस्था में जो कि प्रथम अवस्था का संशोधित रूप मात्र है, मानव मस्तिष्क यह मान लेता है कि अलौकिक प्राणियों के स्थान पर अमूर्त शक्तियां, यथार्थ स्तर (जीवित सत्ताधरी के अमूर्तता) ही सभी जीवों में अन्तर्निहित है और सभी घटना क्रमों की उत्पति में समर्थ है"। " In the metaphysical State, Which is only a midification of the human mind supposes, instead of Supernatural beings abstract for cas vertiable entiles (that is Personified abstraction) inherent in all beings and Capable of Producing all Phenomena" इस अवस्था में मनुष्य अनेक प्रश्नों का तर्कपूर्ण उतर चाहता है, उदाहरण के लिए ईश्वर कैसा है इसक आकार, रंग, रूप क्या है आदि। अर्थात् मनुष्य अब अन्धविश्वास और रूढ़िवादी न होकर तर्कपूर्ण हो जाता है। वह अब ईश्वरवाद के विश्वास से सन्तुष्ट नहीं होता बल्कि उसके स्थान पर अमूर्त और निराकार शक्ति में विश्वास करने लगता है। मनुष्य समझने लगता है कि समस्त घटनाओं को यह अदष्श्य अमूर्त सता ही चालित करती है। और वहीं उन सभी घटनाओं का एक मात्र कारण है। प्रथम अवस्था में और इस अवस्था में अन्तर मात्र इतना ही है कि जहाँ प्रथम अवस्था में मूर्त वस्तु में ईश्वर की कल्पना की जाती थी वहाँ दूसरी अवस्था में ईश्वर की कल्पना अदष्श्य शक्ति अमूर्त माना जाता है अर्थात् धार्मिक अवस्था भावात्मक अवस्था में परिवर्तित हो जाती है।

जैन स्टूअर्ट मिल ने स्पष्ट करते हुये कहा कि "इस स्तर में कोई ऐसा ईश्वर नहीं रहता जो विभिन्न प्राकृतिक अंगों को उत्पन्न एवं निर्देशित करता है। बल्कि यह एक शक्ति है, एक सत्ता अथवा एक रहस्यपूर्ण गुण, जिसकी वास्तविक स्थितियां मानी जाती हैं जो साकार वस्तुओं में विद्यमान होकर भी उनसे पृथक है।" अर्थात इस अवस्था में अलौकिक एवं दैवी शक्तियों का स्थान अमूर्त सत्ता ग्रहण कर लेती है।

3. वैज्ञानिक या प्रत्यक्षवादी (Scientific or Positive)- यह समाज और मानव मस्तिष्क के उद्विकास का अंतिम चरण है। इस चरण में हर घटना का विश्लेषण अवलोकन, निरीक्षण एवं प्रयोग वैज्ञानिकता के आधार पर होने लगता है। अर्थात कल्पना के आधार पर विश्लेषण का कोई स्थान नहीं रह जाता है। इस समाज में बौद्धिक, भौतिक तथा नैतिक शक्तियों का अच्छा समन्वय देखने को मिलता है। इस स्तर में ही मानवता के धर्म (Religion of Humanity) एवं प्रजातंत्र का विकास होता है। वर्तमान मानव समाज इसी चरण में है।

अगस्त कॉम्ट ने उपरोक्त तीन स्तरों के सिद्धांत के द्वारा सामाजिक जीवन के उद्विकास को विश्लेषित करने का प्रयास किया है और इसके द्वारा सामाजिक परिवर्तन दर्शाने की कोशिश की जिसमें विचार (Idea) को एक मुख्य कारक माना है।

कॉम्ट ने विज्ञानों का सोपानक्रम (Hierarchy of Sciences) का सिद्धांत प्रस्तुत किया है वह भी एक उद्विकासीय सिद्धांत है। उन्होंनें कहा कि गणित (Mathematics), खगोलशास्त्र (Astromomy), भौतिकशास्त्र (Physics), रसायनशास्त्र (Chemistry), प्राणीशस्त्र (Biology) एवं समाजशास्त्र (Sociology) का सोपानक्रम है। उनका मानना है कि वैज्ञानिक चिन्तन का उद्विकास हुआ है। समाजशास्त्र की उत्पति सबसे बाद में हुई है, क्योंकि यह सबसे अधिक जटिल विषय है। चूंकि गणित (Mathematics) सबसे बुनियादी और सरल विषय है इसलिए इसकी उत्पति सबसे पहले हुई है। अर्थात जो विषय जितना सरल है वह पहले आया और जो विषय जितना जटिल है वह बाद में आया। दूसरी ओर कॉम्ट यह भी कहते है कि जो विषय वस्तु दूसरी विषय वस्तु पर जितना निर्भर होगा वह उतना ही जटिल होगा।

एल. एच. मॉर्गन (L. H. Morgan- 1818-1881)

एल. एच. मॉगर्न अमेरिकन मानवशास्त्री है जिन्होंने सामाजिक सांस्कृतिक उद्विकास की चर्चा की है। इन्होंनें अपनी पुस्तक Ancient Society (1872) में संस्कृतिक उद्विकास के तीन मुख्य स्तरों का उल्लेख किया है:–

1. जंगली स्तर (Savagery Stage) यह समाज का सबसे प्रारम्भिक

अवस्था थी। इस अवस्था में मनुष्य जानवरों की भांति जंगलों में घूमता फिरता रहता था, वह कन्द मूल–फल, कच्चा मांस खाकर और पहाड़ों तथा गुफाओं में रह कर अपना जीवन व्यतीत करता था इस प्रकार की संस्कृति ने मानव समाज को लम्बी अवधि तक प्रभावित किया। इस अवस्था को मार्गन ने पुनः तीन स्तरों में विभाजित किया है।

(क) निम्न स्तर (Lower Stage)- इस काल में मानव समाज में किसी प्रकार की सामूहिक भावना का विकास नहीं हुआ था। समाज में किसी भी नियम कानून का नामो निशान नहीं था। यौन संबंधों पर प्रतिबंध नहीं था मनुष्य अपनी अवश्यकता की पूर्ति जानवरों की तरह करते थे।

(ख) मध्य स्तर (Middle Stage)- इस अवस्था का आरंभ आग जलाने की कला से हुआ। इस अवस्था में लोग मछली मार कर तथा उसे आग में भुनकर खाने–सीख गये थे। मार्गन प्रौद्योगिकी (Technology) के विकास को ही उद्‌विकास का मुख्य आधार मानते है। इस अवस्था में सामूहिक जीवन की शुरूआत होती है।

(ग) उच्च स्तर (Upper Stage)- यह जंगली अवस्था का अंतिम स्तर है, इसकी शुरूआत तीर–धनुष के अविष्कार के साथ हुआ। जिसके द्वारा एक ओर छोटे–छोटे जानवरों का शिकार संभव हुआ तो दूसरी ओर जानवरों से अपनी रक्षा करना संभव हुआ। इस स्तर में लोगों के बीच यौन संबंध बहुत ढीले थे तथा घुमक्कड़ जीवन में कुछ स्थिरता आ गयी।

2. बर्बर स्तर (Barbarism)- जंगली स्तर के बाद संस्कृति का विकास बर्बर स्तर में हुआ। बर्बर स्तर को पुनः तीन स्तरों में विभाजित किया है।

(क) निम्न स्तर (Lower Stage)- इस स्तर का प्रारम्भ मिट्टी के बर्तन बनाने की कला से होती है। तथा बर्तन को आग में भी पकाना जान चुके थे घर के दीवार पर चित्र बनाने की कला जान गये थे। एक समूह दूसरे समूह पर आक्रमण भी करते थे तथा सम्पति की धारणा का विकास हुआ।

(ख) मध्य स्तर (Middle Sage) इस में पशुपालन तथा कृषि कार्य प्रारम्भ हुआ। जानवरों से समान ढोने इधर से उधर जाने में और कई कार्यो में उपयोग किया जाने लगा। फलस्वरूप परिवार का विकास हुआ और यौन संबंध के संदर्भ में कुछ नियम विकसित हुए।

(ग) उच्च स्तर (Upper Sage)- इस स्तर में लोहे का विकास हुआ जिसके कारण पत्थर के स्थान पर लोहे के यंत्र एवं औजार विकसित हुए जिससे मछली मारने मिट्टी खोदने तथा कृषि कार्य में मदद मिली। उम्र तथा लिंग के आधार पर श्रम विभाजन हुआ और स्थाई जीवन शुरू हुआ, जिसके कारण सामाजिक आर्थिक राजनैतिक क्षेत्र में भी परिवर्तन हुआ।

3. सभ्य स्तर (Civilization)- उद्विकास के क्रम का यह अन्तिम स्तर है। यह वह अवस्था है जिसमें वर्ण अक्षरों के प्रयोग तथा एक विशेष भाषा से प्रारम्भ हुआ। इस स्तर में लोगों ने पढ़ना लिखना तथा समझना प्रारंभ किया। इसी स्तर से सांस्कृतिक परम्परा का आरम्भ माना जाता है। इस समय नगरों का विकास, व्यापार, कला, शिल्प आदि समाज की विशेषता थी। इस स्तर में आर्थिक संगठन बहुत व्यवस्थित हो चुका था। इस समय वैज्ञानिक ज्ञान और तकनीकी ज्ञान का अधिक विकास हुआ, जिससे उत्पादन शक्ति में वृद्धि हुई और साथ ही साथ सामाजिक व्यवस्था में जटिलता आई। इस स्तर में औद्योगीकरण (Industrialization) का विकास हुआ। पूँजीवादी व्यवस्था का प्रारम्भ हुआा तथा भौतिकवादी विचारधारा की नीव पड़ी। (नोटः– कुछ हिन्दी के लेखकों ने सभ्य स्तर को भी तीन चरणों में विभाजित किया, परन्तु मार्गन की पुस्तक (Ancient Society) तथा एफ. एजिंलस (F. Engels) की पुस्तक "The Origin of the Family Private Property and the State" में उल्लेख नहीं है।)

परिवार का उद्विकास (Evolution of Family)

मार्गन ने संस्कृति के उद्विकास के सिद्धांत के साथ–साथ परिवार के उद्विकास का सिद्धांत प्रस्तुत किया है। उद्विकास का मुख्य आधार प्रौद्योगिकी विकास (Technological Development) मानते हैं जिससे

स्पष्ट होता है कि कार्ल मार्क्स के विचारों पर मार्गन के विचारों का प्रभाव रहा है।

मार्गन के अनुसार प्रारम्भ में परिवार एवं विवाह नाम की कोई संस्था अस्तित्व में नहीं थी। "every Woman belonged equally to every man and Simiarly every Man to every Woman" अर्थात प्रत्येक आदमी के लिए प्रत्येक महिला और प्रत्येक महिला के लिए प्रत्येक पुरूष बराबर थी। उन्होंने इसे यौन स्वच्छन्द संभोगी (Sexual Promiscuity) का आरंम्भिक काल कहा है। मार्गन ने परिवार के उद्‌विकास के निम्नलिखित पांच स्तरों का उल्लेख किया है:–

1. समरक्त परिवार (Consanguineous Family) परिवार के उद्‌विकास का यह प्रथम चरण है। इस अवस्था में यौन संबंध स्थापित करने के कोई नियम नहीं थे, यहाँ तक कि भाई–बहन में भी परस्पर यौन संबंध स्थापित हो जाते थे। इसलिए ऐसे परिवार को समरक्त परिवार कहा है।
2. समूह परिवार (Punaluan Family) इस प्रकार के परिवार में एक परिवार के सभी भाइयों का विवाह दूसरे परिवार की सभी बहनों से होता था। इसमें प्रत्येक व्यक्ति सभी स्त्रियों का पति होता था तथा प्रत्येक स्त्री सभी पुरूषों की पत्नी जिसे समूह विवाह (Group Marriage) भी कहा जाता है।
3. सिण्डास्मियन परिवार (Syndasmian Family) इसे विकास को तीसरा स्तर माना जाता है। इस प्रकार के परिवार में एक व्यक्ति का विवाह एक स्त्री से होता था, परन्तु वह परिवार में विवाहित सभी स्त्रियों से यौन–संबंध रख सकता था।
4. पितृसतात्मक परिवार (Patriarchal Famity) विकास के इस अवस्था में परिवार पर पुरूष का आधिपत्य था। वह एक से अधिक पत्नियां रख सकता था पुरूषों के अधिकार स्त्रियों की तुलना में अधिक थे।
5. एक विवाही परिवार– (Monogamous family)- परिवार उद्‌विकास का अन्तिम स्तर है जो वर्तमान में अधिकांश समाजों में चल रहा

है। इसमें एक पुरूष एक समय में एक ही स्त्री से विवाह करता है। मार्गन ने कहा कि समाज में परिवर्तन होने से परिवार के इस प्रकार में भी परिवर्तन की संभावना है।

कार्ल मार्क्स (Karl Marx 1818-1883) कार्ल मार्क्स जर्मनी के प्रसिद्ध समाजशास्त्री ने भी सामाजिक परिवर्तन की उद्विकासीय व्याख्या प्रस्तुत की है। उन्होंने कहा कि समाज एक स्तर से दूसरे स्तर में प्रवेश किया और दूसरे स्तर में जाने के पीछे मुख्य कारण वर्ग संघर्ष रहा है कार्ल मार्क्स ने ऐतिहासिक भौतिकवाद (Historical Materialism) सिद्धांत में मानवीय इतिहास के निम्नलिखित चार युगों की चर्चा की है।

1. आदिम साम्यवादी समाज (Primitive Communism)- मानव समाज के इतिहास का यह प्रथम चरण था। इस अवस्था में उत्पादन के साधन अविकसित थे। उत्पादन के साधनों पर तथा उससे प्राप्त होने वाली वस्तुओं पर समुदाय के प्रत्येक व्यक्ति का सामान्य अधिकार था। निजी सम्पति का कोई अवधारणा विकसित नहीं हुआ था। इसलिए उच्चनीय का भेद–भाव नहीं था इस समाज में वर्गो का निर्माण नहीं हुआ था और न ही किसी प्रकार का आर्थिक शोषण था।
2. दास–मूलक समाज (Slave Society)- इस अवस्था में व्यक्तिगत सम्पति एकत्रित करना प्रारम्भ हो गया था जिसके कारण दास और मालिक जैसे दो वर्गो का उदय हुआ। उत्पादन प्रणाली और उत्पादन संबंध भी परिवर्तित हो गए। आर्थिक शोषण का भी शुरूआत हो गया और वर्ग संघर्ष की नीव पड़ गई।
3. सामन्ती समाज (Feudal Society)- दास मूलक समाजों के बीच अन्तः विरोधी के कारण सामन्ती सामाजिक आर्थिक ढांचे का विकास हुआ। इस युग में उत्पादन के साधनों जैसे भूमि प्राकृतिक सम्पदा के स्रोत और मानवीय श्रम आदि पर कुछ सामन्तों का अधिकार हो गया। निजी सम्पति की धारणा इस युग में और अधिक प्रबल हो गई। इस युग में सामन्त और कृषिदास दो वर्ग उभर कर आये और इन दोनों वर्गो में वर्ग संघर्ष चलता रहा।

4. पूँजीवादी समाज (Capitalistic Society)- कार्ल मार्क्स के अनुसार सामन्तों एवं कृषिदासों के बीच संघर्ष के कारण पूंजीवादी समाज का उदय हुआ। पूंजीवादी समाज की मुख्य विशेषता यह है कि उत्पादन के साधनों पर चन्द पूंजीपति का स्वामित्व हो गया। इस समाज में दो वर्ग पूंजीपति और श्रमिक या सर्वहारा उभर कर आयें। बड़े–बड़े उद्योगों का जन्म हुआ। श्रमिक का शोषण प्रारम्भ हुआ। मुनाफे की भूख के कारण पूंजीपति हृदयहीन और क्रूर व्यवहार करने लगे। इन दोनों के बीच वर्ग संघर्ष की प्रक्रिया चलती रही।

कार्ल मार्क्स के अनुसार उद्विकास कि प्रक्रिया में साम्यवादी समाज (Communism) एक नये समाज की कल्पना है, जिसे उद्विकास का अन्तिम चरण माना है। सर्वहारा वर्ग के क्रान्तियों के युग का सूत्रपात हो जाता है और जिसके कारण अन्तः एक ऐसी नई समाज व्यवस्था का जन्महोता है जिसमें वर्ग विभाजन के साथ–साथ मेहनतकश शोषण से मुक्त हो जाते है। परन्तु कार्ल मार्क्स का साम्यवादी समाज की कल्पना साकार होता नजर नहीं आ रहा है।

कार्ल मार्क्स के इस विचार को उद्विकासीय चिन्तन में रखा जाय या नहीं इस सन्दर्भ में समाजशास्त्रियों में मतभेद रहा है। क्यों कि कुछ लोग यह मानते हैं कि कार्ल मार्क्स ने स्पष्ट रूप से यह नहीं कहा कि दुनिया के हर समाज को आवश्यक रूप से इन्हीं चार चरणों से गुजरना ही होगा। परन्तु कुछ लोग मानते है कि उन्होंने आर्थिक एवं सामाजिक परिवर्तन की विचारधारा को एक ऐतिहासिक परिप्रेक्ष्य में देखने की कोशिश की है। इसलिए यह विचार उद्विकासीय है।

हरबर्ट स्पेंसर (Herbert Spencer 1820-1903)

स्पेंसर ने उद्विकासीय सिद्धांत को जीव एवं समाज के बीच समानता के आधार पर प्रस्तुत किया। उन्होंने कहा कि मनुष्य का शरीर निश्चित अंगों से बना है उसी प्रकार समाज की संरचना विभिन्न अंगों से बना है। उनके अनुसार कोई भी पदार्थ नष्ट नहीं होता और वह गतिमान होता है। पदार्थ के यह गुण उद्विकास का मुख्य आधार है। आरम्भ में समाज बहुत

ही सरल था, परन्तु परिवर्तन की प्रवृति के कारण ही उसमें विभिन्नता भी बढ़ता गया। मुख्य रूप से उद्‌विकास में दो प्रक्रिया काम करती है एक विखण्डन और दूसरा एकीकरण। जब पदार्थ में गति आती है तो इससे पदार्थ गति के धक्के पर एकीकरण करता है। इसके कारण इकाइयों के आकार में विस्तार के साथ ही साथ उसकी संरचना में भी परिवर्तन होती है। स्पेंसर मूल रूप से विकास की प्रक्रिया को एकीकरण की ही प्रक्रिया मानते है। अर्थात् समाज में जैसे जैसे एकीकरण या एकता बढ़ती जाती है वैसे वैसे समाज के अंग–प्रत्यंग की जटिलता एवं कार्य बढ़ते जाते है। स्पेंसर के अनुसार उद्‌विकास की प्रक्रिया में समाज के विभिन्न अंग जैसे जैसे विकसित होते जाते हैं वैसे–वैसे उनके कार्य भी विकसित होते जाते है। जैसे शिक्षा का कार्य स्कूल के द्वारा, सामाजिक नियंत्रण का कार्य कानून के द्वारा इत्यादि। और उनके विभिन्न इकाइयों के बीच अन्तः निर्भरता भी बढ़ती जाती है। अर्थात् श्रम विभाजन एवं विशेषीकरण बढ़ने के साथ–साथ अन्तः निर्भरता भी बढ़ती जाती है।

स्पेंसर के अनुसार उद्‌विकास की प्रक्रिया निश्चित चरणों से होकर गुजरती है। इस दौरान सरल समाज जटिल समाज के रूप में परिवतर्तित हो जाता है। उन्होंने कहा कि आधुनिक समाज तीन चरणों से गुजरा है। पहला आदिम (Primitive) दूसरा बर्बर (Savage) समाज और तीसरा औद्योगिक (Indurtial) समाज।

ई. बी. टायलर (E. B. Tylor, 1832-1917) ई. बी. टायलर एक अंग्रेजी मानवशास्त्री है। जिन्होंने धर्म के उद्‌विकास के साथ–साथ जादू एवं विज्ञान में भी अन्तर बताया।

टायलर ने भी अगस्त कॉम्ट की तरह धर्म उद्‌विकास बहुदेववाद से एक देववाद की ओर माना है। टायलर ने कहा कि ऊपरी तौर पर विभिन्न धर्मो में अन्तर देखने को मिलता है परन्तु वे सभी धर्म का मूल आधार एक ही विचार पर आधारित है वह है 'आत्मा' या जीव। आत्म (Soul) को आदिम मनुष्यों से लेकर सम्य मनुष्यों तक धर्म का आधार माना है। इसलिए इनके सिद्धांत को आत्मावाद (Animism) या जीववाद के नाम से पुकारा जाता है।

इनके इस सिद्धांत में यह विश्वास किया जाता है कि प्रत्येक व्यक्ति में 'आत्मा' होती है जो कि मृत्यु के बाद भी शेष रहती है और जो मनुष्यों की आत्माओं से पृथक है, वे दैवी आत्मा हैं। दैवी आत्मा मानव जीवन को नियंत्रित एवं निर्देशित करती तथा सांसारिक घटनाओं को प्रभावित करती है। इसलिए मनुष्य इन आत्माओं से डरने लगा और भय (Fear) के कारण मनुष्य का भाव श्रद्धा में बदल गया। वास्तव में अमूर्त और अभौतिक प्रेतात्माओं के प्रति और श्रद्धा ही आदिम धर्म का मूल जड़ है। उन आत्माओं पर मानव का नियंत्रण नहीं है और उनके प्रसन्न रहने से जीवन में शांति एवं आन्नद मिलता है। उनके अप्रसन्न रहने से जीवन में अशांति एवं दुःख मिलता है। इसलिए मनुष्य इनकी पूजा और आराधना करता है। प्रारम्भ में अनेक आत्माओं में विश्वास ने बहुदेववाद को जन्म दिया, और बाद में धीरे–धीरे एकदेववाद में विकसित हो गया।

इमाईल दुर्खीम (Emile Durkhein 1858-1917)

इमाइल दुर्खीम ने 1893 में फ्रेंच भाषा में अपनी प्रथम पुस्तक De la Division du Trovail Social लिखा जिसमें श्रम विभाजन के सिद्धांत को प्रस्तुत किया। उन्होंने श्रम विभाजन के द्वारा सामाजिक परिवर्तन बताने की कोशिश की। दुर्खीम के अनुसार यांत्रिक एकता (Mechanical Solidarity) से सावयवी एकता (Organic Solidarity) की ओर परिवर्तन होता है। यांत्रिक एकता सरल स्वरूप है जो ग्रामीण समाज में पाये जाते है जहाँ व्यक्तियों के बीच परस्पर अन्तः, समान्य प्रस्थिति, भूमिका विश्वास तथा जीवन शैली में समानता पाई जाती है। उस समाज में परम्परा तथा धर्म का अत्यधिक प्रभाव होता है। इस समाज में सामूहिक इच्छा (Wllectige Will) का उल्लंघन करने पर दमनकारी नियम का प्रयोग होता है। अर्थात कोई भी व्यक्ति कोई अपराध करता है तो उसे शारीरिक दण्ड दिया जाता है। परन्तु श्रम विभाजन एवं विशेषीकरण के कारण यांत्रिक एकता सावयवी एकता में परिवर्तित हो जाती है। सावयवी एकता वैसे समाज को कहा जाता है जो विकसित एवं जटिल है। यह समाज विनिमय (Exchange) पर आधारित है। जिसमें सेवा वस्तु तथा प्रभाव (Infulanice) का विनिमय होता है। इस समाज में अपराध करने पर प्रतिकारी कानून (Restitutive Law)

का प्रयोग किया जाता है जिसके अन्तर्गत संवैधानिक कानून आते हैं। यांत्रिक एकता में सामूहिकता की भावना पाई जाती है, परन्तु सावयवी एकता में व्यक्तिवादी, स्वतंत्रता एवं भिन्नता पाई जाती है।

दुर्खीम के श्रम विभाजन का सिद्धांत का संबंध सामाजिक उद्विकास से माना जाता है क्योंकि उन्होंने श्रम विभाजन के द्वारा सरल समाज से जटिल समाज में परिवर्तन को बतलाया है।

एल. टी. हॉबहाउस (L. T. Hobhouse. 1864- 1929)

हॉबहाउस एक प्रारंभिक ब्रिटिश समाजशास्त्री थे, जिन्होंने स्पेंसर की भांति उद्विकास का सिद्धांत प्रस्तुत किया। इन्होंने उद्विकास और दूसरे को सामाजिक उद्विकास कहाँ जैविक उद्विकास केवल जीवों में स्वतः घटित होने वाली प्रक्रिया है। इनके नियम समाज में लागू नहीं होते है। सामाजिक उद्विकास में मानव का योगदान होता है। मनुष्य अपने अस्तित्व को बनाये रखने तथा सुख सुविधाओं को बढ़ाने के लिए निरंतर खोज करता रहता है। इस अनुसंधान के दौरान उसे प्रकृति से लड़ना पड़ता है। इस खोजी संघर्ष में समाज का प्रत्येक व्यक्ति प्रत्यक्ष या परोक्ष रूप से एक दूसरे को सहयोग करता है, इस सहयोग तथा संघर्ष के कारण समाज में परिवर्तन होता है। यह उद्विकास की प्रक्रिया निरंतर चलती रहती है। हॉबहाउस ने उद्विकास शब्द पर विशेष बल दिया और इसका प्रयोग सामाजिक विकास के अर्थ में किया है। सामाजिक विकास में प्रगति एवं पतन दोनों होता है। इन्होंने सामाजिक विकास के चार पैमाना बनाया और कहा कि किसी भी समुदाय को तब तक विकसित नहीं कहेगे जब तक उसके आकार कार्यक्षमता, स्वतंत्रता एवं पारस्परिक सेवा में वृद्धि न हो।

थर्सटीन वेवलन (Thorstein veblem 1857- 1929)

टी. बेवलन अमेरिका के समाजशास्त्री हैं जिन्हें सामाजिक आलोचक की श्रेणी में रखा जाता रहा है उन्होंने विलासी वर्ग के सिद्धांत के साथ ही साथ सामाजिक उद्विकास का सिद्धांत प्रस्तुत किया है। वेबलन ने उद्विकास की निम्न चार अवस्थाओं की चर्चा की है।

1. शांति पूर्ण जंगली स्तर (Peaceable Sava gestage)- वेवलन के अनुसार प्रथम अवस्था में लोग शान्तिपूर्वक खेती करते थे। व्यक्तियों के बीच अन्तर कम पाया जाता था व्यक्तिगत संघर्ष कम पाये जाते थे तथा लोगों के बीच अधिक सहयोग पाया जाता था समाज की शक्ति उत्पादन में लगी हुई रहती थी।
2. निम्न वर्बर स्तर (Lower Barbaric Stage)- वेबलेन ने कहा कि कालान्तर में लिंग में विभेदीकरण बढ़ने लगा। परिणामस्वरूप पुरूष स्त्रियों को अपने निर्देश एवं शासन में रखने लगे। व्यक्तिगत स्वामित्व (Private Property) की अवधारणा विकसित हुई। जिसके पास अधिक शक्तिशाली व्यक्ति होते थे, वे दूसरों पर आक्रमण कर देते थे।
3. उच्च वर्बर स्तर (Higher Barbaric Sage)- विकास के इस तीसरे चरण में गुलाम एवं स्त्रियां उत्पादन कार्य करती थी मालिक लोग उत्पादन श्रम से बिल्कुल अलग हो गये। व्यक्तिगत सम्पति के विकास होने के साथ ही साथ विलासी वर्ग (Leisure class) की अवधारणा का सूत्रपात हुआ।
4. आर्थिक चरण (Pecuniary Stage)- वेबलेन ने बताया कि इस अवस्था में व्यापार और उद्योग पूर्णरूप से पूंजीवादी मूल्यों पर आधारित हो गया। इस समाज में प्रौद्योगिकी की पारस्परिक विषमता उत्पादन हो गया। व्यक्तिवादी एवं भौतिकवादी मूल्य समाज में प्रभावशाली हो गये। वेबलेन ने स्पेंसर की तरह सैनिक समाज और औद्योगिक समाज की विवेचना भी इसी संदर्भ में किया है।

टी. पारसन्स (Talcott Parsons, 1902-1979)

अमेरिका के प्रसिद्ध समाजशास्त्री टालकट पारसन्स जिन्हें प्रकार्यवादी (Functionalist) के रूप में प्रसिद्धी मिली उद्‌विकास के सिद्धांत को स्पष्ट रूप से समर्थन किया जिसके कारण इन्हें प्रकार्यात्मक सामाजिक उद्‌विकासवादी (Functional Social Evolutionist) के रूप में जाना जाता

है। पारसन्स सामाजिक उद्विकास के सतत और रेखीय क्रम को स्वीकार नहीं करते है बल्कि कुछ अर्थो में उनसे भिन्न भी है।

पारसन्स के अनुसार मानव समाज का विकास एक कोशिय जीव अमीबा की भांति विखण्डन और बाद में एकीकरण की प्रक्रिया के द्वारा सरल से जटिल के रूप में हुआ। इन्होंने उद्विकास के तीन स्तरों की चर्चा की 1. आदिम 2. मध्य एवं 3. आधुनिक इन तीनों में भेद करते हुये विकास को दर्शाया। आदिम से मध्य समाज में परिवर्तन होने पर भाषा का विकास होता है। भाषा संचार का एक प्रमुख माध्यम है जिससे लोगों के बीच संचार संभव हुआ और साथ ही साथ ज्ञान, विज्ञान और चिन्तन को आगे बढ़ाने में मदद किया। मध्य समाज में धर्म का विकास होता है और धर्म व्यक्ति के जीवन को प्रभावित करने लगता है। पारसन्स के अनुसार प्राचीन मिश्र, चीन, रोम की सभ्यता मध्य समाज का उदाहरण है। मध्य से आधुनिक समाज में परिवर्तन होता है तो इसमें विभेदीकरण अधिक बढ़ जाता हे औरसाथ ही साथ विशेषीकरण का विकास होता है। परम्परागत विश्वासों के स्थान पर वैज्ञानिक ज्ञान एवं आधुनिकता के विभिन्न विशेषताएं स्थान लेने लगती है। साथ ही साथ आदर्शात्मक व्यवस्था (Normative Order) में परिवर्तन होता है जो सामाजिक आन्तरिक एवं कानूनी व्यवस्था का मूलाधार है। आधुनिक समाज में स्तरीकरण, सांस्कृतिक वैधता, नौकरशाही संगठन, सार्वभौमिक कानूनी व्यवस्था तथा प्रजातांत्रिक मूल्य आदि प्रमुख विशेषता है। परिवर्तन के सभी प्रक्रिया में पारसन्स ने अनुकूलन (Adaptation) की क्षमता के विकास पर बल दिया है। अर्थात् यह समाज को एक सूत्र में बांधने का काम करता है।

सामाजिक उद्विकास की वास्तविकता (समालोचन) (Criticism or Reality of Social Evolution)

उद्विकासवादियों ने सामाजिक उद्विकास के सिद्धांतों को तार्किक एवं क्रमबद्ध रूप से प्रस्तुत किया है, परन्तु कुछ समाजशास्त्रियों ने उनके सिद्धांत में निम्नलिखित कमियाँ प्रस्तुत की है:–

1. उद्विकासवादियों का यह कहना सत्य नहीं है कि सभी समाजों का उद्विकास एक ही प्रक्रिया द्वारा हुआ है। सभी समाजों पर

एक सा नियम लागू करना ठीक नहीं है, क्यों कि आज भी कई समाज ऐसे है जो उद्‌विकास के प्रथम चरण में है जैसे– अण्डमान निकोबार के जारवा जनजाति।

2. उद्‌विकासवादियों ने प्रत्येक समाज के उद्‌विकास को समान स्तर का माना है जो ताकिक नहीं है। इतिहास के अध्ययन से पता चलता है कि किसी समाज में कोई चरण पहले व कोई बाद में या दो स्तर साथ साथ भी चल सकते है। उदाहरण के लिए सिंधू घाटी की समाज तथा जनजातिय समाज की तुलना उद्‌विकास के कोई एक चरण से नहीं कर सकते हैं।
3. गोल्डनवाइजर (Golden Weiser) का यह मानना है कि उद्‌विकासवादीयों ने प्रसार (Diffusion) के महत्व को अनदेखी की है। प्रसार की प्रक्रिया में संस्कृतिक तत्व एक स्थान से दूसरे स्थान में फैलती है, जिससे संस्कृति समष्द्ध होती है।
4. मैकाइवर एवं पेज के अनुसार समाज का उद्‌विकास जीवों की भांति नहीं होता बल्कि उद्‌विकास में मानव का प्रयत्न महत्वपूर्ण होता है। जबकि जीवों के उद्‌विकास में प्राकृतिक शक्तियाँ ही महत्वपूर्ण होती है।
5. गिन्सवर्ग (Ginsberg) - के अनुसार उद्‌विकास एक सरल स्थिति से जटिल की ओर होने वाला परिवर्तन है यह एक विवादस्पद विषय है। क्योंकि ज्ञान एवं विज्ञान के सहारे जटिल से सरल बनाने का प्रयत्न करता है।
6. उद्‌विकासवादियों का अध्ययन पद्धति भी दोषपूर्ण है क्यों कि उन्होंने वैज्ञनिक पद्धति के द्वारा क्षेत्र में प्रत्यक्ष अध्ययन नहीं किया बल्कि अनुमान तथा पुस्तकालयों का सहारा लेकर सिद्धांत का प्रतिपादन किया है।
7. ऑगर्बन (Ogburn) उद्‌विकास की अवधारणा को महत्वपूर्ण नहीं मानते हैं। वे कहते हैं कि उद्‌विकास ने वंशानुक्रम के नियम की उपलब्धि के प्रयास सामाजिक संस्थाओं के विकास एवं परिवर्तन तथा चयन में थोड़े से सार्थक और महत्वपूर्ण परिणाम प्रस्तुत किये हैं।

8. नेडेल (Nadel) के अनुसार– उद्विकास उन अवधारणाओं में से है जिनको प्रयोग द्वारा सिद्ध नहीं किया जा सकता तथा उद्विकास के कोई स्पष्ट नियम नहीं हैं।
9. उद्विकासवादियों ने सामाजिक संस्कृतिक विकास की चर्चा कि है वे ऐतिहासिक तथ्य नहीं है, इसलिए सर्वमान्य नहीं है। समाज का भिन्न–भिन्न दिशाओं में परिवर्तन होता है। केवल प्रगति या विकास की चर्चा करना वास्तविक नहीं है।
10. टिमासेफ (Timasheff) के अनुसार उद्विकासवादी समाजशास्त्री मार्गन ने सामाजिक और सांस्कृतिक परिवर्तन में प्रौद्योगिकी (Technology) को मौलिक कारण मान है। यह एकल पक्षीय उपागम (Monistic approach) है। केवल प्रौद्योगिकी ही नहीं बल्कि दूसरे कारक भी संस्कृति के उद्विकास के लिए उतरदायी है।
11. परैटो (Pareto) के अनुसार उद्विकासवाद एक अवैज्ञानिक सिद्धांत है क्यों कि यह अज्ञात (Unknown) से ज्ञात (Known) का अध्ययन करता है। पैरेटो ने इसे चलचित्रदर्शी (Cinematography) सिद्धांत का नाम दिया है। जिस प्रकार फिल्म (Film) में एक के बाद दूसरा दष्श्य को दिखाया जाता है उसी प्रकार एक चरण से दूसरे। परैटों के अनुसार यह सिद्धांत वैसा अवैधानिक है जैसा धार्मिक विश्वास पर आधारित सिद्धांत हो सकता है।
12. सोरोकिन (Sorokin) के अनुसार उद्विकास के जितने भी सिद्धांत है वे सभी पारलौकिक विचार या सृष्टि कथा जैसे सिद्धांत है, वे अवैज्ञानिक है।

उपरोक्त कमियों के बावजूद उद्विकास की अवधारणा ने समाज एवं संस्कृति में होने वाले परिवर्तनों का अध्ययन करने में महत्वपूर्ण योगदान दिया है। श्री अरविन्दों (Aurobindo) का मानना है कि वर्तमान मानवीय स्थिति एक क्रमिक उद्विकास से ही संभव हुआ है। उनके अनुसार विकास के आनेवाले चरणों में अतिमानव (Superman) का उदय होगा। मैकाइवर कहते हैं 'विभिन्न अवस्थाओं को एक दूसरे से पृथक करने में इस सिद्धांत

ने महत्वपूर्ण योगदान दिया है। वास्तव में विभिन्न अवस्थाओं के क्रमिक अध्ययनों में उद्‌विकास सिद्धांत का योगदान महत्वपूर्ण रहा है। समाजशास्त्र तथा मानवशास्त्र के क्षेत्र में आज भी इसकी प्रासंगिकता कुछ न कुछ बनी हुई है। आज के आधुनिक विचारकों पर स्पष्ट प्रभाव देखने को मिलता है।

30

सामाजिक परिवर्तन के प्रकार्यवादी सिद्धांत

Functional theory of Social change

समाजशास्त्र में प्रकार्यवाद के विश्लेषण का एक लम्बा इतिहास रहा है जिसमें अगस्त काम्ट (August comte 1798-1857) और हरबर्ट स्पेंसर (Herbert Spencer 1820-1903) के योगदानों का प्रतिफल रहा है। स्पेंसर के सिद्धांत उद्विकासवादी सिद्धांत के रूप में जाने जाते हैं, परन्तु उन्होंने अपने सिद्धांत में ही प्रकार्यवाद की नींव डाल दी थी। स्पेंसर ने उद्विकासवाद के सिद्धांत की विवेचना करते हुए कहा कि समाज में एक समय ऐसा आता है कि उद्विकास की दिशा और क्रम दोनों ही विघटित हो जाती है। सामाजिक प्रकारों को जुझारू (Millitant) और औद्योगिक समाज (Industrial Society) में बाँटते समय उसने विचलनों की पर्याप्त चर्चा की है।

उन्होंने कहा कि समाज में जैसे–जैसे विभाजन और बिखराव बढ़ता है समाज के अंगो की एक दूसरे पर निर्भरता बढ़ जाती है। इसलिए विभाजन के बढ़ने से अन्तर्निर्भरता बढ़ती है एवं अन्तर्निर्भरता के बढ़ने से एकता बढ़ती है। यही एकता प्रकार्यवाद (Functionalism) को जन्म देती है। जब समाज विकसित हो गया तब सबके काम अलग–अलग हो गये, परन्तु सब एक दूसरे पर निर्भर भी हो गये। सरल समाजों में समरूपता होती है, परन्तु

अन्तर्निर्भरता एवं एकता नहीं होती है। जैसे–जैसे समाज विकसित होते जाते हैं, उनमें समरूपता के स्थान पर बहुरूपता अथवा विभाजन हो जाता हैं, परन्तु उनमें अर्न्तनिर्भरता या एक दूसरे से जुड़ाव बढ़ जाता है इसे ही उसने एकता में वृद्धि कहा है यही बिन्दू प्रकार्यवाद का बीज है।

इसको विकसित करने का श्रेय इमाइल दुर्खिम (Emile Durkheim 1858-1917) को जाता है।

दुर्खीम ने न केवल प्रकार्य की परिभाषा दी बल्कि धर्म की उत्पति और भूमिका का प्रकार्यवादी विश्लेषण भी अपनी पुस्तक Elementary forms of Religious life (1912) में किया। उसके बाद इस अवधारणा को परिष्कृत और निखारने का कार्य करने का श्रेय अमेरिका के हावर्ट विश्वविद्यालय के समाजशास्त्री टालकॉट पारसन्स (Talcatt parsons-1902-79) के नाम जाता है, उनके बाद आर. के. मार्टन (R.K Merton 1957) के. डेविस (K. Davis), स्मेलर (Smeller) पी. सी. लूमिस (P. C Loomis) इत्यादि ने इसे और श्रेष्ठ आकार प्रदान करने की कोशिश की।

प्रकार्यवाद 1940 तथा 1958 तक की अवधि में विशेष रूप से विकसित हुआ। यह सिद्धांत अमेरिकन समाजशास्त्र में एक प्रभुत्वशाली सिद्धांत के रूप में उमर कर आया। पूरे विश्व में मार्क्सवाद और प्रकार्यवाद के बीच काफी दिनों तक वाद–विवाद चलता रहा। परन्तु आधुनिक समाजशास्त्रियों का यह मानना है कि प्रकार्यवाद कुछ महत्वपूर्ण प्रश्नों के उतर देने में असफल रहा है।

प्रकार्यवाद आमतौर पर उद्विकास की सामान्य मान्यताओं से सहमत है। वे निरन्तरता को अधिक प्रमुख एवं सार्थक परिवर्तनों को अपवाद मानते हैं। वे परिवर्तन को बहुत ही धीमी गति की प्रक्रिया मानते है जिन्हें घटते हुए देखा या परखा नहीं जा सकता। वे आमूल चूल परिवर्तनों, क्रांतिकारी परिवर्तनों एवं संघर्षपूर्ण परिवर्तनों को या तो अस्वीकार करते हैं अथवा इन्हें अपवाद मानते हैं।

प्रकार्यवादी विचारधारा पूर्व के इतिहास के विकास को नजरअंदाज कर, समाज का तत्कालिक परिणामों का विशलेषण करता है जिसके द्वारा समाज चल रहा होता है। स्तरीकरण के सिद्धांत में प्रकार्यवादी कहते हैं

कि समाज के उच्चे पदों पर सिर्फ योग्य व्यक्ति ही आसीन होने चाहिए। ठीक उसी प्रकार धर्म का एक प्रकार्य है जो समूह के अन्दर एकता, स्थापित करता हैं तथा परिवार के कुछ निश्चित भूमिका है जैसे यौन इच्छाओं को सन्तुष्ट करना, सामाजीकरण और भावनात्मक सहायता प्रदान करना। इन उपरोक्त सामाजिक संस्थाओं से ये उम्मीद की जाती है कि समूह में सकारात्मक प्रकार्य करें। प्रकार्यवाद के संकीर्ण अर्थो में जो भी अस्तित्व में है वह अच्छा है।

"Whatever exist must exist because it serves Some function" अर्थात जो भी अस्तित्व में है उसे अवश्य रहना चाहिए क्योंकि वह प्रकार्य का काम करता है और अगर किसी रूप में प्रकार्य का काम कर रहा है उसमें परिवर्तन नहीं होना चाहिए। प्रकार्यवाद इसी पर आधारित है।

टॉलकाट पारसन्स Tolcott parsons "Social system" (1951) के अनुसार "Functionalism views society as a system that is as a set of interconnected parts which together from a whole" अर्थात प्रकार्यवादी विचार के अनुसार समाज एक व्यवस्था है जिसमें इकाइयां अन्तः संबन्धित हैं जो सब मिलकर समग्र को बनाता है।

प्रत्येक समाज में अपेक्षाकृत अटल, स्थाई और सुसंगठित संरचना के तत्व होते हैं, और समाज के प्रत्येक तत्व सामाजिक व्यवस्था को बनाये रखने में मदद करती है। "Changes occur Within a System so that it can adapt to challenges and maintain the overall pattern of the society" परिवर्तन व्यवस्था के अन्तर्गत घटित होगा इसलिए चुनौती को अनुकूल करता है और समाज के बनावट को पूर्ण रूप से कायम रखता है।

उदाहरण के लिए अमेरिका में काले लोग वर्ण भेद के संघर्ष करते रहे ताकि उनकी अवश्यकता की पूर्ति हो, परन्तु उन लोगों ने बहुत दिनों तक निरन्तर संघर्ष नहीं किया और बाद में (जी हजूरी) आज्ञाकारी पद प्राप्त करने की इच्छा व्यक्त की।

सामाजिक परिवर्तन मूल रूप से तीन कारणों से होता है। प्रथम मानव अपनी आवश्यकताओं को पूरा करने के प्रयास में परिवेश का अर्थात मानव निर्मित परिवेश को बदल देता है। और तब समाज व्यवस्था और इसकी

संरचना के साथ–साथ संस्कृति के तत्व भी इस बदले परिवेश से अपना समायोजन करते है, जिससे सामाजिक परिवर्तन होता है।

दूसरा परिवर्तन का कारण मौजूदा संरचनाओं द्वारा प्रकार्यो को पूरा नहीं किया जाना है। सामाजिक व्यवस्था का जो प्रकार्यात्मक समस्याएं है जैसे तनाव का प्रबंध एवं नियम बहाली, एकता, लक्ष्य प्राप्ति और समायोजन की, इन्हें समाज की संरचनाएं पूरा करती है। परन्तु कालक्रम में जब कोई संरचना इनको पूरा करने में सक्षम नहीं होती है तो परिवर्तन होता है। तीसरा–प्रत्येक समाज अपने अपेक्षित मूल्यों को प्राप्त करने को उन्मुख होता है। इस क्रम में वह अपना परिवर्तन करता है।

कोई भी सामाजिक व्यवस्था अपने आप में पूर्ण नहीं है। परन्तु समाज को अस्तित्व में या जीवित रहने के लिए एक हद तक सन्तुलन आवश्यक है। सामाजिक परिवर्तन की प्रक्रिया को (Moving equilibrium) घुमता हुआ सन्तुलन में देखा जा सकता है।

सामाजिक परिवर्तन सामाजिक व्यवस्था के किसी एक इकाई में होता हैं तो दूसरा उसके साथ प्रतिक्रिया करने लगता है। उदाहरण के लिए अनुकूल व्यवस्था (Adaptation System) में परिवर्तन होने से उसका प्रभाव पूरे सामाजिक व्यवस्था में गड़बड़ी होने लगता है तब सामाजिक व्यवस्था के दूसरे इकाई तुरन्त प्रतिक्रिया करके पूर्व के सन्तुलन की स्थिति में लाने का प्रयास करने लगता है। इस प्रक्रिया के दौरान कुछ हद तक सामाजिक परिवर्तन होगा जो पूरे सामाजिक व्यवस्था में बिल्कुल छोटे आकार का होगा। इस प्रकार सामाजिक सन्तुलन के घुमने में देखा जा सकता है।

सामाजिक परिवर्तन सामाजिक उद्विकास की प्रक्रिया में देखा जा सकता है जो सरल से जटिल की ओर होता है। मानव का सामाजिक इतिहास शिकारी के अवस्था से जटिल राष्ट्र के रूप में विकसित हुआ। अर्थात आधुनिक राज्य या राष्ट्र एक जटिल समाज है जिसका विकास जंगली अवस्था से ही हुआ है। इस प्रकार विकास के कारण वातावरण पर भी नियंत्रण हो पाता है और इसके कारण आर्थिक परिवर्तन में प्रारम्भिक प्रेरणा दे सकता है।

इनके अनुसार लम्बे समय में संस्कृति में परिवर्तन हो सकता है जिससे प्रतिमान (Value) में परिवर्तन होगा। यह परिवर्तन वृहत परिवर्तन के (Pattern) आकृति पर निर्धारित होगा। उदाहरण के लिए इजराईल और शास्त्रीय (Classical) ग्रीक के आधुनिक संरचना में पुरानी प्रतिमानों का समावेश ज्यादा है। केवल संस्था और उनकी भूमिका के प्रकार्य में भेद होने से विशेषीकरण (Specialization) का विकास हुआ। धार्मिक संस्थायें राज्य तथा परिवार से अलग हो जाती हैं और आर्थिक संस्थाओं के प्रकार्यो में विशेषीकरण और विभेदीकरण बढ़ जाता है जो एकता सुसंगठन के लिए समस्या पैदा करता है।

पारसन्स के अनुसार द्वंद्व का सामंजस्य सामाजिक व्यवस्था के परस्पर इकाइयों के बीच मिलकर समाधान होगा। कानून मुख्य संस्था है जो इस अवश्यकता की पूर्ति करती है। वैधानिक नियम कानून द्वन्द्व की क्षमता को कम करता है और व्यक्तियों के बीच संबंधों तथा संस्थाओं के बीच संबंधों को सुदष्ढ़ करता है। जब द्वन्द्व विकसित होगा तो न्यायिक व्यवस्था के द्वारा सुलझा दिया जायेगा जिसके कारण सामाजिक व्यवस्था में विघटन को बढ़ावा नहीं मिलेगा। इस स्थिति में परिवार, धर्म, शिक्षा जैसी संस्थायें महत्वपूर्ण भूमिका निभायेगी। धर्म की जड़ में सामाजिक प्रतिमान (value) समाहित होगा और धार्मिक विश्वास सामाजिक व्यवस्था के प्रतिमानों को अन्तिम रूप से तर्क संगत बनायेगा।

अमेरिका में परिवर्तन हुआ। जब काले को गोरे के स्कूल में पढ़ने के लिए अनुमति मिला। इतना ही नहीं उन्हें मताधिकार मिला और पदाधिकारी के रूप में उन्हें नियुक्त किया गया। परन्तु इससे सामाजिक व्यवस्था खत्म नहीं हुआ।

महिला आन्दोलन के कारण महिलाओं के परिस्थिति और भूमिका में परिवर्तन हुआ है। और उन्हें आर्थिक अवसर भी प्राप्त हुये हैं, परन्तु यह परिवर्तन बिना पुरूषों के सहयोग और अनुमति के सफल नहीं हो सकता था इस परिवर्तन को सामाजिक व्यवस्था ने अपने आप में समाहित कर लिया।

टी. पारसन्स के विचार सामाजिक परिवर्तन में
(T. Parsons View in Social Change)

परिवर्तनीय प्रतिमान (Pattern Vaniables)

टी. पारसन्स एवं एडवुड शील्स (T. Parsons and Edward Shills 1951) ने मानदंडो एवं मूल्यों को दो भागों में बांट कर परिवर्तन को विश्लेषित करने का प्रयास किया है। परम्परागत समाज यानि सरल समाज और आधुनिक समाज यानि जटिल समाज। इस विभाजन का आधार बिल्कुल सैद्धान्तिक है। वास्तव में परम्परागत समाज के मानदण्ड एवं मूल्य के तत्व आधुनिक समाज में देखने को मिलते हैं, तो परम्परागत समाज में भी आधुनिक समाज के मूल्य दिखाई पड़ते हैं जैसे–जैसे आधुनिक समाज में अंग्रेजी सूट टाई के साथ टीका और टीका भी रखे हुये व्यक्ति दिखे जाते है। परम्परागत समाज में लोग आधुनिक मूल्य से भी प्रभावित देखे गये है।

स्टीफन कोल (Stephen Cole, 1975 194) ने स्पष्ट लिखा है। "He (T. Parsons) formulated fine variables Which can be used to describe the ways in which individuals interact with one another. He called these the "Pattern Variables" Societies become more complex the ways in which individuals interact whith one another generally chang. जिस प्रकार समाज अपने परम्परागत प्रतिमानों से बदलकर जटिल समाज के प्रतिमानों की ओर बढ़ता है, वैसे–वैसे व्यक्तियों के विचारों एवं व्यवहारों में परिवर्तन आता जाता है। पारसन्स एवं शील्स ने निम्नलिखित पांच प्रकार के परिवर्तन प्रतिमानों की व्याख्या की है।

1. आरोपित बनाम अर्जित (Ascription us Achievement) :– परम्परागत सरल समाज के अन्तर्गत आमतौर पर व्यक्तियों को आरोपित भूमिका निभानी पड़ती है क्यों कि वैसे समाज के अन्तर्गत सामाजिक स्थिति तथा भूमिका व्यक्ति अर्जित नहीं करता, बल्कि वह जन्म से प्राप्त होता है। उदाहरण के लिए ब्राह्मण या राजा जन्म के आधार पर आरोपीत मूल्य प्रस्थिति तथा भूमिका निर्धारित होती है। इसके विपरीत आधुनिक या औद्योगिक समाज में व्यक्ति के अपने विशेष गुणों के आधार पर सामाजिक स्थिति के द्वारा एक भूमिका का निर्धारण होता है।

2. विस्तार बनाम विशिष्ट (Diffuseness vs specificity):– परम्परागत समाज के अन्तर्गत व्यक्तियों के बीच स्वार्थो से अधिक बंधा नहीं होता है। जैसे मां–बेटे के बीच का संबंध काफी विस्तृत और निस्वार्थपूर्ण होता है। व्यक्ति अपने स्वार्थो से ऊपर उठकर समस्त सामाजिक व्यवस्था के हित की बात ज्यादा सोचता था।

आधुनिक समाजों में लोग आमतौर पर काफी स्वार्थी होते हैं। व्यक्ति अपने व्यक्तिगत स्वार्थों को ध्यान में रखकर ही किसी सामाजिक भूमिका या जिम्मेवारी का निर्वाह करते हैं जैसे वकील और उसके मुवक्किल बिल्कुल औपचारिक एवं व्यक्तिगत स्वार्थो पर आधारित होती है।

3. व्यक्तिवादिता बनाम सार्वभौमिकता (Particularism vs Universalism):– परम्परागत सरल समाज में व्यक्तियों के व्यवहार काफी पक्षपातपूर्ण होते हैं। उदाहरण के लिए परिवार के सभी सदस्य एक–दूसरे के हितों की हिफाजत इस हद तक करते हैं कि उन्हें अपने लोगों में कोई दोष या खराबी नहीं दिखाई पड़ता है।

परन्तु आधुनिक समाज में बहुत समानता एवं न्यायपूर्ण व्यवहार होता है। उदाहरण के लिए– कानून की नजर में चपरासी तथा मुख्य मंत्री बिल्कुल बराबर है। न्यायिक व्यवस्था तथा प्रशासन किसी के पद या पैसे से प्रभावित न होकर हर नागरिक को एक तरह से देखने का प्रयास करता है।

4. भावात्मकता बनाम भावात्मक निष्पक्षता (Affectivity vs Affective Neutrality):– पारम्परिक सरल समाज के अन्तर्गत लोगों का व्यवहार भावनाओं से अधिक प्रभावित होता है। लोग किसी–न–किसी प्रकार की भावना जैसे जाति के आधार पर धर्म के आधार पर भाषा के आधार आदि से प्रभावित होकर कार्य करते हैं।

परन्तु आधुनिक समाज में व्यक्ति अपने जज्बातों और भावनाओं पर नियंत्रण रखने का प्रयास करता है। व्यक्ति अपने विवेक, बुद्धि और तर्क के आधार पर व्यवहार करते हैं। उदाहरण के लिए– व्यक्ति चुनावों में किसी दल को वोट जाति धर्म और भाषा के आधार पर नहीं देकर पार्टी के गुण तथा दोषों के आधार पर वोट देते हैं।

5. समूह केन्द्रित बनाम आत्म केन्द्रित (Collective orientation vs Self orientation):– परम्परागत समाज में व्यक्ति का व्यवहार समूह केन्द्रित भावना से प्रभावित रहती है। इस समय व्यक्ति अपने व्यक्तिगत स्वार्थो से उपर उठ कर समूह के लिए मरने–मिटने के लिए तैयार हो जाता है। साम्प्रदायिक ढंग के समय खतरा व्यक्तिगत नहीं वरन् सामूहिक महसूस किया जाता है।

परन्तु आधुनिक समाज में व्यक्ति इतने स्वार्थी होते हैं कि दूसरों के हितों को नजर अंदाज करके आगे निकल जाने में बहादुरी समझते है। उदाहरण के लिए राजनीतिक नेता कभी–कभी अपने स्वार्थो के लिए राज्य या देश के खजाने को किसी घोटालों के माध्यम से लूटने का हर संभव प्रयास करते हैं।

पारसन्स ने बताया कि परिवर्तन प्रतिमानों के आधार पर किसी प्रकार की सामाजिक व्यवस्था को स्पष्टता से समझ सकते हैं कि समाज किस अवस्था में है सरल है या जटिल। इसके द्वारा व्यक्ति की भूमिकाओं मानदंडों, मूल्यों आदि विभिन्न प्रकार के परिवर्तित आदर्शो एवं सामाजिक क्रिया को समझा जा सकता है। इस आधार पर पति–पत्नी के बदलते संबंधों एवं आचरणों से लेकर समस्त समाज के स्तर पर संबंधों एवं व्यवहारों को विश्लेषण किया जा सकता है।

आर. के. मर्टन के विचार सामाजिक परिवर्तन में (R. K. Merton view in Social Change) आर. के.मर्टन (R.K Merton Social theory and Scial Structure- 1967):– जिन परिस्थिति और परिवर्तन की व्याख्या पारसन्स ने किया उसे और व्यवस्थित रूप देने की कोशिश मर्टन ने किया। मर्टन ने प्रकार्यवादियों में से सबसे अधिक सामाजिक परिवर्तन की व्याख्या करने का प्रयास किया। उनके अनुसार समाज अपने आप में पूर्ण नहीं है, व्यवस्था के अन्तर्गत सभी इकाई जरूरी इसलिए है कि उनका पूरे प्रकार्य (Function) में आवश्यकता होती है। कोई एक इकाई को काट देने से वह जीवित नहीं रह सकता है क्योंकि उसका विशेष उपयोग समाज में होता है। समाज में कुछ रीतिरिवाज (Custom) न ही प्रकार्य का काम करता है और नहीं अप्रकार्य का, वह न ही अच्छा है और न ही खराब है। उसका प्रकार्यात्मक

विश्लेषण संभव नहीं है उदाहरण के लिए कोट के बाँह में बटन का कोई प्रकार्य नहीं है।

कुछ रीति–रिवाज व्यवस्था के इकाई के लिए मददगार या सहायक हो सकता है और पूरे व्यवस्था के लिए हानिकर भी हो सकता है। उदाहरण के लिए चोरों के लिए (Symbol of Honour) प्रतिष्ठा के संकेत व्यावसायिक अपराधी के लिए लाभदायक हो सकता है, परन्तु पूरे समाज के लिए नहीं।

सामाजिक संरचना के इकाई अत्यन्त आवश्यक हैं, परन्तु उसके एवज में परिवर्तन की संभावना भी है। उदाहरण के लिए संसदीय लोकतंत्र औद्योगिक अर्थव्यवस्था के लिए उपयुक्त हो सकता है। परन्तु अति आवश्यक नहीं। क्योंकि कुछ औद्योगिक समाज अलग ढंग के भी सरकारी कार्य सम्पादित करती है। उनके अनुसार सामाजिक संरचना के तत्व बहुधा समाज व्यवस्था के लिए नकारात्मक परिणाम पैदा करते हैं। वे समाज व्यवस्था को बनाए रखने के स्थान पर उन्हें तोड़ने का प्रयास करते हैं। अर्थात सामाजिक संरचना के किसी भाग द्वारा किसी संरचना अथवा उसके निर्णायिक भागों के अनुकूलन अथवा समायोजन हेतु बाधा उत्पन्न करना मर्टन ने अप्रकार्य (Dysfunction) माना। ये अप्रकार्य न केवल परिवर्तन के द्योतक होते हैं बल्कि परिवर्तन भी करते हैं। अक्सर व्यक्ति अपनी भूमिका अपेक्षाओं को पूरा नहीं कर पाता है। ऐसे में भूमिका द्वन्द्व की अवस्था उत्पन्न होती है। इनसे भी सामाजिक परिवर्तन होता है। भूमिका द्वन्द्व का अर्थ यह है कि जब एक व्यक्ति से एक समय में एक से अधिक भूमिका की उम्मीद की जाती हो। उदाहरण के लिए एक एस. पी. का बेटा अपराध करते हुये एस. पी. के हाथों (पिता के हाथों) पकड़ा जाता है तो उसे बेटे के सामने पिता की भूमिका और एस. पी. की भूमिका दोनों एक साथ निभाने की परिस्थिति में कोई न कोई नियम को तोड़ना होगा, जिससे समाज में परिवर्तन आता है।

सामाजिक व्यवस्था के इकाई हमेशा एक दूसरे के बीच सुव्यस्थित नहीं हो सकता। वास्तव में समाज तनाव को प्रबंध करने के कारण, में दबाव, विरोधभाष अन्तर्निहित समस्या उत्पन्न करती है।

जब एक समस्या को सुलझा दिया जायेगा तो नवीन समस्या पुनः तुरन्त खड़ा हो जायेगा। कुछ समस्या ऐसे भी होगें जिसका निपटारा नहीं किया जा सकता है बल्कि उन समस्या को हल करने में कुछ हद तक सफलता प्राप्त हो सकता है। और इसमें जैसे भारत में गरीबी और बेरोजगारी।

इसके अलावा कुछ पूर्व के आवश्यकतायें (Pre- requirement) जिसे समाज को पूरा करना होता है। कम से कम न्यूनतम स्तर तक। उदाहरण के लिए समाजीकरण जो प्रत्येक समाज में नवजात शिशु को युवा की भूमिका के लिए समान प्रशिक्षित करने में असफल रही है। जिससे समाज में विभिन्नता उत्पन्न होती है। इस प्रकार के पूर्व की आवश्यकताओं को पूरा करने में समाज हमेशा विफल रहा है।

इसके अलावा मर्टन ने सामाजिक परिवर्तन के सन्दर्भ में कहा कि सामाजिक प्रणाली के वितरण संबंधी (बर्द्ध ढांचीय) पक्ष में होने वाला परिवर्तन एक प्रकार का सामाजिक परिवर्तन है। दूसरी प्रकार का परिवर्तन वह है, जो प्रणाली के ढांचीय पक्ष में होता है। उदाहरण के लिए नियामक सामान्यकों या उप–समूह की प्रकारों में होने वाला परिवर्तन पूँजीवाद से समाजवाद की ओर परिवर्तन या संसदीय प्रजातंत्र से तानाशाही की ओर होने वाला परिवर्तन ढांचीय परिवर्तन है। विवाह योग्य अविवाहित महिलाओं और विवाहित महिलाओं के अनुपात में परिवर्तन या परिवार नियंत्रित नहीं है के अनुपात में परिवर्तन या त्रिदलीय प्रणाली में तीन राजनैतिक दलों को अनुमोदित करने वाले मतदाताओं की संख्या में परिवर्तन अर्द्ध ढांचीय संबंधी परिवर्तन है।

आंशिक ढांचे कभी अन्य आंशिक ढांचों को कमजोर करते हैं और कभी सामाजिक प्रणाली में परिवर्तन भी लाते हैं, क्योंकि इनमें से कई प्रभाव प्रकार्य अथवा अप्रकार्य के होते है, इसलिए प्रकार्यात्मक विश्लेषण स्थैतिक नहीं हो सकता। उन्होंने स्पष्ट कहा कि ढांचे में या अर्द्ध ढांचे में होने वाला कोई भी परिवर्तन आवश्यकताओं की पूर्ति में अधिक सहायक हो सकता है या कमजोर भी कर सकता है। इसका तात्पर्य यह हुआ कि जो आंशिक

ढांचा परिवर्तन लाता है, वह प्रकार्यात्मक भी हो सकता है और अप्रकार्यात्मक भी, अथवा दोनों ही।

अधिकांश परिवर्तन पूरी प्रणाली की तुलना में विभिन्न उप समूहों को अधिक स्पष्टतः प्रभावित करते है इसका प्रभाव अनुकूल और प्रतिकूल भी हो सकता है। कुछ परिवर्तन ही पुर्ण प्रणाली के अस्तित्व को प्रभावित करते हैं और प्रणाली की समावेश क्षमता का अनुदान करना बहुत कठिन है। दूसरी ओर परिवर्तन के दीर्घकालिन प्रभाव बहुधा उसके अल्पकालिन प्रभावों से सर्वथा भिन्न होते हैं। उदाहरण के लिए अमेरिका पब्लिक स्कूल में होने वाला प्रजातीय एकीकरण आगे चल कर हमारे समाज को कई प्रकार से मजबूत करेगा। परन्तु सर्वोच्च न्यायालय के प्रसिद्ध निर्णय जो एक ढांचीय परिवर्तन हैं, के अल्पकालिक प्रभाव इन से अच्छे नहीं हुए।

सामाजिक प्रणाली के विन्यास में होनेवाले परिवर्तन के कारण यह आवश्यक हो जायेगा कि आंशिक ढांचों के प्रकार्यात्मक और अप्रकार्यात्मक प्रतिफलों का नये सिरे से मूल्यांकन किया जाय। विन्यास या संटिग शब्द के स्थान पर सामाजिक वातावरण कहा जाये तो उपयुक्त होगा। उपसमूह को संदर्भ प्रणाली मानने पर समाज के भीतर होने वाले परिवर्तन वातावरण या पर्यावरण के परिवर्तन है। यदि प्रणाली का लक्ष्य ही बदल जाय तो भी पुनर्मूल्यांकन आवश्यक होगा। उदाहरण के लिए युद्ध के समय किसी राष्ट्र की सामाजिक अवश्यकता कई अर्थो में शान्तिकालीन सामाजिक आवश्यकताओं से भिन्न होती है।

मर्टन के प्रकार्यवाद में सामाजिक परिवर्तन की व्याख्या तर्कसंगत करने की कोशिश रह गई थी। उसे दूर करने की भी कोशिश की। जैसे समाजशास्त्रियों ने कहा कि प्रकार्यवाद विचारधारा स्टैटिक या स्थिर है परन्तु मर्टन ने उसका भी उत्तर देने का कोशिश किया इसके बावजूद प्रकार्यवादियों की निम्नलिखित आधार पर आलोचना की जाती है।

1. मार्क्सवादियों का मानना है कि आर्थिक कारक के कारण समाज में परिवर्तन होता है और ये परिवर्तन पूरी सामाजिक संरचना को परिवर्तित कर देती हैं। रूस में इसी प्रकार के परिवर्तन हुये जिसमें अर्द्ध संरचना पूर्ण संरचना में मूलभूत परिवर्तन आये थे।

2. प्रकार्यवादी सिद्धांत विश्लेषण करता है कि क्यों इकाई है, कैसे इकाई है। परन्तु वे परिवर्तन को विश्लेषित नहीं करते हैं, प्रकार्यवादी तुलनात्मक रूप से स्थिरता में विश्वास करते हैं जो इस सिद्धांत की सबसे बड़ी कमजोरी है।
3. कुछ समाजशास्त्रियों ने आलोचना करते हुये कहा कि यांत्रिक संतुलन ने (Equillibrium Mechanism) हमेशा आदर्शात्मक चेतना में हमेशा सफलता हासिल नहीं की। अमेरिका में काले और गोरे के बीच सामाजिक समानता के लिए दोबारा और निरन्तर संघर्ष हुआ और यह सिद्धांत यह भी नहीं बताता है कि काया पलट मूलभूत परिवर्तन और क्रांति कैसे होगी।
4. प्रकार्यवाद उद्विकास की सामान्य मान्यताओं को मानता है और यह स्वीकार करता है कि समाज सरल से जटिल की ओर बढ़ रहे हैं। विभिन्न समाजशास्त्रियों का मानना है कि प्रकार्यवाद और उद्विकास को एक में सम्मिलित कर लिया जाना चाहिए, जिससे प्रकार्यात्मक पूर्व आवश्यकताओं को लाभ मिल सकता है, उसके बाद सामाजिक प्रकार्यात्मक आवश्यकताओं की पूर्ति हो सकती है। यह उद्विकास का आधार है। परन्तु देखना अब यह है कि प्रकार्यवाद और उद्विकासवाद दोनों एक में समाहित होने के लिए अनुकूल है या नहीं।
5. प्रकार्यवादी विचारधारा समाज के विकास के कौन–कौन चरण होंगे, परिवार के विकास के कौन सी अवस्था होगी, राजनीतिक व्यवस्था तथा आर्थिक व्यवस्था में विकास या परिवर्तन के विश्लेषण के स्थान पर उन्होंने समाज में इकाइयों की व्यवस्था के भूमिका पर विशेष प्रकाश डाला है।
6. पश्चिमी पूंजीवादी देशों में वहाँ के शासकों को जिस स्थिरता की आवश्यकता थी उसे सैद्धान्तिक रूप प्रदान करने के प्रयास में प्रकार्यवादी सामान्य परिवर्तनों की ही व्याख्या कर सके या रूस में हुये परिवर्तनों से डर गये और अपने सिद्धांतों को सन्तुलन, स्थिरता, एकता और अन्तर्निभरता की खूँटी या कील से बांधे रखा।

यह भी सही है कि एशिया, अफ्रीका और लैटिन अमेरिकी देशों की तुलना में जहाँ युद्ध विद्रोह संघर्ष हुआ है वहीं पश्चिमी के देश आमतौर पर शान्त रहे हैं।

31

जनसंचार और सामाजिक परिवर्तन

Mass Media and Social Change

समाजशास्त्र में सामाजिक परिवर्तन विषय वस्तु पर विशेष रूप से चर्चा की गई है। सामाजिक परिवर्तन और सांस्कृतिक परिवर्तन वास्तव में ये दोनों दो पृथक् पृथक् अवधारणा हैं। अनेक विद्वानों ने सामाजिक एवं सांस्कृतिक परिवर्तन में कोई भेद नहीं किया है। वे इन्हें समान अर्थो में ही प्रयुक्त करते हैं। कई विज्ञानों ने अपनी सामाजिक परिवर्तन की परिभाषा इतनी विस्तृत रूप में की है कि उन्होंने उसमें सांस्कृतिक परिवर्तन की अवधारणा को भी सम्मिलित कर लिया है। इन विद्वानों में मैरिल व एल्ड्रिज, गिलिन व गिलिन तथा डासन व गेटिस (Dawson and Geltys) आदि प्रमुख है। परन्तु के डेविस (K. Davis), टी. पारसंस (T. Parsons), मैकाइवर व पेज (MacIver and page) और आगबर्न (Ogburn) आदि ने दोनों में अंतर स्थापित किया है।

वास्तव में दोनों एक दूसरे को प्रभावित करते हैं तथा दोनों में अन्तःसंबंध पाया जाता है, दोनों को अलग–अलग करना मुश्किल ही नहीं बल्कि कठिन कार्य है।

सामाजिक परिवर्तन की व्याख्या समाजशास्त्र में कई (School) संप्रदायों में की गई है जिसमें एक उद्‌विकासीय सम्प्रदाय (Evolutionary School) का भी नाम आता है जिसके प्रवर्तक के रूप में एल. एच. मार्गन (L. H.

Morgon), कार्ल मार्क्स (Karl Marx), एन्जिलस (Engels) का नाम प्रमुख है। इन विद्वानों ने कहा कि सामाजिक परिवर्तन विभिन्न चरणों से होकर गुजरता है। जंगली अवस्था से सभ्य समाज में परिवर्तन का एक मात्र कारण तकनीकी विकास है। इसलिये ये लोग मानते हैं कि "Technology is the wheel of Society" प्रौद्योगिकी समाज का एक पहिया है। जैसे प्रोद्योगिकी में विकास होगा वैसे–वैसे समाज में भी परिवर्तन होगा, जनसंचार का विकास भी प्रौद्योगिकी विकास के कारण हुआ इसलिए आज यह यह स्वीकार किया जाता है कि "Science and technology today are the heart of development" ''विज्ञान एवं प्रौद्योगिकी आज के विकास का दिल है।''

एक समय था जब मानव की आवाज केवल कुछ ही लोगों तक पहुँच पाती थी। महाभारत काल में आध्यात्मिक शक्ति प्राप्त केवल संजय अपनी आंखों से दूर में घटित घटनाओं को देख सकता था परन्तु आज तकनिकी विकास के कारण आवाज को पुरे विश्व तक पहुँचा सकते हैं और दूर में हो रही घटनाओं को परे बैठे देख सकते है। 200 साल पहले घोड़ा भारत में जनसंचार का सबसे तेज माध्यम समझा जाता था कबूतर भी मीडिया की आत्मा माना जाता था। वर्तमान समय में मीडिया के अन्तर्गत समाचार पत्र, रेडियो, टेलिविजन, कम्प्यूटर, इत्यादि आता है। जिसे जनमत निर्धारण का भी महत्वपूर्ण इकाई कहा गया है।

विद्वानों के अनुसार "The Mass media is the device that can spread the requisite knowledge and attitudes quickly and widely" ''जनसंचार एक तकनिक हैं जो उपयुक्त ज्ञान और मनोवृति का जल्द और विस्तृत फैलाव करता है।'' जनसंचार के निम्नलिखित इकाई हैं:–

1. समाचार पत्र और पत्रिका (News Paper, Magazine):– सर्वप्रथम भारत में पहला समाचार पत्र बंगाल गजट के नाम से प्रकाशित अंग्रेज हीक्की के द्वारा 1780 में कोलकाता में हुआ था। इसके एक वर्ष के बाद अनेक पत्रिकाएँ कोलकाता में प्रकाशित की जाने लगी। 1812 में राजा राम मोहन राय ने ''संवाद कुम्यूदी'' (Sambad Kaumadi) और एक पर्सिमन (Persian) साप्ताहिकी का

भी प्रकाशन शुरू किया। उन्होंने इस समाचार पत्र में हिन्दूत्व के सिद्धांत और सती प्रथा की आलोचना की। 1822 ई. में फरदउन्जी मराजहान (Ferdunji Marazhan) ने गुजराती साप्ताहिकी ''बम्बई समाचार'' के नाम से प्रकाशित किया था। उसने इसका प्रकाशन व्यावसायिक विषयों के लिए किया था। महात्मा गांधी जी के योगदानों तथा राजनीतिक कार्यो की अनेक पत्रिका प्रकाशित करता था, जिसमें ''साउथ अफ्रिका में भारत राष्ट्र'' द नवजीवन इन गुजरात'' यंग इंडिया एन इंगलिस, और द हरिजन इत्यादि था। भारत में स्वतंत्रता प्राप्ति के बाद सामाजिक आर्थिक और राजनीतिक क्षेत्रों में महत्वपूर्ण भूमिका निभाई। 1947 के बाद 51 प्रतिदिन समाचार पत्र और 258 सप्ताहिक अंगेजी भाषा में प्रकाशित किया जाने लगा। दो दशकों के बाद 1968 में 68 प्रतिदिन समाचार पत्र और 2000 पत्रिका अंग्रेजी में प्रकाशित होने लगा, परन्तु आज प्रतिदिन समाचार पत्र, साप्ताहिकी, करीब–करीब मुख्य भाषा में पूरे देश में प्रकाशित किया जाने लगा।

2. रेडियो (Radio) :– रेडियो का मार्कोनी (ब्रिटेन 1901) ने आविष्कार किया। इसमें ध्वनि तरंगों को संग्रह करके प्रसारण किया जाता है। विश्व में सबसे पहले प्रसारण 1919 में किया गया था। भारत में इसका प्रसारण 1921–26 के बीच हुआ था, भारत में रेडियो का जाल विश्व में सबसे पहला स्थान रखता है। भारत में 17 विदेशी भाषा में और 19 भारतीय भाषा में प्रसारण किया जाता है। 1996 तक पूरे देश में 185 रेडियो स्टेशन कार्यरत है और 97 प्रतिशत भारतीय जनसंख्या तक पहुँच पाता है। इस रेडियो प्रसारण से मनोरंजन के अलावा समाचार, मौसम, कृषि रोजगार कला, संस्कृति, स्वास्थ्य, नाटक, भजन इत्यादि कार्यक्रमों का प्रसारण किया जाता है। रेडियो का भी व्यक्ति के सामाजिक आर्थिक राजनीतिक जीवन पर गहरा प्रभाव डालता है।

3. सिनेमा (Cinema) :– ध्वनि छायाचित्र एल. डी. फारेस्ट (यू. एस. ए 1923) के द्वारा अविष्कार किया गया। प्रारम्भ में बिना आवाज के चलचित्र दिखाये जाते थे उसके बाद ध्वनिरहित चलचित्र

दिखाये गये। श्याम और श्वेत के बाद इस्टमेनकलर उसके बाद पूर्ण रंगीन चलचित्र दिखाया जाने लगा।

व्यक्ति की आंख की रेटिना पर किसी चित्र का प्रभाव 1/16 सेंकेण्ड तक रहता है, यदि विभिन्न मुद्राओं से सम्बन्धित चित्र इस प्रकार से आंखों के सामने से गुजारे जाँय कि उनकी गति 1/16 सेकेण्ड प्रतिचित्र से अधिक हो तो ऐसा प्रतीत होगा कि मानो वे सभी वस्तुएं गतिमान है। मूवी कैमरा द्वारा 1/16 चित्र प्रति सेकेण्ड से अधिक की दर से लगातार गतिमान वस्तुओं की चित्र खीचा जाता है। हमारी आंखे उन चित्रों को अलग–अलग नहीं कर पाती अपितु चित्र हमें चलते–फिरते गतिमान दिखाई पड़ते हैं।

प्रारम्भ में सिनेमा के द्वारा सामाजिक बुराइयों तथा कुप्रथाओं पर विशेष जोर दिया जाता था ताकि सामाजिक बुराइयों तथा कुप्रथाओं की समस्याओं का निदान हों सके और इसका अत्यधिक प्रभाव भारतीय समाज पर पड़ा है।

4. दूरदर्शन (Television):– दूरदर्शन का आविष्कार जे. एल. वेयर्ड (स्काटलैंड 1926) के द्वारा हुआ। सर्वप्रथम 1939 में इसका प्रसारण अमेरिका में हुआ। भारत में 15 सितम्बर 1959 को दिल्ली से प्रसारण प्रारम्भ किया गया, जिसमें केवल दिल्ली के लोग ही लाभांवित हो पा रहे थे। उस समय सप्ताह में केवल तीन दिन कार्यक्रम दिखाया जाता था आज 18 विभिन्न भाषा के चैनल दूरदर्शन के द्वारा प्रस्तुत किया जा रहा है। वर्तमान में कई और नये चैनल तथा कई विदेशी चैनल दिखाया जा रहा है।

   1999 तक भारत में दूरदर्शन के द्वारा सामान्यतः 87.6 प्रतिशत जनसंचार तक पहुँचाया जा रहा है और 2003 ए. डी. तक 93 प्रतिशत तक पहुँचाने का लक्ष्य रखा गया है।

   दूरदर्शन के द्वारा निम्नलिखित कार्यक्रम जैसे समाचार लोकसभा, राज्य सभा, के सत्र कृषि कार्यक्रम, ग्रामीण विकास कार्यक्रम, स्वस्थ्य विज्ञान, वातावरण, खेल, सीरियल, युवा तथा बच्चों के कार्यक्रम, शिक्षा, भाषा, साहित्य, संस्कृति, लोककला फिल्म इत्यादि

दिखाया जा रहा है। इसका गुणात्मक प्रभाव हमारे समाज पर पड़ा है।

5. कम्प्यूटर (Computer):– चार्ल्स बैबेज (फादर ऑफ कम्प्यूटर) ने कम्प्यूटर का आविष्कार किया। भारत में पहला कम्प्यूटर इलेक्ट्रानिक कारपोरेशन ऑफ इण्डिया ने बनाया। इसका प्रयोग आर्थिक अनुसंधान, मौसम भविष्यवाणी, इंजीनियरिंग, रेलवे, हरितक्रांति, उर्वरक, शिक्षा, जनगणना योजना, यातायात, पुलिस, स्वस्थ्य, चिकित्सा आदि में किया जाता है।

   इसमें इंटरनेट लाइन का प्रयोग किया जाता है। 30 जुन 1999 में संसद में दिये गये जबाव के अनुसार 1.4 करोड़ लाइन का प्रयोग किया जाता रहा है। दिल्ली में 2.26 लाख, 4.5 लाख महाराष्ट्र में, 2.1 लाख तामिलनाडू में , 1.4 लाख कश्मीर में 1.1 लाख पश्चिमी बंगाल में यू. पी. में 20,000 तथा बिहार में 80,000 इनटरनेट का प्रयोग किया जा रहा है। वर्तमान समय में उपरोक्त सांख्यिकी में भारी वृद्धि होने की संभावना है।

   कम्प्यूटर के विकास या प्रयोग होने के बाद समाज में महत्वपूर्ण परिवर्तन हुये। कहा जाता है कि पुरे विश्व में तीन बार महत्वपूर्ण परिवर्तन हुये जिसमें पहली बार पहिया के निर्माण के कारण, दूसरी बार औद्योगिक क्रांति के बाद अभूतपूर्व परिवर्तन हुये और तीसरी बार सूचना क्रांति होने के बाद पुरे विश्व में क्रांतिकारी परिवर्तन हुये। आज समाजशास्त्री इस समाज को सूचना समाज के नाम से सम्बोधित करता है। माध्यमों में तीव्र गति होने से दुनिया को छोटा बना दिया है। इसी कारण मैकलुहान ने इस विश्व को एक ''विश्वव्यापी गाँव'' की संज्ञा दी है।

   इस प्रकार टेलीफोन, रेडियो, सिनेमा, टेलिविजन, कम्प्यूटर, माइक्रों विद्युत उपकरण और लेसर माध्यमों का धीरे–धीरे विकास हुआ। इसका प्रभाव सम्पूर्ण समाज पर पड़ा। इसलिए कहा जा सकता है कि "The function of mass media is to open up to the large masses in Society to new information, new thought and new attitude and new aspiration which lead them to new achievement"

जनसंचार के द्वारा सामाजिक परिवर्तन (Social Change through Mass Media)

1. मनोरंजन (Entertainment):– आज के बदलते परिवेश में प्रत्येक व्यक्ति अपने आप में व्यस्त है और विभिन्न कारणों से तनाव से ग्रसित है। इस तनाव के कारण समाज में विचलन आता है और व्यक्तिगत स्तर पर (Depression) इस परिस्थिति से निपटने के लिए T. Parsons ने तनाव प्रबंधन (Tension Management) पर प्रकाश डाला है। जनसंचार के साधन अनेक कार्यक्रम को मनोरंजन का ध्यान में रखते हुये बनाया है। इसमें शिक्षित और अशिक्षित दोनों का मनोरंजन किया जाता है। प्रेस केवल शिक्षित लोगों तक ही सीमित रहता है। परन्तु सिनेमा, टी. वी., रेडियो इत्यादि सभी लोगों को मनोरंजन प्रदान करता है।
2. महिलाओं की परिस्थिति (Status of Women):– प्रारम्भिक कालों में महिलाओं को चन्द्रमा तथा पृथ्वी के साथ जोड़ा जाता था उनकी उन्हें उनके घर के चाहरदिवारों में ही रहने की अनुमति थी। परन्तु Feminist Movement महिला आन्दोलन ने मातृसतात्मक विचारों पर काफी प्रकाश डाला और इसका प्रचार–प्रसार किया, ये प्रचार प्रसार बिना किसी माध्यम के संभव नहीं हो सकता था। डा. रेणूका सिंह (Dr. Renuka Singh) ने कहा कि आज महिलायें सम्मान (Esteem) और प्रस्थिति (Status) का आनन्द ले रही हैं।

   महिलाओं के जीवन में किस हद तक आज परिवर्तन आया है, इसका पता लगाना विकसित देशों के लिए कठिन काम होगा, क्योंकि वहाँ तथ्य उपलब्ध नहीं है। परन्तु भारत में ऐतिहासिक तथ्य उपलब्ध नहीं है। परन्तु भारत में ऐतिहासिक तथ्यों के आधार पर परिवर्तन को देखा जा सकता है।
3. परिवार (Family):– समाजशास्त्री टी. पारसन्स (T. Parsons), आर. के मर्टन (R. K. Merton) मानते हैं कि परिवार सामाजिक

संरचना की महत्वपूर्ण इकाई है। इस इकाई पर भी माध्यम का प्रभाव पड़ा है। ए. आर. देशाई (A. R. Desai) के अनुसार संयुक्त परिवार उसे कहते हैं जिसका एक धर्म, एक रसोई और एक छत के नीचे दो या तीन पीढ़ी के लोग रहते है। कृशक समाजों में परिवार उत्पादन की इकाई समझा जाता था, क्योंकि उनके कार्य स्थल घर के निकट होता था। महिला और बच्चे सभी उत्पादन में सहयोग करते थे। परन्तु औद्योगिकरण के कारण उत्पादन के प्रणाली में परिवर्तन हुआ और व्यक्ति भिन्न–भिन्न षहरों और कार्यालयों, उद्योग में काम करने लगा। जिसके कारण संयुक्त परिवार एकांकी परिवार में परिवर्तित हो गया और पति–पत्नी का संबंध पूरक (Complementary relation) संबंध बन गया। इसके अलावा परिवार का पारम्परिक कार्यो में भी परिवर्तन आया। एम. एन. साह (M. N. Shah) के अनुसार माध्यम के विकास होने से संयुक्त परिवार संयुक्त मानसिकता (Sentiment of Jointness) में वृद्धि हुई है। जिसका मुख्य कारण दूरभाष (Phone) से विचारों का आदान–प्रदान है।

4. जनसंख्या (Population):– भारत एक विकासशील देश है जो विश्व में सबसे अधिक जनसंख्या की समस्या से जूझ रहा है। भारत में वर्तमान जनसंख्या की बढ़ोतरी का दर 2.25 प्रत्येक वर्ष है। माल्थस ने जनसंख्या और आर्थिक प्रगति के बीच संबंध स्थापित करने की कोशिश किया, परन्तु सही साबित नहीं हुए। भारत में सांख्यिकी यह बतलाता है, कि महिलाओं में मृत्यु दर पुरूषों की तुलना में अधिक है। जब कि विकसित देशों में महिलायें छः वर्ष पुरूषों की तुलना में अधिक जीवित रहती है।

   इस समस्या से ईजाद या छुटकारा केवल जनमाध्यमों के द्वारा हो सकता है। सांख्यिकी यह बतलाता है, कि महानगरों में जनसंख्या में सकारात्मक नियंत्रण हुआ है। क्योंकि महानगर के लोग तुलनात्मक रूप से माध्यमों से प्रत्यक्ष संबंध रखते हैं।

   आज भी दूरदर्शन और समाचार पत्र के माध्यम से परिवार नियोजनों के आधुनिक तकनीकों का हमेशा और लगातार प्रचार

किया जा रहा है, जिसके कारण 1982–83 में तीन करोड़ चार लाख दम्पति गर्भनिरोध के उपाय के तकनीक का प्रयोग कर रहे हैं जबकि 1971–72 में केवल एक करोड़ तीन लाख था।

5. कृषि (Agriculture):– भारत में प्रारम्भ में कृषि के पुराने औजारों, बीजों, खाद्यों का प्रयोग किया जाता था जिससे उसका उत्पादन क्षमता काफी कम थी। भारत एक कृषि प्रधान देश है इसकी अर्थ व्यवस्था मुख्य रूप से इसी पर आधारित है।

   रेडियो में मौसम, खाद तथा बीज से सम्बन्धित और टी. वी. द्वारा ग्रामीण विकास कार्यक्रम से सम्बन्धित प्रसारण किया जाता है जिसका सकारात्मक प्रभाव किसानों पर पड़ा अब वे जानते हैं कि किस फसल में कौन से खाद्य का प्रयोग करना है, कब खेती करना है, कब मॉनसुन आयेगा। 1958 में नागपुर में एक अनुसंधान विचार गया जिसमें बताया गया कि गाँव के आधे लोग रेडियो सुन कर बीज तथा खाद्य का प्रयोग करते थे। रासायनिक खाद पर नियंत्रण खरपतवार, खाद की उपलब्धता इत्यादि पर किसान दूरदर्शन के द्वारा लाभन्वित हो रहे हैं।

6. जीवन पद्धति (Life Style):–भारत में व्यक्तियों के जीवन पद्धति की एक खास विशेषता रही है। प्रारम्भ में लोग प्रकृति से ज्यादा जुड़े हुये थे। सूर्योदय के पहले जगना तथा सूर्यास्त के बाद सोने की तैयारी करना। भिन्न–भिन्न मौसम में भोजन में भिन्नता पाई जाती थी। उनके पोशाक, व्यवहार, परिवार तथा समाज के लोगों के बीच संबंधों में विशिष्टता पाई जाती थी।

   परन्तु जनसंचार के विभिन्न माध्यमों ने उनके–जीवन पद्धति में मूलभूत परिवर्तन दिया। एक परिवर्तन तो स्पष्ट रूप से देखने में आया कि टी. वी. देर रात तक सिनेमा या कोई कार्यक्रम देखते हैं, जिससे देर रात सोने जाते हैं और सुबह भी बहुत देर के बाद जगते हैं। इसके अलावा उनके व्यवहार में तथा जीवन पद्धति में पश्चिमी संस्कृति की झलक मिलती है। भोन फुचर्र हेमेनडार्फ Von Furer-Heimendrof ने कहा कि रेडियो तथा टी. वी. ने सामाजिक जीवन तथा सांस्कृतिक जीवन को प्रभावित किया है।

7. संस्कृति (Culture):– कहा जाता है कि चीन, भारत और मैक्सिको की संस्कृति प्राचीन और समृद्ध रही है, क्योंकि इसका इतिहास पुराना है। भारत सन्तों तथा धर्म अनुयाइयों का देश रहा है। समाजशास्त्री ई. बी. टायलर (E. B. Tylor) के अनुसार संस्कृति वह जटिल समष्टि है जिसमें ज्ञान, विश्वास, कला, आदर्श, कानून, प्रथाएं व अन्य आदतें व क्षमताएं सम्मिलित हैं जिन्हें मानव ने समाज के सदस्य के रूप में प्राप्त किया है। अर्थात इसके अन्तर्गत जीवन शैली, भाषा, मूल्य–व्यवस्था, आदर्श, नियम, कला साहित्य इत्यादि को भी शामिल किया जाता है।

   परन्तु जनसंचार के माध्यमों के द्वारा पश्चिमीकरण (Westernization), असंस्कृतिकरण (Desanskritization) और पुनः संस्कृतिकरण (Re-Sanskritization) की प्रक्रिया को प्रभावित किया है। जिसके कारण भारत की मूलभूत संस्कृति में महत्वपूर्ण परिवर्तन हुआ है जिससे संस्कृति के अस्तित्व को भी खतरा उत्पन्न हो गया है।

   कुछ समाजशास्त्री का यह मानना है कि संचार के माध्यमों पर सरकार का नियंत्रण है और वह आधुनिक विचारों को प्रचार–प्रसार करती है जिससे भारत की संस्कृति पर प्रतिकूल प्रभाव डालती है।

8. समाजीकरण (Socialization):– एच. एम. जॉनसन (H. M. Jonshon) के अनुसार "Socialization is a process of learning" अर्थात यह एक सीखने की प्रक्रिया है। जी. एच. मीड के अनुसार जैविक प्राणी से सामाजिक प्राणी में परिवर्तन की प्रक्रिया है। परिवार सामाजिक जीवन का एक सर्वोत्तम पाठशाला है। बच्चों का सामाजीकरण में परिवार की अहम भूमिका होती है।

   परन्तु संचार के माध्यमों द्वारा यह बतलाया जाता है कि कौन–कौन संस्थायें बेहतर ढंग से काम कर रही हैं। आज आधुनिक युग में प्रत्येक माता–पिता में अपने बच्चों को सुव्यवस्थित व्यक्तित्व के निर्माण कराने में प्रतियोगिता कर रहे है। जिसके कारण पारम्परिक रूप से बच्चों की समाजीकरण की प्रक्रिया में परिवर्तन हुआ है, आज कई ऐसे नये संस्थाओं का जन्म हुआ है जो इस दिशा में कार्य कर रही है।

डॉ. रेणूका सिंह (Dr. Renuka singh) के अनुसार "The Phenomenon of Hierarchical Socialization is being replaced by egalitarian Socialization" स्तरीकृत समाजीकरण की घटना समतावादी समाजीकरण में बदल गया है।

9. विवाह (Marriage) :– समाजशास्त्र में विवाह को भी एक संस्था के रूप में देखा जाता है। हमारे देश में पारम्परिक विवाह प्रर्था का प्रचलन है। वैदिक मंत्रों के उच्चारण के साथ, अग्नि को साक्षी मान कर तथा माता–पिता के मर्जी से विवाह सम्पन्न किया जाता है आज भी यह प्रचलन देखने को मिलता है।

परन्तु शिक्षा में प्रचार–प्रसार तथा रेडियो और टी. वी. के माध्यम से मिले संकेतों के आधार पर जाति व्यवस्था के उन्मूलन करने के लिए विवाह प्रथा पर विशेष प्रभाव पड़ा है। अब जाति गोत्र और धर्म को भी नजर अंदाज करके आधुनिक विवाह हो रहे हैं और ये विवाह वैदिक मंत्रों के द्वारा सम्पन्न नहीं हो कर न्यायालय में न्यायाधीश के समक्ष यह विवाह सम्पादित किया जाता है। प्रत्येक रविवार को लगभग सभी समाचार पत्रों में विवाह योग्य लड़का और लड़की की सूची प्रकाशित किया जाता है जिसमें कोई भी लड़का किसी भी लड़की को विवाह का प्रस्ताव दे सकता है और इस माध्यम से विवाह सम्पादित हो रहा है। इतना ही नहीं बल्कि कम्प्यूटर के द्वारा भी विवाह सम्पन्न किया जा रहा है। कम्प्यूटर में ई–मेल के द्वारा एक दूसरे के पास संदेश भेजते है और दोनों को अगर पसन्द हो जाती है तो विवाह सम्पन्न कराया जाता है। इस प्रकार विवाह के क्षेत्र में काफी परिवर्तन हुआ है।

1978 बाल विवाह अधिनियम में लड़की के लिए 18 वर्ष तथा लड़का के लिए 21 वर्ष निर्धारित किया गया था। 1981 सर्वप्रथम जनगणना में यह बतलाया कि विवाह के औसत उम्र 18.3 वर्ष हो गया है। केरल में विवाह के उम्र में वृद्धि हुई है। टी. वी. में यह प्रसारण हमेशा देखने को मिलता हैं कि कम उम्र के लड़की के साथ विवाह करना एक गीली मिट्टी के समान है जो समय से पहले टूट सकती है।

डॉ. रेणूका सिंह (Dr. Renuka Singh) का कहना है कि "In the realm of education and employment, the gains have been tremendous. Most divorces now-a-days are initiated by women"

परन्तु यह भी कटु सत्य है कि आज भी राजस्थान में बाल–विवाह देखे जा सकते हैं। विवाह विच्छेद, दहेज हत्या की दर भी भारत में बढ़ता जा रहा है जो एक महत्वपूर्ण सामाजिक समस्या का रूप ले रहा है।

10. पीढ़ी अन्तर (Generation gap):– हमारे सामने यह सबसे बड़ी समस्या है और इस समस्या के जन्म के पीछे मुख्य रूप से संचार के माध्यमों का हाथ है। उन माध्यमों में से सिनेमा, दूरदर्शन और कम्प्युटर ने सबसे ज्यादा प्रभावित किया है। आज कम उम्र के लड़के और लड़कियाँ उम्र से पहले उन माध्यमों से काफी परिपक्व हो गये हैं। पहले साधारणतया बुढ़े–बुर्जुगों को समाज में प्रतिष्ठा दिया जाता था क्योंकि उन्होंने अपने जीवन में कभी अनुभव प्राप्त किया है। परन्तु आज के बच्चे उनको प्रतिष्ठित नहीं करते हैं क्योंकि उनमें आधुनिक सामान्यज्ञान तथा वैज्ञानिक बातों का अभाव होता है। इसलिए उन्हें आदर की दृष्टि से नहीं देखा जा रहा है। जिसके कारण वे लोग अकेला महसूस करते हैं और दोनों के बीच संघर्ष हो रहा है।

    शिक्षित तथा परिपक्व लड़कियाँ ससुराल में अपनी सास की बात नहीं मानती और सास बहु के बीच निरन्तर संघर्ष होता रहता है। डॉ. रेणूका सिंह (Dr. Renuka singh) ने कहा कि "Generation gap, different lifestyle, unreasonable dowry expectations all combined to generate this oppositions and conflict" पीढ़ी अन्तर, अलग जीवन पद्धति अतार्किक दहेज की उम्मिद उम्मिद सभी मिल कर विरोध और संघर्ष पैदा करता है।

11. महिलाओं की भूमिका (Role of women):– इस माध्यम के द्वारा पुरूषों की तुलना में महिलाओं की भूमिका में काफी परिवर्तन हुआ है। पारम्परिक भूमिका महिलाओं को निर्धारित या उसमें अन्तर आया है। अब महिलायें सामाजिक, आर्थिक, राजनीतिक क्षेत्र में

पुरूषों के समान बढ़–चढ़ कर हिस्सा ले रही हैं। यदि महिलायें Feminest Movement में भाग नहीं लेंगी तो महिलाओं की प्रस्थिति में परिवर्तन कैसे होगा।

आजकल महिलायें अपने बच्चों को बोतल का दूध पिलाती हैं। जन्मनियंत्रण गोलियों का प्रयोग करती है, गर्भपात कराती है एक नियमित अन्तराल के बाद गर्भधारण तथा अनेक जिम्मेवारी निभा रही हैं। कहा जाता है कि विकसित देशों में महिलायें टी. वी., कार, धोने के मशीन, घड़ी, डीसवार्सिर, कम्प्युटर इत्यादि बनाने में अधिक समय बर्वाद करती है। इतना ही नहीं आर. के. मर्टन के अनुसार महिलाओं में भूमिक द्वन्द हो रहा है।

12. अपराध (Crime) :– समाजशास्त्र में कहा जाता है कि जब व्यक्ति समाज के स्वीकृत नियमों से हटकर व्यवहार करता है तो उसे विचलन या अपराध कहते हैं। एच. एम. जॉनसन के अनुसार व्यक्ति जब जान बूझकर विचलित व्यवहार करता है तो उसे अपराध कहते हैं। और समाज के उंचे पदों पर आसीन व्यक्ति अगर विचलित व्यवहार करता है तो इसका खतरा पूरे समाज पर पड़ता है। प्रकार्यवादी (Functionalist) मानते है कि अपराध सामाजिक परिवर्तन की अभिव्यक्ति है, समाज में कुछ व्यक्ति ऐसे होते हैं जिनकी अवश्यकता की पूर्ति समाज के नियमों के अन्तर्गत नहीं होता है, इसलिए वे अपराध करतें है।

यों तो अपराध की घटना समाज के अस्तित्व के साथ जुड़ा हुआ है। परन्तु संचार के साधनों के प्रसार के कारण अपराध की प्रकृति और दर में वृद्धि हुई है।

व्यक्ति सिनेमा तथा टी. वी. के माध्यम से आर्थिक रूप से उच्च स्तरीय समाज को देखता है और उस स्तर में पहुँचने के लिए अपराध करने लगता है। दूसरी तरफ फिल्मों में खलनायक के अपराध के नये–नये तरीके को प्रदर्शन करता है, समाज में ठीक उन्हीं तरीके से अपराध की प्रकृति और दर में तेजी से बढ़ोतरी हो रही है। इसकी जानकारी खुद समाचारपत्र के माध्यम से देखा जा

सकता है प्रत्येक दिन कोई न कोई अपराध का उल्लेख अवश्य मिलता है। कुछ व्यक्ति कम्प्यूटर के माध्यम से अपराध करते हैं, तो कुछ व्यक्ति तो कम्प्यूटर को खराब करने के लिए वाइरस भी भेज देते हैं जिससे विश्व के सभी कम्प्यूटर प्रभावित हो जाते हैं।

ग्रेबनर "Graebner" के अनुसार छोटे पर्दे के कार्यक्रम मनोरंजन के नाम पर लोगों को साथ ही साथ बच्चों को व्यस्त बना दिया है। माता–पिता के आज्ञा को पालन करने में आना कानी करते हैं और विभिन्न परिस्थितियों में माता–पिता के डांटने पर बच्चे जोर से बोल कर प्रतिक्रिया करते हैं।

13. शिक्षा (Education):– शिक्षा प्रत्येक समाज की आवश्यक इकाई है। और इस पर देश क्या समाज की प्रगति भी। कहां जाता है कि जिस देश के नागरिक शिक्षित होंगे वह राष्ट समृद्ध होगा। भारतीय संविधान में शिक्षा को प्रत्येक नागरिक के लिए आवश्यक माना है, परन्तु आज तक सौ प्रतिशत साक्षरता का लक्ष्य नही प्राप्त कर सका है।

आधुनिक जनसंचार के माध्यमों द्वारा शिक्षा के प्रचार प्रसार का कार्य किया जाता है। टी. वी. के द्वारा स्कूल विद्यार्थियों के लिए प्रत्येक सप्ताह आठ पाठ प्रसारित किया जाता है जिसमें तीन पाठ रसायनशास्त्र, तीन पाठ भौतिकी, एक पाठ हिन्दी तथा एक पाठ अंग्रेजी का प्रसारित किया जाता है। जे. एल. काचारों (J. L. Kachroo) ने कहा कि "it has helped in imparting a Uniform and Scientific education to Students"

इसके अलावा कम्प्यूटर में शिक्षा से संबन्धित सभी जानकारी उपलब्ध है किस विश्वविद्यालय में कब नामांकन होगा, वहां किस प्रकार की शिक्षा मिलती है कितने समय का सत्र है इत्यादि। इतना ही नहीं बल्कि विदेश के विश्वविद्यालयों की भी सूचना कम्प्यूटर के माध्यम से प्राप्त किया जा सकता है। इसके अलावा अगर विद्यार्थी के पास पुस्तक नहीं है तो पुस्तक की जानकारी, यहाँ तक कि ब्रिटेन को लाइब्रेरी में प्रवेश करके किसी भी पुस्तक से संबन्धित घर बैठे जानकारी हासिल कर सकता है। वास्तव में

इस माध्यम के विकास होने के कारण शिक्षा जगत में क्रांतिकारी परिवर्तन हुये हैं।

14. स्वास्थ्य (Health) प्रारम्भ में भारत में कुछ बीमारियां इस प्रकार की थीं जिस पर काबू पाना मुश्किल था जैसे प्लेग, टी. वी., कैंसर, पोलियो इत्यादि। लेकिन आज बहुत हद तक अनेक असाध्य बीमारियों पर नियंत्रण प्राप्त कर लिया गया है। इस सन्दर्भ में माध्यमों का अहम भूमिका रहा है, जैसे पोलियो पर नियंत्रण पाने के लिए मुफ्त में मौखिक ड्रॉप देने की व्यवस्था सरकार के द्वारा किया गया, परन्तु आम जनता के पास यह समाचार रेडियों तथा टी. वी. और समाचार पत्र के बिना नहीं पहुँच पाता। इन माध्यमों के द्वारा आम नागरिकों को तिथि सूचित करके उन्हें यह दवा पहले पोलियो पिलाया गया जिससे पोलियों के बीमारी पर सौ प्रतिशत नियंत्रण होने की संभावना है। इसके अलावा टी. वी. के बीमारी के लिए हाल में केंद्र सरकार विभिन्न ब्लॉकों में दवा मुहैया कराया है जिसकी सुचना भी विभिन्न माध्यमों से दिया गया।

इतना ही नहीं बल्कि रेडियों पर अनेक बीमारियों के लक्षण तथा दूर करने के उपाय प्रसिद्ध डाक्टरों के द्वारा प्रदान किया जाता है। टी. वी. पर अक्सर मधुमेह, रक्त चाप, कैंसर, दिल की बीमारी, पेट की बीमारी, दर्द इत्यादि अनेक बीमारियों से संबन्धित डाक्टरों से बातचीत करते हुए जनता को सुझाव मुहैया कराया जाता है। एड्स की रोकथाम करने के लिए यह माध्यम अहम भूमिका निभा रही है।

कम्प्यूटर के द्वारा एक विशेष सुविधा उपलब्ध कराया गया है। यदि किसी गाँव या जिला के स्वास्थ्य केंद्र में डाक्टर आपरेशन कर रहा है और परिस्थिति पर नियंत्रण नहीं कर सका तो वह तुरंत इंटरनेट के माध्यम से दिल्ली के डाक्टर या किसी विशेष से तुरन्त पूछताछ कर सकता है। इस उपलब्धि के कारण भारत में लोगों के उम्र में वृद्धि हुई है।

15. भोजन की आदतें (Food habits):– भारत की परम्परा में भोजन करने की विशिष्ट प्रथा थी यहाँ प्रारम्भ में अधिकांश लोग शाकाहारी

भोजन करते थे। ग्रामीण क्षेत्रों में भोजन की आज भी पारम्परिक प्रथा मौजूद है क्योंकि जिस मौसम में जैसा फसल उगाते हैं उसी का भोजन करते हैं। शहरों में साधारणतः भोजन के आदतों में विशेष रूप से परिवर्तन हुआ है पहले महिलायें परिवार के सभी सदस्यों को भोजन खिलाने के बाद खाना खाती थी। परन्तु माध्यमों के द्वारा यह कहा जा रहा है कि गर्भवती महिला को संतुलित भोजन करना आवश्यक है। नये–नये प्रकार के भोजन से संबन्धित जानकारी प्रदान की जा रही है। इतना ही नहीं बल्कि कौन आहार खाना है कौन आहार नहीं खाना है, संतुलित आहार कौन है तथा किसी खाद्य पदार्थ में विटामिन इत्यादि। दूरदर्शन के द्वारा पश्चिमीकरण के प्रभाव के कारण फास्ट फुड, चाइनिज फूड, डिब्बा बन्द मिठाइयां तथा मांस मछली इत्यादि का प्रचलन चल पड़ा है। नये–नये पेय चाय, काफी तथा शराब का प्रचलन भी देखने को मिलता है। इतना ही बच्चों के स्कूल टिफिन में बिस्कुट, चाकलेट, मैगी, बरगर, पीजा इत्यादि देखने को भिन्न रहा है।

16. पर्व–त्योहार (Festivels) समाजशास्त्रीय दृष्टिकोण में दो प्रकार की परम्परा होती है एक को बष्हत परम्परा (Great Tradition) कहते हैं जिसे बहुसंख्य लोग मानते है और इसका संबंध कई धार्मिक ग्रंथों से होता है जैसे दशहरा, होली, दिपावली, इत्यादि। दूसरे को लघु परम्परा (Little Tradition) कहते हैं जो एक स्थान विशेष में ही प्रचलित होता है और उसका संबंध स्पष्टरूप से किसी धार्मिक ग्रंथ से नहीं होता है। जैसे सरणा, कर्मापूजा इत्यादि। भारत पर्वो का देश के नाम से भी जाना जाता था।

    परन्तु जन संचार के माध्यमों के विकास होने के कारण पर्व त्योहार पर प्रतिकूल असर पड़ा है। पहले जितना पारम्परिक रूप से हर्ष उल्लास से पर्व त्योहार का आन्नद लेते थे उस अनुपात में आज नहीं है। क्योंकि रोज डे, मैरेज डे, वैलेंटाइन डे, एक जनवरी, जन्म दिन (Rose day, Marriage day, birth day, Valentine day, First January), इत्यादि जो पश्चिमी संस्कृति पर्व है वह यहाँ भी

प्रचलित हो रहा है, जिसमें नौजवानों की भूमिका अधिक देखी जा रही है जिसके कारण पारम्परिक पर्व त्योहारों का महत्व घटा है।

17. जाति व्यवस्था (Caste system) :– प्राचीन समय से भारत में जाति व्यवस्था पाया जाता था और उसमें कठोरता पाया जाता है, अर्थात उसमें परिवर्तन का कोई गुंजाइश नहीं था व्यक्ति जिस जाति में जन्म लेता था, आजीवन उस जाति का सदस्य होता था, उस जाति से संबन्धित व्यवसाय करने होते थे और उसकी प्रस्थिति भी उसी के द्वारा निर्धारित होती थी। यह एक सामाजिक असमानता, तथा अनभाव्य पूर्ण व्यवस्था था जिसके उन्मूलन के लिए सरकार ने अस्पृश्यतता अधिनियम कानून भी पास किया।

परन्तु जनसंचार के माध्यमों के विकास होने से इसमें भी बहुत हद तक परिवर्तन हुआ है। स्वतंत्रता से पहले और बाद तक भारत में अधिकतर जिन सिनेमा का निर्माण हुआ है, उसमें जाति व्यवस्था की समस्या जैसे छुआ छूत, पर्दा प्रर्था, अशिक्षा की समस्या आदि को फिलमाया गया है। इतना ही नहीं बल्कि फिल्मडीवन के द्वारा इस प्रकार की फिल्मों को गाँवो में मुफ्त में प्रदर्शित किया जाता था जिससे कुछ हद तक जाति की कठोरता में परिवर्तन आया।

समाचार पत्र के रविवारीय संस्करण में अविवाहित वर–वधू की सूची प्रकाशित की जाती है जिसमें कोई भी जाति में विवाह करने की छूट रहती है। इस प्रकार की अनेक विवाहो का प्रचलन शुरू हो गया है। इसके अलावा कम्प्यूटर के द्वारा भी विवाह आयोजित किया जा रहा है जिसमें जाति समस्या उत्पन्न नहीं होती है, प्रेमविवाह, कोर्ट विवाह इत्यादि जाति उन्नमूलन में एक सकारात्मक कदम है। इन उपरोक्त परिवर्तनों के बावजूद आज भी जाति व्यवस्था का अस्तित्व उन्मूलन पूर्ण रूप से नहीं हुआ है।

18. नौकरी के अवसर (Job Opportunity):– ईमाइल दुर्खिम (Emile Durkheim) यह मानते हैं कि जब समाज सरल होता है तो श्रम विभाजन (Division of Lobour) भी कम होता है, परन्तु जैसे–जैसे समाज जटिल हो जाता है वैसे–वैसे श्रम विभाजन बढ़ता जाता

है। माध्यमों के विकास होने के पहले भारत में नौकरियां सीमित थी, पढ़े लिखे लोगों को रिक्त स्थानों (खाली जगहों) के बारे पता भी नहीं चल पाता था। आज विशेषीकरण (Specialization) का जमाना आ गया है अतः नौकरियों में अनेक प्रकार की दक्षता की अवश्यकता होने लगी। विभिन्न प्रकार के माध्यमों के द्वारा खाली स्थानों के भरने के लिए प्रचार किया जाने लगा। लोग उन सुविधाओं का उपयोग करने लगे। आज स्थिति ऐसी है कि टेलिफोन के द्वारा नौकरी का साक्षात्कार होता है और उसी पर उन्हें सूचित कर दिया जाता है कि आप चुन लिये गये हैं। इतना ही नहीं बल्कि पुरे विश्व में किन–किन स्थानों में रिक्त पद है उसकी जानकारी कम्प्युटर से ले सकते हैं और अपना आवेदन भेज सकते हैं। अर्थात नौकरी पाने का दायरा जहाँ स्थान, देश तक सीमित था, आज बढ़ कर पूरे विश्व में हो गया है।

19. व्यवसाय (Buisness):– कहा जाता है कि उत्पादन के साधन के रूप में 5M का प्रयोग किया जाता है उसमें एक M को मीडिया से संबोधित किया जाता है। अर्थात बिना मीडिया के उत्पादन संभव नहीं है। पहले उत्पादित वस्तुओं में प्रतियोगिता नहीं था, परन्तु आज एक प्रकार के वस्तु का कई कम्पनियाँ उत्पादन कर रही हैं। अतः क्रेता तक पहुँचने के लिए मीडिया के साधनों का प्रयोग करना आवश्यक है। वस्तु की गुणवत्ता अच्छी है और किमत भी कम है फिर भी उन वस्तुओं की बिक्री नहीं हो पाती है, जब तक कि इसका मीडिया के माध्यम से प्रचार नहीं किया जाता है। समाचार पत्रों के द्वारा रेडियो के द्वारा टी. वी. के द्वारा प्रचार करने के लिए भारी रकम चुकाना होता है। यदि यह कहें कि मीडिया का मुख्य आमदनी का स्रोत वस्तुओं का प्रचार है तो गलत नहीं होगा। आज परिवर्तन के इस दौर में डाक्टर, इंजिनियर ज्योतिशास्त्री भी अपना प्रचार माध्यमों के द्वारा कराते है। टी. वी. के द्वारा जनता के समक्ष वस्तुयें कम कीमत के साथ प्रदर्शित कर दी जाती हैं। इसके अलावा फोन न. भी प्रदर्शित कर दिया जाता है। जिन क्रेता

को खरीदना होता है उनके द्वारा मात्र फोन कर देने पर वह समान घर पहुँच जाता है।

कम्प्यूटर के माध्यम से तो पूरा व्यवसाय आधारित हो गया है। कम्प्यूटर में वस्तुओं की कीमत निर्धारित कर दी जाती है और जिसे खरीदना होता है। कम्प्यूटर में अपना मांग या आदेश भेज देते है उनको वस्तु प्राप्त हो जाती है और पैसा ड्राफ्ट से भेज दिया जाता है। अपने देश में तथा विदेशों में इस प्रकार का व्यवसाय का प्रचलन शुरू हो गया है। इस प्रकार मीडिया ने व्यवसाय के क्षेत्र को काफी प्रभावित किया है।

20. राजनीति व्यवस्था (Political System):– अरस्तु और प्लेटो ने राज्य की राजनीति के संबंध में अपना महत्वपूर्ण विचार प्रस्तुत किया है। परन्तु आज के परिवर्तित समाज में उन विचारों की महत्ता खत्म हो गई है। एक समय था कि भारत की राजनीति में ईमानदार, कर्मठ योग्य लोग चुने जाते थे, परन्तु आज कि राजनीति में इन गुणों की अवश्यकता नहीं रही। राजनीति व्यवस्था को किसी ने सबसे ज्यादा प्रभावित किया हो तो वह है मीडिया। प्रत्येक नेता या दल को सभी जनता के पास पहुँच कर बात करना संभव नहीं है। इसलिए मीडिया के द्वारा अपनी पार्टी का संदेश भेजते हैं और नागरिकों को अपनी पार्टी में भेट देने के लिए तैयार करते हैं। कोई व्यक्ति बहुत ईमानदार और कर्मठ है परन्तु उसने अपना प्रचार नहीं किया तो वह चुनाव जीत नहीं सकता। इसकी महत्ता को देखते हुये पार्टी कोष से प्रत्येक उम्मीदवार को प्रचार करने के लिए राशि भी दिया जाता है। कभी–कभी मीडिया का विश्लेषण किसी व्यक्ति या पूरे पार्टी को प्रभावित कर देती है। चुनाव आयोग सभी पार्टी को टी. वी. पर प्रचार करने के लिए सामान्य अवधि प्रदान करती है ताकि पक्षपात न हो सके। मीडिया के माध्यम से ही चुनाव की गणना तथा परिणाम जनता को प्रदर्शित करती है।

21. धर्म (Religion):– फ्रेजर (Frazor), टायलर (Tylor) और दुर्खिम (Durkheim) इत्यादि ने धर्म की उत्पति के संबंध में अध्ययन

किया। वास्तव में देखा जाय तो भारत ही मात्र एक ऐसा देश है जहाँ अनेक धर्म प्रजाति और भाषा बोलने वाले लोग एक साथ रहते हैं। भारत में अनेक धर्म का जन्म भी हुआ जो विदेशों में फल–फूल रहा है। उदाहरण के लिए– बौद्ध धर्म भारत में जन्म लिया परन्तु उसके अनुआई जापान, थाईलैंण्ड, मलेशिया, श्रीलंका इत्यादि देशों में ज्यादा हैं। कहा जाता है कि "Religion is machanism of Social control" यह सामाजिक नियंत्रण का यांत्रिकी है। प्रत्येक धर्म में व्यक्ति के व्यवहारों को नियंत्रित करने का तथा दूसरों के जीवन पर प्रतिकूल प्रभाव न पड़े, ऐसा आदर्श स्थापित किया जाता है।

आज के बदले माहौल में धर्म पर प्रतिकूल प्रभाव पड़ा है। धर्म अपनी गरिमा में नहीं रह सका। मौलवी, पुजारी, पादरी धर्म के आड़ में कई गलत तरह के कार्य करने लगे हैं जो दूसरे के जीवन को प्रभावित करता है।

परन्तु धर्म के संदर्भ में मीडिया की सराहनीय भूमिका रही है। रेडियो तथा टी. वी. के द्वारा ऐसे धार्मिक धारावाहिक दिखाया जा रहा है, जिसमें धार्मिक आदर्शो को पुनः स्थापित करने की कोशिश की गई है। पादरी के द्वारा तथा धर्म गुरूओं आसाराम बापू, सुधांशु जी महाराज, मां आन्दामाई द्वारा आस्था चैनल द्वारा आज भी प्रतिदिन आम जनता को धार्मिक प्रवचन सुनाया जा रहा है जिसे एक सकारात्मक कदम कह सकते हैं।

डेविड मार्टिन (David Martin) ने आधुनिक मानव के सामाजिक मूल्यों को धर्म से प्रभावित कहा है। पीटर वर्जर (Peter Berger) ने "The homeless Mind" नामक पुस्तक में आधुनिक समाजों में धर्म के प्रभाव को दर्शाया है।

32

शिक्षा और सामाजिक परिवर्तन

Education and Social Change

एक पीढ़ी से दूसरी पीढ़ी की परंपरा संस्कृति, कौशल और ज्ञान को हस्तांतरित करने में शिक्षा की भूमिका बहुत ही व्यापक है। ऐतिहासिक दृष्टि से शिक्षा पर विचार किया जाए तो पता चलता है कि यह कई काल खण्डों से होकर गुजरी है।

इंगलैड में शिक्षण संस्थानों की उत्पति के संबंध में धारणा है कि प्रारम्भ में केवल 9 पादरियों ने मिलकर एक–एक पुस्तक दान किया। उन 9 पुस्तकों को किसी एक स्थान पर रखा गया और स्थान शिक्षण संस्थान के रूप में प्रारम्भ हुई।

भारत में प्राचीन और मध्य युगीन समाजों में शिक्षा की अनौपचारिक और औपचारिक दोनों पद्धतियां प्रचलित थी। अनौपचारिक शिक्षा परिवार और जनजाति की परंपराओं तथा कौशल को सीखाने का माध्यम थी। यह काम मुख्य रूप से परिवार के सदस्यों और समुदाय के जानकार तथा अनुभवी लोगों द्वारा किया जाता था। औपचारिक शिक्षा पर धर्म का प्रभाव था। धार्मिक संस्थाओं अथवा राजाओं द्वारा शिक्षा का प्रबंध किया जाता था। भाषा, व्याकरण तथा गणित के अतिरिक्त इस प्रणाली में धर्म, दर्शन और ज्योतिष के शिक्षण पर भी जोर दिया जाता था। प्राचीन काल में औषधिय विज्ञान का विकास भी भारत, चीन, अरब, ग्रीस तथा रोम जैसे देशों में हुआ था।

शिक्षा का अर्थ एवं परिभाषा (Meaning and Definition of Education)

शब्द Education की उत्पत्ति लैटिन शब्द Educare से हुई है, जिसका अर्थ है पालन–पोषण करना। शिक्षा का उद्देश्य मात्र बच्चों को कुछ विषयों का ज्ञान कराना नहीं है, बल्कि उनका पोषण करना एवं उनमें ऐसी आदतों एवं मनोवृतियों का विकास भी करना है जिससे वह भविष्य को अच्छी तरह संवार सके। प्लेटो का विचार था कि शिक्षा का उद्देश्य शरीर एवं आत्मा में सभी पूर्णता एवं सौन्दर्य का विकास करना है, जिसके वे योग्य हैं। अरस्तु के अनुसार शिक्षा का अर्थ है, ''मनुष्य की क्षमताओं विशेषतया उसकी मानसिक शक्तियों का विकास करना, ताकि वह सर्वोच्च सत्य, सौन्दर्य एवं श्रेष्ठता की अनुभूति का आनन्द प्राप्त कर सके।''

विभिन्न विद्वानों ने अलग–अलग ढंग से शिक्षा को परिभाषित किया है।

1. बोगार्डस (Bogardus) ने अपनी पुस्तक "Sociology" (P. 255) में कहा कि "Education consists in acqairing the meaning of the cultural heritage of life" ''सांस्कृतिक विरासत एवं जीवन के अर्थ को प्राप्त करना ही शिक्षा है।''
2. टी. बी. बोटोमोर (T. B. Bottomore) ने अपनी पुस्तक "Sociology" (Pp. 262) में दुर्खीम (Durkheim) की परिभाषा को परिभाषित करते हुए कहा कि "The action exercised by the older generations upon those who are not yet ready for Social life. Its object is to awaken and develop in the child those physical, intellectual and moral states Which are required of him both by his Socity as a whole and by the milieu for which he is Specially destined." ''शिक्षा अधिक आयु के लोगों द्वारा ऐसे लोगों के प्रति की जाने वाली क्रिया है जो अभी सामाजिक जीवन में प्रवेश करने योग्य नहीं है। इसका उद्देश्य शिशु में उन भौतिक, बौद्धिक और नैतिक विशेषताओं का विकास करना है जो उसके लिए सम्पूर्ण समाज और पर्यावरण से अनुकूलन करने के लिए आवश्यक है।''
3. सैम्युअल एबी (Samuel Eby) ने अपनी पुस्तक (An Introduction to western civilization P. 659) में कहा कि "Education is a

Social proces directed by the community or by individuals of the community towards the realization of Socially accepted values."

''शिक्षा समुदाय या समुदाय के व्यक्तियों द्वारा निर्देशित एक ऐसी सामाजिक प्रक्रिया है जो समाज द्वारा स्वीकृत मूल्यों को प्राप्त करना चाहती है।''

4. एंडरसन एवं पास्कर (Anderson and parker) ने अपनी पुस्तक Society P. 282 में कहा कि ''शिक्षा एक सामाजिक प्रक्रिया है जिसके द्वारा व्यक्ति ऐसी बातें सीखता है जो उसे समाज के जीवन के प्रति स्वयं को समायोजित करने के योग्य बनाती है।''

5. समनर (Sumner) अपनी पुस्तक Folkways (P. 45) ''शिक्षा शिशु में समूह के लोकाचारो को हस्तांतरित करने का प्रयत्न है, ताकि वह सीख सके कि ''क्या आचरण स्वीकृत है अथवा क्या वर्जित उसे किस प्रकार विभिन्न परिस्थितियों में व्यवहार करना चाहिए, उसके विश्वास क्या होने चाहिए एवं क्या नहीं होने चाहिए।''

6. टी. रेमण्ड (T. Rayment) के अनुसार ''शिक्षा विकास की वह क्रिया है जिसके अनुसार मनुष्य बचपन से प्रौढ़ावस्था तक अनेक तरीकों से अपने भौतिक, सामाजिक और आध्यात्मिक पर्यावरण से अनुकूलन करना सीखता है''

7. जी. एच. थॉमसन (G. H. Thomson) ने कहा कि ''शिक्षा बाह्य वातावरण के प्रभावों का एक समन्वित रूप है जिसके द्वारा मनुष्यों के आचार–विचार, आदत तथा व्यवहार में सुधार होता है अर्थात जिसके द्वारा मनुष्य के उत्तम गुणों का विकास होता है''

8. मेटा स्पेंसर (Metta Spencer) के अनुसार "Education may be defined as a set of processes designed to transmit Knowledge and Skills and to developmental abilities."

''शिक्षा को परिभाषित किया जा सकता है एक संकुल प्रक्रिया के रूप में, जो ज्ञान, कौशल और मानसिक योग्यता को हस्तांतरित करती है।''

इन उपरोक्त परिभाषाओं के आधार पर यह कहा जा सकता है कि शिक्षा एक ऐसी संस्था है, जिसका उद्देश्य बचपन में मानसिक आध्यात्मिक, सामाजिक एवं पूरे पर्यावरण के साथ सफलता से अनुकूलन कर सके। शिक्षा व्यक्ति के आन्तरिक एवं बाहय गुणों का विकास करती है। इसके द्वारा ज्ञान एवं सांस्कृतिक विरासत एक पीढ़ी से दूसरी पीढ़ी हस्तान्तरित होती है।

शिक्षा के स्वरूप (Forms of Education)

शिक्षित करने का निम्नलिखित स्वरूप है–

1. व्यक्तिगत एवं सामूहिक शिक्षा (Individual and collective Education):– जब कभी विद्यार्थी को अकेले शिक्षा दी जाती है तो उसे व्यक्तिगत शिक्षा और जब कई विद्यालयों को एक साथ कक्षा में शिक्षा दी जाती है तो उसे सामूहिक शिक्षा कहते हैं।
2. प्रत्यक्ष और अप्रत्यक्ष शिक्षा (Direct and indirect education):– जब शिक्षक विद्यार्थी को प्रत्यक्ष रूप से शिक्षा देता है तो उसे प्रत्यक्ष शिक्षा कहते हैं। जब शिक्षक कहानी–किस्सों के माध्यम से अथवा व्यक्तियों के अनुकरण करने की प्रक्रिया से बच्चों को शिक्षित करता है तो इसे अप्रत्यक्ष शिक्षा कहते हैं।
3. औपचारिक एवं अनौपचारिक शिक्षा (Formal and Informal Education):– आज आधुनिक युग में औपचारिक शिक्षक का ही प्रचलन है जब विद्यालय से लेकर विश्वविद्यालय तक के शिक्षण संस्थाएं औपचारिक शिक्षा के अन्तर्गत आते हैं। परन्तु प्राचीनकाल में शिक्षा परिवार, पड़ोस, गोत्र संगठनों आदि के द्वारा दी जाती थी, जिसे अनौपचारिक शिक्षा कहा जाता है।
4. सामान्य तथा विशिष्ट शिक्षा (General and Special Education):– जब कभी सामान्य ज्ञान के लिए विद्यार्थी को शिक्षा दी जाती है तो उसे सामान्य शिक्षा कहा जाता है, परन्तु आज नौकरियों के लिए विशिष्ट शिक्षा की आवश्यकता है जब किसी विशिष्ट ज्ञान से सम्बन्धित शिक्षा दी जाती है तो उसे विशिष्ट शिक्षा कहते हैं, उदाहरण के लिए कानून, चिकित्सा, कम्प्यूटर इत्यादि।

5. निश्चयात्मक और निषेधात्मक (Definite and Indefinite Education):– जब कभी पूर्व निर्धारित उद्देश्य के अनुरूप शिक्षा दी जाती है तो उसे निश्चयात्मक शिक्षा कहते हैं और बिना किसी उद्देश्य के शिक्षा दी जाती है तो उसे निषेधात्मक शिक्षा कहते हैं।

भारत में शिक्षा (Education in India)

भारत में प्राचीन काल में विद्यार्थियों को जिन विषयों की शिक्षा दी जाती थी, उनमें छान्दोग्य, उपनिषद, साहित्य, इतिहास, दर्शनशास्त्र, धर्म, गणित एवं ज्योतिष के विषय सम्मिलित थे। तक्षशिला के विख्यात विश्वविद्यालय में विज्ञान, कला एवं तीनों वेदों तथा अठारह कलाओं की शिक्षा का संपूर्ण पाठयक्रम प्रचलित था, परन्तु यह शिक्षा अति अल्पसंख्यक वर्ग तक सीमित था। अधिकांश लोगों को शिक्षा प्राप्त करने का कोई अवसर प्राप्त नहीं था, क्योंकि विद्यालयों की स्थापना धार्मिक संप्रदायों द्वारा की जाती थी।

भारत में ब्रह्मणों के द्वारा शिक्षा देने की प्रथा थी, जो केवल किसी समुदाय के लोगों को दिया जाता था। ऐसा कहा जाता था कि 8 वर्ष के उम्र से ब्राह्मण को, 11 वर्ष के उम्र से क्षत्रिय और 12 वर्ष के उम्र से वैश्य को शिक्षा दिया जाना प्रारम्भ किया जाता था, परन्तु यह शिक्षा मानसिक, शारीरिक, आर्थिक तथा आध्यात्मिक शिक्षा पर आधारित था।

आज हमारे देश में शिक्षा का प्रचार–प्रसार हुआ है। परन्तु अन्य देशों की तुलना में भारत में शिक्षा का प्रतिशत बहुत कम है। इंगलैंड, रूस तथा जापान में लगभग शत–प्रतिशत जनसंख्या साक्षर है। यूरोप एवं अमेरिका में साक्षरता का प्रतिशत 90 से 100 के बीच है। जबकि भारत में 1951 में साक्षरता का प्रतिशत 16.6 था जो 1991 में बढ़कर 52.21 हो गया है। पुरूषों में साक्षरता का प्रतिशत 64.13 तथा स्त्रियों में 39.29 है। जनसंख्या में तेजी से वृद्धि होने के कारण 1991 में निरक्षरों की संख्या 48.19 करोड़ हो गया। वर्तमान 2007 में साक्षरता के प्रतिशत में वृद्धि हुई है। केन्द्र सरकार तथा राज्य सरकार शिक्षा को प्राथमिकता दे रही है और सभी राज्यों में प्रारम्भिक शिक्षा निःशुल्क कर दी गई है।

भारत में 19.47 के पहले केवल 19 विश्वविद्यालय और 650 महाविद्यालय जिसमें 2 लाख विद्यार्थी का नामांकन था, परन्तु अब 213 विश्वविद्यालयों

तथा 8000 महाविद्यालयों में 5 करोड़ विद्यार्थी नामांकित हैं। 2007 में इनकी संख्या में और भी वृद्धि होने की संभावना है।

शिक्षा की उपयोगिता

शिक्षा की उपयोगिता के संबंध में विभिन्न विद्वानों ने अलग–अलग ढंग से अपने अपने विचार प्रस्तुत किये हैः– सत्रहवी शताब्दी के जैक (Zech) शिक्षाविद् जोहान आमोस कामनियस (Johann Amos Comnious) को आधुनिक समय का प्रथम महान शिक्षाशास्त्री समझा जाता है। उसने तर्कविद्या एवं शास्त्रीय विद्याओं Classical Education के प्रचार प्रसार की आलोचना की और इस बात पर बल दिया कि शिक्षा का स्वरूप बच्चों के मानसिक विकास के अनुरूप तथा विषय वस्तु उसकी रूचि के अनुसार होनी चाहिए। अंग्रेज दार्शनिक जान–लांक (Johon Locke) ने कहा कि शिक्षा का प्रयोजन मानसिक अनुशासन का विकास करना होना चाहिए तथा यह धार्मिक न होकर धर्मनिरपेक्ष हो। रूसों (Rousseau) ने लिखा कि शिक्षा का उद्देश्य बच्चों की प्राकृतिक प्रवृतियों को उसे उचित रूप से प्रशिक्षित करने हेतु बुद्धिमत्तापूर्वक निर्देशित करना है। उसने जन शिक्षा का भी समर्थन किया। फ्रोबेल (Froebel) जो किंडरगार्टन प्रणाली का प्रवर्तक था उनका विश्वास था, कि शिक्षा का उद्देश्य पूर्णजीवन है। पेस्टालोजी (Pestalozzi) के विचारों के अनुसार शिक्षा का उद्देश्य सभी क्षमताओं का संतुलित विकास होना चाहिए। इसका अंतिम उद्देश्य जनता की दशा में उन्नति करना है जान डीबी (Joan Dewy) जो प्रगतिशील शिक्षा के आंदोलन का प्रमुख नेता था का विचार था कि शिक्षा जीवन की तैयारी नहीं अपितु जीवन को जीना है।

अगस्ट काम्टे (August comte):– जिन्हें समाजशास्त्र का पिता कहा जाता है का विचार है, कि शिक्षा का उद्देश्य अपने साथियों के प्रति सद्भावना एवं सहानुभूति उत्पन्न करना है। हर्बर्ट स्पेंसर (Herbert Spencer) के विचार के अनुसार शिक्षा का उद्देश्य व्यक्तियों को समाज में समुचित जीवन के लिए तैयार करना है। लैस्टर एफ. वार्ड (Lester F. Ward) के अनुसार शिक्षा को सामाजिक प्रगति का साधन समझना चाहिए। समनर (Sumner) का विचार था कि शिक्षा का उद्देश्य व्यक्ति में सुविकसित

समालोचना सुझाव अथवा भावना के आधार पर कार्य करने एवं परम्परागत रीतियों का आन्धानुकरण करने से रोकेगी तथा उसे तर्क एवं विवेक से निर्णय लेने के योग्य बनाएगी। परन्तु शिक्षा को रामबाण औषधि नहीं समझता था। गिडिंग्स (Giddings) यह मानता था कि शिक्षा का उद्देश्य व्यक्ति में आत्म विश्वास एवं आत्म नियंत्रण उत्पन्न करता है, उन्हें अंधविश्वासों एवं अज्ञानता से छूटकारा दिलाना उन्हें ज्ञान प्रदान करना, उन्हें वास्तविकतापूर्वक विचारने के योग्य बनाना तथा प्रबुद्ध नागरिक बनने में सहायता करना है।'' दुर्खीम (Durkheim) के अनुसार शिक्षा का उद्देश्य किशोर पीढ़ी का सामाजीकरण करना है।

सैद्धांतिक उपागम एवं सामाजिक परिवर्तन (Theoretical Approches and Social change)

जहाँ तक शिक्षा प्रणाली का सामाजिक जीवन में प्रभाव, इसकी भूमिका तथा अन्य उप प्रणालियों का संबंध है इस पर अनेक समाजशास्त्रियों जैसे बेबलेन (1918), दुर्खीम (1922), नैनिकी (1940), और वी. गार्डन चाइल्ड (1956), ने महत्वपूर्ण विचार दिये हैं।

समाज, अर्थव्यवस्था वर्ग संरचना और शिक्षा के संबंधों पर हाल्सी (1958, 1961) का विश्लेषण अत्यन्त महत्वपूर्ण है। आदिम समुदायों की अनौपचारिक शिक्षा पर लोवी (1950) ने प्रकाश डाला। समाज विशेष में प्रचलित शिक्षा के विभिन्न वस्तुओं पर विचार की दृष्टि से बेवलेन अमेरिकी समाज (1918), वेबर ने चीन (1957) एवं डी. पी. मुखर्जी (1957) ने भारत पर प्रकाश डाला है।

समाज और शिक्षा के पारस्परिक संबंधों पर गहराई से विचार करने के लिए समाजशास्त्र के क्षेत्र में ''शिक्षा का समाजशास्त्र'' (Sociology of Education) का विकास हुआ। इस शाखा के विभिन्न पक्षों का सर्वेक्षण प्लाउड तथा हाल्सी (1958) ने किया है।

विभिन्न समाजशास्त्रीय उपागम (Various Sociological approach)

मेटा स्पेंसर (Metta Spencer) ने अपनी पुस्तक (Foundation of Modern Sociology) में शिक्षा और सामाजिक परिवर्तन की व्याख्या करते हुये

समाजशास्त्रीय दृष्टिकोणों (Approaches) का उल्लेख किया। एक उदारवादी दृष्टिकोण तथा (Liberal approach) दूसरा (Conservative approach) रूढ़िवादी दृष्टिकोण है। उदारवादी विचारधारा शिक्षा का स्वागत करता है। जबकि रूढ़िवादी विचारधारा इसका विरोध करता है। दोनों विचारधारा समाज के विकास में अलग धारणा एवं महत्व रखता है।

रूढ़िवादी विचारधारा के मुताबिक समाज का विकास धीरे–धीरे और उद्विकासीय प्रक्रिया के द्वारा होना चाहिए। जबकि उदारवादी विचारधारा का मानना है कि समाज को विकसित करने के लिए हम लोग मिल–जुल कर कुछ प्रयास कर सकते हैं, सामाजिक समस्याओं का हल (निपटारा) लोगों को शिक्षित करने के बाद हो सकता है।

रूढ़िवादी (Conservative) दृष्टिकोण में हरबर्ट स्पेंसर (Herbert Spencer) का नाम आता है, इनका यह मानना था कि मानव समाज की प्रगति धीरे–धीरे होती है तेजी से नहीं और यह केवल उद्विकासीय प्रक्रिया के ही द्वारा संभव है। इनका यह भी मानना था कि निःशुल्क शिक्षा सभी के लिए संभव नहीं हैं, केवल उन्हीं लोगों को ही शिक्षित किया जाना चाहिए, जिनके माता–पिता शुल्क दे सकें। इसे रूढ़िवादी सामाजिक विचारधारा (Conservative Social thought) कहते हैं।

लेस्टर फ्रांक वार्ड (Lester Frank ward) इसका विरोध करते थे, उनका विश्वास है कि व्यक्ति उत्साही और आशावादी हो, क्योंकि वे एक मध्यपश्चिम प्रदेश के निवासी थे जो अमेरिका के शिक्षा व्यवस्था पर उच्च स्थान प्राप्त किया। इनका यह मानना है कि ज्ञान ही सामाजिक परिवर्तन का मुख्य स्रोत है। “Today liberals believe education can be used to fight all kinds of social evils."

इन दोनों विचारों के अलावा सुधारवादी विचारधारा (Radical approach) का विकास हुआ कहा जाता है जहाँ हर्बट स्पेंसर (H. Spencer) रूढ़िवादी (Conservative) नेता (समर्थक) था, वहीं कार्ल मार्क्स (K. Marx) सुधारवादी (Radical view) नेता (समर्थक) था। मार्क्स रूढ़िवादी विचारधारा से कुछ हद तक सहमत थे। इन्होंने पुनः शिक्षित (Reeducating) करके सामाजिक परिवर्तन के लिए लोगों को प्रोत्साहित नहीं किया क्योंकि वे Survival of the fittest पर विश्वास करते थे। इनका मानना है कि शिक्षण संस्था एक संकीर्ण व्यवस्था है जो वृहद संरचना (Super Structure) की एक इकाई है और ये षासित वर्गों के आदेशों का पालन करता है। इनका यह भी मानना है कि शिक्षक अगर कोई महत्वपूर्ण सामाजिक परिवर्तन लाने का प्रयास करता है तो उसे दण्डित किया जाये "Teachers will be fired if they try to bring about any important Social change" शासक वर्ग इन पर नियंत्रण रखता है यहाँ तक कि समाचार पत्र के मालिक भी वहीं लोग होते है। वे विचारों के फैलाव पर भी नियंत्रण रखते हैं। शासक वर्ग उदय और पतन तकनीक (Technology) पर निर्भर करता है न कि शैक्षिक प्रणाली के परिवर्तन पर।

प्रकार्यवादी विचारधारा (Functional approach) कोलिनस और इभर ब्राज (Collins and Ivar Berg) ने अपने अनुसंधान के निष्कर्ष में पाया कि उच्च शिक्षा का कोई प्रकार्यात्मक (Functional) आवश्यकता नहीं है जिसके द्वारा उच्च परिस्थिति (Status) प्राप्त करे। इनके अनुसार शिक्षा और परिस्थिति का संबंध बिल्कुल स्पष्ट नहीं है। शिक्षित व्यक्ति आवश्यक रूप से उत्पादकता को (Productivity) अधिक नहीं बढ़ा सकता है बनिस्पत कम शिक्षित व्यक्ति के। इनका मानना है कि कम शिक्षित व्यक्ति कुछ समय के लिए उत्पादकता कम करता है, परन्तु कुछ समय के बाद अनुभव प्राप्त करने के बाद शिक्षितों की तुलना में अधिक उत्पादकता लाता है। मेटा स्पेंसर (Metta Spencer) इनकी बातों का समर्थन करते हुये कहते हैं कि कुछ कार्यो में विशिष्ट प्रशिक्षण की आवश्यकता होती है।

डेविस और मुर (Davis and Moore) अपने सिद्धांत में कहते हैं कि उच्च स्तर के नौकरियों की संख्या कम निर्धारित होती है। जिन्हें उच्च पारितोषिक दिया जाता है, उन नौकरियों में मेधा के आधार पर नियुक्त किया जाता है। इस प्रकार की दक्षता शिक्षा के द्वारा ही प्राप्त होती है इसलिए उच्च शिक्षा के लिए प्रतिस्पर्द्धा होती है।

मैक्स बेवर (Max Weber) ने कहा कि पैसा एक मुख्य कारक नहीं है जो सामाजिक परिस्थिति को निर्धारित करती है, बल्कि कुछ कम पैसा पाने वालों की सामाजिक परिस्थिति उच्च होती है। विशिष्ट जीवन पद्धति और

उच्च संस्कृति शिक्षा पर निर्भर करती है "Special life Style and high culture depend on education."

शिक्षा एवं सामाजिक परिवर्तन (Education and Social change)

आज के औद्योगिक और लोकतांत्रिक व्यवस्था मुख्य रूप से अवसर की समानता, प्रतिस्पर्धा और उपलब्धि के सिद्धांत पर आधारित है। विचारधारा के स्तर पर इन सिद्धांतों ने सामाजिक स्थिरता को समाप्त कर गतिशीलता की प्रक्रिया को तीव्र कर दिया। शिक्षा के प्रचार प्रसार के कारण भारत में मूलभूत सामाजिक परिवर्तन हुये जिसे निम्नलिखित आधार पर विश्लेषित किया जा सकता है।

1. व्यावसायिक गतिशीलता (Occupational Mobility):– प्रारंभ में व्यावसायिक गतिशीलता तुलनात्मक रूप से कम पायी जाती थी। व्यक्ति जिस जाति में पैदा होता था, उस जाति का व्यवसाय ही उसे अपनाना पड़ता था, उसमें परिवर्तन की कोई गुंजाइश नहीं थी, परन्तु शिक्षा के प्रचार प्रसार के कारण औद्योगिक व्यवस्था में व्यवसायों में विशेषीकरण प्रारम्भ हुआ। सैकड़ों नए व्यवसायों का उदय हुआ। आज अभियंता के स्थान पर पचासों तरह के अभियंता होते हैं जो मोटर हवाईजहाज, पानी वाले जहाज, इस्पात के कारखाने, कपड़ों के कारखाने इत्यादि के संचालन में सहायक होते हैं। इसी प्रकार चिकित्सा के क्षेत्र में शरीर के प्रायः हर अंग से संबंधित विशिष्ट पाठयक्रम और डाक्टर है।

   इमाइल दुर्खिम (Emile Durkhim):– का यह मानना है कि श्रम विभाजन सामाजिक परिवर्तन का द्योतक है। आज कोई भी व्यक्ति किसी भी प्रकार के व्यवसाय का चयन कर सकता है। इसलिए वह स्वतंत्र है जिसके कारण पीढ़ी दर पीढ़ी जो परिवारिक व्यवसाय चला आ रहा था, उसमें परिवर्तन आया।

2. समाजीकरण की प्रक्रिया (Process of Socialization):– सामान्यतः प्रारम्भ में कहानी के माध्यम से अनुभवों तथा ज्ञान को मौखिक रूप से एक पीढ़ी से दूसरी पीढ़ी को हस्तांतरित किया जाता था। परिवार सामाजिक जीवन का सर्वोतम पाठशाला कहा जाता था।

टी. बी. बोटोमोर (T. B. Bottomore) ने कहा कि ''सरल समाजों में शिक्षा संस्था एक अलग संगठन नहीं था, बल्कि परिवार नातेदारी और समाज में सहभागिता के द्वारा व्यक्ति के दिनचर्या में शिक्षा दिया जाता था''। जनजातियों में युवागष्ह (Youth Dormitory) में शिक्षा देने की प्रथा है। परन्तु आधुनिक शिक्षा ने सामाजीकरण की पूरी प्रक्रिया को परिवर्तित कर दिया। स्कूल कॉलेज के अलावा अनेक ऐसे नये संस्थानों का उदय हुआ जो समाजीकरण का काम करता है। आज बच्चों को अवासीय विद्यालयों में रखा जाता है, जहाँ उनका सामाजीकरण होता है। अब विद्यालयों से यह उम्मीद किया जाता है कि बच्चों में ईमानदारी, न्याय, सहानुभूति, सही एवं गलत की भावना को विकसित करें। आज माता–पिता का अपने बच्चों पर से नियंत्रण समाप्त होता जा रहा है। "Talcott parsons has suggested that the classroom is especially inportant as a setting in which the child learns two Values that are necessary to play adult roles in modern Society: achievement and Universalism"

3. जीवन की गुणवत्ता (Quality of life):– जीवन की गुणवत्ता एक तुलनात्मक अवधारणा है। इसका तात्पर्य यह है कि व्यक्ति का जीने का, जीवन व्यतीत करने का ढ़ंग कैसा है। आज भी हमारे समाज में ऐसे लोग है, जिसके पास धन अधिक है, परन्तु उनके जीवन की गुणवत्ता का अभाव है और वे तार्किक और वैज्ञानिक जीवन के बारे में जानकारी नहीं रखते हैं। आज के नवयुवकों तथा नवयुवतियों में यह भ्रम है कि शिक्षा प्राप्त करने के बाद अगर उसे नौकरी नहीं मिलती है। तो शिक्षा को निरर्थक मानते हैं, परन्तु शिक्षा के द्वारा उनके जीवन की गुणवत्ता के (Latent Function) अवयव में वृद्धि होता है। एस. सी. दूबे (S. C. Dube) ने उच्च शिक्षा और सामाजिक परिवर्तन में कहा कि "It would prepare the generation under its change for a new design for living a design aimed at promoting quality of life that is desirable and feasible"

टी. बी. बोटोमोर (T. B. Bottomore) के अनुसार "Earlier Societies a relatively unchanging way of life The Scientific Knowwledge Communicated by modern education is expected to change" अर्थात प्रारम्भिक समाज में जीवन पद्धति तुलनात्मक रूप से अपरिवर्तित या आधुनिक शिक्षा के द्वारा वैज्ञानिक ज्ञान बताया गया जिससे परिवर्तन की संभावना पैदा हुई है। मेटा स्पेंसर (Metta Spencer) ने कहा कि "Primitive to modern Society change due to mental activity of their members".

4. संस्कृति का फैलाव (Cultural diffussion) :– भारतीय संस्कृति में समुद्र पार करना अपराध माना जाता है। पूर्वजों द्वारा अर्जित ज्ञान, अनुभव, और विज्ञान, आदर्श, मूल्य, प्रथाओं एवं लोकाचार के रूप में सांस्कृतिक विरासत एक पीढ़ी से दूसरी पीढ़ी हस्तांतरित किया जाता था, परन्तु आज विभिन्न प्रकार के शिक्षण संस्थानों में विभिन्न परिवार धर्म, जाति और संस्कृति के विद्यार्थी एक साथ पढ़ते हैं तथा एक ही साथ हास्टल में रहते हैं। इनके बीच लम्बे समय तक अन्तः क्रिया होती है जिसके कारण एक संस्कृति का फैलाव होता है। आज हमारे देश में एक जनवरी, वैलेंटाइन डे, मैरेज डे, जन्म दिन इत्यादि संस्कृति में समाहित हो रहा है। इतना ही नहीं बल्कि भारतीय धर्म जैसे बौद्ध धर्म जापान में, हरेकृष्णा अमेरिका में फलफूल रहा है।

रोज एण्ड गेलेजर (Rose and Glazer) के अनुसार "Cultural diffusion: the adaption of elements of one culture by members of another".

5. सामाजिक नियंत्रण (Social control):- यों तो सामाजिक विचलन की समस्या समाज के अस्तित्व के समय से है, परन्तु उस समय सामाजिक अपराध का स्वरूप या प्रकार बहुत ही सरल था। शिक्षा के प्रचार प्रसार होने से अपराध की प्रकृति में परिवर्तन हुआ है। दुर्खीम (Durkheim) के अनुसार प्रारम्भ में सामाजिक नियंत्रण में यांत्रिक एकता (Mechanical Solidarity) सामूहिक चेतना में निहित समान विश्वासों और सर्व सम्मति पर आधारित था ऐसे समाज में

प्रत्येक व्यक्ति यंत्रवत एक मशीन के पुरजे की भांति अपने दायित्वों का निर्वाह करता चला जाता था जिससे वह दमनात्मक (Repressive Law) काम करता था। परन्तु आधुनिक युग में सावयविक एकता (Organic Solidarity) :–पायी जाती है इसमें व्यक्ति के स्वतंत्र इच्छा होते हुये भी उससे कानून को पालन करने की अपेक्षा की जाती है ताकि सामाजिक व्यवस्था बना रहे जो इस समाज में Restitutive Law सामाजिक नियंत्रण का कार्य करती है। आज के वर्तमान समय में पढ़े–लिखे लोग अपराध में शामिल हो रहे हैं। जिसके कारण नये–नये अपराध के स्वरूप बढ़ने लगे हैं जैसे साइवर अपराध इत्यादि। जिसे नियंत्रित करने के लिए भी नये–नये साधन अपनाये गये। टी. बी. बोटोमोर (T. B. Bottomore) के अनुसार "General juvenile lawlessness" सामान्य बाल नियम हीनता शिक्षा के कारण बढ़ा है। टी. पारसन्स (T. Parsons) के अनुसार विचलित व्यवहार को प्रारम्भ में ही दबा देना चाहिए।

6. स्तरीकरण (Stratification) :– सामाजिक स्तरीकरण समाज को उच्च एवं निम्न वर्गो में विभाजित करने और स्तर निर्माण करने की एक व्यवस्था है। आदिकाल से मानव समाज में असमानता व्याप्त रही है। मार्क्सवादी विचारधारा के अनुसार समाज में असमानता उचित नहीं है। प्रकार्यवादी विषमता को समाज की प्रकार्यात्मक आवश्यकता मानती है।

स्तरीकरण का आधार शिक्षा, जाति, धन, उम्र और लिंग रहा है। प्रारम्भ से ही शिक्षा पर केवल एक विशिष्ट जाति ब्रह्मण या उच्च जाति का आधिकार था उस समय शिक्षा में खुलापन या गतिशिलता कम पाई जाती थी, परन्तु स्वतंत्रता प्राप्ति के बाद संविधान में यह उल्लेख है कि किसी व्यक्ति को जाति, वर्ग और धर्म के आधार पर किसी सुविधा से वंचित नहीं करेगे। जिसके कारण निम्न जाति के लोगें ने भी उच्च शिक्षा प्राप्त किया और बंद स्तरीकरण (Closed Stratification) के स्थान पर खुला स्तरीकरण (Open Stratification) का प्रादुर्भाव हुआ। ब्रुम एवं सेल्जनिक (Broom and Selzniek) ने कहा कि "Schooling does make a difference अर्थात् स्कूल के

द्वारा (व्यक्ति को) दूसरे से भिन्न बनाया जाता है। "Education remains a major avenue of individual opportunity" अर्थात प्रत्येक विद्यार्थी अलग प्रकार के स्कूल में पढ़ता है जिससे उसके व्यक्तित्व में असमानता आती है, और व्यक्ति को अवसर भी अलग अलग प्राप्त होते हैं।

7. प्रतियोगिता (Compition):– भारत में स्वतंत्रता के पूर्व शिक्षा का स्तर बिल्कुल निम्न था। धनी और उच्च जाति के सदस्य ही शिक्षा प्राप्त कर सकते थे। लेकिन स्वतंत्रता प्राप्ति के बाद 213 विश्वविद्यालयों तथा 8000 महाविद्यालयों में 5 करोड़ विद्यार्थी से भी अधिक आज शिक्षा ले रहे हैं जिसके कारण शिक्षा का प्रचार–प्रसार बढ़ा है। पहले शिक्षित व्यक्ति कम होते थे जिसके कारण नौकरी आसानी से मिल जाती थी, परन्तु आज शिक्षितों की संख्या में काफी वृद्धि हुई जिसके कारण शिक्षित बेरोजगारी की एक समस्या बन गयी है। इन शिक्षितों के बीच नौकरी प्राप्त करने के लिए प्रतियोगिता होता है। इस प्रतियोगिता का स्तर भी काफी ऊँचा हो गया है। मात्र एक नम्बर से हजारों या लाखों की संख्या में विद्यार्थी नौकरी से वंचित हो जाते है। मेंटा स्पेंसर (Metta Spencer) के अनुसार "Well educated people get better jobs and more prestige and authority on the whole than poorly educated people"

8. महिलाओं की भूमिका (Role of Women):– यो तो पूरे विश्व में मात्र 60 से 70 प्रतिशत महिला साक्षर हैं। इसलिए टी. बी. बोटोमोर ने कहा कि "Women has less chance to get higher education" इसके बावजूद भारत में महिलायें धीरे–धीरे साक्षर हो रही हैं। भारत की कई महिला उच्च पद को प्राप्त कर चुकी है। महिलाओं के पारम्परिक भूमिका में परिवर्तन आया है। अगस्ट कॉम्ट (August comte) कहते है कि घरेलू जिम्मेवारी (Domestic Morality) में महिलाओं को स्वतंत्र छोड़ दिया जाना चाहिए, परन्तु आज महिला घर से ज्यादा बाहर का काम करने लगी है। महिलायें आज नौकरी भी करती हैं, क्लब की सदस्य होती हैं, संघ की सचिव होती हैं जिसके कारण महिलायें अपनी पारम्परिक भूमिका नहीं

निभा पाती हैं। डा. रेणुका सिंह (Dr. Renuka singh) के अनुसार आज महिला घर से बाहर (Non domestic work) कार्य करती है तथा फास्ट फुड (Fast food) का प्रचलन प्रारम्भ हो गया है।

9. सामाजिक गतिशीलता (Social Mobility):– पी. सोरोकिन (P. Sorokin) के अनुसार जब किसी व्यक्ति के पदस्थितियों में या एक पद से दूसरे पद पर परिवर्तन होता है तो उसे सामाजिक गतिशीलता कहा जाता है। जब निम्न जाति के या गरीब परिवार के सदस्य उच्च शिक्षा प्राप्त करने के बाद उच्च पद को प्राप्त करता है तो उसकी सामाजिक परिस्थति में भी परिवर्तन हो जाता है जिसे सोरोकिन ने शीर्ष (Verticle) गतिशीलता कहा है। ठीक उसी तरह उच्च वर्ग जाति वर्ण या जाति का सदस्य निम्न पद प्राप्त करता है। ब्रुम एवं सेल्जनिक (Broom and Selzmick) ने कहा कि "Education provide for Social mobility" एस. एल. शर्मा (S. L. sharma) ने अपनी लेख "Role of education in India's Modernization" में कहा कि "Education has resulted in positional change rather than Structural transformation" अर्थात ''शिक्षा का परिणाम पदस्थितियों में परिवर्तन है न कि सामाजिक संरचना में''। इन्होंने इस बात की आगे चर्चा करते हुये कहा कि शिक्षा "Status Stablizer" का काम करता है। टी. बी. बोटोमोर का भी यही मानना है कि "Increasing Social Mobility through the education"

10. विवाह (Marriage):- विवाह भारतीय सामाजिक संरचना का एक महत्वपूर्ण संस्था है। प्रारम्भ में समाज के द्वारा विशेष महत्व दिया गया था, माता–पिता के द्वारा तथा जाति को ध्यान में रख कर विशेष कर्मकाण्डों (Ritual) के द्वारा विवाह कराया जाता था परन्तु सह शिक्षा (Co-education) की परम्परा ने इस संस्था में भी परिवर्तन ला दिया है। अब छात्र–छात्रा एक साथ शिक्षण संस्थाओं में अध्ययन करते हैं जिसके कारण एक दूसरे के निकट आने का अवसर मिलता है जिससे एक दूसरे के बीच विवाह हो जाती है। ये विवाह उनके माता–पिता के मर्जी के विरूद्ध तथा रीतिरिवाज

के द्वारा नहीं होता है, बल्कि कोर्ट में किया जाता है और कभी–कभी दोनों के बीच तलाक भी हो जाता है। टी. बी. बोटोमोर (T. B. Bottomore) ने कहा कि "Educated person expressed oposition to arranged marriage" शिक्षित लोग व्यवस्थित विवाह विरोध की इच्छा जाहिर करते हैं।

11. परम्परा बनाम आधुनिकता (Tradition vs Modernity):– भारत और चीन प्राचीन सांस्कृतिक परम्परा के लिए पूरे विश्व में प्रसिद्ध रहा है। यहाँ कि संस्कृति का अनुकरण कई विकसित देशों ने भी किया है। परन्तु आधुनिक शिक्षा के कारण इसमें भी परिवर्तन आया है। प्रो. योगेन्द्र सिंह (Pro yogendra singh) के अनुसार आज का समाज औद्योगिक विकास के उत्तर काल में है। (Post industrial phase of development) फलस्वरूप परम्परा और आधुनिकता के बीच द्वन्द होता रहता है। टी. बी. बोटोमोर (T. B. Bottomore) के अनुसार "conflict between way of life an industrial Society and traditional Society" परम्परागत समाज से औद्योगिक समाज के बीच जीवन पद्धति में द्वन्द हो रहा है। आधुनिक पढ़े लिखे लोग और पुराने लोगों के बीच पीढ़ी द्वन्द (Inter generational conflict) चल रहा है। इतना ही नहीं बल्कि पारम्परिक धर्म, प्रर्था, रीतिरिवाज और पर्व त्योहारों में मूलभूत परिवर्तन हुये हैं। आज आधुनिक विचारों से प्रभावित होकर व्यक्ति पुरानी परम्पराओं की उपेक्षा कर रहे हैं। एस. एल. शर्मा (S. L. Sharma) के अनुसार "Our education particularly higher education has no doubt played a key role in accelerating technoi-economic modernization" विशेष रूप से ऊच्च शिक्षा तकनीकी ने आर्थिक आधुनिकता को लाने में महत्वपूर्ण भूमिका निभाया है।

12. शिक्षको की प्रतिष्ठा (Status of Teacher):– भारतीय परम्परा में एक समय ऐसा था जिसमें गुरूकुल की परम्परा को निभाया जाता था। गुरू के प्रति सहानुभूति प्रेम सदभावना रखा जाता था इतना ही नहीं गुरू को ईश्वर से भी बढ़ कर माना जाता था। परन्तु आज के आधुनिक समय में शिक्षकों को समाज के द्वारा तथा विद्यार्थीयों

के द्वारा कम प्रतिष्ठा दिया जाने लगा है, जिसके लिए शिक्षक तथा विद्यार्थी दोनों जिम्मेवार हैं। टी. बी. बोटोमोर (T. B. Bottomore) के अनुसार "Mass literacy in modern industrial Societies the Social prestige of the teacher tended to decline" आधुनिक औद्योगिक समाज में जन साक्षरता के द्वारा शिक्षक की प्रतिष्ठा में कमी आई है। भारतीय शिक्षाविद् लिखते हैं कि वर्तमान समय में शिक्षकों को प्रतिष्ठा तो प्राप्त है, परन्तु शिक्षक के हाथों में कोई शक्ति नहीं होती है जिसके कारण मात्र कुछ समय के लिए यह स्थिति रहेगी।

13. लोकतंत्र के मूल्य (Value of Democracy):– राजनीतिशास्त्रियों का यह मानना है कि जिस देश में शिक्षा का स्तर उच्च रहेगा वहाँ लोकतंत्र कायम रहेगा। अशिक्षित समाजों में तानाशाह और स्थिर सरकार कायम नहीं रह सकती है। "Durkheim observed education also prepares the child for the inculcation of national values has been especialy apparent in modern Society" दुर्खीम का यह अवलोकन है कि शिक्षा बच्चों को राष्ट्रीय मूल्य मन में बैठाने के लिए तैयार करता है जो विशेष रूप से आधुनिक समाज में देखने को मिलता है।

लोकतंत्र के मूल्य में इस बात का उल्लेख है कि जनता को आलोचना करने तथा बोलने का अधिकार है। अगर जनता शिक्षित नहीं है तो सरकार की आलोचना नहीं कर सकती है। ब्रुम और सेल्जनिक (Broom and Selznick) ने कहा कि "The public Schools have been relied on as prime vehicles of national integation and Social betterment" अर्थात सरकारी शिक्षा राष्ट्रीय एकता तथा समाज की उन्नति के लिए मुख्य साधन है।

परन्तु विगत वर्षो में जो चुनाव हुये हैं, उसमें शिक्षा का नकारात्मक प्रभाव देखने को मिला है। आज बूथ कैपचर, बैलेट पेपर लूटना तथा राजनीतिक हिंसा की दरों में वृद्धि हुई, जिससे रष्ट्रीय एकता तथा लोकतंत्र को खतरा पैदा हो गया है। एस. सी. दूबे (S. S. Dube) के अनुसार "Higher education in India will have to adopt and promote the value of democracy egalitarianism Social Justice and Secularism अर्थात भारत में उच्च शिक्षा को लोकतांत्रिक मूल्य, समानतावादी, सामाजिक न्याय और धर्म निरपेक्षवाद को अपनाना और प्रोत्साहित करना चाहिए।

14. व्यवहारों में अन्तर (Different behaviour):— एक तरफ यह माना जाता है कि शिक्षा के द्वारा व्यक्ति के मनोवृति और प्रेरणा में परिवर्तन होता है, जिसके कारण व्यक्ति के व्यवहार परिवतर्तित हो जाते हैं। दूसरी तरफ यह माना जाता है कि जिस समाज में शिक्षा का प्रचार प्रसार नहीं हुआ है जैसे आदिम जनजाति, वहाँ के लोग बहुत ही सज्जन तथा ईमानदार होते हैं पर जैसे ही वे शिक्षित हो जाते हैं, उनका व्यवहार विचलित होने लगता है। "Helvetius referring to education in France Observed that men are born ingnoranat, not Stupid They are made Stupid by education ऐलभिटस का यह मानना है कि व्यक्ति का जन्म अनजान या अनभिज्ञता में होता है न कि मुर्खता में, वे मूर्ख शिक्षा के द्वारा बनाये जाते हैं।

इसी प्रकार एस. सी. दूबे (S. S. Dube) ने आधुनिक शिक्षा पर टिप्पणी करते हुये कहा कि " Educational Process as Similar to an egg-Sorting process". इन उपरोक्त विश्लेषणों से यह स्पष्ट होता है कि सामाजिक परिवर्तन में शिक्षा की अहम भूमिका रही है। इस परिवर्तन का दो रूप देखने को मिलता है एक सकारात्मक तो दूसरा नकारात्मक है। नकारात्मक परिवर्तन का अर्थ यह है कि व्यक्ति के व्यवहार कुछ हद तक विचलित हुये हैं और इसने कुछ नये सामाजिक समस्याओं को जन्म दिया है। परन्तु सकारात्मक परिवर्तन यह हुआ कि शिक्षा के कारण पूरे विश्व में भारत को दंसवा स्थान प्राप्त हुआ तथा राष्ट्रीय एकता, अखण्डता और विकास के क्षेत्र में शिक्षा ने महत्वपूर्ण योगदान दिया है।

33

सम्प्रेषण/संचार और सामाजिक परिवर्तन

Communication and Social Change

सम्प्रेषण का अर्थ (Meaning of Communication)

विचारों, भावनाओं, विश्वासों को सामान्यतः भाषा के माध्यम से आदान–प्रदान करने या आम बनाने की प्रक्रिया को सम्प्रेषण कहते हैं। मानवीय समाज में सामाजिक अन्तः क्रिया की प्रक्रिया मूलतः वाणी अथवा भाषा के माध्यम से सम्प्रेषण की ही प्रक्रिया है। यह एक सर्वविदित सत्य है कि केवल मानव के पास ही स्पष्ट वाणी है। मानव समूहों में सम्प्रेषण एकता, तथा संस्कृति की निरंतरता को लाने में मुख्य भूमिका अदा करती है। मानव ने भाषा का निर्माण कर अन्तः क्रिया की समस्या को हल कर लिया है। सम्प्रेषण के संबंध में के. डेविस (Kingsley Davis) ने अपनी पुस्तक Human Society में कहा कि सम्प्रेषण भावों विचारों, एवं सूचनाओं का विनिमय है जो सम्पर्क के आधार पर किये जाते है। वास्तव में सम्प्रेषण की प्रक्रिया बहुत व्यापक है जिसमें आंखों ही आंखों से इशारों से लेकर लेसर की तकनीक से किया जाने वाला अन्तराष्ट्रीय संचार सम्मिलित है।

अर्थ (Meaning):– सम्प्रेषण एक व्यक्ति से दूसरे व्यक्ति को सन्देश देने एवं पारस्परिक समझ पैदा करने की प्रक्रिया है। यह सन्देशों के विनिमय

की प्रक्रिया है। यह प्रक्रिया लिखित एवं मौखिक शब्दों द्वारा ही सन्देश एवं समझ का विनिमय नहीं करती वरन संकेतों, हाव–भाव एवं मौन द्वारा भी विनिमय करती है। के. डेविस (Kingsley Davis) ने अमेरिका का उदाहरण देते हुये कहा कि संचार के माध्यम से व्यक्ति न केवल अपनी मानसिक आय का विकास करता है बल्कि वह अपनी संस्कृति को, अपनी भूमिकाओं को भी सीखता है। डेविस ने अनुसार मानव समाज में एकता और संगठन की आवश्यकताओं की पूर्ति के लिये और साथ ही साथ सामाजिक विकास के लिये संचार आवश्यक है। विभिन्न विद्वानों ने अपने–अपने ढंग से परिभाषित किया हैः–

फ्रेड जी. मेयर (Fred G. Mayer) के अनुसार ''मानवीय विचारों और सम्मतियों का, शब्दों, पत्रों एवं सन्देशों के माध्यम से आदान–प्रदान करना ही सम्प्रेषण कहलाता है।''

लुइस ए. एलिन (Louis A. Allen):– के अनुसार "Communication is the sum of the things one person does when he wants to create understanding in the mind of another. It is a bridge of meaning It involves a Systematic and continuous proess of telling, listening and understanding. अर्थात सन्देशवाहन से आशय उन समस्त साधनों से होता है जिसको एक व्यक्ति अपनी विचारधारा को दूसरे व्यक्ति के मस्तिष्क में डालने के लिए अथवा उसे समझने के लिए अपनाता है। यह वास्तव में दो व्यक्तियों के मस्तिष्क के बीच की खाई को पाटने वाला पुल है। इसके अन्तर्गत कहने, सुनने तथा समझने की एक वैज्ञानिक प्रक्रिया सदैव चालू रहती है।

मानव समाज की प्रारम्भिक चरणों में राजा, जमींदार, मालिक के केवल आदेशों या निर्देशों को प्रजा के पास पहुँचाया जाता था और प्रजा या अनुआई उनके आदेशों का अक्षरशः पालन करते थे। किन्तु बाद में यह अनुभव किया गया कि केवल एक तरफ से दिया गया सूचना पर्याप्त नहीं है बल्कि प्रजा और अनुयाई मेरे बारे क्या सोचते है यह भी जानकारी होनी चाहिए। इस प्रकार द्विभर्गीय सन्देशवाहन (Two way communication) का प्रादुर्भाव हुआ। इस प्रकार ऊपर से नीचे तथा नीचे से ऊपर दोनों दिशाओं में सूचनाओं व सुझावों का आदान–प्रदान आरम्भ हुआ।

जब कोई व्यक्ति संदेश/सम्वाद भेजता है तो केवल भेज देने से सम्पूर्ण पूर्ण नहीं हो जाता है इसका एक उचित प्रक्रिया है भेजने वाला अपनी विचारों को भाषा या कोई संकेत के द्वारा सम्वाद को Code करता है। पाने वाला उस सम्वाद को decode कर समझाता है। उसके बाद भेजने वाला को पूछ लेना चाहिए कि संदेश मिला है या नही उस संदेश का क्या अर्थ है अगर भेजने वाला जिस अर्थ के साथ संदेश भेजा है वही अर्थ प्राप्त करने वाला लगाता है तो कहते हैं, सम्प्रेषण की प्रक्रिया पूरी हुई अन्यथा बीच में कई बाधा है, जो अर्थ को परिवर्तित कर देता है।

सम्प्रेषण (A) मौखिक (Verbal) (B) लिखित (Written) और (C) शारीरिक संकेतों (Physical Gesture) के द्वारा मुख्य रूप से किया जाता है।

(A) मौखिक सम्प्रेषण के अन्तर्गत (क) आमने–सामने (ख) रेडियो, सिनेमा (ग) दूरदर्शन (घ) दूरभाष (ड़) सम्मेलन या सभाएं (च) संयुक्त विचार विमर्श (ज) साक्षात्कार आता है।

(B) लिखित सम्प्रेषण के अन्तर्गत (क) बुलेटिन, हेण्डबुक्स, डायरियां (ख) मैगजीन व समाचार पत्र (ग) किताबे (घ) टेलीप्रिण्टर तथा कम्प्यूटर दोनों प्रकार के सम्प्रेषण के लिए प्रयोग किया जाता है।

(C) शारीरिक संकेत (क) व्यक्ति के हाव–भाव, हाथों के द्वारा किया गया इशारा इत्यादि सम्मिलित हैं।

सम्प्रेषण और सामाजिक परिवर्तन (Communication and Social change)

समाजशास्त्र में सम्प्रेषण पर अधिक बल दिया गया है। इस क्षेत्र में सामाजिक मनोवैज्ञानिको ने अत्यधिक विश्लेषण किया है। सी. एच. कुले (C. H Cooley, Social Organization 1909) ने आत्म दर्शन सिद्धांत (Looking glass self) दिया है। यह सिद्धांत सामाजिक अन्तःक्रिया (Social Interaction) पर आधारित हैं जिसका सम्प्रेषण की अवधारणा से कोई गुणात्मक अन्तर नहीं है। ठीक उसी प्रकार जी. एच. मीड (G. H. Meed) ने समाजीकरण के सिद्धांत में भाषा की अहम भूमिका बताई है। उसके बाद पी. ब्लाक (P. Blau) होमान्स (Homans) आदि ने इस प्रक्रिया के आधार पर व्यक्तित्व,

सामाजिक संगठन और समाज के विकास तथा परिवर्तन की व्याख्या की है। साठ के दशक में अमेरिका के शिकागो विश्वविद्यालय में इस संबंध में अनेक अध्ययन किये गये और इसी समय मूलतः सामाजिक संरचना का विनिमय का सिद्धांत दिया गया। वास्तव में यह सही है कि हाल के वर्षो में सम्प्रेषण धारणा अधिक सम्पुष्ट और संगठित हुई है। सम्प्रेषण शब्द का प्रयोग व्यापक अर्थो में किया जाने लगा है, यह न केवल लोक सम्प्रेषण के क्षेत्र में बल्कि विभिन्न कार्यक्रमों और योजनाओं के लागू करने के क्षेत्र में प्रयुक्त होने लगा। 1930 तक यह माना जाता था कि जनसंचार एक शक्तिशाली इकाई है तो पूरे समाज को नियंत्रण कर सकता है जिसे बुलेट सिद्धांत (Bullet thory) और हैपरडमिक सिद्धांत "Hypodermic thory" के नाम से जाना जाता था, परन्तु 1930 से 1960 तक इसके भूमिका में और भी विस्तार हुआ। इससे जनमत मनोवृति, व्यवहार और संस्कृति आदि क्षेत्रों में महत्वपूर्ण प्रभाव पड़ा।

प्रो. योगेंद्र सिंह ने (Yogendra singh- "The Significance of Culture in the understanding of Social change in contemporary India" में सम्प्रेषण और सांस्कृतिक और आर्थिक परिवर्तन के संबंध में कहा कि समाजशास्त्र में जाति, जनजाति, परिवार और धार्मिक संस्थाओं का विशेष अध्ययन किया गया है। भारतीय जाति, जनजाति के विभिन्न खण्ड आधुनिक आर्थिक और लोक तांत्रिक नीतियों के विकास में सहायता नहीं पहुँचता बल्कि बाधा उत्पन्न किया है।

धीरे–धीरे हमलोग पूंजीवाद के विकास के औद्योगिक काल में प्रवेश किये, जिससे अनेक सांस्कृतिक चुनौतियां भी उभर कर सामने आयी। उन्होंने कहा कि "The massive entry of the mass media, the universalization of communication through radio and television, the proliferation in number of English and vernacular language newspapers, Journals, Magazines, the technological availability of global information system through satellites etc." भारी जन माध्यम (मीडिया) का प्रवेश, सम्प्रेषण का साधारणीकरण रेडियों और दूरदर्शन के द्वारा प्रचुर मात्रा में अंग्रेजी और देशी भाषा के समाचार पत्र, जर्नल, पत्रिका, सार्वभौम सूचना प्रणाली के तकनीकी उपलब्धता अनुचर (सैटलाइट) के द्वारा हुआ, जो

अज्ञात सूचना क्रांति की शुरूआत हुई। जिसने संस्कृति को वस्तु के रूप में परिवर्तित कर दिया और धारित (content) संस्कृति पार्सल (Packaging) संस्कृति में बदल गया। बाजार के गला काट प्रतियोगिता ने संस्कृति का आत्मसात्करण या एकीकरण नहीं किया बल्कि संस्कृति का (Marketing) बाजारीकरण हुआ है जिससे अनजान क्षेत्र में पाश्चात्य संस्कृति ने प्रवेश किया। सम्प्रेषण और सूचना तकनीकी दोनों में क्रांति होने से यातायात के साधनों में वृद्धि हुई जिससे सांस्कृतिक उद्योग के बाजार का भी विस्तार हुआ। उदाहरण के लिए पर्यटन अन्तः संस्कृति मिलन एवं विनिमय सांस्कृतिक इकाई का विनिमय जिसने संस्कृति के भूमण्डलीकरण (Globalization of culture) को बढ़ावा दिया।

नई संस्कृति की चुनौतियों ने अनेक परिस्थिति को विकसित किया। संस्कृति का जनसामान्यीकरण और बाजारीकरण के कारण क्षेत्रिय और छोटे संस्कृति की पहचान को खतरा पैदा हुआ है। यह Mode प्रारूप जो अन्तः संस्कृति संबंध को बढ़ावा देगा जैसे पर्यटन के द्वारा, सांस्कृतिक इकाईयों के बाजारीकरण के द्वारा अवकाश बिताने के जैसे होटल, पर्यटन के शरण, यह स्थानीय या क्षेत्रिय समुदाय पर आरोपित हो सकता है। इस प्रक्रिया में संस्कृति के इकाइयों का अर्थ बदल सकता है।इसका महाविपदा घोर विपत्ति का प्रभाव मूल्य, सांस्कृतिक व्यवहार, सन्तुलन, मानसिक और शारीरिक स्वास्थ्य जीवन की गुणवत्ता पर पड़ सकता है, जिससे मूल्यों का कटाव, लोक संस्कृति की संरचना, रचनात्मक संबंधों में गिरावट सांस्कृतिक परम्परा के मुख्य धारा से अलग हो सकता है। इस समय विकसित समाजों में पारम्परिक परिवार व्यवस्था, समुदाय, पड़ोस कमजोर हुआ है। हमारे समाज में नवीन सांस्कृतिक परिवर्तन सामाजिक और सांस्कृतिक व्यवस्था में संकट पैदा किया है। As of now our traditional Social institutions Such as family, caste, trible, community and Neighbourhood etc. are able to throw up resilience.

अब हमारे पारम्परिक सामाजिक संस्थाओं जैसे– जैव परिवार, जाति, जनजाति, समुदाय, पड़ौसी इत्यादि में गतिशीलता आई है। सम्प्रेषण के जनसंचार माध्यमों के द्वारा भारतीय संकेतो में परिवर्तन आया है। वे अधिकांश क्रियाशील दर्शकगण जिसे “Active audience" कहा जाता है के

रूप में व्यवहार कर रहे हैं। भारत के मध्य वर्ग को Euro- American का लम्बा Exposure (प्रदर्शक) समीपता रहा है अंगेजी भाषा के व्यवहार के द्वारा। इसके अलावा पश्चिमी सांस्कृतिक संस्थाओं में हमारे समीपता के कारण परिवर्तन हुआ है।

इस प्रकार परिवर्तन के कारण उप–संस्कृति सामान्य संस्कृति आदर्श और व्यवहार के साथ संघर्ष में वृद्धि हो रहा है।

सांस्कृतिक चुनौतियों के सन्दर्भ में कहा जाता है कि इसकी वृद्धि बजार पूँजीवाद सूचना तकनीक और सार्वभौम संस्कृति के दबाव के द्वारा हुआ। नीतियों की चुनौतियों का सामना अनिवार्य रूप से करेगा। हमारे देश में इस प्रकार की नीतियों को हमारे सामाजिक आर्थिक विकास के साथ जोड़ना होगा।

इसमें संदेह नहीं है कि कम्प्यूटर और दूरसंचार जैसे इलेक्ट्रोनिक तकनीक के द्वारा आर्थिक प्रगति तथा गतिशीलता आई है, जो सांस्कृतिक पहचान की समस्या को भी दूर करती है। इससे व्यक्ति के दिल में आत्मविश्वास तथा अभिमान भी पैदा हुआ है। उनके स्थिति में डर यही है कि सांस्कृतिक निर्भरता खत्म न हो जाये। "The cultural identity problem is considered to Occur when cultural change is so drastic as todestrey the sense of cannunity" जापान का अनुभव यह बतलाता है, कि मजबुत आर्थिक स्थिति उच्च तकनीक सांस्कृतिक पहचान की समस्या को खत्म नहीं बल्कि यह एक सांस्कृतिक पहचान की समस्या का कारण हो गया है। सांस्कृतिक पहचान की समस्या तब होती है जब सांस्कृतिक परिवर्तन सामुदायिक चेतना को नष्ट कर देती है। भारत में युवा अस्थाई सांस्कृतिक पहचान को रखने की कोशिश कर रहे हैं।

विभिन्न अध्ययन के निष्कर्ष यह बतलाते है कि संचार के विकास के कारण सामाजिक संगठन में विभाजन, अर्थव्यवस्था का विस्तार और राज्य प्रशासन प्रभावशाली हुआ है। कुछ विद्वानों के अनुसार प्रशासन का तंत्र सीधे रूप से संचार से जुड़ा हुआ है। आधुनिक समय में राज्य के आकार यदि बढ़े है तो इनके पीछे अनेक कारकों में एक संचार की निश्चित व्यवस्था भी है।

संचार की इस तीव्र गति ने दुनिया को छोटा बना दिया है। इसके चलते ही मैकलुहान (Macluhan) ने इस विश्व को एक विश्वव्यापी गाँव (Global village) की संज्ञा दी है। जनसंचार के विकास के कारण सकारात्मक लाभ तो हुआ ही है परन्तु इनके साथ ही साथ कुछ हानियाँ भी हुई है। जिसके संबंध में ग्रेबनर (Graebner) ने दूरदर्शन के कुप्रभावों की चर्चा करते हुये कहा कि इसके द्वारा बहुत ही सरलीकृत एवं अच्छे किस्म के कार्यक्रम प्रसारित किये जाते हैं। साथ ही हल्के–फुल्के मनोरंजन के नाम पर न सिर्फ बच्चों को बल्कि अन्य लोगों को भी इसमें व्यस्त रखा जाता है। इसी के साथ यह भी कि इसके कारण बुद्धि का विकास नहीं होता है, बल्कि विश्लेषण की सामान्य क्षमताओं को भी यह कमजोर करता है। इसलिए इसे बेवकुफी का बक्सा (Idiot Box) भी कहा जाता है। (N.U.S. A. The problem of mental illness is higher rate in urban area) अमेरिका के शहरी क्षेत्रों में इससे मानसिक बीमारी की दर ऊँचा हो गया है।

एच. डी. लासवेल (H. D. Lasswell) अमेरिका के विद्वान ने जन संचार के साधनों की गम्भीर आलोचना की। उनके अनुसार जन संचार के साधन या तो सरकारों द्वारा या फिर बड़े व्यापारी प्रतिष्ठानों द्वारा नियंत्रित होते है जो इनके माध्यम से लोगों के दिमागों को नियंत्रित करना चाहते है। इन्होंने जन समाज (Mass Society) जन संस्कृति (Mass culture) के विकास को सही कहाँ परन्तु उसने यह भी कहा कि जन संचार के माध्यमों से जिस रूप में यह किया जा रहा है उससे संस्कृति का पतन (Debasement of culture) हो रहा है। अतः इसके परिणाम स्वरूप लोगों की सष्जनात्मक क्षमतायें ही कमजोर होती है, और यह संस्कृति को सरलीकृत कर देता है। जनसंचार के विकास ने मनोरंजन, शिक्षा, राजनीति एवं व्यापार को सबसे अधिक प्रभावित किया है। इसने ग्रामवासी को शहरी जीवन का ज्ञान कराया है तथा नगरीय वस्तुओं की इच्छा उत्पन्न की है अथवा उसे नगर में प्रवास करा दिया है।

आगवर्न (Ogburn) ने संचार के प्रभाव को दर्शाते हुये कहा कि संस्कृति की एकरूपता एवं इसके वितरण, मनोरंजन एवं आमोद प्रमोद, यातायात, शिक्षा सूचना, प्रसारण, धर्म, उद्योग, व्यापार, व्यवसाय, शासन प्रणाली,

राजनीति एवं अन्य आविष्कारों पर रेडियो के 150 तात्कालिक एवं अन्य दूरगामी सामाजिक प्रभावों को बताया है।

संचार के महत्व (Significance of communication)

1. मुख्य धारा (Main Strean):– महात्मा गांधी कहते थे भारत की आत्मा गाँव में निवास करती है। भारत की 70 प्रतिशत जनसंख्या ग्रामीण बहुल क्षेत्रो में निवास करती है। अनेक गाँव आज भी रोड से तथा शहर से जुड़ा नहीं है। उन्हें मालूम नहीं है कि कौन से कार्यक्रम केन्द्र सरकार द्वारा लागू किया गया है। इसलिए केंन्द्र सरकार की यह योजना है कि सभी गाँवों को रोड से जोड़ा जाय तथा टेलिफोन से जोड़ दिया जाय ताकि उन्हें विकास के मुख्य धारा के साथ जोड़ा जा सके। विगत एक दशक में संचार के कारण भारत के लोगों को अनेक लाभ हुये है।
2. समन्वय (Co-ordination):– मैक्सवेबर ने कहा कि औद्योगिक समाज की व्यवस्था में नौकरशाही के अलावा कोई दूसरा बिकल्प नहीं है। इस नौकरशाही व्यवस्था में भिन्न भिन्न स्तरीकृत पदों पर कार्य करते है। उनके बीच अगर संचार व्यवस्था सुव्यस्थित नहीं हो तो कार्यो का निष्पादन सही ढंग से नहीं हो पाता है। ठीक उसी तरह जनकल्याण के लिए अनेक संयुक्त कार्यक्रम चलाये गये हैं जिसमें कुछ राशि केंद्र सरकार वहन करती है, और कुछ राशि राज्य सरकार। दोनों के बीच समन्वय स्थापित करने के लिए संचार आवश्यक है, अन्यथा कार्य़क्रम सफल नहीं हो सकते।
3. राष्ट्रीयता (Nationality):–राष्ट्र के आन्तरिक संकट और बाहरी संकट के समय संचार अति आवश्यक इकाई हो जाता है क्योंकि राष्ट्र की संदेश को जनता तक पहुँचाना होता है। विभिन्न प्रकार के संघर्ष, द्वन्द, हिंसक घटनाओं को नियंत्रित करने के लिए जनता के पास प्रशासन का संदेश जाना आवश्यक है। साधारण तौर पर जब जनता को एक जुट होने के लिए आह्वान किया जाता है। तो जनता में एकता आती है। प्राकृतिक विपदा के समय सरकार

जनता से अपील करती है कि राष्ट्रीय–कोण में दिल खोलकर दान करें।

4. नेतृत्व (Leadership):– प्रभावशाली नेता वही कहलाता है जिनके पास सम्प्रेषण की क्षमता हो, जिस नेता के पास सभी गुण मौजूद हो परन्तु वह अपनी बातों को सही ढ़ंग से अनुआयों के पास नहीं रख पातें हो वह नेता सफल नेता नहीं हो सकता है। नेतृत्व में नेता को हमेशा अपने अनुयाइयों को संदेश भेजना होता है, और अनुयाई भी अपने नेता को विभिन्न प्रकार की समस्याओं से अवगत कराता है। दोनों के बीच संवाद का संचार नहीं हो तो व्यक्ति की समस्याओं का समाधान नहीं हो सकेगा।

5. गलत संचार (Missommunication):– कहा जाता है कि जब संदेश भेजने वाला अपनी भाषा में संदेश पाने वाला तक भेजता है, और पाने वाला ठीक वही अर्थ लगाता है जो भेजने वाला अर्थ लगाता है तो संचार की प्रक्रिया पूर्ण समझी जाती है। परन्तु उस दौरान अगर कोई बाधा उत्पन्न होती हैं जिससे भावार्थ परिवर्तित हो जाता है तो इसे गलत संचार कहा जाता है जिसके कारण बड़ी–बड़ी दुर्घटना घट जाती है। कभी–कभी गलत संचार के कारण सरकार भी गिर जाती है। एक महत्वपूर्ण उदाहरण है कि द्वितीय विश्व युद्ध के दौरान अमेरिका ने जब अंग्रेजी भाषा के माध्यम से जापान से कहा कि मेरा आदेश मानते हैं या नही, परन्तु जापान में अंग्रेजी भाषा का प्रचलन नहीं था जिसके कारण जापानी भाषा में उसने जो उत्तर दिया वह भाषा इस प्रकार था जो इनकार करने से मिलता–जुलता था जिसके कारण हिरोशिमा, नागासाकी पर परमाणु बम गिरा दिया गया उसके बाद जापान में अंग्रेजी भाषा सीखने का प्रयत्न शुरू हुआ।

6. मानव तथा समाज के लिए आवश्यक (Essential for men and Society):– जिस प्रकार, सूर्य का पृथ्वी से, आकाश का जीवन से और शरीर का आत्मा से संबंध है ठीक उसी प्रकार संचार का व्यक्ति और समाज से संबंध है। हरर्वट स्पेंसर (H. Spencer) कहते है कि शरीर का सभी अंग मिल कर शारीरिक संरचना को

मजबूती प्रदान करता है और शरीर से अलग हो कर कोई अंग जीवित नहीं रह सकता है। ठीक उसी प्रकार व्यक्ति संचार से अलग हो कर एक सामाजिक प्राणी नहीं हो सकता है। ऐसे कई उदाहरण मनोविज्ञान में है, कि जन्म के बाद किसी बच्चे को, किसी जानवर ने जंगल ले गया हो, और बड़ा होने के बाद संचार के बिना बच्चा सामाजिक प्राणी नहीं बनने के स्थान पर एक जैविकिय प्राणी मात्र रह जाता है। कोई भी समाज का अस्तित्व संचार के बिना नहीं रह सकता है। यह व्यक्ति और समाज के लिए एक आवश्यक इकाई है।

7. लोकतंत्र (Democracy):– लोकतंत्र जनता से, जनता के द्वारा, जनता के लिए स्थापित किया जाता है। संचार के कारण ही लोकतंत्र की व्यवस्था विकसित हुई और सुदृढ़ भी हुई है। यह कहा जाता है कि लोकतंत्र में जनमत एक अनिवार्य तत्व है एवं यह भी सही है कि जनमत का निर्माण संचार के माध्यमों के अभाव में नहीं हो सकता है। लोकतंत्र में जनता को बोलने का मौलिक अधिकार होता है और संचार के द्वारा अपनी बातों को सरकार, तक पहुँचा सकता है। तानाशाही व्यवस्था में जनता को बोलने या आलोचना करने का अधिकार नहीं होता है। इसलिए कहा जाता है कि संचार के बिना लोकतंत्रिय व्यवस्था कायम नहीं रह सकता है।

8. भावनात्मक लगाव (Emotional Attachment) :– कहा जाता है कि परदेश में रह कर वतन की याद क्या करना जहाँ बेदर्द हाकिम हो वहाँ फरयाद क्या करना। परन्तु आज संचार में क्रांतिकारी परिवर्तन होने के कारण प्रत्येक सेंकेन्ड की घटनाओं की जानकारी प्राप्त कर सकते है। अगर व्यक्ति परिवार से, पत्नी से दूर रहता हो और भावनात्मक रूप से जुड़ा हुआ हो तो प्रत्येक दिन पत्र के द्वारा ईमेल के द्वारा, दूरभाष के द्वारा अपनी भावना को व्यतीत कर सकती है। अर्थात् संचार व्यक्ति के भावनात्मक रूप से लगाव को बनाये रखता है। इसी संचार के कारण सेना में सैनिक वर्षो तक डटे रहते हैं।

9. समय की बचत (Time Saving):– आज से 200 वर्ष पूर्व भारत में संचार का सबसे तेज माध्यम घोड़ा था, परन्तु अब एक मिनट में लोग एक स्थान से दूसरे स्थान पर सम्पर्क कर सकते हैं संवाद पहुँचा सकते हैं। संचार के प्रचार–प्रसार के कारण इसके तीन आयामों में परिवर्तन हुआ। पहला संवाद का बहुत तेजी से प्रसार, दूसरा प्रसारित संवाद का एक ही समय में अधिकतम व्यक्तियों के द्वारा प्राप्त किया जाना और तीसरा यह कि संवाद अथवा विचार का अत्यधिक संगठित और जटिल होना। सभी संचार विधियों का मूल कार्य समय एवं दूरी पर विजय पाना है।
10. संयुक्त की भावना (Sentiment of Jointness):– अनेक समाजशास्त्रियों ने परिवार के अध्ययन के दौरान यह पाया कि परिवर्तन के अनेक कारकों ने संयुक्त परिवार को विघटित कर दिया है। परन्तु ए. एम. साह (A. M. Shah) ने अपने अध्ययन में यह बतलाया कि संयुक्त से एकांगी, एकांगी से संयुक्त की चक्रीय प्रक्रिया चलती रहती है। संचार के विकास के कारण अगर पूछा जाये कि सबसे ज्यादा किसे लाभ हुआ है तो स्पष्ट रूप से कहा जायेगा कि परिवार को हुआ है। क्यों कि परिवार से व्यक्ति बाहर और अलग रह कर भी दूरभाष से अपने आप को परिवार से जुड़े रहने का अहसास करता है परिवारिक समस्याओं को कम करता है, विभिन्न पर्व त्योहार, विवाह जन्म के अवसर पर एकांकी से संयुक्त में परिवर्तित हो जाता है। अर्थात् संचार के द्वारा संयुक्त की भावना को काफी बल मिला है।
11. भौतिक गतिशीलता (Material Mobility):– टेलिविजन, फ्रिज, रेडियों, फैक्स इत्यादि, आगर्बन के शब्दों में भौतिक संस्कृति है और मैकाइवर और पेज (MacIver and Page) के शब्दों में यह सभ्यता है। तकनीक के विकास के कारण मानव के भौतिक सुख सुविधा में दिन प्रतिदिन बढ़ोतरी हो रही है। संचार के माध्यमों से इन भौतिक चीजों का इतना प्रचार किया जाता है कि व्यक्ति उन चीजों के मूल्य तथा उपयोगिता के बारे आसानी से जान जाते हैं, जिससे निम्न आर्थिक आय वर्ग के समूह के लोग भी उसे खरीद

लेते हैं। आज के परिवर्तित औद्योगिक जगत में (Cut throut Competition) गला काट प्रतियोगिता भी शुरू हो चुका है जिसमें आधुनिक वस्तुओं को खरीदने के लिए कई प्रकार की छूट तथा सुविधा भी प्रदान किया जाता है जिससे भौतिक वस्तुओं की गतिशीलता में तेजी से बढ़ोतरी हो रही है।